海外最新情報を逃さない！
遅れを取らない！

完全解説 英語で学ぶ！
金融ビジネスと
金融証券市場

下山 明子 著

秀和システム

●注意
(1) 本書は著者が独自に調査した結果を出版したものです。
(2) 本書は内容について万全を期して作成いたしましたが、万一、ご不審な点や誤り、記載漏れなどお気付きの点がありましたら、出版元まで書面にてご連絡ください。
(3) 本書の内容に関して運用した結果の影響については、上記(2)項にかかわらず責任を負いかねます。あらかじめご了承ください。
(4) 本書の全部または一部について、出版元から文書による承諾を得ずに複製することは禁じられています。
(5) 商標
本書に記載されている会社名、商品名などは一般に各社の商標または登録商標です。

## はじめに

　1990年代初頭にこの世界に足を踏み入れて以来、私にとって金融証券市場での仕事は、つねに外国語と未知の世界の刺激に直結していました。日系格付け機関の債券格付け業務から外資系金融機関のデリバティブのリスク管理まで、横のモノを縦にしたり、縦のモノを横にしたりしながら、知的好奇心が満たされ、旬を感じられるエキサイティングな体験を重ねてまいりました。

　金融証券市場は国境を越えて広がっているので、仕事を通じて自然に異文化に接することができます。また金融は実務上、統計学、会計、法律、経済学、心理学など、多様な知識を幅広く身につけることが求められ、そうした知識が実務に役に立つ場所でもあるのです。きわめて技術的で専門的な側面があるかと思えば、同時にお金とは何か、国とは何か、リスクとは何か、価値とは何かといった、普遍的で哲学的な問いが行われる場所でもあります。

　世界中のとびっきり頭が冴えたスマートな人々の考え方に触れられることも金融証券市場の魅力です。金融の専門家の手による『ソロスの錬金術』、『禁断の市場』、『ブラック・スワン』のような本は、下手な小説や哲学書よりずっと深遠で面白いのです。そうした本を原文で味わい、著者の世界観に触れる時間は、実に豊かな時間です。多くの皆さんにもその醍醐味を味わって頂きたいと思います。

　残念ながら、ここ10年以上、グローバルな金融センターとしての東京は相対的に地盤沈下が続いています。外資系金融機関のアジアの拠点は日本から香港やシンガポールに移る動きが続き、日本の金融機関の国際的な証券業務は相対的に縮小し、金融の仕事で日本から海外に出る人の数は減っているようです。金融業界に限れば、ここ数年、グローバルな世界と日本国内のあいだの壁はむしろ高くなりつつあるようにさえ感じられます。

　この本は、金融証券市場と英語にすでに関わっておられるか、関わりたいと思っているすべての人のために書きました。英語や市場の知識だけでなく、金融証券市場の楽しさも伝わるように書いたつもりですが、どこまで目的を果たせているか自信がありません。テーマや分野が多岐にわたり、不慣れで浅学な筆者の手には余る仕事でしたが、さまざまな人々のご指導と励ましのおかげで何とか一冊の本にまとめられました。

　筆者の相談に乗り、アドバイスを授けてくれた友人や元同僚に紙面を借りて深く御礼申し上げます。とりわけ、原稿を丁寧に読んだ上で、さまざまなアイディアをくださったスタンダード・チャータード銀行の上田亨一郎氏、フェデラル・インシュアランス・カンパニーの同僚の山越誠司氏と太田桂介氏に感謝したく思います。また1年近く以上続いた執筆に協力し、支えてくれた夫にもお礼をいいます。

　最後に、本稿の内容はすべて私の私見であり、所属する組織の見解ではないことを申し上げておきます。

2013年2月　東京の自宅にて<br>
下山　明子

# 英語で学ぶ！金融ビジネスと金融証券市場

完全解説　海外最新情報を逃さない！遅れを取らない！

## CONTENTS

はじめに ......................................................................... 3

### LESSON 1　Value 価値
Finance and Investment Terms
〜交換できる価値、交換できない価値〜

- かけがえのない価値とかけがえのある価値 ............................. 12
- お金は価値の翻訳機 ........................................................ 14
- お金は価値の冷蔵庫 ........................................................ 15
- **Useful Tip** お金を指す英単語（1） ................................ 16
- お金は誰からも好かれる ................................................... 17
- お金が腐るとき──インフレとデフレ ................................... 18
- **Make a Difference** 取引できる領域 ............................... 20
- 名目価値と実質価値 ........................................................ 21
- 価値の変動 ..................................................................... 23
- まとめ ........................................................................... 23

**価値** に関する金融英語　**Value**  　　　　24

**COLUMN** 経済学者が考えた価値──源泉はどこに？ ............ 31

# Finance and Investment Terms
# LESSON 2 Time
## 時間
### ～元手は子供を産み、そして孫が生まれる～

- 賃借と時間 .................................................. 34
- CDレンタル料と金利の違い ............................ 34
- 金融取引と時間 ............................................ 35
- **Make a Difference** 現在と未来の裁定 ............ 37
- 利子の意味 .................................................. 37
- **Useful Tip** お金を指す英単語（2） ............... 39
- 複利のメカニズム ......................................... 40
- 足し算の世界、掛け算の世界 .......................... 42
- 現在価値とは何か？ ...................................... 43
- まとめ ......................................................... 45

**時間**に関する金融英語 **Time** ........................ 46

**COLUMN** 時間は神のもの？──利子は不等価交換という価値観 ....... 54

# Finance and Investment Terms
# LESSON 3 Risk
## リスク
### ～買わない宝くじは当たらない～

- 確実なこと、そうでないこと ........................... 56
- **Make a Difference** 直属の上司とリスク ......... 59
- リスクを扱う仕事：保険業とギャンブル業 ......... 59
- リスクテークとリスク回避 ............................. 63

| Useful Tip どこかで聞いたギリシャ文字 | 65 |
| --- | --- |
| ● リスクとリターンの関係 | 66 |
| まとめ | 69 |

## リスク に関する金融英語 Risk ... 70

**COLUMN** リスクの移転と共有──保険、共済、そしてタカフル ... 80

## LESSON 4 Investment 投資 ～リターンが命～

Finance and Investment Terms

| ● 投資リターンとは？ | 82 |
| --- | --- |
| ● 株式：リターンが予測できない投資 | 82 |
| ● 不動産や債券投資のリターン評価 | 84 |
| ● 利回りの求め方 | 87 |
| Useful Tip ややこしいキャッシュフロー | 88 |
| ● 投資と投機 | 92 |
| Make a Difference リスクオン、リスクオフ | 92 |
| まとめ | 95 |

## 投資 に関する金融英語 Investment ... 96

**COLUMN** 高頻度取引──もう1つの株式市場 ... 111

## Finance and Investment Terms
## LESSON 5　Leverage
### レバレッジ
～梃子とはさみは使いよう～

- ファイナンスにおける梃子の役割 ..................... 114
- レバレッジを使う・その1
　　——事業のレバレッジ（operating leverage）......................... 119
- レバレッジを使う・その2——銀行業（banking business）................. 120
- **Useful Tip** ラテンな英語（1）..................................... 122
- レバレッジを使う・その3——信用取引とFX............... 122
- まとめ ............................................................. 125

**レバレッジ**に関する金融英語 Leverage　126

**COLUMN** LBO（レバレッジドバイアウト）
　　——レバレッジを使った財務テクニック ........................... 138

## Finance and Investment Terms
## LESSON 6　Transparency
### 透明性
～バザール経済とアナリスト～

- 一見さんとバザール ................................................... 140
- 自由で効率的な市場とその規則 ...................................... 141
- **Make a Difference** 昔はなかったミドルオフィス ....................... 143
- 情報開示 ............................................................. 144
- **Useful Tip** 収益、利益を指す英単語................................. 146
- アナリストの役割..................................................... 147

- 占い師としてのアナリスト .................................................. 148
- まとめ .................................................................................. 149

**透明性 に関する金融英語 Transparency**　　150

**COLUMN** 利益相反とは何か？──鳥と獣とこうもり ...................... 161

**Finance and Investment Terms**
**LESSON 7　Liquidity**
**流動性**
〜潮の満ち干のように〜

- パリの両替商 ...................................................................... 164
- オファーとビッド ................................................................ 164

**Make a Difference** 風水とお金 ........................................... 166

- スプレッドと流動性 ............................................................ 167
- リーマンブラザーズの破綻と流動性 ................................... 170

**Useful Tip** おいしくてセクシーな金融英語 ............................ 174

- まとめ .................................................................................. 175

**流動性 に関する金融英語 Liquidity**　　176

**COLUMN** ポジションについて
　　　　　──結んで開いて .................................................. 182

## Finance and Investment Terms
### LESSON 8　Size　サイズ
〜大きすぎてつぶせない〜

- TBTFクラブ .................................................. 184
- もっと大きく——金融機関の集約 .................. 186
- **Make a Difference**　報酬とモチベーションの関係 ................. 189
- なぜ大きくなったか？ .................................. 190
- **Useful Tip**　国を指す英単語 .................................. 191
- 相互連関（*interconnectedness*）とモラルハザード ............ 192
- 改革とウォール街 ........................................ 194
- **まとめ** .................................................... 195

**サイズ** に関する金融英語 **Size** ........... 196

**COLUMN** 国際収支のキーワード——足し算、引き算、黒字、赤字... 209

## Finance and Investment Terms
### LESSON 9　Market　市場
〜虚と実の絡み合い〜

- 若いときの選択 ........................................... 212
- 付和雷同と売れ筋 ........................................ 213
- 他人の心理 ................................................. 214
- **Make a Difference**　履歴書と自己ブランド化 ................. 214
- 金融証券市場のフィードバックループ ............ 217
- 負のフィードバックループの例：格付け機関と欧州ソブリン債務危機... 219

| Useful Tip ラテンな英語（2） | 222 |
|---|---|
| まとめ | 223 |

## 市場 に関する金融英語 Market　224

**COLUMN** デリバティブ取引のタームシート──当事者間の賭けの条件... 230

## Finance and Investment Terms LESSON 10 Credit Rating
### 信用格付け
～格付け物語──ムーディーから現代まで～

- 格付け物語 ... 234
- ムーディーの時代 ... 234
- 格付け会社、機関になる ... 236

**Useful Tip** 会社を指す英単語 ... 237

**Make a Difference** 勝手格付け ... 238

- 競争激化 ... 238
- ストラクチャード狂想曲 ... 239
- 批判されても繁栄 ... 241
- 格付けとホームバイアス ... 243

まとめ ... 245

## 信用格付け に関する金融英語 Rating　246

**COLUMN** 流動性と支払い能力──2種類の金欠 ... 254

**番外編** Market Jargon　256

INDEX ... 260

# LESSON 1

## Value
### 価値
〜交換できる価値、交換できない価値〜

Finance and Investment Terms
# LESSON 1
# Value
価値

## かけがえのない価値とかけがえのある価値

この世にはかけがえのない価値があります。

家族、友達、恋人といった特定の人間の価値や、勇気や、誠実さや、努力や、やる気や、他人を助けたい気持ちといった精神的価値です。

「かけがえのない」とは、代わりになるものがない、つまりほかの何かと交換できないという意味です。交換できないから大きさを**金額**（*amount*）で表せません（図1）。

**経済活動**（*economic activities*）とは物とお金を交換する活動のことなので、お金と交換できない「かけがえのない価値（道徳的価値や、特定の個人、風景や匂いなど）」は**経済的価値**（*economic value*）ではありません。経済的価値とは、「かけがえのある価値」つまり「**数値化でき**（*numerical*）、**交換可能で**（*negotiable/tradable/exchangeable*）、**貨幣で表現できる価値**（*value which can be expressed in amount of money*）」だけです。

**値札**（*price tag*）が付いた、交換用に作られた**商品**（*products/merchandise*）は街に溢れています。クリスマスケーキ用のハウス栽培の高級国産イチゴは1パック1,000円くらいもしますが、露地物が出回る翌年の5月には1パック300円程度に値下がりします。iPhoneを購入した場合、本体価格は6〜7万円です（2013年2月時点）。

経済活動とは、こうした商品を作って売り、得たお金でまた商品を買うという**購買**（*purchase*）、**生産**（*production*）、**販売**（*sales*）の**循環**（*cycle*）にほかなりません。価値ある物を作って売るのが**製造業者**（*manufacturer*）なら、価値あるサービスを提供するのは**サービス業者**（*service provider*）です。**金融サービス業者**（*financial service provider*）は、余っている人から足りない人にお金を移動させ、付随する諸々のサービスを提供します。

「お金に換算したらどのような価値があるか(How much does it worth)？」——世の中のさまざまな物の価値がそのように問いかけられて**貨幣価値**（*monetary value*）に翻訳され、売買の対象にされます。

しかし、利潤を目的にあらゆる価値を貨幣価値に換算しようとすると、時として「かけがえのない価値」と衝突することがあります。たとえば、私たちの心には、友人にお金を貸して利息を取ることを後ろめたく卑しい行為と考える部分があります。「お金をあげてしまってもいい」と思えない限りは友人には貸さない方が良いだろうと感じられるのです。これは、ドライで利己的な交換取引は人間関係というかけがえのない価値を壊す側面があるためでしょう。ハーバード大学のマイケル・サンデル教授（*Michael Sandel, 1953〜*）は、その著書『それをお金で買いますか？——市場主義の限界（原題：*What Money Can't Buy——The Moral Limits of Markets, 2012 年*）』の中で、臓器売買や、公共市場施設の命名権のオークション、主治医の携帯番号など、昔は交換できなかったはずのものがお金と交換されるようになった社会を道徳的見地から批判しています。

また、ドイツの児童文学作家のミヒャエル・エンデ（*Michael Ende, 1929-1995*）は、利子につられて時間を銀行に預けることでそれを失い、同時に人生の意味を失う現代人の姿を描いた世界的ベストセラー『モモ

図1　交換できる価値とできない価値

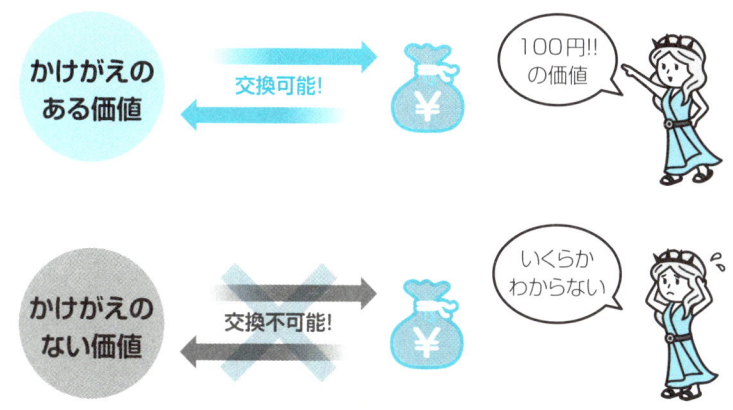

(*Momo*, 1973年)』で、お金に乗っ取られた社会に警鐘を鳴らしています。

## ◉ お金は価値の翻訳機

　お金は物やサービスと違い、そのものに**使用価値**（*utility*）がありません。それは**物と交換できる**（*exchangeable*）ことによって初めて価値を持ちます。

　具体例で見てみましょう。

　目下、イチゴ農家のモネタ（moneyの語源となった女神様の苗字です。16ページ参照）の手元には収穫したイチゴがあります。モネタはそのイチゴの一部を最新式のスマホと交換したいと考えています。イチゴは美味しいし、スマホは便利。どちらにも価値があることは確かです。とはいえ、**お金を媒介させずにこの2つを物々交換**（*barter*）するのはなかなか大変です。

　まず難しいのは、交換相手をタイミング良く見つけることです。そしてようやく見つかったとしても、今度はスマホとイチゴの**交換比率**（*exchange rate*）を決めるのが一苦労です。そもそも使い道があまりに違うイチゴとスマホの価値は比べようがないのです。「セックス・アンド・ザ・シティとウルトラマンはどちらが面白いドラマ？」、「リンゴとステーキはどちらが美味しい食べ物？」——聞かれた人はおそらく、「質問が変」、「ジャンルが違いすぎて比べられない」と答えるでしょう。異なる物や事象の価値の大小を比較するには、価値計測のための**共通の枠組みと尺度**（*common framework and measure*）が必要なのです。

　それがお金です。

　イチゴを元にスマホを入手したいのなら、モネタは、まずイチゴを買いたい人がいる**場所**（*market*）で手持ちのイチゴを売って現金を入手し、次にスマホを売っている場所で代金を払って買うべきなのです。

　モネタはイチゴ市場で手持ちのイチゴを100グラム250円で売り、スマホ市場でスマホを1台5万円で買いました。これでスマホとイチゴは金額という同じ土俵でその価値が比べられるようになりました。イチゴとスマホの**交換比率**（*exchange rate*）は、「スマホ1台＝イチゴ20キロ」と決まったのです（図2）。このように**お金は異質な物同士の交換のために**

> **図2　お金は価値の尺度**

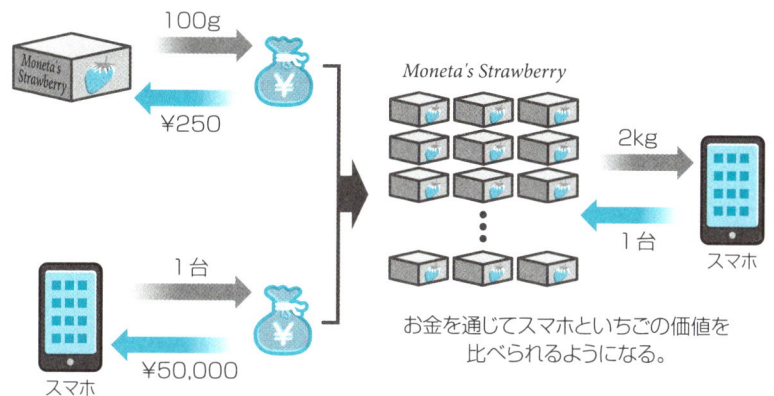

お金を通じてスマホといちごの価値を比べられるようになる。

価値を同じ土俵で比べられるようにする一種のコンバーター（*converter*）となり、「**いくら**（*how much*）」という物差によって異質な物の価値を次々に同一線上に並べていきます。

### お金は価値の冷蔵庫

　お金にはこうした価値の**翻訳**（*conversion*）機能のほかに、もう1つ重要な役割があります。**価値を貯める**（*storing value*）という機能です。

　物の価値は時間が過ぎるとどんどん下がっていきます。収穫後のイチゴの新鮮さが保たれるのはせいぜい1日で、果肉が傷み始めたらその価値はどんどん落ちていきます。一方、スマホの価値低下はイチゴほど速くはないものの、やはり新品のときの価値が最高で、使えば価値は下がり、発売から時間が過ぎると未使用の状態でも旧型品として価値が下がります。

　このように大半の物は、ひとたび**需要**（*demand*）が満たされればそれ以上求められなくなりますし、いつかは陳腐化していきます。

　これらに比べるとお金の価値はなかなか減りません。イチゴの販売代金をタンス預金し、1ヵ月後、スマホの売り手が見つかった時点で取り出しても、お金はイチゴと違い傷んだり陳腐化したりしていないでしょう。

## Useful Tip　お金を指す英単語（1）

通貨、貨幣、金銭、資金、現金、現生、カネ、ゼニコ……お金を意味する日本語が豊かなように、英語の表現も豊かです。俗語表現は *buck*、*yellow*、*chip*、*cheese*、*jack* など際限ありません。「*golden calf*（黄金の牛。旧約聖書に登場する古代イスラエル人が鋳造して崇拝していた牛。偶像的に崇拝される金銭や富のこと）」のような拡張高い表現もあります。

### *money*：支払い手段

ローマの造幣所を司る女神の *Juno*（ジュノー）の苗字「*Moneta*（モネタ）」が語源です。支払い手段として機能するものを広く指し、*cash* のほかに銀行預金なども *money* に含まれます。

日常用語としては、さらに広く富全般（*wealth*、*prosperity*、*plenty*、*fortune*）を指すこともあります。*monetize* は証券やアイディアをお金にすること。*fiat money* は1971年のニクソンショック後の金による裏づけがなく政府の信用のみに支えられるようになった不換通貨のこと。

### *cash*：現金、キャッシュ、現物

箱という意味の *capsa* というラテン語が語源です。衣装ケース、ショーケースなどの「ケース」、協同組織の金融機関である *Caisse*（ケッス、フランス語）、*Caixa*（カハ、スペイン語）も同じ語源です。現金のことですが、紙幣や硬貨の形で流通しているお金（*banknotes*）のみを指すこともあれば、銀行預金やクレジットカードも含めた広い意味の手元流動性を指すこともあります。

*cashflow*（キャッシュフロー、お金の流れ）、*cash management*（資金繰り管理）、*cash settlement*（現金決済）、*cash rich*（キャッシュリッチ、手元に現金を沢山持っていること）など、さまざまな用法があります。また *cash trade*（現物取引）というと *derivative trade*（先物、オプションなどの派生商品取引）や信用取引の対語です。

### *fund*：資金、基金、お金の集まり（*pool of money*）

ラテン語の「*fundas* ＝ 下の、基本の、土地の」から来ています。*foundation* は *fund* の派生語。「お金」という意味で使われると、*funds* と複数形になります。単数形で使われると、*hedge fund*、*mutual fund*、*gold fund* など、投資家の資金を集めて金融商品で運用するいわゆるファンド（投資信託、投資会社、組合）のことになります。

貯蔵されると *stock*、流れると *flow* になります。*flow of funds*（資金の流れ）は *cashflow* と同義。*funding* は資金調達のことで、*financing* と同義です。

それどころか、1ヵ月でも銀行に預金すればほんの少しですが**利息**(*interest rate*)が付いてきます。お金は価値が減らないだけではなく、**預金したり**(*deposit*)、人に**貸したり**(*lend*)、**投資する**(*invest*)ことで、時間の経過とともに価値が上がりさえします。

物が陳腐化するように、人もいつか死に、故人の身の周りの大半の物は持ち主の死とともに価値を失います。それに対し、その人が貯めた**富**(*wealth*)はその死を乗り越えて生きながらえます。

**遺産**(*inheritance*)となった死んだ故人のお金は**相続税**(*inheritance tax*)によって国有化されたり沢山の**相続人**(*heir*)に分割されて雲散したりしますが、富の価値は人の死を超えて続きます。

## お金は誰からも好かれる

また、お金は物と違い、いつでもどこでも**通用する**(*commonly accepted*)、つまり**流動性の高い**(*highly liquid*)資産です。

流動性が高いということはお金に使用価値がないことの裏返しでもあります(表1)。

スマホとリンゴのような物の使用価値は個別性が高いものです。Aさんにとって価値がある物やサービスがBさんにとって価値がないということは日常茶飯事です。パソコンを一度も触ったことのないお年寄りは最新式のスマホを買いたいと思わないでしょうし、筋金入りのAppleファンはアンドロイドのスマホ端末に心動かされないでしょう。これに対し、

▼表1　さまざまな価値の比較

|  | かけがえのない価値 | かけがえのある価値 | |
|---|---|---|---|
|  |  | モノやサービス | お金 |
| 具体例 | 愛、家族、命、景色、空気、勇気、誠実 | スマホ、イチゴ | 紙幣、クレジットカード、銀行預金 |
| 交換(流動性) | できない | できる | できる(極めて高い流動性) |
| 価値の尺度 | ならない | ならない | なる |
| 使用価値 | あったりなかったり | ある | ない |
| 価値の保存 | できたりできなかったり | できない | できる |

何とでも交換できるお金はどんな人にとってもそれなりの価値を持ちます。

また、物やサービスには、買いだめ、売りだめが難しいという性質があり、普通、人は一度に食べられる以上のイチゴを買ったり、同じ機種のスマホを何台も買ったりはしません。だから物の**需要**（*demand*）には限りがあり、物の市場は必ずどこかで**飽和**（*saturate*）します。これに対し、何とでも交換でき、価値を保存できるお金は「もう、沢山」と飽きられることがありません。お金の形で保有された価値は津々浦々で**決済手段**（*means of settlement*）として通用しますし、使い切れないお金は貯めておくことができます。

また、お金にはしまう場所がないとか、運ぶのが大変ということもありません。もともと**紙幣**（*paper money*）はかさばりませんが、クレジットカードや**預金通帳**（*deposit book*）上のお金は物理的な形や重さがない情報となり、**決済**（*settlement*）や**振替**（*transfer*）はコンピューター上の信号情報による交換そのものとなります。こうしたお金は、いくらあっても重かったりうんざりするということがなく、誰かに引き取ってもらいたいとも思わないものです。

## ● お金が腐るとき──インフレとデフレ

とはいえ、お金の**価値保存**（*storing value*）機能はいつまでも続くとは限らないので安心は禁物です。冷蔵庫に入れれば物は腐りにくくなるように、お金として保存された価値はたしかに減りにくくなります。それでも冷蔵庫内の物も油断すれば腐るのと同じで、お金の価値が絶対減らないかといえば、やはり減るときには減るのです。

お金を腐らせるのは**インフレ**（*inflation*）です（図3）。

インフレとは時間が経過する中でさまざまな物の**値段**（*price*）が上がっていく現象です。物価が上がるということは、**物とお金の交換比率**（*exchange rate*）が物に有利になっていく、つまり、お金が**減価**（*devalue*）していくことを意味します。（お金の量に対して）社会全体の物の量が不足したときや、**中央銀行**（*The Central Bank*）がお札を刷りすぎて、**世の中に流通する貨幣量**（*money stock in circulation*）が多くなりすぎたと

きにインフレが起こります。

インフレ環境下では（*in an inflationary environment*）、貯蓄（*money savings*）や債券（*bond*）など、お金に近い金融商品の価値は下がりますが、不動産（*real estate*）、美術品（*arts*）など、お金より物に近い実物資産（*real asset*）の価値は相対的に上がります。

反対に、お金の価値が時間とともに上がっていくのがデフレ（*deflation*）です。デフレになるとお金は時間とともに価値が上がっていくことから、誰もが現金を退蔵（*hoard*）するようになり経済が回転しにくくなります。

図3　インフレとはお金の減価

物理的な物の重さと違い、もともとお金の価値は、社会的基盤やそれを交換したり保存したりする人間の心理と切り離して独立に存在するわけではありません。その価値は、人間がお金に与える**信用**（trust）によって支えられており、信用がなくなれば崩れます。さまざまな時代に世界の各地で繰り返し起こる暴力的な**ハイパーインフレ**（hyper-inflation）は、お金からその機能と地位を奪います。ハイパーインフレーションといえば第一次世界大戦後のドイツが有名ですが、最近では、2007〜08年のジンバブエ、1992年〜94年の旧ユーゴスラビア、1990年のペルー、1993〜94年のアルメニアなどでも発生しています。ハイパーインフレは最悪の場合、通貨の流通停止によってしか止められなくなります。

## Make a Difference　取引できる領域

　人間は古来、交換（trade）だけでなく贈与（gift）、略奪（theft）、物々交換（barter）といったお金を介在させない価値移転の方法も営々と発達させてきました。お金と価値を交換する取引（trade）は長年、価値移転の方法の一つに過ぎませんでした。貨幣経済（money economy）が世界を覆うようになったのは人類の長い歴史の中ではごく最近の現象です。

　今でも生命、名誉、尊敬、忠誠といった一番大切な価値はお金と交換できません。また、私たちは愛、セックスといった価値は本来、無償で贈与されるべきと考えています。「国や民族」「他人の命」「人類愛」といった価値に命を賭ける行為は感動を呼びますが、保険金のための自殺は感動を呼びません。私たちがこのような感じ方をするということ自体、世の中には依然として取引不能な膨大な領域が存在し、お金による交換は万能でないことを示すものでしょう。

## 名目価値と実質価値

　お金で表示された価値、つまり**物価上昇**（*inflation*）を勘案しない見せかけの価値を経済用語で**名目**（*nominal*）価値、こうした価値の目減りを勘案した価値を**実質**（*real*）価値といいます。

　名目価値と実質価値は同じ対象を別の尺度で測ったものです。お金の価値が安定している世界では名目価値と実質価値にはほとんど違いがありませんが、インフレやデフレが進行する世界では、お金で計った価値は**本当の**（*real*）価値ではない、**見せかけ**（*nominal*）のものとなります。

　これをモネタのイチゴの例で見てみましょう。

　デフレ脱却に喜んだのも束の間、201X年、ついに日本はハイパーインフレに襲われました！

　モネタのイチゴの市場価格はわずか1ヵ月で100グラム250円から2,500円にはね上がりました。名目価値が一気に10倍になったイチゴを売ったモネタは、瞬時に**名目的な金持ち**（*nominal rich*）になりました。

　でもモネタが欲しかったのはお金ではなくスマホでしたね。

　スマホ市場に目を向けてみると、スマホはイチゴ同様に値上がりし、5万円から50万円になっていました。イチゴとスマホの値段は同じ時期に同じだけ（10倍）上がったため、モネタにとってイチゴとスマホの**交換比率**（*exchange rate*）は1ヵ月前と変わらず、「20キロ＝1台」のままでした。つまり、スマホを尺度としたイチゴの**実質価値**（*real value*）は値上がり前と変わらず、価値の上昇は**貨幣幻想**（*monetary illusion*）であり、インフレはモネタの**実質的な富**（*real wealth*）の増減に**影響がなかった**（*neutral*）ことになります（図4）。

　インフレが進行する世界では物の値段は刻々と変化します。緩やかなインフレのもと、景気が良くなり、株が上がり、借金の価値が下がれば人々は豊かさを実感できますが、逆に物の値段が上がるばかりで給料や年金や資産の価値が目減りするような状況ではインフレは災厄となります。

## 図4 名目と実質のちがい

名目(nominal)の世界

お金持ちになった!!

いちご 100g → ¥2,500 / ¥250 ×10倍

実質(real)の世界

と思ったのは幻想…

スマホ 1台 → ¥500,000 / ¥50,000 ×10倍

## 価値の変動

以上、さまざまなお金の特徴を見てきました。

**使用価値**（*utility*）がない代わりに**保存機能**（*storage function*）や**流動性**（*liquidity*）に優れているお金は現代社会に不可欠であり、**人の手から人の手へと渡っていく**（*circulate*）ことで、多くの物、サービス、そして情報の流通を可能にします。お金の価値は**信用**に支えられていることから、ひとたびそれが失われれば価値を失って交換手段の役割を果たさなくなります。

次のレッスン以降では、価値、お金、金融商品について、より詳しく掘り下げていきます。**時間**（*time*）、**リスク**（*risk*）、**投資**（*investment*）、**レバレッジ**（*leverage*）、**透明性**（*transparency*）、**流動性**（*liquidity*）、**サイズ**（*size*）など、さまざまな観点からお金と**金融証券市場**（*financial markets*）について学んでいきましょう。

### まとめ

1. 世の中にはかけがえのない(＝交換不能な)価値とかけがえのある(＝交換可能な)価値がある。
2. 経済活動とは価値ある商品を作り、それをお金に転換し、そのお金を再び商品に転換していくサイクルのこと。
3. お金は価値の尺度(異なる商品の価値が比べられるのはお金のおかげ)。
4. お金は価値の冷蔵庫(お金のかたちで保有する価値は減りにくい)。
5. お金には流動性がある(何とでも交換できるお金は決済手段として通用する)。
6. インフレやデフレでお金自身の価値も変動する。

## 価値に関する金融英語

# Value

1. (モノの本質的または相対的な)価値、値打ち、真価、有用性。*worth* ともいう。
2. (交換、購買、貨幣的な)価値、価格、対価。
3. (金を払っただけの)値打ちのもの。
4. 評価。「過小評価される」は *undervalued, understated, underrated*、「過大評価される」は *overvalued, overstated, overrated*。
5. 意義

### Valueの用法

| | | | |
|---|---|---|---|
| destroy value | 価格破壊する | preserve value | 価値を保持する |
| enhance value | 価値を上げる | restore value | 価値を回復する |
| loose value | 価値を失う | store value | 価値を貯蔵する |

### ここがポイント

- 金融証券市場では、value(価値)とprice(価格)は同一線上にあります。market value(市場価値)とmarket price(時価)は同義で、valuation(価値評価)とpricing(値付け)もコインの表と裏となります。

  **用例**
  *Back in 2000, financial markets valued global banks at two or three times the book value of their equity.*
  2000年当時は金融市場では国際的な銀行の株式を会計上の自己資本の2倍から3倍で評価していた。

- value はお金のことなので、face value は「額面価額」、trade value は「売買代金」となります。

- value の派生語である valid は有効な、根拠がしっかりした、正当な、という意味。動詞のvalidate は認める、検証する、有効にする、正当性を立証する、という意味です。

  **用例**
  *Emerging economy is eager for validation of its growing power.*
  新興国は自らの高まりつつある力が正当に認められることを欲している。

- 価値や価格は変動(fluctuate)します。本来の価格に割増分を払って買う(売る)ことは buy (sell) at a premium、本来の価格より割り引き価格で買うことは buy (sell) at a discount です。

## LESSON 1　Value — 価値

- **amount**　量、金額、全体的な価値
  ▷お金の量のこと。limit amount（限度額）、principal amount（元本額）、deposit amount（預金額）など、日本語の「額」に相当する。
  *amount to～*　合計で～になる

  **用例**
  *The repair bill amounts to JPY 10,000 yen.*
  修理費は1万円である。

- **book value**　簿価、帳簿価額、会計上の価値
  ▷会計上の値段、バランスシートに計上された金額のこと。*book*は会計帳簿のこと。
  *acquisition cost*　取得価額、取得原価
  *lower of cost or market*　低価法
  *price-to-book ratio, PBR*　株価純資産倍率
  *value at cost*　取得価額（原価）で評価する
  *valuation at cost*　原価法

  **用例**
  *He measures his firm's intrinsic value by monitoring its change in book value.*
  彼は自社の本源的価値を会計上の価値の増減で計測している。

- **market value**　時価、市場価格
  ▷市場で売買することができる値段のこと。*market price*、*current value*は類義語。
  ▷*market value*から*book value*を差し引いた金額は*unrealized loss/gain*（評価損益）。
  *mark to market*　時価評価する、値洗いする（手持ちのポジションや保有資産を市場価格で評価すること）

  **用例**
  *Some think banks are being overly punished by being forced to mark to market the investments they own.*
  保有有価証券の強制的な時価評価によって銀行は必要以上に厳しい扱いを受けているという者もいる。
  *current market value, CMV*　市場現在価値
  ☞127ページ

- **unrealized value**　含み益、未実現益、評価益
  ▷ポジションがオープンの状態でまだ現金化されていない利益、または帳簿上で未確定の利益のこと。*paper profit*（紙の上の利益）とも言う。含み損は、*paper unrealized loss*。

- **face/par value**　額面価額、額面価格
  ▷株式においては株券に記載されている金額、債券においては償還される元本額のこと。*face amount*ともいう。
  ▷債券は*face value*より高く取引されれば*trade on premium*、それ以下で取引されれば*trade on discount*となる。*par*は「同等の、等しい」という意味。
  *at parity*　（通貨などの価値が）1対1であること
  *on a par with～*　～と同等の
  *parity*　平価、同等なこと

  **用例**
  *Those bonds can trade at premiums, discounts or par value, depending upon market conditions.*
  それらの債券は市況により額面以上、額面以下、あるいは額面で取引されうる。

- **valuation**　価値評価、企業評価、査定
  ▷価値を計ること。転じて企業や資産の現在の価値を見極めるプロセスのこと。さまざまな方法がある。たとえばアナリストが企業価値を評価する場合には、その経営体制、財務内容、将来の収益見通し、資産の市場価値などを精査する。
  ▷*value*～は「何かの価値を計る」こと。ほかにも*appraise, evaluate, measure, assess, gauge*

など多くの表現がある。

**用例**
*The biggest issue with OTC securities is in valuing them on an ongoing basis, since they are not publicly traded and very illiquid.*
相対取引される有価証券の最大の問題は、非上場で流動性に乏しいために継続的な時価評価が難しいことである。

- **pricing**
  **価格を決めること、プライシング、値決め、値付け**
  ▷市場が特定の商品に与える*valuation*のこと。*quotation*ともいう。
  ▷市場で証券を*pricing*することはトレーダーの重要な役割。また、取引所(*exchange*)は流通株式の*pricing*の場である。
  ▷資産の適正な価値(*fair value*)が商品価格に反映されていない状態が*mispricing*である。高すぎても(*overpriced*)、安すぎても(*underpriced*)、*mispricing*はトレーダーやヘッジファンドの絶好の収益機会となる。

**用例**
*We argue that the systematic mispricing of sovereign risk in the eurozone intensifies macroeconomic instability.*
ユーロ圏のソブリンリスクに一貫して誤った値付けがされているせいでマクロ面の不安定性が高まると考える。

- **monetize 貨幣化する、換金する**
  ▷貨幣に転換すること。*monetize* 〜は、「〜を収益が上がるビジネスにする」という意味。
  ▷有価証券を現金化すること、換金売りすること。
  ***monetize debt*** 新規発行された国債を中央銀行が貨幣化する、つまり中央銀行券(*banknotes*)で購入する(引き受ける)ことで政府の財政支出(*fiscal expenditure*)をファイナンスすること。

**用例**
*Monetizing debt implies central bank buys bonds of the government by printing currency.*
国債の貨幣化(マネタイゼーション)とは中央銀行が紙幣を刷って政府の発行する国債を購入することである。

- **premium**
  **プレミアム、割増料金、割高な**
  ▷割高に払うこと、価値に対する上乗せ。対語は*discount*。
  ▷債券を*face value*以上で購入すると*buy at a premium*となる。
  ▷オプション料(オプションの権利に付けられる価値)
  ▷保険料(保険契約者が保険者に支払う報酬)
  ***liquidity premium*** 流動性プレミアム ☞178ページ
  ***risk premium*** リスクプレミアム ☞75ページ

- **nominal value 名目価値**
  ▷「単に金額で示された、名前だけの」価値のこと。対語は実質価値(*real value*)。経済指標の*nominal value*は調整前の価値、*real value*はインフレ要因や季節要因などの調整(*adjustment*)後の価値を指す。
  ***nominal GDP growth rate*** 名目経済成長率
  ***nominal interest rate*** 名目金利

**用例**
*Some argue that nominal GDP targeting will hurt the poor and defenseless.*
名目国内総生産を金融政策のターゲットとすれば貧しく脆弱な層に不利になるという者もいる。

- **relative value**
  レラティブ・バリュー、相対価値
  ▷特定の資産の価値をそれと類似した資産の価値を考慮して特定すること。
  ▷たとえば、株式の銘柄同士のPER(price-earnings ratio)を横比較すること。PERで測られた価値はrelative valueである。
  ▷対語はabsolute value(絶対価値。つまり横比較ではなく、その資産の本源的価値を財務分析を通じて割り出したもののこと)。

- **present value, PV**　現在価値
  ▷特定の収益率(rate of return)に基づいた将来のキャッシュフローの総和の現時点の価値のこと。PVを求めるために将来のキャッシュフローは一定の割引率(discount rate)で割り引かれる。割引率が大きくなればPVは小さくなる。
  net present value, NPV　正味現在価値(キャッシュの流入額から流出額を引いた金額を特定の割引率で割ったもの。投資プロジェクトの可否判断に使われる)。
  ☞Lesson4　投資　84ページ

- **intrinsic value**　本源的価値、本質価値
  ▷ファンダメンタル分析に基づく企業の真の価値。理論価値(theoretical value)も同義で使われることがある。
  ▷オプション価格の構成要素のうちオプション行使から得られる利益部分のこと。原資産(underlying asset)の価格がインザマネー(ITM, in-the-money)のときだけ存在する。
  ▷intrinsicは「本来備わっている」という意味。対語はextrinsic(外来の、非本質的な)。
  ☞オプション　130ページ

- **theoretical value**　理論値、適正価格
  ▷提案された理論に基づいて算出された価格のこと。数学的な計算結果に基づく合理的な結論。たとえば、ブラック・ショールズ・モデル(Black-Scholes model)や確率的ボラティリティ・モデル(stochastic volatility model)はオプションのtheoretical valueを算出するためのモデルである。
  ▷対語は実際値(actual value)。theoretical valueとactual valueのあいだには往々にして乖離(gap)が存在する。
  ▷企業や証券の価値評価(valuation)とは、特定のモデルに従ってtheoretical valueを算定する行為のことである。

- **liquidation value**　清算価値
  ▷企業が今、事業を停止してすべての資産と負債を清算(liquidate)したときに残ると思われる価値のこと。現金、有価証券、建物・不動産、機械設備などの有形固定資産に一定の掛け目を掛け、その合計から負債を差し引いた金額として算定される。
  ▷liquidationの対語はgoing concern(ゴーイングコンサーン、継続企業)。会計上の企業価値(corporate value)は通常、going concernを前提に評価される。

  【用例】
  *This company is traded at a significant discount to its liquidation value.*
  この会社は清算価値よりずっと安く取引されている。

- **forced sale value, FSV**
  強制処分価値、財産処分価額
  ▷不動産競売などで処分したときに受け取れると考えられる金額のこと。

- **salvage value**　救済価額
  ▷会計で使用期間(useful life)を終えた後の資産の価値のこと。残存価額(residual value)、

スクラップ価額(scrap value)とほぼ同義。

- **fair value**　公正価値、フェアバリュー
  ▷ 原資産(underlying asset)の価格から計算された先物(futures)の理論価格(theoretical value)のこと。原資産の金利や配当の水準で決まる。
  ▷ 活発な市場での時価(market value)のこと。IFRS（International Financial Reporting Standard、国際財務報告基準、アイファス）では、市場での価格(market value)が算定不能な資産に対しては、割引キャッシュフロー法(discounted cash flow method)などの評価手法で求められた使用価値に基づくfair valueの算出が求められる。

- **fair market value, FMV**　公正市場価値、適正市場価値
  ▷ fair valueと同義で、活発な市場での時価のこと。
  ▷ 不動産用語。一般に、知識と意思を持ち、買い急いでいない買い手が同じく知識と意思を持ち、売り急いでいない売り手に市場で支払うであろう物件の推定市場価値のこと。特定の人が特定の資産に一方的に与える本源的価値(intrinsic value)の対語。

  〖用例〗
  *Fair value will be determined using current and historical price information.*
  公正価値は現在の価格と過去の価格を用いて決定される。
  **net realisable value**　正味実現可能額
  (FMVから販売にかかるコストを差し引いた金額のこと)

- **trading value**　売買代金、約定代金
  ▷ 株式などの有価証券を売買した金額のこと。価格(price)×数量(quantity)＝約定代金(trading value)。手数料(commission)前のgross trading valueと手数料控除後のnet trading valueがある。
  ▷ 取引所(exchange)で特定期間に売られた金額と買われた金額の合計のこと(trading volumeは売買高、出来高。☞179ページ)。
  ▷ trading valueを時価総額(market capitalization)で割ると、売買代金回転率(trading turnover)になる。

  **on value basis**　金額ベースで
  **on volume basis**　数量ベースで

- **value investing**　バリュー投資
  ▷ 本源的価値(intrinsic value)より割安に取引されている株式を選んで投資すること。こうした投資を行う人はバリュー投資家(value investor / hunter)と呼ばれる。value investmentの古典的教科書は、ベン・グラハム(Ben Graham, 1894-1976)の『証券分析(1934年)』。代表的なvalue investorはウォーレン・バフェット(Warren Buffett, 1930-)。

  〖用例〗
  *One of the most important and difficult components of value investing is to determine whether you have found a real value stock or a value trap.*
  バリュー投資の最も重要で難しい点は、価値があるのに割安な株と値上がりの見込めない万年割安株の違いを見極めることだ。

- **value stock**　割安株、低位株
  ▷ 配当、利益、売上高といった銘柄の基礎的条件(fundamentals)と比べて安値で取引され、過小評価されているとバリュー投資家が考える銘柄のこと。value stockは一般に配当利回り(dividend yield)が高く、PBR(price-to-book ratio)やPER(price-earnings ratio)が低い。

▷対語は*growth stock*（成長株）。
☞101ページ

- **devaluation**
  通貨切り下げ、平価切下げ
  ▷*de-value*＝価値を下げること。転じて、国が自国の公式の為替レートを他の通貨に対して意志的に下方修正すること。
  ▷これに対し、デノミ（*change of denomination*）は、通貨のレートではなく（1万円を100円にするように）通貨の単位を引き下げること（☞197ページ）。

  用例
  *Most analysts expect the government to devalue the currency some time next year.*
  大半のアナリストは政府が来年のどこかの時点で通貨切り下げを実施すると予想している。

- **depreciation**
  減価、減価償却、価値の下落
  ▷物の価値の減価を会計上、認識すること。具体的には長期にわたって使用される有形固定資産を使用期間に費用配分（*allocate*）することを指す。これに対し、無形固定資産の償却は*amortization*。
  ▷毎年、同額を償却していく定額法（*straight method*）と、残存価額（*residual value*）を同率で償却していく定率法（*fixed-rate method*）がある。
  ▷*depreciate*は*devalue*と類語で価値を下げること、あるいは価値が下がること。対語は*appreciate*（価値の上昇、価値を上げること）。

  用例
  *The President's statement spurred speculation that the government will allow the country's currency to depreciate further.*
  大統領の声明は、政府は同国の通貨のさらなる下落を許容するだろうとの憶測を生んだ。

*accumulated depreciation*　減価償却累計額
*currency depreciation*　通貨価値の下落
*depreciation expense*　減価償却実施額
*estimated useful life*　耐用年数

- **inflation**
  インフレーション、インフレ率、物価上昇率
  ▷財やサービスの一般的価格が上がり、購買力が下がること。価格上昇の割合であるインフレ率を*inflation*ということもある。
  ▷予想インフレ率（*inflation expectations*）は人々の景気や物価への予想によって決まり、中央銀行の金融政策（*monetary policy*）は*inflation*の制御、物価の安定を一義的な目的とする。
  ▷ハイパーインフレーション（*hyper-inflation*）は、月率50％を超える強烈なインフレのこと。
  ▷動詞の*inflate*は空気、ガスなどで膨らませること、価格を吊り上げること。*inflate ball*はボールに空気を入れて膨らませること。対語の*deflate*は空気を抜いて萎ませること、意気消沈させること。

  注意！　*deflation*（デフレーション）は価格が持続的に下落していくことだが、*disinflation*（ディスインフレーション）はインフレのペースが緩やかになる（*decelerate*）こと、あるいは緩やかにすることを意味する。

  ***core inflation***　コア・インフレ（物価指数によって観測される物価変動のうち、生鮮食料品の価格など、一時的な変動を除去した基調的なインフレ率のこと。金融政策で重視される）
  ***CPI*（*consumer price index*）**　消費者物価指数（多くの国でインフレ率を示す代表的な物価指数）
  ***headline inflation***　ヘッドライン・インフレ（生鮮食料品やエネルギーなど季節的要因などに左右される項目も含んだ総合的なインフレ

率のこと）

***inflate value***(***cost***)　数値(コスト)を水増しする

***inflation targeting***　インフレ・ターゲティング政策(インフレ率に対して中央銀行が一定範囲の目標を定め、それに収まるような政策を行うこと。人々のインフレ予想の形成に影響を及ぼそうとする)

***inflationary***(***deflationary***)　インフレ(デフレ)傾向にある、インフレ(デフレ)の

- **reflation**　リフレーション、リフレ政策
  ▷ マネーサプライの増加や減税によって長期的なトレンド以下に落ち込んだ物価を上昇させ、景気浮揚させようとすること。デフレ克服の手段。
  ▷ インフレ・ターゲティングはリフレ政策の手段である。

- **value date**　受渡日
  ▷ 証券が受渡され(*deliver*)、売買代金が決済(*settle, clear*)される日のこと。決済日(*settlement date*)と同義。
  ▷ 日本株の現物取引(*cash trade*)のvalue dateは、取引が行われた約定日(*trade date*)から3営業日後(*T*+3)。
  ☞ settlement　(180ページ)

- **value-at-risk, VaR**　バリューアットリスク
  ▷ デリバティブなどの金融商品のリスク管理の手法の1つ。特定期間の資産価値の損失リスクの推定値のうち、統計上の信頼区間(*confidence interval*)で推定される最大損失(*maximum loss*)のこと。
  ▷ VaRは1990年代初頭から欧米の金融機関で利用されはじめ、1993年に発表された第2次BIS規制案(*Basel II*)から金融機関の市場リスク(*market risk*)の管理手法として日本でも急速に普及した。
  ▷ リスクの正規分布(*normal distribution*)を前提としていることから、資産価格が急激、かつ大幅に変動する局面のリスクを捉えられないことが多い。リーマンショック後の市場リスク管理はストレステスト(*stress test*, 健全性審査)で補完されるようになっている。

- **value chain**　バリューチェーン、価値連鎖
  ▷ 企業が最終的な付加価値(*added value*)をどのように生みだしているのかを測る枠組みの1つ。経営学者のマイケル・ポーター(*Michael E. Porter, 1947-*)が『競争優位の戦略(1985年)』の中で最初に用いた。
  ▷ 購買物流、製造、出荷物流、販売・マーケティング、サービスなどの個別機能が具体的な*value chain*である。決算説明会資料などで「わが社を取り巻くバリューチェーンとわが社の位置」のような用法で*value chain*が使われると業界全体の*value chain*と、その中でその会社が関与している*value chain*領域が色分けされて図示される。

用例

*Assessing GHG emissions across the entire value chain is becoming essential for any business serious about reducing its impact on climate change.*

バリューチェーン全体の温室ガス排出量を評価することは気候変動への悪影響を削減したいと真剣に考える企業にとって極めて重要となりつつある。

## COLUMN
## 経済学者が考えた価値
—— 源泉はどこに？

　経済学の誕生以来、多くの経済学者が価値の源泉はどこにあるのかという根本的な問題を考えてきました。流れをフォローしてみましょう。

**1. 重商主義の考え方 —— 価値の源泉はお金にある**
　15世紀半ばから18世紀にかけて、外部世界との交易によりヨーロッパに富が蓄積し、覇権国はポルトガル、スペイン、オランダ、イギリスと移り変わりました。この**重商主義の時代**（*the era of mercantilism*）、中心的だった考え方は、「価値の源泉は貨幣（金貨や銀貨）にある」というものでした。「アジアやアメリカに富がある」→「それを手に入れるには貨幣が必要」→「貨幣を手に入れるには貿易が黒字でなければならない」——こうした思考回路で、各国政府は輸出を増やして輸入を制限する統制色の強い経済政策を取りました。
　こうした経済政策は、次の時代の**自由放任主義**（*laissez-faire*）によって否定されました。今となっては過去の遺物のように見られやすい重商主義ですが、「お金こそが富。収入より出費を減らして富を溜め込む」という考え方は皮膚感覚として理解しやすいものです。重商主義的な思考は、「自国通貨安、輸出促進、外貨獲得」のような経済政策の形でどっこい生き残っています。

**2. 労働価値説 —— 価値の源泉は労働にある**
　商品の価値とは他人の労働量にほかならず、人が物を買うときに払うお金は、それを獲得するための労苦と骨折りの対価だという考え方です。この考え方を最初に唱えたのは近代経済学の祖、**アダム・スミス**（*Adam Smith*, 1723-1790）で、**デヴィッド・リカルド**（*David Ricardo*, 1772-1823）はそれを継承し発展させました。**マルクス主義**（*the Marxism*）の創始者、**カール・マルクス**（*Karl Marx*, 1818-1883）は、こうした**古典派経済学**（*classical economics*）による**労働価値説**（*labor theory of value*）を、「利益の源泉は労働者の労働と賃金の**不等価交換**（*unequal exchange*）による**剰余価値**だ」という**剰余価値説**（*the theories of surplus value*）に発展させました。
　「従業員の働きのおかげでわが社が成り立っている」と考える社長さん

や「お父さんが働いてもらっているお金のおかげで家族はご飯が食べられるのよ」と子供に説くお母さんは労働価値説に則った考え方をしているといえるでしょう。

### 3. 効用価値説——価値の源泉は効用にある

　生産面から商品の価値を見る考え方が労働価値説だとしたら、**効用価値説**（*the utility theory of value*）は価値を消費面から見る考え方です。効用価値説によれば、「1本のワインのためにどのくらいお金を払いたいか？」は、そのワインがその人にもたらす心理的、主観的な**効用**（*utility*＝消費によって得られる満足の水準）によって決まり、物の価値は効用に依存します。さらに効用は、複数の物のあいだの「**選好**（*preference*＝ほかのものよりある1つのものを好むこと）」を通じて数量化が可能です。1870年代、**オーストリア学派**（*the Austrian School*）の学者たちは、「効用はそれ以前にその人が保有していた財の量に反比例する」として、**限界効用逓減の法則**（*the law of diminishing marginal utility*）を唱えました。

　今日、「価値は消費者にもたらす効用にある」という考え方に基づいてさまざまな商品のマーケティングがなされています。

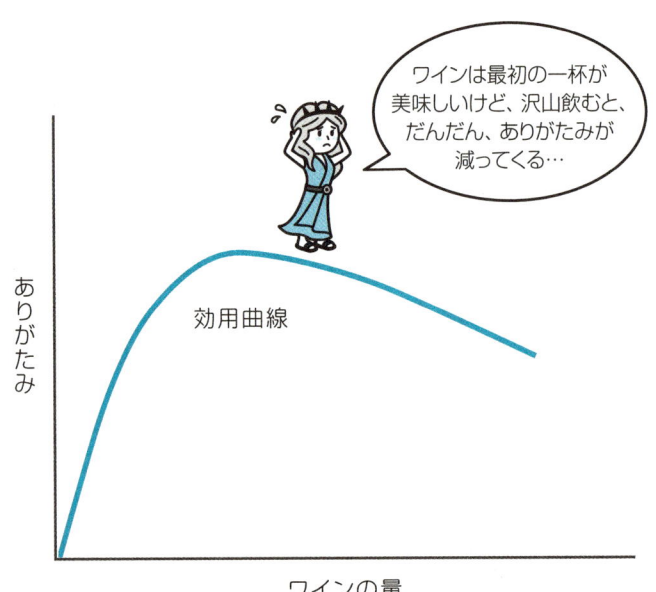

# LESSON 2

## Time
### 時間
～元手は子供を産み、そして孫が生まれる～

# Finance and Investment Terms LESSON 2

# Time
時間

## ● 賃借と時間

　世の中の貧富の差は拡大傾向にありますが、お金と違って時間は太古の昔から人に平等に与えられています。時間は貯めたり交換したりできないから、特定の人のところに偏るということがないのです。普通の人の100倍、「**お金持ち**（*money-rich*）」になれる人がいても、100倍、「**時間持ち**（*time-rich*）」にはなれる人はいません。人間の人生の持ち時間はもともと限られているうえ、年をとると残された時間はどんどん少なくなっていきます。

　**貸借**（*lease*）の取引ではこうした貴重な時間が物の値段の尺度として使われます。「今貸して（借りて）将来返してもらう（返す）」貸借取引は「**現在－未来**（*present-future*）」の軸に沿って行なわれ、貸し賃は時間の長さによって決まります。お金の貸借を仲介する**金融業**（*finance business*）は、その行為を通じて時間を取引の尺度として、時間の価値に**値付け**（*pricing*）していくのです。本レッスンではこのことをさまざまな角度から見ていきましょう。

## ● CDレンタル料と金利の違い

　お金の貸借に限らず、すべての**賃借ビジネス**（*leasing/rental business*）は「現在－未来」の時間の流れを軸にしています。

　たとえば、レンタルCDショップの**レンタル料**（*rental fee*）は、**貸付金の利息**（*loan interest*）と同じように、1日、1週間などの賃借の**期間**（*term*）に応じて決定されます。ただし利息とCDレンタル料は似ているようでその意味合いが違います。まずそのことを確認しましょう（図1）。

　CDレンタル業の生む価値は、1枚のコンパクト・ディスクの**使用価値**（*utility*）をレンタルの仕組みを通じて多数の人が共有できるようにする

## 図1　CDレンタル料と借金の利子の違い

**CDの使用価値を小口化**

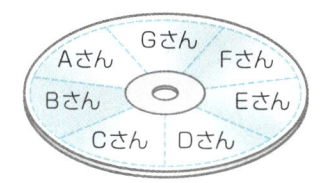

価格10,000円のCDの使用価値を100人で共有すると、1人当たりのコストは100円となる。この100円に店の経費を加えた金額がレンタル料。

**融資（金銭の消費貸借）**

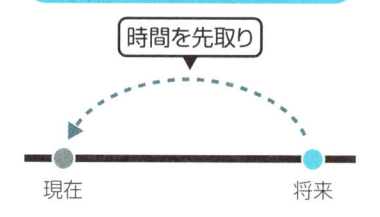

時間を先取り

現在　　将来

借り手はお金を借りることで、本来、将来にしか入手できなかったお金を今、入手して自分の投資や消費に使うことができるようになる。先取りの対価が利子。

---

ことで（つまり使用価値を小口化することで）、CD本体の販売価格より安い価格でその価値を提供することにあります。CDレンタル料は、使用価値を多くの人が時間差で共有できる仕組みによって、CD販売価格を**小口化した**（*sliced*）ものといえるでしょう。

これに対し、お金にはCDのようなコンテンツ、つまり使用価値（*utility*）がないので、その価値を多くの人が共有することができません。お金の貸し出しの価値は、借り手が時間を先取りできるようにするところにあります。貸し賃である利息は、借り手がそのお金を借りなければ将来にしか享受できなかったはずの価値を先取りして享受できるようにすることの**対価**（*price*）といえます。一方、貸し手側から見れば、利子は、**お金**（*cash*）を**貸出債権**（*loan*）に換えることで、貸出期間中、ほかの目的にそのお金を使う自由を失うこと、つまり**流動性**（*liquidity*）の喪失への**報酬**（*reward*）として捉えられます。

### 🔷 金融取引と時間

つまり**お金の融通**（*finance*）とは、借り手にとって将来にしか入手できないはずだったお金（*future value*）を**現在のお金**（*present value*）に

するために、将来と現在の価値の差額を当事者同士が**交換**（*swap*）するものといえます。

ここでモネタに再登場してもらいましょう。

Lesson 1でイチゴを売ってスマホを買ったモネタの行為に「現在－将来」の時間は関係しません。つまりそれは**商取引**（*commercial transaction*）であって、**金融取引**（*financial transaction*）ではありませんでした。

イチゴの収穫に先立つこと5ヵ月。真冬の1月のモネタの畑はまだ何も植えられておらず荒涼としています。スマホやタブレット端末など買いたい物が沢山あるモネタは、5月に収穫予定のイチゴの販売収入を見込んで借金することにしました。

モネタは銀行に事情を説明して**融資を要請**（*apply for a bank loan*）しました。銀行の**融資担当者**（*loan officer*）は早速、**信用調査**（*credit assessment*）のために畑に赴き、イチゴ栽培用の土地が確保されている様子を確認しました。**聞き取り調査**（*hearing*）や**信用情報**（*credit record*）のチェックの結果、モネタが信頼できる人物で、**犯罪歴**（*criminal track record*）がないことも確認しました。結局、銀行は**資金使途**（*use of proceeds*）の制限を設けず、イチゴの収穫を担保として100万円を5ヵ月間、モネタに貸し出し、それを105万円にして返済してもらう条件を提案し、モネタはそれに**合意**（*sign off*）しました（図2）。

### 図2　銀行とモネタの金融取引

今の100万円　　同価値！ *par*　　5ヵ月後の105万円

現在 *Present* 　　　　　　　　　将来 *Future*

- モネタは1月に100万円借りて収穫までの時間5ヵ月を節約し、その対価として5万円の利子を払う。モネタにとっても銀行にとっても、今の100万円と5ヵ月後の105万円は等価(par, equivalent)である。
- 現在と将来の価値が釣り合っている場合、つねに将来の方が金額は大きい。つまり今手元にある100万円は将来手に入る100万円より価値がある。

LESSON2 ●Timo ― 時間

## **Make a Difference** 現在と未来の裁定

「大人になったときのことを考えて少しは勉強しなさい！」——私たちは子どもに、まず義務を先に済ませ（*duty first*）、楽しみを先延ばしにし（*postpone gratification*）、将来に備えよ（*invest*）と説きます。なのに、「もし今日が人生最後の日だとしたら、今日やろうとしていることを私は本当にやりたいだろうか？（*if today were the last day of my time, would I want to do what I am about to do today?*）」と毎朝自分に問いかけた故スティーブ・ジョブズ（Steve Jobs, 1955-2011）に感動せずにはいられません。

ジョブズのこの問いかけを本気ですべての人が実践したら、おそらく、誰も嫌がる子供に勉強を強制しなくなり、余ったお金を金融証券市場に投資する人もいなくなるでしょう。

問題は、今日は人生最後の日かもしれないし、そうでないかもしれないということです。私たちは未来を予測せずにはいられない動物であり、しかもそれを確実に予測できません。過去と現実は確実なもの（*tangible*）ですが、未来はつねに不確か（*intangible*）です。このように現在と未来のあいだには非対称性がある（*asymmetric*）からこそ、現在と未来の裁定（*arbitrage*）はきわめて厄介な作業なのです。

### ● **利子の意味**

100万円を5ヵ月後に105万円にして返すという**融資契約**（*loan agreement*）では、銀行は100万円を貸す**対価**（*price*）としてモネタに5万円を要求しました。

どうして5万円なのでしょうか？

銀行は、5ヵ月後にモネタから返済されるまで、貸した100万円をほかの用途に使えなくなります。そこで、今使えるはずの100万円が5ヵ月先まで使えなくなる、つまり資金の流動性を犠牲にすることで失う**機会費用**（*opportunity cost*）はどれくらいかと考えます。

一方、モネタは、100万円借りることで本来、5ヵ月後にしか買えなかったはずのものを今買えるようになります。モネタは、今、スマホを買えるのと5ヵ月後に買えるのとでは「うれしさ」はどのくらい違うだろうか？　その**うれしさの違い**（*marginal utility*）に対してどれだけお金

を払いたいかと考えます。この「機会費用」や「うれしさ」が利子の価値といえます。

　とはいえ、現実の世界では**利子率**（*interest rate*）はそれほど自由に当事者の感覚だけでは決まりません。**資金調達**（*finance*）して、そのお金を融資に充てる貸し手の銀行には必ず**お金の仕入値**（*funding cost*）があります。**貸出金利**（*lending rate*）はこうしたコストを下回ることはできず、借り手側が交渉によって貸出金利を動かせる余地は限られています。つまり、現実には銀行の資金調達コストがモネタと銀行のおおよその取引条件を決めることになるわけです。こうした銀行の調達コストを決める元締めが究極的な貸し手である**中央銀行**（*The Central Bank*）です。中央銀行は景気の動向に応じて現在と将来のお金の配分比率を社会全体に対して決め、自らの貸し賃である**政策金利**（*policy rate*）を自行に口座を持つ**市中銀行**（*commercial banks*）の調達コストに反映させます。銀行はこうした資金の調達コストに借り手の**信用力**（*credit standing*）や差し入れられた**担保の質**（*quality of collateral*）、**他行との競合状況**（*competition*）などを勘案して個別の貸出金利を決めます。借り手の信用力が低ければ貸したお金が返ってこないリスクが高まるので金利は高目に設定されます。借り手から担保が差し入れられたり、他行とのレート競争が激しいと金利はやや下がります。

　借りた100万円を5ヵ月後に105万円で返すというモネタの取引の貸出金利を**年率換算する**（*annualize*）と約12.5％となりますが、この貸出金利（＝利子率）には次のような要素が含まれていると考えられます。

- 銀行の**調達原価**（*funding cost*）
- モネタの**貸し倒れリスクの対価**（*credit cost*）
- （現金をモネタの口座に振り込んだり、融資契約書を作成したりといった）銀行**サービスの対価**（*cost of banking service*）

## Useful Tip　お金を指す英単語（2）

金融英語には、お金そのものではないが、お金に近い概念を示す *credit, fund, liquidity* といった表現が頻出します。

***credit*：信用、功績、評価**

経済活動に対して信用を供与するとは、銀行が企業や個人にお金を貸すということで、*credit* とはそのようにして貸し出されたお金のことです。*lack of credit availability* は、いわゆる金詰まり、逆に *abundant credit* は金余りです。

会計用語で *credit* は貸方、*debit* は借方です。貸方のカードである *credit card* と借方のカードである *debit card* は使い手にとっての機能は似ていますが、その仕組みは正反対で、前者はお金を貸す（*credit*）カード、後者は預金口座からお金を引き落とす（*debit*）カードです。

*credit* には、功績、評価、「〜のおかげ」という意味もあります。証券会社で *sales credit* といえば、「証券の販売に対してトレーダーからセールスに配賦される社内売上」のこと。逆に *credit sales* となると、「クレジット商品を販売する営業担当者」のことです。

***liquidity*：流動性、換金しやすい資産**

*liquidity* は流動性、つまり現金や現金に類する換金可能な資産のことです。流動資産（*liquid/current asset*）は、液体のように流れやすい、換金しやすい資産です。

売りたいときに売れて、価格変動リスクが小さい短期証券（*short-term securities*）や手形（*bills*）は *liquidity* ですが、美術品（*art pieces*）や非上場株式（*unlisted stocks*）、土地（*land*）のように換金しにくい資産は *liquidity* ではありません。

*liquid*（流動性が高い）とは *marketable*（市場で取引しやすい）と同義であり、*liquidity* と *marketability* は同じように使われます。動詞形の *liquidate* は清算する、つまり、何かを売却して現金化すること、ポジションを手じまうことです。

⇒ *Lesson 7*　流動性　176ページ

***currency*：通貨、流通する貨幣**

日本円、英ポンドのような特定の国の通貨（=「流通貨幣」の略語）のことです。硬貨（*coin*）や紙幣（*bill*）などの銀行券（*banknotes*）のほかに、預金（*deposits*）も含まれます。

*current* や *flow* は、水や空気の流れのこと。貨幣は人々のあいだを転々としていく性格ゆえ *currency* と呼ばれるようになったのでしょう。*the key currency* は世界の基軸通貨、つまり米ドル（*US dollar*）のこと。

### 複利のメカニズム

次に利息が利息を生む**複利**（*compounding*）のメカニズムを学びましょう。

モネタが**元本**（*principal*）100万円を2年間、12.5%の利子率、**期末元本一括返済**（*bullet payment*）の条件で借りたとしたら、1年後には、利息12万5,000円、2年後には、利息と元本返済の計112万5,000円、合計125万円の現金を銀行に支払うことになります。10年間、同額を同条件で借りた場合、やはり年間12万5,000円の利息を10年間払い続けて最後に元本の100万円を返済しますから、支払合計額は215万円（12万5,000円×10＋100万円）となります。**支払利息の金額**（*interest amount*）は**借入期間**（*term*）に比例して増えていきます。

このように元本に毎年付く同率の利子だけを勘案する利息計算の仕組みを単利と言います。図3は、モネタが利率12.5%で100万円の融資を受け、それを10年で返済するまでの期間の**キャッシュフロー表**（*cashflow table*）です。こうした元本据え置き型の返済パターンは企業や政府が債券を発行して資金を調達するときに多く用いられます。個人の住宅ローンなどではこうしたパターンと違って**元利均等返済**（*level payment*）が行われること

#### 図3　モネタのキャッシュフロー表（単利）

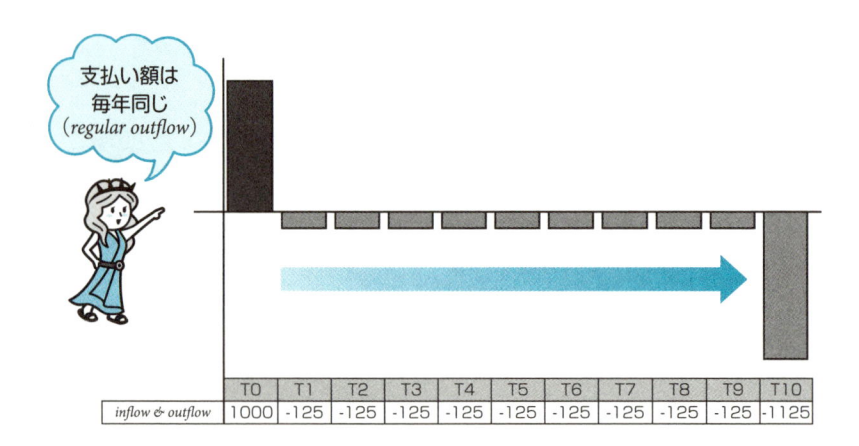

支払い額は毎年同じ（*regular outflow*）

| inflow & outflow | T0 | T1 | T2 | T3 | T4 | T5 | T6 | T7 | T8 | T9 | T10 |
|---|---|---|---|---|---|---|---|---|---|---|---|
| | 1000 | -125 | -125 | -125 | -125 | -125 | -125 | -125 | -125 | -125 | -1125 |

が多いですが、ここでは取り上げないことにします。

　一方、貸し手の**資金流入**（*inflow*）と**資金流出**（*outflow*）のパターンは基本的に借り手の反対ですが、銀行側のキャッシュフロー表はモネタのものと完全に対照的でないかもしれません。というのも銀行は、**受取利子**（*received interest*）をモネタ以外の人に「**孫貸し**（*re-lend*）」することで資金流入額を増やせるからです。これを利子の**再投資**（*re-investment*）といいます。仮にこうした「孫＝利子への利子」の利子率も12.5％なら、1年目の銀行の現金流入額は12万5,000円ですが、2年目の流入額は、モネタからの2回目の受取利子額に加え、前年度の利子の孫運用で生まれた約1万5,625円が加わって14万625円となります。同様にして3年目の銀行への流入額は15万8,203円となります。このように、利子が再投資されることで元手の増加は年ごとにスピードアップします。利子に孫の利子が付くような付利の仕組みを**複利**（*compounding*）といいます。複利による資産の増え方を示したのが図4です。

　もちろん、**受取利子**（*received interest*）をつねに同率で再投資できるとは限りません。それでも資金量の豊富な銀行が多くの借り手に分散してお金を貸し、**経費**（*expense*）を上回る規模（サイズ）の利ざやを安定的に

### 図4　銀行のキャッシュフロー表（複利）

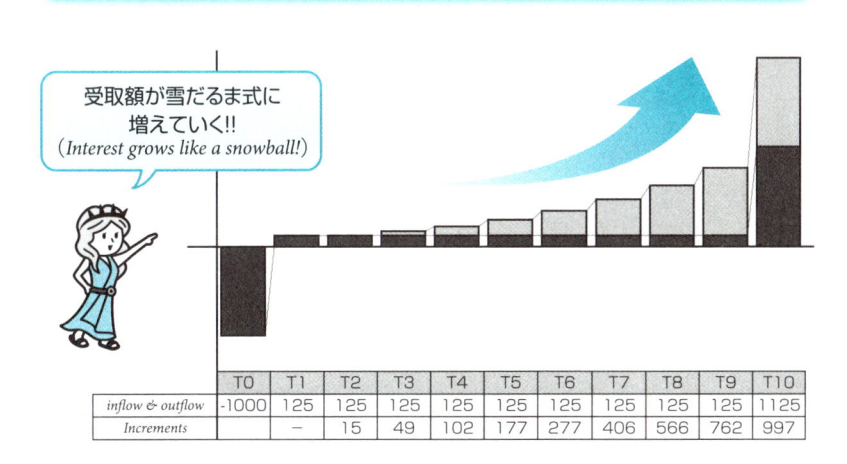

受取額が雪だるま式に増えていく!!
（*Interest grows like a snowball!*）

|  | T0 | T1 | T2 | T3 | T4 | T5 | T6 | T7 | T8 | T9 | T10 |
|---|---|---|---|---|---|---|---|---|---|---|---|
| inflow & outflow | -1000 | 125 | 125 | 125 | 125 | 125 | 125 | 125 | 125 | 125 | 1125 |
| Increments | – | 15 | 49 | 102 | 177 | 277 | 406 | 566 | 762 | 997 |

稼ぎ、その大部分を再投資していけば、その資産は雪だるま式に増えていく可能性が高いのです。「お金がお金を呼ぶ」という、貨幣の**自己増殖的**（*self-reproducing*）性格は複利のメカニズムに基づいています（一方、預金者の預金に対する金利の付き方には単利によるものと複利によるものがありますから注意が必要です）。

　ちなみに、**利子率**（*interest rate*）、**割引率**（*discount rate*）、**期待収益成長率**（*expected rate of return*）など、証券の価値計算で「**率**（*rate*）」と呼ばれる尺度はどれも**複利**（*compounding*）を前提としています。**経済成長率**（*GDP growth rate*）などの**経済指標**（*economic indicator*）も同じく複利の考え方に基づいています。

### ● 足し算の世界、掛け算の世界

　**富**（*wealth*）は時間に複利のメカニズムが作用して増えていきます。「**富める者はますます富み**（*For whosoever hath, to him shall be given, and he shall have more abundance.* マタイによる福音書13章12節）」という聖書の一節は、加速度的にお金が増える複利のメカニズムを暗喩しているようです。世界的ベストセラーになった自己啓発書『金持ち父さん貧乏父さん（原題：*Rich Dad, Poor Dad, 2002年*）』の中で筆者のロバート・キヨサキ（*Robert Kiyosaki, 1947–*）は、不動産投資が生む**収益**（*income*）の再投資を通じて資産と収益の規模を拡大して悠々と人生を楽しむ「金持ち父さん」と、退屈な長時間労働と引き換えの**月給**（*income*）が月々の**ローンの支払い**（*loan payment*）でことごとく消えていくインテリ公務員の「貧乏父さん」の違いを際立たせています。

　複利はスタート地点のわずかな違いを、いつしか桁違いの格差にします（図5）。単利では時間が過ぎても元本額はつねに一定なのに対して、複利では付利額が**元本化して**（*capitalized*）**幾何級数的**（*at a geometric rate*）に増えるためです。

　働いた時間を賃金の尺度とする時給労働者にとって、収入は労働時間に正比例し、その収入は1日24時間、1年365日の限界を超えられません。だから時給自体が上がらない限り、収入を倍増させるのは難しく、10倍にすることは不可能に近く、100倍の収入を得ることは永遠にないでしょう。

## 図5 単利と複利の違い

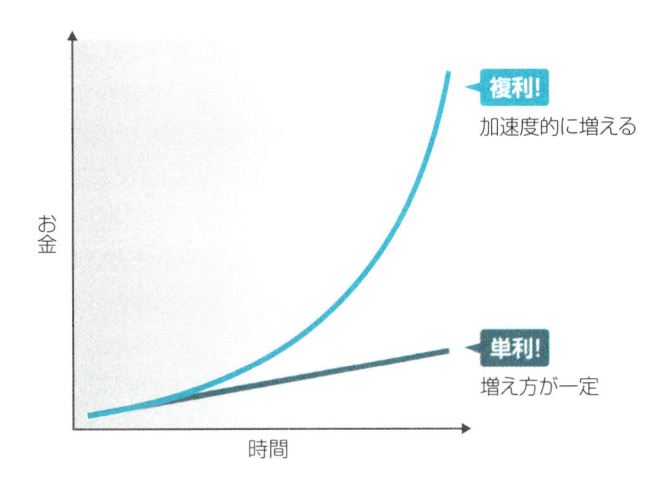

**複利！** 加速度的に増える

**単利！** 増え方が一定

（縦軸：お金、横軸：時間）

　一方、元手を**率**（*rate*）や**利回り**（*yield*）で運用する**資本家**（*capitalist*）はどうでしょうか？　時給労働者が時間の制約に足を引っ張られるのに対し、資本家は時間の力に逆に助けられます。年率10％で運用された10年後の資産は初期の元手の2.6倍に膨らみます。100年後には資産は当初の10倍以上となり、利子収入は初年度の25倍になるでしょう。

### ●現在価値とは何か？

　**現在価値**（*present value, PV*）とは、複利で増殖するお金の性質を前提として、**将来の特定地点のお金の価値**（*future value*）**を現在の価値**（*present value*）に引き直したものです。現在の価値が数年にわたり○○パーセントで運用されるなら、現在価値にその率を掛けていけば将来の価値が予測できます。同じように将来の価値をその率で割り引けば現在の価値が求められるのです。現在価値を求めるために将来価値を割り引く比率のことを**割引率**（*discount rate*）といいます。**割引**（*discounting*）と**複利**（*compounding*）は対になる概念で、割引も複利もその**規模**（*size*）は「率（％）」で表されます。特定の投資プロジェクトや企業の価値を求めるための割引率は**市中金利**（*market rate*）に適切なリスクプレミアム

（*risk premium* ⇒ 75ページ）を上乗せした水準に決定されます。

　たとえば、現在の915円を3年間3%で複利運用すれば、3年後の価値は、915×(1.03)$^3$＝1,000円となります。反対に3年後の1,000円の現在の価値は、1,000円÷(1.03)$^3$＝915円です。これは、3%という利子率と割引率で橋渡しされた現在の915円と3年後の1,000円の価値が同じだということです（図6）。

　現在価値や割引率という概念は金融の基本中の基本であり、とりわけ**プロジェクトファイナンス**（*project finance*）の**採算性**（*profitability*）の予想や**債券の価値評価**（*bond valuation*）に不可欠なものです。

　上記の例では単純に割引率と金利を3%と設定しましたが、現実の世界の割引率はもう少し複雑です。割引率は投資のリスクの大きさに応じて変化しますが、リスクに対する感じ方は人それぞれで主観的なので、ある人が特定プロジェクトの割引率を5%と考えても、違う人は10%であるべきだと考えたりするからです。また割引率は将来の金利予想によっても変わります。こうしたことには、次のレッスンで**リスク・プレミアム**（*risk premium*）と**将来の不確実性**（*uncertainty*）と**投資の収益性**

### 図6　現在価値と将来価値の関係

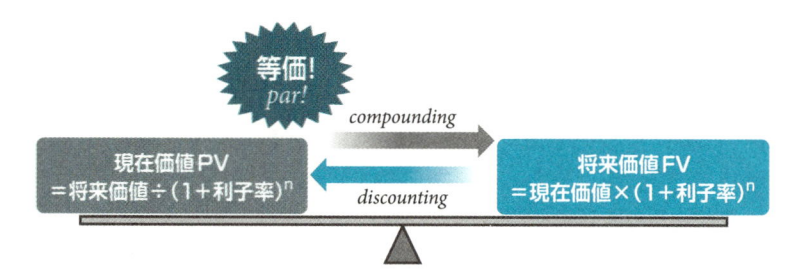

**等価！**
*par!*

*compounding* →

現在価値PV
＝将来価値÷(1＋利子率)$^n$

← *discounting*

将来価値FV
＝現在価値×(1＋利子率)$^n$

今、手元にある1ドルは将来手に入る1ドルより価値があるから、現在の1ドルと釣り合う将来の価値が1ドルより大きい。現在価値に収益率をn回、掛ければ将来価値が求められ、将来価値をその収益率と同じ割引率でn回、割れば現在価値が求められる。

（*return*）の関係を見ていくなかでもう一度触れたいと思います。

　また、割引率は**投資期間**（*term*）と収益率から逆算することもできます。こうしたことはLesson 4で、不動産や債券投資の利回り計算の方法を学ぶことを通じて改めて学習しましょう。

> **まとめ**
> 1. 金融とは将来と現在のあいだの価値の差の交換である。
> 2. 利子率（金利）はお金の貸し賃、つまり現在のお金と同額の将来のお金の交換比率のことである。
> 3. お金は複利運用によって増え方が加速していく。
> 4. 金利や経済成長率のようにパーセンテージで示される増率は複利の成長を前提としている。
> 5. 現在価値とは将来の価値を特定の割引率で割って現在の価値に引き直したもののことである。
> 6. 複利と割引率は現在価値と将来価値の橋渡しをする。

## 時間に関する金融英語

# Time

1. あらゆる事象がそれ以外の事象に対して持つ過去、現在、または将来といった順次的関係のシステムのこと。
2. 複数の事象が次々に起きるように見られる無限かつ連続的な期間のこと。

### ここがポイント

- financeは現在のお金と将来のお金を交換することです。動詞で使われると何らかの財源が資金需要を満たすこと、賄うことを指します。資金調達することは、finance, fund, raise moneyです。
- 時間(period of time, term)と金額(value, price)は金融取引の縦軸と横軸です。この軸に沿って時間の経過に伴う商品の価格推移を示したものがチャート(chart、罫線)です。historical dataとは、chartに示された過去の価格推移のことです。
- 時間の単位(time range/bucket/horizon)には、日、週、月、年などがあります。一日の値動きを示した日中チャートはintraday chart、日足チャートはdaily chart、週足チャートはweekly chart、月足チャートはmonthly chart。
- 債券市場では1年未満が短期(short-term, short-dated, short-run, near-term)、2年〜7年程度が中期(mid/medium-term)、それ以上が長期(long-term, long-dated, long-run)です。10年以上は、超長期(super long-term)です。
- これに対し、会計では1年未満が短期、それ以上が長期となります。期間1年未満の借入金は短期借入金(short-term debt)、それ以上が長期借入金(long-term debt)、1年未満の期間、継続的に保有される資産は流動資産(liquid assets)、1年超の資産は固定資産(fixed assets)です。

- **term**
期、期間、時間、期限、任期、条件、用語
*accounting term*　会計期間。通常は*fiscal year*(会計年度)が1期となる。
*early termination*　(スワップ契約などの)早期終了
*number of terms*　項数(*cashflow projection*などにおける「期」の数のこと)
*term deposit*　定期預金(一定期間、預けたお金が固定されている預金のこと。これに対し、出し入れが自由な預金は*current deposit, demand deposit*)
*term-end, end of the period*　期末(期首は*beginning of the term*)
*term loan*　タームローン、証書貸付(融資契約書に借り入れ金額、金利、期間、返済方法などが明記されている長期資金)
*term structure of interest rates*　金利の期間構造(債券の利回りと満期までの残存期間とのあいだの関係のこと)

*terminate* （取引、契約などを）終了する、解雇する
*terms and conditions* 取引条件、契約内容
*on a like-for-like basis* 既存店ベースで
*on MoM*（*month-on-month*）*basis* 前月比で
*on QoQ*（*quarter-on-quarter*）*basis* 前四半期比で
*on YoY*（*year-on-year*）*basis* 前年（前年同月、前年同期）比で
*year to date, YTD* 年初来

- **trailing** 直近の
  *trailing EPS*（*earnings per share*） 直近4四半期の一株利益の合計額
  *trailing PER*（*price-earnings ratio*） *trailing EPS*をもとにした*PER*（株価収益率）
  *trailing twelve month, TTM* 直近12カ月

- **maturity** 償還期限、満期、年限
  ▷元利の返済が終了し（*redeemed/repaid*）預金や債券などが存在しなくなるまでの期間のこと。債券用語。オプションやワラントなどの満期は*expiration*と呼ばれる。
  ▷*maturity*が到来することを*due*、それを過ぎることを*overdue*という。
  *ageing schedule* 償還期限や返済期限ごとに債務を集計した表のこと。満期表。
  *constant maturity swap* ☞131ページ
  *early redemption/prepayment* 早期償還、繰上げ償還（満期のある債券や投資信託を満期以前に償還すること）
  *maturity date* 償還日、満期日
  *maturity gap* マチュリティ・ギャップ（調達資金の返済期限と運用資金の回収期限のあいだのズレのこと）
  *maturity ladder analysis* 金利感応度分析（金利の変化によって債券や債券ポートフォリオの価値が変化する度合いについての分析）

*term*（*time*）*to maturity, current maturity* 債券の償還までの残存年限
*yield to maturity*（*YTM*） 債券の最終利回り

- **compound interest, compounding** 複利
  ▷元本が生み出した利子に孫の利子が付く仕組みのこと。
  ▷*compounding*によって元本が増える速度は雪だるま式に速くなる。

  (用例)
  *Most governments require financial institutions to disclose the equivalent yearly compounded interest rate on deposits or advances.*
  大半の国の政府は自国の金融機関に預金や手形貸付の利息を複利計算に基づく年率で開示するよう義務付けている。

  *compound annual growth rate, CAGR* 年平均成長率

- **discount** 割引
  ▷価値が割り引かれて低い状態にあること。割引率（*discount rate*）のこと。
  ▷債券価格が額面を下回っている（*under par*）こと。
  ▷（形容詞で）安売りされた、格安の
  ▷（動詞で）手形を割り引く、値引く

  (用例)
  *When a bond is sold at a discount, the amount of the bond discount must be amortized to interest expense over the life of the bond.*
  割引発行された債券の発行差金は償還までの期間、支払利息として均等償却しなければならない。

- **bill discount** 手形割引
  ▷手形を額面より安く買い取ること。

*deep-discount bond*　ディープディスカウント債（額面より2割以上、低く割り引かれて発行されている債券。低クーポン債）

*discount broker*　ディスカウント・ブローカー（投資助言を一切行わず、その代わり総合的なサービスを提供する証券会社に比べ安い手数料で売買注文の仲介を行う業者のこと）

- **discount rate　割引率、公定歩合**
  ▷割引キャッシュフロー分析（*discount cash flow analysis*）で、将来のキャッシュフローの現在価値（*present value*）を求めるのに使われる比率のこと。割引率は金利と将来のキャッシュフローの不確実性の両方を反映する。
  ▷市中銀行が中央銀行から短期資金を直接借り入れるときの金利のこと。*bank rate, base rate, repo rate* ともいわれる。米国連邦準備制度理事会（*FRB*）の公定歩合は短期手形（*bill*）同様、返済時の金額を *discount rate* で割り引いた金額を元本とすることから、「*discount*＝割引」という表現が使われる。

- **present value, PV　現在価値**
  ▷将来のキャッシュフローの流列を一定の *discount rate* で割り引くことで現在の価値に引き直された価値のこと。割引率が高くなると現在価値は小さくなる。
  *net present value*（*NPV*）　正味現在価値（キャッシュ流入額の現在価値と流出額の現在価値の差額のこと。これがプラスであれば、投資を行う価値がある）

- **time value　時間価値**
  ▷オプション用語。満期（*expiration*）までに残されている時間から生まれる価値のことで、オプション価格を構成する要素の1つ。将来の原資産（*underlying asset*）の価格変動からオプションに価値が生まれるかもしれないという期待感に基づくもので、満期までの時間が短くなり、価格のボラティリティが減少すると小さくなる。

  【用例】
  *The seller of an option attempts to benefit from the decay of the option's time value.*
  オプションの売り手はオプションの時間価値が時間とともに低下することを通じて利益を得ようとする。
  オプション　☞130ページ

- **forward**
  **前にある、将来の、フォワード契約**
  ▷商品、為替、指標を特定の数量、現在決める価格で売買する契約のことである「フォワード（先渡契約）」を *forward contract* という。
  ▷動詞になると *forward a mail* のように「転送する」という意味になる。
  *currency*（*foreign exchange*）*forward, FXA*　為替先渡契約（当事者間で将来の特定時点で売買する通貨の交換レートをあらかじめ約す譲渡不能な相対契約のこと。主にヘッジ目的で結ばれる）
  *forward guidance*　フォワードガイダンス（☞51ページ）
  *forward-looking statement*　将来予想に関する記述（☞160ページ）
  *forward rate*　フォワード金利（将来の金融取引に適用される金利のこと。対語は *spot rate* 直物金利）
  *forward rate agreement, FRA*　金利先渡契約（将来の金利を現時点で予約する相対契約のこと）

- **（weighted-）average life, WAL**
  **平均残存年限**
  ▷債券用語。早期償還（*early redemption*）の可

能性も勘案した債券の償還までの平均期間のこと。将来の全キャッシュフローを受領するまでの加重平均時間。
▷ life は「生きている時間」。"life of the bond" は、債券が「生きている」、つまり発行されてから償還されるまでの期間のこと。

(用例)
*Because of the ability of borrowers to prepay the underlying mortgage loans, mortgage securities are often discussed in terms of their average life rather than their stated maturity date.*
裏付けとなる住宅ローンは借り手が繰上げ返済できるため、不動産ローン担保債券はその償還年限ではなく平均残存期間が重要となる。

- **business day**　営業日
  ▷ ビジネスが行われる日のこと。通常、(祝祭日を除いた)当該国の月曜日から金曜日の午前9時から午後5時までのこと。金融市場では取引が行われる日は営業日と見なされる。対語は bank holiday。

  ***T＋α***　取引をしてからα営業日後に受渡決済が行われること。

  ***within xx business day(s)***　xx営業日以内に

  (用例)
  *Standard settlement periods for most currencies is 2 business days, with some pairs such as CAD/USD settling next business day.*
  大半の通貨の為替取引は取引から2営業日後に決済されるが、カナダドルと米ドルのような特定の組み合わせの為替取引は翌日決済される。

- **time series**　時系列
  ▷ ある現象の時間的な変化を連続的に、あるいは一定間隔をおいて観測した値の系列のこと。

  ***time series analysis***　時系列分析(経済データや業績データなどの基礎統計をグラフなどを用いて分析すること)

- **time horizon**
  計画対象期間、時間ホライズン
  ▷ 1分後、1日後、1年後、10年後、月末、年度末など、特定のプロセスを評価するための特定の将来の時点のこと。
  ▷ たとえば上場企業の決算の time horizon は一般に四半期(quarterly)、日本企業の中期経営計画の time horizon は3年程度である。

  (用例)
  *Politicians have short horizons defined by elections and asymmetric compensation functions.*
  選挙と(短期的な成功が報われるという)報酬の非対称性により、政治家の行動の視野は短期的となる。

  ***investment horizon***　予定投資期間
  ***short-term horizon***　短期の対象期間

- **time bucket, time range, time span, time frame**　時間単位
  ▷ 日や週など、生産管理スケジュールを立てたり、与信枠を設定するときなどに1ユニットとなる時間の単位のこと。

- **timeline**
  スケジュール、時間記録、時系列
  ▷ 主要な複数のイベントを特定の時間軸の中に記して説明を加えたもの。

  (用例)
  *G20 Leaders endorsed the timelines and processes for the implementation of policy measures to address SIFIs.*
  G20参加国の首脳は「システム上重要な金融機関(SIFI)」の問題解決のための施策実施の日程と手順を承認した。

- **cut-off　カットオフ**
  ▷特定された終了点のこと。
  【用例】
  *Order cutoff time is set at 5:00PM.*
  注文の締め切り時間は午後5時です。
  ***cut-off time*** 締め切り時間。送金や通貨オプションの満期が到来する具体的な時刻のこと。

- **track record**
  **トラックレコード、運用実績、履歴**
  ▷過去の記録。投資信託や投資ファンドなどの金融商品の過去の運用成果(*historical performance*)の履歴のこと。
  ▷良好な *track record* を持つファンドマネージャーは投資家から信頼され、資金が良く集まるため、ファンドの規模を拡大できる。とはいえ *track record* はあくまで過去の結果に過ぎず、将来も良好なパフォーマンスを上げ続けられる保証はない。
  ***high-water mark*** ハイウォーターマーク(投資ファンドが過去に達成した最高の価値のこと。この水準に基づいて運用成績に応じた運用者の成功報酬が決まる。もともとは高潮線のこと)

- **cycle　経済サイクル、景気循環**
  ▷拡大(*growth, expansion*)と後退(*recession, contraction*)のあいだの自然の経済変動(*fluctuation*)のこと。
  ▷*business/economic cycle* は人間の経済活動の変動のこと。金利や失業率などの経済指標から現在、サイクルのどのあたりにいるかがわかる。
  ***cyclical stock*** 景気循環株(反対は *counter-cyclical stock* ＝ディフェンシブ株)
  ***procyclicality*** 景気循環増幅効果、プロシクリカリティ(銀行への規制やその会計制度が信用創造メカニズムを通じて景気循環を増幅させる効果を持つこと)

- **interest　利子、利息、利益**
  ▷借りたお金に対して支払う対価のこと。
  ▷所有権や株式のこと。stake と同義(stake ☞102ページ)
  ***add-on interest*** アドオン方式で算定される利息(アドオン方式とは期間全体で返済する利息額と元本返済額の総和を割賦回数で割って1回の返済額を決めるやり方のこと)
  ***carried interest*** プライベートエクイティやヘッジファンドの成功報酬
  ***charge interest*** 利子を課す
  ***controlling interest*** (***stake***)　企業の支配権、経営権
  ***earn interest*** 利子収入を得る
  ***interest on ～*** 〜に対する利子
  ***pay interest*** 利子を支払う
  ***service debt*** 借金の元利払いをする
  ***yield interest*** 利子を生む

- **interest rate　金利、利子率**
  ▷一定期間におけるお金の貸し賃のレートのこと。年率(*annual percentage rate*)で示される。
  ***fixed*** (***floating/variable***) ***interest rate***　固定(変動)金利
  ***interest rate hike/cut***　利上げ／利下げ
  ***interest rate swap***　金利スワップ(☞131ページ)
  ***nominal*** (***real***) ***interest rate***　名目(実質)金利(☞26ページ)

- **policy rate　政策金利**
  ▷中央銀行(*the Central Bank*)が市中銀行(*commercial banks*)にお金を貸し出す際の金利のこと。*primary rate, repo rate, deposit rate, lending rate* など、国によってさまざまな呼び方がされ、その特徴も微妙に異なって

いる。ちなみに日本の現行の *policy rate* は無担保コール翌日物 (*overnight call rate, mutan rate*)、米国の *policy rate* は FF 金利 (*federal funds rate*) である。
▷ *policy rate* の上げ下げを通じて市中に出回る通貨量 (*money stock*) の調整する中央銀行の行動を金融政策 (*monetary policy*) という。

🟦用例

*As expected the central bank kept the key policy rate unchanged at 1.50% at yesterday's policy meeting.*
予想通り、中央銀行は昨日の政策会合で政策金利を1.50％で据え置いた。

***accommodative/expansionary monetary policy*** 緩和的／積極的な金融政策（利下げ、量的緩和など、景気浮揚のためのハト派的姿勢のこと）
***forward guidance*** フォワードガイダンス、時間軸政策（現在の金融緩和姿勢をいつまで継続するかについての政策当局者による意見表明のこと。長期金利を低目誘導するために2008年末に米 *FRB* が導入した）
***quantitative easing, QE*** 量的緩和 ☞177ページ

● **LIBOR, London Inter-Bank Offered Rate**　ロンドン銀行間取引金利、ライボー
▷ ロンドン銀行間市場で有力銀行 (*reference banks*) がユーロドル (*euro-dollar*) の短期資金を相互に融通する際の基準金利のこと。毎日、午前11時に複数の *reference banks* がさまざまな期間の貸出金利を値決めする。
▷ 2012年に *LIBOR* の値決めについての不正疑惑が報じられ当局による調査が続いている。
▷ 銀行の広義の資金調達金利 (*funding rate*) であり、企業向け貸付や金利スワップの基準金利である。一般に変動の貸出金利は「L+100 (*LIBOR* に1.00％ポイント上乗せした水準)」のように表現される。*LIBOR* と同水準の金利のことを *LIBOR flat* (ライボーフラット) という。
▷ 東京の銀行間取引金利は *TIBOR* (タイボー)。

● **long-term interest rate　長期金利**
▷ 1年超の貸出の金利のこと。指標となるのは10年物国債の流通利回り (*yield of new 10-year government bonds*)。
▷ 1年未満の貸出の金利は短期金利 (*short-term rate*)。指標となるのは政策金利でもある無担保コール翌日物金利 (*overnight call rate*)。

🟦用例

*The Federal Reserve chairman lauded his own "unconventional" policy measures for bringing down long-term interest rates, easing financial conditions, and reducing unemployment.*
米連邦準備制度理事会の議長は長期金利を低下させ、金融緩和をもたらし、失業率を減らしたとして自らが推進する「非正統的な」金融政策を自画自賛した。

● **prime rate　プライム・レート**
▷ 銀行が最優良の顧客に課す金利のこと。金利の自由化、金利スワップ市場の発達、大企業による資本市場での自由な資金調達などによって1980年代以降、重要性が低下した。

● **usury　高利貸し**
▷ 法定金利 (*rate allowed by the law*) より高い金利を課す行為のこと。*usury* を行う業者を *shirk, predatory lender* などという。

- **loan** 貸付金
  ▷貸し手が借り手に貸し出し、返してもらう権利 (=債権、*claim, credit*) を持つお金のこと。借り手側から見ると *debt, liability, obligation* になる。
  ▷*loan* の出し手は *lender*、あるいは *creditor*。受け手は *borrower*、あるいは *obligor*。
  ▷無担保短期資金の融通形態として *loan* 以外に前払金 (*advance*)、当座借越 (*overdraft*)、手形割引 (*bill discount*) なども利用される。
  ▷個別の貸付金である *loan* に対し、*credit* は、広くお金を融通する行為全体やマクロ的な融資、信用を指す。
  *bridge loan* ブリッジローン (つなぎ融資)
  *consumer loan* 消費財に対する無担保融資
  *corporate loan* 企業向け融資
  *disbursement* (金融機関による) ローン金額の払い込み。借手側からはドローダウン (*drawdown*)。
  *down payment* 頭金の支払い
  *home equity loan* 住宅担保ローン (日本にはない融資形態。住宅の正味価値を担保とし、これを融資限度額として組まれたローンのこと)
  *installment credit* 割賦信用
  *loan outstanding* 貸出金残高
  *mortgage loan* 住宅ローン (日本にはない融資形態。住宅の抵当権を担保として組むローンのこと。住宅の抵当権以外にはローンは遡及されないことから債務者が返済不能になった場合には住宅を手放せばローンを帳消しにできる)
  *non-recourse loan* ノンリコースローン (貸し手が求償できる範囲が担保物件から発生する収益と売却代金に限定される *loan* の形態。遡求権 (*recourse*) が借り手の資産に及ばない *loan*。不動産融資や *LBO* で活用される)
  *prepayment* 期限前済済、期限前償還、早期償還、繰上げ償還

  *refinance/roll over* 借り換える
  *retail loan* 個人向け融資
  *shop for credit* 「ツケ」で買い物をする
  *swing line loan* スイングライン・ローン (借入人が実行を申し込んだ当日または翌日に貸付実行を享受できるシンジケート・ローンのオプションのこと)
  *syndicated loan* シンジケート・ローン (複数の金融機関が協調して同一の条件・契約に基づいて融資を行うこと)
  *take back loan* 融資を取り消す
  *tenor* 返済までの期間、融資やスワップの年限

- **repayment** 返済
  ▷借り手が借りたお金を返す (*honor/repay/pay off/pay back/redeem/perform/reimburse debt/obligations*) こと。
  ▷*reimbursement, redemption* ともいう。

  用例
  *A credit rating agency measures the timely repayment of principal and interest of a bond.*
  格付け機関は債券の元利払いの確実性を測定する。

  *amortization* 期中に元本を少しずつ返済していくこと。
  *baloon payment* 融資期間の終わりに一気に元本を返済する返済形態。*lump-sum/bullet payment* ともいう。
  *early repayment/prepayment* 繰上げ返済／償還

- **commitment** コミットメント、約束
  ▷約束。*promise* と比べると「ほかのことを犠牲にしても必ず守るために最大の努力をしなければならない」という強いニュアンスがある。
  ▷銀行が特定期間に特定の金利で特定上限金

額までの融資を行うことを借り手に約束すること。*loan commitment*。
▷プライベートエクイティ、ヘッジファンドなどの出資約束金(パートナーシップ契約などで、運用者の要求があったときに投資家が払い込むことを約束した金額のこと)。*committed capital* ともいう。

### 用例

*Over 80% of all commercial bank lending to corporations in the US is done via bank loan commitments.*
米国の商業銀行の企業貸出の8割以上がコミットメントラインの提供を通じて行われている。

*cancel/duck a commitment* コミットメントを無効にする

*commit ～ for ××* ～を××のために拠出することを約束する

*commitment fee* コミットメントライン手数料(未使用のコミットメントラインや払い込まれていない貸付金に対して金融機関から課される手数料のこと。コミットメントの対価)

**注意!** *facility fee* も融資枠に対する手数料だが融資枠総額に対して課される。

*commitment line* コミットメントライン、融資枠(手数料を徴収して一定期間、極度額まで与信を与えること。顧客は同期間内であれば随時極度額まで引き出すことができる。*committed facility, credit line, back-up facility, credit facility* など同義)

*committed amount* 極度額(一定期間に要求があれば払い込むことを約束した金額のこと)

*committed capital* 授権資本(*authorized capital* と同義)、出資約束金

*enter into a commitment* 資金拠出を正式に約束する

- **facility**
  ファシリティ、便宜を図るもの、融通
  ▷与信者が企業や政府に与える正規の金融支援のこと。当座貸越サービス(*overdraft services*)、リボルビング・クレジット(*revolving credit*)、信用状(*letter of credit*)、融資枠(*credit line*)などがその例。
  ▷*facility* には *committed*(特定金額の供与を与信者が約束するもの)と *uncommitted*(そのような取り決めがないもの)がある。

## COLUMN
## 時間は神のもの？
――利子は不等価交換という価値観

　時間に値段が付けられるという考え方は近代以前には必ずしも一般的ではありませんでした。**アリストテレス**（*Aristotle*, 384bc-322bc）は、お金は本来、価値の交換に使われるもので、その貸し借りに値段が付き、それによって貸し手の富が増えるのは正しくないと考えましたし、中世**カトリック教会**（*the Catholic Church*）は、利子の徴収を「神に属する時間を盗む行為」として禁じ、**高利貸**（*usurers*）を非難しました。

　利子を否定する精神は、私たちが友人にお金を貸す時に感じるなんとなく居心地の悪い感覚として今も残っています。借りる人はお金が手元にないから借りるわけですが、それを返すには、その後、元本に加え利息分のお金もどこかで見つけてこなければなりません。利子を払うのに十分な利潤が経済活動によって生まれない環境で高利の融資が行われると、借り手は困窮し、貸し手は富む一方になりがちなのです。

　貨幣経済が発達した鎌倉時代以降、日本でも高利の融資はしばしば債務者の困窮につながり、為政者は徳政令によって借金をリセットすることで社会を安定させました。銀行による融資が一般化したのは、科学技術の発達や交易の拡大によって経済が右肩上がりに成長し、時間とともに社会全体の富が拡大するのが当たり前になった近代以降のことに過ぎません。ましてやレバレッジが金融技術として活用されるようになったのは、ごく最近のことです。

　今日も利子は**不等価交換**（*unequal exchange*）で、有利子融資はお金の間違った使い方だと考える人たちがいます。世界人口の4分の1近くを占める**イスラーム教徒**（*Muslims*）です。ここ数十年に発展した**イスラーム金融**（*Islamic finance*）では、**利子**（*riba*＝アラビア語で増殖という意味）の代わりに利益の**共有**（*mudharabah, profit-and-loss sharing*）を詠い、レバレッジ取引を否定します。6世紀のアラビア半島で生まれた宗教の教義に忠実に則ったイスラーム金融は、1960年代以降、中東やアジアでじわじわと拡大しています。宗教倫理に則って現代金融を見直し新たな枠組みを作り出そうとするその動きは実に壮大な試みといえるでしょう。

Finance and Investment Terms
## LESSON

# 3

## Risk

**リスク**

〜買わない宝くじは当たらない〜

Finance and Investment Terms **LESSON 3**

# Risk

リスク

### ◆ 確実なこと、そうでないこと

早速ですが問題です。

> **aとbの違いはどこにあるか？**
> a. 買ったイチゴを一週間、放置したら腐っている。
> b. 余剰イチゴをイチゴジャムにして販売したら完売した。

そうです。aは**確実な事象**（*certain events*）ですが、bは**不確実な事象**（*uncertain events*）です。イチゴを一週間、放置したら使用価値がなくなることは限りなく確実なのに対し、イチゴを加工して販売した場合、その売り上げはさまざまな要因に左右されるため、完売するかどうかは事前にわかりません。つまり、事象aにはリスクはなく、事象bにはリスクがあるといえます。

このように将来の事象は、確実なことと不確実なことに分けられ、その中間にはさまざまな段階の不確実性が存在します。さらにもう少し具体例を見ていきましょう。

一般に私たちは日常生活で体験する自然現象や身体的現象のかなりの部分を確実なものと考えています（図1）。

### 図1 将来起きる確実な出来事（*certain events*）——AならBである

- 朝になると日が昇り、夜になると日が沈む
- 春になれば花が咲き、秋になれば落葉する
- 山を登ると、山頂付近は中腹より気温が低い
- 朝礼で部長が話を始める。ただちに睡魔が襲う

A ➡ B

「人に親切にすれば、他人からも親切にされる」、「一生懸命勉強すれば、成績が上がる」、「約束を守れば、信頼される」といった道徳の法則も、特定の行動が特定の結果につながることを前提に成り立っています。もちろん、現実には他人に親切にしてもお返しに親切にしてもらえないし、一生懸命勉強しても成績は上がらないかもしれず、約束を守ってもそれだけでは信頼は得られないかもしれません。それでも私たちはそうした**結果**（*outcome*）が得られる可能性が高いと**仮定し**（*assume*）、なるべく他人に親切にし、一生懸命勉強し、約束を守ろうとします。このように人間社会の多くの事象は、**原因と結果**（*cause and effect*）の対応関係が確実だという前提に依っています。もし、こうした前提に対する信頼が失われたら社会は秩序を失って崩壊してしまうでしょう。

　ところが反面、世の中にはまるで当てにならないこともあるものです（図2）。

> **図2　将来、起きるかどうかわからない不確実な出来事**
> （*uncertain events*）――AだからBとは限らない

- サイコロを振って、6の目が出る
- 選挙に出馬し、当選する
- 株を買い、それが上がる
- お金を貸し、それが返済される
- ラブレターを出し、返事が返ってくる

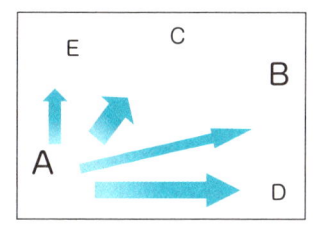

　結果が**運**（*luck*）に左右されるこうした事象は**水物**（*random events*）と呼ばれます。原因Aは必ずしも結果Bにならず、結果Cや結果Dになるかもしれません。こうした状況で必ず結果bにつながると信じて行動することが**賭け**（*betting*）であり、結果Bになると期待したにもかかわらず、結果がCやDになることがリスクです。

　こうした結果の**バラつき**（*deviation*）のリスクを金融証券市場の資産価格の変動の度合いに翻訳したものを**ボラティリティ**（*volatility*）と呼

びます。たとえば、200円になると期待して購入した100円の株が、期待が外れて50円や1,000円になることはリスクであり、その場合の株価の変動の大きさがボラティリティです。ボラティリティで捉えられたリスクは、**期待以下の結果となること**（*downside risk*）と**予期せぬ幸運**（*windfall*）、**好機**（*upside*）、**チャンス**（*chance*）に恵まれることの両方です。

　普通、リスクは望ましくない、取り除きたい事象として感じられますが、リスクの中には**保険**（*insurance*）や**ヘッジ**（*hedge*）といった技術で取り除けるものと、技術では取り除けないものがあります。リスクを取り除くためには、まず除こうとするリスクの性質が理解される必要があるからです。シカゴ学派の祖である**フランク・ナイト**（*Frank Knight*, 1885-1972）はその著書『*Risk, uncertainty and profit*（1921年、邦訳なし）』の中で、**リスク**（*risk*）と**不確実性**（*uncertainty*）を区別し、*risk*は過去のデータなどから**生起確率**（*probability of occurrence*）を**定量的に測定できる**（*measurable*）リスク、*uncertainty*はそのように**測定できないリスク**（*unmeasurable risk*）と定義しました（図3）。

### 図3　定量化できるリスクとできないリスク

**リスク①**
1年以内にBが起こる確率は40%、Bが起こらない場合はAかCが起こる。
Aが起こる可能性は30%でCが起こる可能性は20%である。

**リスク②**
Bは起こる可能性がある。しかし、いつ起こるかわからないし、どのようにBが起こるかもわからない。

ナイト先生の定義によれば、
①が*Risk*で、
②が*Uncertainty*だね!

## Make a Difference　直属の上司とリスク

　外資系企業では、自分の直属の上司のことを"*my reporting line*"といい、雇った人という意味の"*employer*"は勤務先の会社を指します。日本企業では上司が曖昧だったり、形式的な上司と実際に人事権のある人が異なっているケースがありますが、外資系企業では直属の上司こそ部下の職業上の生殺与奪の権利を100％握る人物であり、部下にとって最大のリスクです。誰が上司かは致命的に重要なので、必ず入社前に明確に確認しておく必要があります。上司は、部下の能力を査定（*appraise*）し、給料を見直し（*revise*）、引き留めるためのお金（*retention package*）を用意します。逆に上司は気に入らない部下に辞めてもらうお金（*severance package*）を用意し、解雇（*fire, separate, terminate*）します。仏であれ鬼であれ、部下の仕事ぶりを見守ってくれるのは基本的に直属の上司だけであり、だからこそ、直属の上司が首になったり部下を置き去りに転職してしまった場合、部下には危機が訪れます。その後、新しい上司が子飼いで転職してきたら、辞めた上司の旧部下は邪魔者として排斥されるリスクが高くなります。

### リスクを扱う仕事：保険業とギャンブル業

　ギャンブル業と保険業はいずれもリスクのある不確実な状況を取り扱う事業です。ギャンブル業は顧客に**リスクを提供し**（*provide with risk*）、保険業は顧客から**リスクを取り除きます**（*eliminate risk*）。方向性は逆ですが2つの事業の仕組みは似ています。ギャンブルのような投機的なリスクの取引には倫理的な問題が絡み、保険業者による契約の履行には確実性が求められることから、いずれの業種もタガがはずれることのないよう法律によって厳しく規制されています。

### ①ギャンブル業

　単純な例で**ギャンブル業**（*gambling business*）の仕組みを見ていきましょう。

> **例1：「サイコロモネタ」のサイコロ振りゲーム**
> イチゴ畑に新設されたカジノ「サイコロモネタ」は、賭け金200円を払った参加者がサイコロを振り、6の目が出ると1,000円の賞金が当たるゲームを運営している。

サイコロを振って1〜5の目が出れば参加者は**賭け金**（*banker's fee*）の200円を失いますが、6の目が出れば**賞金**（*award*）の1,000円から賭け金を引いた800円が得られます。賞金が当たる**確率**（*probability*）は6分の1です。一方、**胴元**（*banker*）モネタの**ペイオフ**（*payoff*）のパターンは参加者と反対、つまり6分の5の確率で徴収した200円の賭け金をまるまるポケットに収められるが、6分の1の確率で800円を失うというものです。参加者のリスクは6の目が出ないこと、モネタのリスクは6の目が出ることです（表1,2）。

▼表1 「サイコロモネタ」参加者のペイオフ

| 事象<br>(Event) | 結果<br>(Outcome, in JPY) | 確率<br>(Probability) | 期待収益<br>(Expectation, in JPY) |
|---|---|---|---|
| 1, 2, 3, 4 or 5 | −200 | 83.3% | −166.66 |
| 6 | 800 | 16.7% | 133.33 |
| | | Total | −33.33 |

▼表2 「サイコロモネタ」胴元のペイオフ

| 事象<br>(Event) | 結果<br>(Outcome, in JPY) | 確率<br>(Probability) | 期待収益<br>(Expectation, in JPY) |
|---|---|---|---|
| 1, 2, 3, 4, 5 | 200 | 83.3% | 166.66 |
| 6 | −800 | 16.7% | −133.33 |
| | | Total | +33.33 |

「サイコロモネタ」は、胴元モネタと参加者のどちらかが勝てばどちらかが負ける**ゼロサム・ゲーム**（*zero-sum game*）ですが、胴元と参加者の立場には非対称性があります。参加者にとって結果は偶然に左右される事象ですが、不特定多数の参加者と何度もゲームを繰り返している胴元モネタにとって結果は徐々に偶然に左右されない事象になってくるのです。**大数の法則**（*the Law of large numbers*）（図4）によれば6の目が出

### 図4 大数の法則

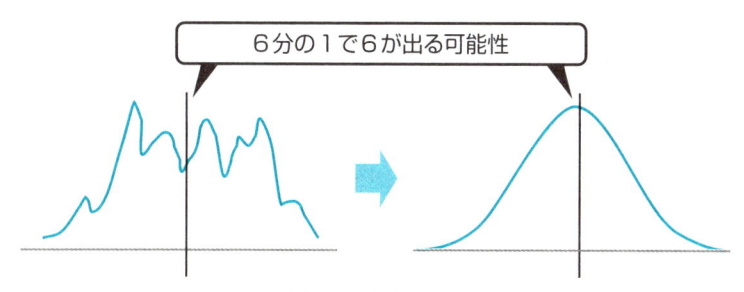

6分の1で6が出る可能性

サイコロを振る回数をふやしていくと
6分の1の確率で6の目が出る確実性が増していく

る確率は6分の1だから、これに基づいて賭け金と賞金を値付けした場合、モネタの**もうけ**（*payoff*）は、ゲームの回数が増えるに従って確実になっていくのです。モネタの**ゲーム当たりの期待平均収益**（*expected payoff per game*）は、$200円 \times \frac{5}{6} - 800 \times \frac{1}{6} = 33.33円$、つまり、ゲーム1回当たり33.33円とになり、「サイコロモネタ」のゲームの**控除率**（*edge*）は16.7％（33.3円÷200円）となります。

このような単純なゲームでは胴元のもうけが参加者に丸見えですが、実際のギャンブルの控除率はこれより低く抑えられており、しかもそれが参加者に意識されないよう巧みに仕組まれています。

### ②保険業

**保険業**（*insurance business*）の補償の仕組みはこうした「サイコロモネタ」のゲームの仕組みと基本的に同じです。

> **例2：「モネタ保険」の新商品**
> モネタの国の宅配業者は、商品の配送が指定時間に遅れれば1件当たり1,000円のペナルティを顧客に支払わなければならない。予期せぬ渋滞や、届け先住所の入力ミスなどで不慮のペナルティが発生することが宅配業者の悩みの種だった。ここに事業機会を見た「モネタ保険会社」は、宅配業者の配送時間超過ペナルティを全額補償する「ペナルティ補償保険」を発売開始した。

モネタ保険に加入すれば、宅配業者は遅配によるペナルティ支払いのリスクを保険会社に**転嫁し**（*pass through*）、収益の不確定要因を取り除けます。こうした商品を提供するため、モネタ保険は潜在的な損失を**補償**（*cover*）しても全体として自社に損失が出ない水準の**保険料**（*premium*）を設定しなければなりません。そのため過去のペナルティの発生確率を統計的に測定し、どのような保険料率でリスクを**引き受け**（*underwrite*）たらよいか計算します。**過去10年のデータ**（*10 year-historical data*）の分析の結果、遅配は宅配業界全体で配送6回につき1回の割合で発生し、ペナルティの平均金額は1,000円だったことがわかりました。事故の発生確率とペナルティ金額は今も昔も安定的で、地域や業者による偏りが小さいこともわかりました。

　つまりデータに基づけば、平均1,000円の**保険金請求**（*claim*）が**保険契約**（*policy*）6件に1件の割合で発生し、こうしたリスクをカバーする保険契約1件当たりの**平均予想原価**（*average expected cost*）は、1,000÷6≅166.66円であると算定できました。モネタ保険はそれに**利幅**（*margin*）を乗せて保険料を200円に設定しました。あとは大数の法則に則って、事故が6分の1で発生する確率を上げるため、なるべく多くの宅配業者から幅広く契約を取ればよいことになります。

　この保険の販売を通じ、モネタ保険は1件当たり33.33円（200円－166.66円）の予想収益が得られる計算です（表3）。

▼表3　モネタ保険の予想収益

| 事象<br>（*Event*） | 結果<br>（*Outcome, in JPY*） | 確率<br>（*Probability*） | 期待収益<br>（*Expectation, in JPY*） |
|---|---|---|---|
| 遅配事故が発生しなかった保険契約 | 200 | 83.3% | 166.66 |
| 遅配事故が発生した保険契約 | －800 | 16.7% | －133.33 |
| | | Total | 33.33 |

### リスクテークとリスク回避

サイコロモネタとモネタ保険のいずれにとっても、商売の要はデータに基づいて**高い精度でリスクを値付けをする**（*accurate risk pricing*）ことです。値付けが正確なら、あとは**リスクを分散して**（*diversify risk*）**取引量を増やせば**（*increase transaction volume*）、収益の規模は自然に拡大します。

一方、サイコロモネタとモネタ保険の最大の違いは、リスクに対する**方向性**（*direction*）です。サイコロを振って偶然、6の目が出ること、宅配便のドライバーが不慮の事態で予定時間内に配送できなくなることはいずれもリスクです。このリスクをギャンブル業は顧客に積極的に提供しようとするのに対し、保険業は取り除こうとします。

「**取り除く**（*eliminate*）」という言葉にあらためて注意しましょう。本レッスンの前半で、リスクを取り除くには、そのリスクの規模を**定量的に測定**（*assess, measure, gauge*）する必要があるという点を見ました。リスクを「取り除く」には、当たり前のようですが、まずそこにリスクが存在していなければなりません。「**保険を買う**（*buy insurance coverage*）」ことは、すでに別の場所で取っているリスクを**相殺**（*offset, immunize, compensate*）する目的のリスクテークであり、それがギャンブルと決定的に違うのです。保険契約のようにリスクを相殺する取引を**ヘッジ取引**（*hedging transaction*）といいます（図5）。

#### 図5　賭けとヘッジの違い

**サイコロモネタの顧客**
（*gambler*）

6の目が出れば
1,000円もらえる

裸の取引
6の目が出ることに賭ける

**モネタ保険の顧客**
（*hedger*）

事故が起これば
1,000円もらえる　→ *Hedge!* →　事故が起これば
1,000円失う

反対の方向の2つの取引によって
損失と利益を相殺

**裸のリスクを取るのが賭け。
裏にあるもう1つのリスク事象を相殺するのがヘッジ取引。**

ちなみに保険業では、**被保険者**（*insured*）がヘッジ目的以外で**保険契約**（*insurance policy*）を結ぶことで新たなリスクを取ることが禁じられています。保険がギャンブルになることを防ぐためです。保険会社は**原資産**（*underlying asset*）を持たない人の保険を引き受けてはならず、損害が発生したとき被保険者はその損害の範囲を超える**賠償**（*indemnity*）を受けられないことが世界各国の保険法で定められています。
　モネタ保険の例でいえば、ペナルティ補償保険は、遅配リスクを抱えた「原資産（配送料収入）」を持ち、それをヘッジしたい宅配業者だけを対象とした商品であり、それ以外の人が、自分以外の第三者の遅配リスクに当て込んで買うことはできません。
　一方、不思議なことに、保険と同様の効果を持つ**クレジット・デフォルト・スワップ**（*CDS*, ⇒131ページ）では保険業で禁止されていることが許されています。CDSは企業の**債務不履行**（*default*）リスクを対象にしたデリバティブ商品です。CDSの購入でヘッジされるべき原債権を持たない人が、**参照企業**（*reference entity*）が**倒産する**（*go default*）あるいは信用力が悪化する可能性に賭けてCDSを買う取引は**裸の取引**（*naked trade*）と呼ばれています。**リスク愛好者**（*risk lovers*）によるCDSの「**裸の買い**（*naked trade*）」は一種の「信用力の**空売り**（*short-selling*）」であり、投機的なCDSの買いは原債権の価格を押し下げ、参照企業の調達コストを上げるはたらきをします。こうしたことから、とりわけ、投機筋の行動が**ソブリン債務危機**（*sovereign debt crisis*）を深刻化させているヨーロッパでは、**国債**（*sovereign debt*）に対する裸のCDS取引が規制されるようになりました。

## Useful Tip　どこかで聞いたギリシャ文字

　中高生時代の数学の授業では円周率のパイ（π）、三角関数のシータ（θ）、微分のラムダ（λ）、積分のシグマ（Σ）などのギリシャ文字（*the greeks*）が登場しました。数学にギリシャ文字が登場するのは、その学問としての源流が遠く古代ギリシャにあるためです。

　金融業界は1980年代までは数学や*greeks*とは比較的縁の遠い業界でしたが、金融工学がデリバティブをはじめとする新たな商品や市場を生み出し、大学発のファイナンス理論が実務に応用されるようになると、ギリシャ文字が金融業界、とくにデリバティブの商品開発、リスク管理、資産運用などの分野にも登場するようになりました。

　アルファ、ベータまではわりと一般的ですが、セータやベガまで知っているあなたは相当な達人（！）です。

*alpha*（α）：アルファ
　銘柄固有の特性に基づいた、ベンチマークに対する超過リターン（*excess return*）のこと。リスク調整後のパフォーマンス尺度の1つ。企業の経営力、収益力などが源泉となる。

*beta*（β）：ベータ
　銘柄と市場ポートフォリオとの相関を示す指標で市場感応度（*market sensitivity*）ともいう。β値が1より大きければ、市場全体よりボラティリティが高く、小さければボラティリティが低いことを示す。

*delta*（δ）：デルタ
　原資産（*underlying asset*）の価格変動（*volatility*）に対するオプション価格の変化の度合いのこと。

*gamma*（ε）：ガンマ
　オプションの原資産の価格変動に対するオプションのデルタ値（δ）の変化の度合いのこと。

*rho*（ρ）：ロー
　金利水準の変化に対するオプション価格の変化の度合いのこと。

*theta*（θ）：セータ
　満期までの時間の変化（*time decay*）に対するオプション価格の変化の度合いのこと。

*vega*（ν）：ベガ
　原資産のボラティリティの変化（*change in volatility*）に対するオプション価格の変化の度合いのこと。

### ● リスクとリターンの関係

　リスクを高める (enhance risk) とは、期待される結果 (expected outcome) が起きる確率 (probability) を小さくし、その分、期待される結果の水準 (level) を上げていくことにほかなりません。

　下はハイリスク・ハイリターンにバージョンアップした「サイコロモネタ」です。

> **例3**：「サイコロモネタ」のサイコロ振りゲーム　Ver.2.0
> 「サイコロモネタ」は、より大きな刺激を求める顧客のために新ゲームを導入した。
> 新しいゲームは賭け金200円を徴収して参加者に2度サイコロを振ってもらい、6のゾロ目（2度連続して同じ目が出ること）が出た人に賞金を出すというものである。従来のサイコロゲームの賞金は1,000円だったが、新しいゲームでは6,000円に設定された。

　サイコロを2度振って2度とも6の目が出る確率は、例1のゲーム（⇒60ページ）で1度6の目が出る確率よりずっと低い、36分の1 $\left(\frac{1}{6} \times \frac{1}{6}\right)$ です。賭け金200円を失う確率は36分の35ですから、参加者はその分高い賞金を求めます。胴元モネタは6回に1回の代わりに36回に1回しか賞金を払わなくても良くなった分、賞金を従来のゲームより高額に設定できるようになります（表4）。

▼表4　「サイコロモネタVer.2.0」の参加者のペイオフ

| 事象<br>(Event) | 結果<br>(Outcome, in JPY) | 確率<br>(Probability) | 期待収益<br>(Expectation, in JPY) |
|---|---|---|---|
| 6のゾロ目以外 | −200 | $\frac{35}{36}$ | −194.44 |
| 6のゾロ目 | 5,800 | $\frac{1}{36}$ | 161.11 |
|  |  | Total | −33.33 |

このゲームの例と同じように、事業や金融商品への投資は、そのリスクが高くなれば高くなるほど（つまり、望んだリターンを達成できる確率が低くなればなるほど）、**報酬**（*reward*）として高いリターンを要求出来るようになります。反対に、まったくリスクのない資産の期待リターンはどのようなリスク資産のリターンよりも低くなります。こうしたリスクとリターンの関係を**トレードオフ**（*risk return trade-off*）といいます。

この関係を示したのが図6のグラフです。

### 図6　資本資産評価モデル(CAPM)によるリスクとリターンのトレードオフ

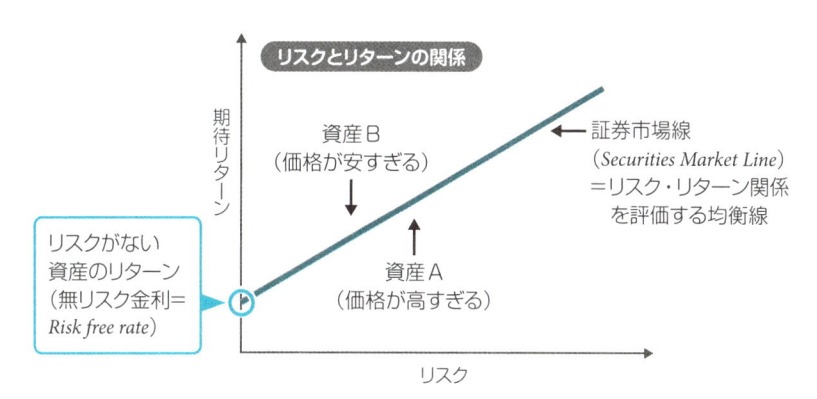

**リスクとリターンの関係**

- 期待リターン
- 資産B（価格が安すぎる）
- 資産A（価格が高すぎる）
- リスクがない資産のリターン（無リスク金利＝*Risk free rate*）
- 証券市場線（*Securities Market Line*）＝リスク・リターン関係を評価する均衡線
- リスク

リスクが高くなると期待リターンも高くなる。証券市場線から上方や下方に外れた場所に位置する資産はその*risk-return profile*に沿って価格が上昇したり下落することで、証券市場線上に収斂する。

現代ファイナンス理論（modern finance theory）の要の1つである**資本資産価格モデル**（capital asset pricing model, CAPM）は、資産価格はこのようなリスクとリターンのトレードオフが成り立つ**証券市場線**（securities market line）上に決定されるとしています。図6にあるように、たとえばリスクの高さに比べてリターンが低すぎる資産Aは、価格が下がることでリターンが**上方に修正され**（revised upward）て証券市場線上に収斂し、反対にリスクの高さに比べてリターンが高すぎる資産Bは、価格が上昇してリターンが**下方に調整され**（revised downward）、やはり証券市場線上に収斂することになります。

　このような仮説に基づけば、情報が瞬時に銘柄の価格に反映される**効率的な市場**（efficient market）では、同じ時点で同じリスクに2つ異なるリターンがあったり、その価値に**誤った評価がなされる**（mispriced）ことはありえず、価格は資産の実際の価値をつねに正しく反映しているため**裁定機会**（arbitrage opportunities）もないことになります。このような考え方を、**効率的市場仮説**（efficient market hypothesis）といいます。**投資信託**（investment trust）や**ETF**（exchange-traded funds）による**インデックス運用**（passive investing）、**シャープ・レシオ**（sharpe ratio）に基づいた**資産運用**（investment management）のパフォーマンス計測の仕組みなど、今日の金融実務は一部、こうした理論を支柱として構築されています。

　とはいえ、このような理論は実際の市場で完全な形で機能しているわけではありません。実際の市場には効率的市場仮説の前提となる十分な**流動性**（liquidity⇒Lesson 7 176ページ）が欠けていることがあります。また市場での金融商品の価格推移には一定の**トレンド**（trend）があり、必ずしもリスクとリターンがつねに均衡線上に収斂するわけではないということも、さまざまな実証研究で明らかになっています。

　また**行動経済学**（behavioral economics）の最近の知見により、必ずしもすべての投資家がつねに**合理的**（rational）に行動しているわけではないこともわかってきました。

　だからこそ、必ずしも効率的ではない市場を利用して数多くのヘッジファンドマネージャーが投資スキルによって得られる超過収益であるア

ルファ・リターン（*alpha return*）を追求し、**一獲千金**（*get-rich-quick*）を実現しています。現実には現代ファイナンス理論を教えている学者やそうした理論に沿った運用を標榜する機関投資家も、ヘッジファンドにこぞって投資しているのは皮肉なことです。

　価値、時間、リスクは、金融と投資を理解するための基礎となる概念ですから、本書でもさまざまな場所で繰り返し、姿や形を変えて登場します。次のレッスンでは投資について考えながら、リスクとリターンの関係をより深く学んでいきましょう。

### まとめ

1. 世の中には確実な事象と不確実な事象がある。
2. 将来の不確実性であるリスクには、計測可能なものと計測不可能なものがある。
3. 計測し、値付けし、大数の法則を用いて分散できれば、リスクは売買可能である（例：ギャンブル業、保険業）。
4. 現代ファイナンス理論によれば、リスクが上がると要求リターンも高くなる（リスクとリターンのトレードオフ）。
5. 効率的な市場では同じリスクは同じリターンの水準に値付けされる。

## リスクに関する金融英語

# Risk

1. (障害や損失の)危険性、恐れ
2. 投資の実際のリターンが期待と異なり、それによって投資額のすべて、あるいは一部を失う可能性のこと。
3. ファイナンス理論では、特定の投資対象の過去のリターン推移や平均リターンの標準偏差(standard deviation)、つまりバラつき(volatility)のこと。バラつきが大きければリスクは高い。

### riskの用法

| | | | |
|---|---|---|---|
| absorb risk | リスクを吸収する | originate risk | リスクを発生させる |
| avoid risk | リスクを回避する | pass on risk | リスクを取らない |
| calibrate risk | リスクを測定する | reduce(shave/cut) risk | リスクを削減する |
| carve up risk | リスクを切り分ける | | |
| control risk | リスクを制御する | screen risk | リスクをふるい分ける |
| diversify risk | リスクを分散する | share risk | リスクを共有する |
| eliminate risk | リスクを排除する | spread risk | リスクを撒き散らす |
| enhance risk | リスクを高める | take (undertake) risk | リスクを取る |
| entail(involve) risk | リスクを伴う | take on (bear) risk | リスクを負う |
| hedge risk | リスクをヘッジする | tolerate risk | リスクを許容する |
| mitigate(temper) risk | リスクを緩和する | transfer risk | リスクを移転する |
| | | undue risk | 過度のリスク |

### ここがポイント

- 特定の資産や投資のリスクの性質と規模をその資産のリスク・プロファイル(risk profile)、リスクを取りたい投資家の意欲の度合いをリスク選好度(risk appetite)と呼びます。

#### 用例

*Goldman Sachs said its traders lost money on only one day in the last quarter, underlining how volatile the markets and investors' appetite for risk have helped revive Wall Street's biggest source of revenue.*

ゴールドマンサックスの発表によれば、前四半期は1日を除いた全営業日のトレーディング業務が黒字となり、市場の高いボラティリティと投資家のリスク選好の高まりが

投資銀行業界最大の収益源の復活に貢献したことを浮き彫りにした。
- 資産のリスクプロファイルが変化すると、それに伴い資産価格やボラティリティも変動します。
- 高いリスクを選好する投資家を「リスクマネー」と呼びますが、これは和製英語。英語で同様の意味の表現は "investor with high risk appetite" となります。

- **randomness** 偶然性、まぐれ
  ▷ でたらめで法則性がないこと。明白な組み合わせやパターンがないこと。予想がつかないこと。
  ▷ coincidence, hazard, luck, fortune, chance などに左右される事象は random である。一方、先行する出来事によって次の出来事が決まる決定論的 (deterministic) な事象や循環的 (cyclical) な事象は random ではない。
  ▷ 賭博 (gamble) は事象の randomness に金銭や品物を賭けることである。
  ▷ random の類義語は stochastic。stochastic situations とは安定的なパターンや秩序がなく、予想不能な要素を含んだ状況のこと。

  **用例**
  *All businesses and open economies are stochastic systems because their internal environments are affected by random events in the external environment.*
  事業活動と開放経済の内部環境は、どれも外部環境の偶然の出来事に影響される確率論的なシステムである。

- **potential**
  可能性、潜在性、ポテンシャル
  ▷ 起こりえること。可能性として存在するが現実には存在しないこと。
  ▷ 日常語としての potential はどちらかというと上向きの可能性 (upside risk) を指す。これに対し、expectation は中立的な可能性、risk は下向きの危険性 (downside risk) を指すことが多い。

  **用例**
  *The CEO picked out China as having the most potential for growth.*
  最高経営責任者は最大の成長ポテンシャルが見込める国として中国を挙げた。
  ***downside risk*** 下振れリスク
  ***earnings potential*** 企業が達成する可能性のある最大の利益
  ***expectation*** 予想、期待、期待値
  ***likelihood*** 尤度(ゆうど)、可能性
  ***odds*** 勝ち目、勝算、可能性、確率、オッズ
  ***potential upside*** 上振れの可能性
  ***probability*** 可能性、見込み、統計的確率、蓋然性

- **volatility** ボラティリティ、値動き
  ▷ 不安定さ。変わりやすいこと、蒸発しやすいこと。volatile political situation は不安定な政治状況。volatile ammonia は揮発性アンモニアのこと。
  ▷ ファイナンス理論では、銘柄の価格変動率、価格変動リスクのこと。価格の分散 (variance) や標準偏差 (standard deviation) によって計測できる。volatility が高ければ高いほどリスクが高い。

- **noise** ノイズ
  ▷ 市場の方向性の解釈を誤らせるような価格や出来高の変動のこと。プログラム売買や配当支払いといった、全体的な市場心理を

反映しない現象によって起きる。何を noise とみなすかは投資の対象期間(investment horizon ☞49ページ)や戦略によって異なってくる。

【用例】
The market gyrates constantly on headlines, but you should pay little heed to such noise.
市場はニュースに反応して絶えず右往左往するが、そうしたノイズを気にしてはいけない。
**smooth out noise** ノイズを平準化する

- **exposure**　エクスポージャー
▷価格変動リスクにさらされることで価値が失われる可能性のある資産のこと。ポートフォリオがどの証券、市場、業種にどの程度の exposure を持つかは投資判断に大きな影響を及ぼす。

【用例】
The biggest danger for any trader is excessive exposure.
どんなトレーダーにとっても最大のリスクは過度のエクスポージャーを取ることだ。

- **payoff/payout**　ペイオフ、収益、見返り
▷(オプション取引などで)受け取られる便益のこと。売り手による費用(損失)と買い手による便益(利益)は等しくなる。
▷動詞の pay off は、負債を完済すること、努力や投資が利益をもたらすこと。

【用例】
Investors can create unique payoffs by combining positions of both bought and sold options.
投資家はオプションの売りと買いを組み合わせることで独自のペイオフのパターンを作り出せる。
**payoff diagram**　利益図(デリバティブの原資産の価格変動によって、売り手と買い手の利益がどのように推移するかを示した図のこと。pay-off profile ともいう)
**payoff scheme**　ペイオフ・スキーム、預金保護(金融機関の破綻に際し、預金保険がプールされていた資金から一定の保険金を預金者に支払う方法のこと)

- **trade-off**　トレードオフ
▷2つのものが両立せず、どちらかを追求したらどちらかを犠牲にしなければならないこと。二律背反。
**risk-return trade-off**　リスクとリターンのトレードオフ

【用例】
In medicine, patients and physicians are often faced with difficult decisions involving trade-off.
医療現場では、犠牲を伴わずには実行できないような困難なトレードオフの問題に患者と医者が直面することが多い。

- **metrics**　指標
▷パフォーマンスや生産量を計測し、比較し、追跡するのに使われる変数(parameters)や定量的な評価尺度(measure for quantitative valuation)のこと。
▷たとえば、一株当たり利益(EPS)や株価収益率(PER)は、株式の銘柄比較のための metrics である。
**RiskMetrics**　JPモルガンが1990年代初めにリスク管理手法として VaR(value at risk ☞30ページ)を開発したときの登録商標。

- **correlation**　相関
▷2つのものが密接に関わり合い、一方が変化すれば他方も変化するような関係のこと。
▷2つの証券の値動きの関係を統計学的に計測する尺度のこと。−1から+1までの相関係

数(correlation coefficient, r2)によって示される。相関が完全である(R2=1)とは、2つの有価証券の値動きが同じ方向に完全に一致して動くことを示す。負の相関(negative correlation)とは、反対方向に相関する関係のこと。

*serial correlation*　系列相関(連続するデータの残差に相関があること)

- **bias**　バイアス、偏り
  ▷ あらかじめ持っている信念や概念によって特定方向のロジックに従ったり、特定の見方をする人間の性向のこと。簡便的意思決定(heuristics＝経験に基づく、単純で素早くおおまかな解決方法のこと)によって起きる。投資家は認知バイアス(cognitive bias)を回避しなければデータのみに基づいた公正な(unbiased)決定は下せない。
  ▷ 2002年にノーベル経済学賞を受賞した心理学者ダニエル・カーネマン(Daniel Kahnemann, 1934-)が開拓した行動経済学(behavioral economics)は、人間の認知バイアスが経済行動での意思決定や市場価格に与える影響を研究する学術分野である。
  ▷ 中央銀行の金融政策の方向性のこと。*tightening bias*は金融引き締め方向の政策、*loosening bias*は金融緩和方向の政策。

  【用例】
  *The Fed maintains a tightening bias if it perceives inflation to be a risk to the overall health of the economy.*
  米連邦準備制度理事会は、インフレが経済全体の健全性にリスクをもたらすと判断すれば引き締めバイアスを維持するだろう。

  *attentional bias*　注意バイアス(1つか2つの可能性のみに注意を向け、それ以外の可能性を無視する傾向)
  *confirmation bias*　コンファメーションバイアス(自分がもともと持っていた信念や仮定を確認する情報を好んで受け入れる傾向)
  *hindsight bias*　後知恵バイアス(物事が起きた後でそれが予測可能だったと考える傾向)
  *home bias* (*in assets*)　ホーム(アセット)バイアス(投資家が自国資産に偏重して投資する傾向)

- **anchoring**　アンカリング
  ▷ 行動経済学(behavioral economics)の用語。大きさが分からない価値や情報を推定するために、それにふさわしくない情報を用いること。自らが知っているというだけで、その事象や価値を判断するのに本来なら関係のない情報に基づいて決定を下すこと。
  ▷ 著名アナリストによる目標株価や直近の株価を市場全体が「あるべき株価」と考えてしまうことから、そうした株価に値動きが左右されることはanchoringの一例である。

  【用例】
  *Our aim in the negotiation is to get them anchored on this number.*
  交渉におけるこちら側の目的は、彼らがこの数値に引きずられて誤った判断をするようにさせることだ。

- **hedge**　ヘッジ
  ▷ 資産の価格変動のリスクを減らし、個人や組織がこうむる損失や得られる利益をなくすか減らすために行う投資のこと。ヘッジ対象のポジションを相殺するポジションを作ることで実現する。株、ETF、保険、先物、スワップ、オプションなどが用いられる。
  ▷ *hedge*という言葉は古英語の*hecg*＝フェンスが語源。1670年ごろ、イギリスで「損失に対して保険をかける(＝リスクをフェンスで囲い込む)」という意味で使われはじめた。

> 用例

*Option can be used to hedge against a downside risk in the stock market.*
オプションは株式市場の下振れリスクへのヘッジとして活用できる。

*dynamic hedge*　ダイナミックヘッジ（オプション投資などで、デルタとガンマへの投資エクスポージャーのヘッジ割合を原資産の価格変動に伴って変化させるヘッジ技術のこと）

*hedge fund*　ヘッジファンド（☞203ページ）

● **law of large numbers**　大数の法則
▷検討されるリスクの数が大きければ大きいほど、そのリスクから実際に発生する損失額は潜在的な損失確率に近くなるという法則のこと。確率論、統計学の基礎となる法則で、17世紀のスイスの数学者ヤコブ・ベルヌーイ（*Jacob Bernoulli*, 1654-1705）が発見した。
▷大数の法則が働くためにはリスクの分散（*dispersion/diversification*）が必要となる。
▷保険や証券化は大数の法則によってリスクを管理しようとする技術である。

● **backtesting**　バックテスト
▷ある取引戦略を実行したら、どの程度のパフォーマンスが得られたかを過去のデータを使ってシミュレーションしてその有効性を測定すること。テクニカル分析（*technical analysis*）やシステム売買（*program trading* ☞227ページ）で行われる。

*mean*　（算術平均による）平均値
*median*　中央値（データの真中に位置する数値のこと）
*mode*　最頻値（*mean, median, mode*などを総称して*average*＝平均という）
*normal distribution*　正規分布
*regression toward the mean*　平均への回帰（正規分布を前提とすれば、上がりすぎや下がりすぎは修正され、平均に近づくこと）
*standard deviation*　標準偏差
*variance*　分散、平方偏差

● **financial engineering**　金融工学
▷資産運用や取引、リスクヘッジ、リスクマネジメント、投資に関する意思決定などに関わる工学的研究全般のこと。現代ファイナンス（*modern finance*）、数理ファイナンス（*mathematical finance*）とも呼ばれる。
▷ハリー・マーコヴィッツ（*Harry Markowitz*, 1927-）の現代ポートフォリオ理論（*modern portfolio theory, MPT*）、フィッシャー・ブラック（*Fischer Black*, 1938-1995）によるデリバティブの価格理論（*derivative pricing theory*）、ウィリアム・シャープ（*William Sharpe*, 1934-）などによる資本資産価格モデル（*CAPM*）、スティーブン・ロス（*Stephen Ross*, 1944-）の裁定価格形成理論（*arbitrage pricing theory, APT*）などがその代表。
▷実務で*financial engineering*を実践し、新商品やトレーディングツールを開発するには高度な数学や統計学の知識に裏付けられた定量分析（*quantitative analysis*）が必要となる。こうした分析を行う者をクオンツ（*quants, quantitative analyst*の略）と呼ぶ。クオンツは最低でも大学院レベルの高度な理系教育を受けた者が大半であり、宇宙ロケットも設計もできるほどの複雑なモデルを駆使することから「ロケット科学者（*rocket scientist*）」とも呼ばれる。

● **rational expectations hypothesis**　合理的期待仮説
▷人々が将来について明確な見通しを持って合理的に判断すれば、経済システムから基本的に不確実性が排除され、完全競争メカニ

ズムが極めて効率的に機能するという経済学上の仮説のこと。EMHやCAPMの理論的なバックボーン。

- **efficient-market hypothesis, EMH 効率的市場仮説**
  ▷理想的な市場では、特定の資産に関して入手可能な情報はその資産価格にすべて反映されているという仮説のこと。今日のファイナンス理論の教科書は基本的にすべてEMHの考え方が土台となっている。
  ▷株価変動を確率論(probabilistic logic)で説明しようとする流れは、20世紀初頭にパリ株式市場を研究したフランス人数学者ルイ・バシュリエ(Louis Bachelier, 1870-1946)の『投機の理論』によるモデル化を嚆矢とし、1960年代にシカゴ大学のユージン・ファーマ(Eugene Fama, 1939-)が発展させた。

  *efficient frontier* 効率的フロンティア(特定水準のリスクに対して最大のリターンをもたらす、あるいは特定水準のリターンに対して最低のリスクをもたらす一連の最適なポートフォリオのこと)

- **capital asset pricing model, CAPM 資本資産価格モデル（キャッピーエム）**
  ▷予想されるリスクとその報酬(reward)の関係を示す算式のこと。投資家はリスクが高い資産には高い報酬を要求する。たとえば、無リスク資産(risk-free asset)とみなされる国債よりリスクが大きい株式に投資するときには、投資家は国債利回りより高いリターンを求める。
  ▷CAPM理論を考案したウィリアム・シャープ(William Sharpe, 1934-)、ハリー・マーコヴィッツ(Harry Markowitz, 1927-)、マートン・ミラー(Merton Miller, 1923-2000)はこの貢献によってノーベル経済学賞を受賞した。
  ▷CAPM理論に基づけば、バリュー投資やファンダメンタル分析に基づく銘柄選択には意味がない。60年代に考案された同理論によってパッシブ運用(passive investing ☞105ページ)やインデックスファンド(index fund ☞104ページ)が生まれ、情報や勘に頼って個別銘柄を選ぶゲームのようだった株式投資は、平均(average)、分散(diversification)、リスク回避(risk aversion)の指数を組み込んだ工学(engineering)へと変貌した。

- **risk premium　リスクプレミアム**
  ▷金融商品のリスクに対して支払われる対価のこと。リスクがある商品は無リスク(risk-free)商品より期待収益率(expected rate of return)が高くなる。こうしたリターンの上乗せ分は、「リスクを取ることに対するプレミアム＝reward(報酬)」とみなされる。
  ▷複数形はrisk premia。

  【用例】
  *As long as the drought threat remains as large as it is today, new-crop corn prices could stay higher by the risk premium.*
  干ばつの脅威が今のまま続いたら、今年収穫されるとうもろこし価格は天候のリスクプレミアムによって高止まりする可能性がある。

- **risk-free, riskless　無リスクの**
  ▷「リスクをほとんど感じる必要がない」という意味。
  ▷上述の資本資産価格モデル(CAPM)では、米国政府の信用力に裏付けられた米国債が安全資産(risk-free asset)とみなされ、3ヵ月物の米国債(3 month-T-bill)の利回りが便宜上の無リスク金利(risk-free rate)とみなされる。
  ▷市場が荒れたときrisk-free assetsは資産の逃避先(safe haven)となる。

- **safe haven　資金の逃避先、安全資産**
  - ▷市場が混乱しているとき価値の保持や上昇が可能だと期待される投資のこと。市場が下げ基調のときに追求される。*safe asset, safe haven asset* ともいう。反対は *risk asset*。
  - ▷典型的な *safe haven* は、為替市場が不安定なときの金、米ドル、日本円やスイスフラン、不況時の米国債。
  - *flight to quality*　質への逃避（金融証券市場が不安定なとき、リスキーな投資を手じまい、最も安全とされる資産を購入すること）

- **diversification　分散、銘柄分散投資**
  - ▷1つのポートフォリオ内にさまざまな種類の投資を含めるリスク管理手法のこと。「*Do not put all your eggs in one basket*（1つのバスケットに全ての卵を入れるな）」という格言で有名。良く分散されたポートフォリオのことを *granular portfolio* という。
  - ▷対語は *concentration*（集中、集積）。分散投資によって個別銘柄への投資よりも平均的なリスクとリターンのプロファイルは向上する（つまり同じリスクでリターンが高くなる）という理論に基づいて実施される。
  - ▷ポートフォリオ内の投資の相関（*correlation*）が低ければ低いほど分散は有効で、相関が完全な場合には分散に意味はなくなる。
  - *dollar-cost averaging, DCA*　ドルコスト平均投資法（株価に関わらず特定銘柄を一定の間隔をあけて買い続けること。購入の時間をずらすことで時間を「分散」させることを狙った投資）

- **random walk theory　ランダムウォーク理論**
  - ▷株価の値動きは、どの時点でも上昇と下降の可能性がほぼ同じ独立した事象なので、過去のトレンドやデータによって未来の株価は予測できないとする理論。効率的市場仮説（*EMH*）を前提とする理論。
  - ▷この理論に基づけば、銘柄の財務分析などに基づいたファンダメンタル投資や、株価チャートの動きのパターンに注目したテクニカル投資には意味がなく、効率的市場に裁定機会はないことになる。

- **anomaly　アノマリー、例外、変則**
  - ▷価格理論（*pricing theory*）から導かれる期待収益率を上回ったり下回ったりするリターンを生む一連のパターンのこと。
  - ▷*anomaly* の例として、たとえば株式市場の「1月効果（12月から1月に株価が上昇する傾向, *Santa Claus Rally* ともいう）」、「曜日効果（月曜日に株式市場が低迷する傾向）」、「リターン・リバーサル（*return reversal*）効果（ある期間に高い投資収益率を上げた株式は、それに続く期間には高い投資収益率を上げられない現象）」などがある。

  【用例】
  *The astute and competent sophisticated trader knows how to use market anomalies for her own benefit.*
  機転が利く有能なプロのトレーダーは市場のアノマリーを活用してもうける術を知っている。

- **path　経路、道筋**
  - ▷たどる道順、筋道のこと。たとえば、過去の価格の推移（*historical price evolution*）のこと。
  - *interest rate path*　金利の経路（所与の条件の下でそうなるだろうと予想される金利の推移のこと）
  - *path dependency*　経路依存（過去の経路によって現在が制約を受け、将来もその影響を受けること。過去に縛られて現在が規定されていること）
  - *path dependent option*　経路依存型オプ

ション(原資産の一時点での価格ではなく価格のたどった*path*によってペイオフが決定されるオプションのこと)

**用例**
*Amid global slowdown impacting the country, the Prime Minister said the government is committed to do everything to put economy back on a high growth path.*
世界経済が減速するなか、その国の首相は経済を高度成長路線に戻すため、あらゆることをするつもりだと述べた。

- **aleatory contract**
  射倖(しゃこう)契約
  ▷法律用語。当事者の一方、あるいは双方による契約の履行が特定の事象の発生に依存するような契約のこと。当事者の一方にとっての利得はもう一方にとっての損失となる。
  ▷賭け(*gambling*)、保険(*insurance*)、投機(*speculation*)、年金契約(*annuity contract*)などは*aleatory contract*である。

## ここがポイント

- 金融証券市場にはさまざまな種類のリスクがあります。2004年に公表されたBIS第2次規制(Basel Ⅱ)では、金融機関のリスクを、信用リスク(credit risk)、市場リスク(market risk)、オペレーショナル・リスク(operational risk)に分け、その3つのリスクを分母としたときに必要な最低所要自己資本を国際業務を展開する銀行に課しました。
- 2010年に公表されたBasel Ⅲでは、所要自己資本の質により厳格な規定を課す考えが示されたほか、リスクの計測の厳格化や流動性に対する規制も提案されています。

- **credit risk** 信用リスク
  ▷債務者が債務を履行できなくなるリスクのこと。*default risk*ともいう。
  ▷信用リスクの度合いを*creditworthiness, credit standing/quality*、債務者の支払い能力を*ability to pay/solvency*という。信用リスクの度合いは一般に信用格付け(*credit rating*)で示される。*credit derivative*(☞131ページ)でヘッジできる信用リスクもある。
  ▷デリバティブ取引の取引先の*credit risk*を*counterparty risk*(カウンターパーティー・リスク☞228ページ)という。

- **market risk** 市場リスク
  ▷金融証券市場への投資でこうむるリスク全体のこと。値動きの大きさ(*volatility*)で計測される。分散したりヘッジしたりすることで減らせる。市場取引でない預金や貸出金には*market risk*はない。
  ▷*market risk*は価格変動リスク、金利リスク、為替リスクなどに分解される。

- **operational risk**
  オペレーショナル・リスク
  ▷通常の業務遂行により発生する可能性のある損失のリスク全体のこと。コンプライアンスや法務のリスク(*compliance and legal risk*)、内部者による不正行為(*frauds*)や業務ミス(*operational errors*)のリスク、システムトラブルなどのシステム・リスク(*system risk*)、風評によって会社の評判が傷つけられる(*reputation risk*)、火災や地震などによる災害リスク(*disaster risk*)などが含まれる。
  ▷国際的な銀行に対しては、Basel Ⅱ(日本で

は2006年3月に規則化)で*operational risk*の測定とそれに対応する自己資本の積み増しが義務付けられた。

- **interest rate risk　金利リスク**
  ▷金利が上がったり下がったりすることで債券価格や企業の負債コストが変動するリスクで*market risk*の一部。金利スワップ(*interest rate swap* ☞131ページ)などで部分的にヘッジできる。

- **exchange (currency) risk　為替リスク**
  ▷為替の変動(*currency fluctuation*)によって生じるリスクで、*market risk*の一部。たとえば円高になると日本の輸出企業がドル建で計上する収益は円建てに直すと減少する。通貨先渡契約(*currency forward* ☞48ページ)や通貨スワップ(*currency swap* ☞131ページ)でヘッジできる。
  ▷変動相場制(*floating system*)を採用する通貨は市場取引されており、つねに価値が変動していることから*exchange risk*がある。一方、ペッグ制(*pegging system*)や通貨バスケット制(*currency basket*)を取る通貨には切り下げ(*devaluation* ☞29ページ)や交換停止(*suspension of convertibility*)のリスクがある。

  *Herstatt risk*　ヘルシュタット・リスク(国際的な通貨決済で生じる時差によるリスクのこと。通貨の受けと払いを同時に行わないことによって決済途中に取引当事者が破綻すると起きる)

- **liquidity risk　流動性リスク**
  ▷債券や株式などを換金しようとしても市場ですぐに売れなかったり希望した価格で売れなかったりするリスクのこと。
  ▷2007年から2008年にかけてのサブプライム危機では流動性の枯渇(*liquidity drain*)が大きな問題となった。
  ☞ *liquidity*(176ページ)

- **country risk　カントリーリスク**
  ▷国の信用リスク。海外投融資や貿易を行うときに対象国の政治経済・社会環境の変化のために収益が損なわれるリスクの度合いのこと。対外収支(*external balance*)や財政(*fiscal position*)のリスクに加え、政権交代による政策変更のリスクや治安上の不安も含まれる。外国直接投資や貿易などで問題となる。
  ▷ソブリンリスク(*sovereign risk* ☞191ページ)も「国の信用リスク」を示すが、どちらかというと「国や政府機関の発行する債券の信用力」に焦点が置かれる。先進国や国際資本市場で調達を行っている国では*country risk*よりも*sovereign risk*が取りざたされる。

- **financial risk　財務リスク**
  ▷企業の資本負債構成(*capital structure*)に関するリスクで、具体的には自己資本(*equity*)に比べて負債(*liability*)が大きすぎて支払い不能(*insolvent*)になるリスクのこと。バランスシート・リスク(*balance sheet risk*)ともいう。

- **settlement risk　決済リスク**
  ▷何らかの事情で決済(*settlement*)が予定通り行われないことから生じるリスク。取引相手の信用リスクから生じるものやシステム障害などによって生じるものがある。大規模な*settlement risk*はシステミックリスク(*systemic risk*)に発展する可能性をはらんでいる。
  ▷DVP(*delivery versus payment*)、STP(*straight through processing*)や複数取引の

ネッティング（*netting*）はいずれも *settlement risk* を減らすための方策である。
☞ *settlement*（180ページ）

- **systemic risk　システミックリスク**
  ▷ 1つの金融機関が倒産などから決済不能（*insolvent*）となった場合、決済関係を通じてほかの金融機関にも悪影響が及び、連鎖的に決済不能（*fail* ☞ 180ページ）が引き起こされ、金融システム全体の機能が失われてしまうリスク。発生を防ぐために政府の介入（*government intervention*）が行われる。
  ☞ *TBTF*（208ページ）

- **prepayment risk　期限前償還リスク**
  ▷ 繰上げ償還条項（*call provision*）が発行体によって行使されて年限が短縮されることで、債券の最終利回り（*YTM*）やデュレーション（*duration*）が変化すること。不動産ローン担保債券（*MBS*）の価値分析で中心となるリスク。
  ▷ *MBS* では債券の表面利率（*coupon rate*）より実勢金利（*market rate*）が低下すると *prepayment risk* が増大する。また住宅価格の上昇も *prepayment risk* の増大につながる。
  ☞ *average life*（48ページ）

- **basis risk　ベーシスリスク**
  ▷ ヘッジ用の反対取引の負の相関（*correlation*）が完全でないことから生まれる予期せぬ利益や損失のリスク。

- **tail risk**
  **テールリスク、滅多に起きないことが起きるリスク**
  ▷ 高い確率で高い利益が安定的に上がる反面、確率が低いが発生すると非常に巨大な損失が生まれるようなリスクの形状のこと。このような損失をもたらす事象をテールイベント（*tail event*）という。
  ▷ ナシム・タレブ（*Nassim Taleb*, 1960-）による金融哲学エッセイで世界的なベストセラーの『ブラック・スワン（*Black Swan*, 2008）』によって有名になった言葉。タレブは、正規分布曲線の右端と左端（*tails*）に位置する極めて発生頻度の低そうな（*thin-tailed*）事象は、現実の世界ではファイナンス理論で予想されるよりも発生頻度が高い（*fat-tailed*）と主張した。

  **用例**
  *Under this assumption, tail risks should only occur about 0.01 % of the time, but real market data shows they occur more frequently.*
  こうした前提に基づけば、テールリスクの発生確率は約0.01％だが、実際の市場データはそうしたリスクがそれ以上に頻発していることを示している。

- **reputational risk**
  **レピュテーション・リスク、風評リスク**
  ▷ 企業に悪評が立ち、その結果、事業の信頼性が失われること。
  ▷ 粉飾決算をしていたエンロン社の破綻でその監査法人のアーサー・アンダーセン社の評判が落ちて解散に追い込まれたこと、米国リコール事件でトヨタ車への評判が落ちたことで同社の売り上げが落ちたことなどが例である。*reputation risk* ともいう。
  *spread of rumor*　風説の流布（有価証券価格の変動を目的として虚偽の情報を流すこと）

## COLUMN
## リスクの移転と共有
―― 保険、共済、そしてタカフル

　シンプルな掛け捨ての**共済**（*mutual-aid program*）の人気が続いています。保険と共済は名前こそ違うものの、「いざという時の安心」という面では類似の商品といえます。

　保険と共済の違いはリスクに対する向き合い方にあります。保険はリスクを**被保険者**（*insured*）から**保険者**（*insurer*）に**移転**（*transfer, shift*）させ、こうした移転によって被保険者が利潤を得ることを目的とした事業なのに対し、共済は**組合員**（*partners*）が**掛金**（*contribution*）を出し合ってリスクを**共有**（*sharing*）し、助けが必要になった人にお見舞金を出して助ける非営利的な**相互扶助**（*mutual-aids*）のシステムです。

　日本の共済人気は掛金の安さが主因ですが、世界的に見ると宗教倫理的な理由で「リスクを移転」を避け、「リスクの共有」を選好する人たちがいます。そう、再び**イスラーム教徒**（*Muslims*）の登場です。イスラーム教徒は将来の不確実なリスクを今引き受けることで、その対価を得ることは公正でないと考えます。望ましいのは共同体内でリスクを共有すること、つまり共済のモデルなのです。こうしたイスラーム流のリスクヘッジの方法を**タカフル**（*takaful*）といいます。タカフルはファンド形態で運営され、被保険者と保険者の区別はありません。**運営者**（*operator*）は集めた掛金から手数料を取って自らの収益とします。

　タカフルや共済は、中世ヨーロッパのギルドや日本の無尽講（むじんこう）、頼母子（たのもし）などのような、共同体の自然発生的な助け合いの仕組みと似ています。近代的な保険業でリスクに対峙する**引受業者**（*underwriter*）は、リスク量とそれに見合う収益のソロバンをはじきつつ商売しますが、リスク共有型のシステムは人々の相互の信頼が基本です。

　共済やタカフルの運営で一攫千金を狙うことはきわめて難しいでしょう。レバレッジやリスクの移転といった現代金融の基本機能を認めないイスラームは、金融をあくまで事業の脇役と位置づけ、マネーゲームで個人が富を築くことをはっきり否定しているのです。

Finance and Investment Terms

# LESSON 4

# Investment

## 投資

～リターンが命～

# Investment

投資

## 🔵 投資リターンとは?

　イチゴを買った人は、それが甘くて美味しければ得をしたと思い、服を買った人は、それが着心地が良く自分を美しく見せる服であればうれしく思います。このように、消費される物の満足度はその**使用価値**(*utility*)に比例します。消費財の値段は多かれ少なかれ、その使用価値の大きさを反映したものです。

　これに対してお金や金融商品には使用価値がありません。お金を**金融商品**(*financial instruments*)や**資本財**(*capital goods*)に投じる投資の満足度は使用価値ではなく**収益率**(*return*)で決まります。**元手**(*invested amount*)を殖やすことが投資の命であり、リターンのない投資には価値はありません。

　リターンが高く、もたらされる**利潤**(*profit*)の**規模**(*size*)が大きければ投資は好ましいものになりますが、リターンを上げようとするとリスクが伴います。投資が最終的にどのようなリターンを上げるかは終わらなければ分からず、投資開始の時点には不確実な**期待リターン**(*expected return*)の**目論見**(*prospect*)があるだけです。だからこそ、投資を成功させるにはより良く目論むこと、つまり、将来の姿をなるべく正確に**予測する**(*project*)ことが大切となります。

## 🔵 株式:リターンが予測できない投資

　**株式**(*equity/stock/share*)は投資リターンの予測がきわめて難しい金融商品です。

　図1は株式投資をチャート上で見たものです。A株への投資のリターンは売り買いのタイミングで変化します。

## 図1　A社株の投資リターン

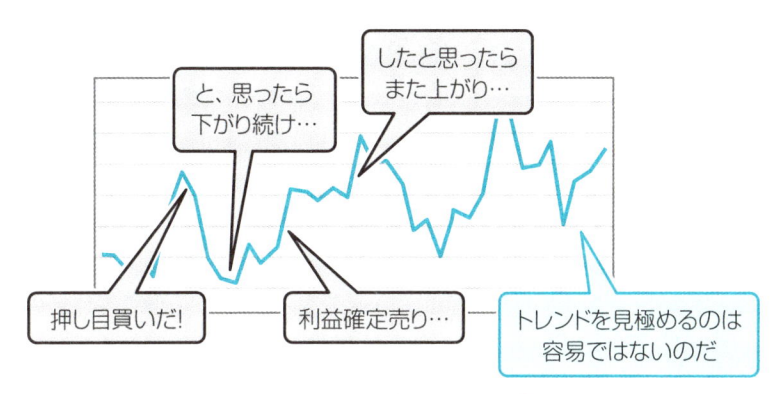

- と、思ったら下がり続け…
- したと思ったらまた上がり…
- 押し目買いだ！
- 利益確定売り…
- トレンドを見極めるのは容易ではないのだ

**リターンは売買のタイミングで大きく変化する。**

　株式は日々の**値動きが大きく**（*volatile*）、投資リターンは売買タイミングに依存するため、事前に投資の帰結を正確に予測するのはほぼ不可能です。**1株当たり利益**（*earnings per share*）の何倍の水準で株式が取引されているかを示す**株価収益率**（*PER, price-earnings ratio*）、帳簿上の**1株当たり純資産**（*book value per share*）の何倍で取引されているかを示す**株価純資産倍率**（*price-to-book ratio*）などの株価指標は、たしかに現行の株価が割安か割高かを判断する相対的な尺度となります。**企業価値**（*corporate value*）の長期的な成長は利益や配当の**予想成長率**（*estimated growth rate*）をもとにある程度類推できますし、**チャートのパターン**（*chart patterns*）や**出来高**（*trading volume*）といった、いわゆる**テクニカルな要素**（*technical elements*）からも売買タイミングを占えます。とはいえ、そうした尺度に基づいた判断はいずれも不確実で、どれもせいぜいその銘柄がこの先有望かそうでないかをぼんやりと予測するくらいにしか役立ちません。株式投資とはリスキーなものです。

　これに対し、**不動産**（*real estate*）や**債券**（*bonds*）といった定期的な収入を生む**収益資産**（*income-generating assets*）はある程度、将来のリターンの予測が可能です。こうした収益資産のリターン測定方法を学びましょう。

### 不動産や債券投資のリターン評価

定期収入に加え、投資が終了時に資産を**売却する**（*sell off*）ことで**売買差損益**（*capital gain/loss*）が生じる投資の評価には、リターン指標（%）である**内部収益率**（*internal rate of return, IRR*）や利益額の絶対規模を示す**正味現在価値**（*net present value, NPV*）が尺度として使えます。普通、事業を興して**出資**（*equity investing*）を募るときには、**収益計画**（*cash flow projection*）を作りますが、予想IRRや予想NPVはこうした収益計画から導かれます。

本レッスンでは、このうち特に**内部収益率**（IRR）について学びましょう。NPVもIRRと同じくらい大切ですが、割引率の決定方法など複雑な要素もあって紙面の制約から十分な説明が難しく、**企業金融**（*corporate finance*）に特化した本に説明を譲りたいと思います。

IRRは金融の実務では日常的に使われる指標です。IRRはたとえば、**ベンチャーキャピタル**（*venture capital investing*）や**プライベートエクイティ**（*private equity*）の投資案件のリターンを**投資終了**（*exit*）後に計測し、投資家に**利益分配**（*distribution*）し、**運用者**（*manager*）の**成功報酬**（*performance fee*）を算定する基準として使われます。

では、**マンションを購入して不動産投資**（*buy-to-let*）を始めたモネタの例を参考にIRRを学びましょう。

> **例1**：「マンションモネタ」の期待リターン
> モネタはイチゴ畑の隣でマンション経営を始めた。土地取得とマンション建設には1,000万円かかった。安定した稼働率のもと「マンションモネタ」は毎年100万円の賃料収入を上げる予定である。モネタは10年後にこのマンションを400万円で売却しようと考えている。

「マンションモネタ」の投資プロジェクトのキャッシュフローを図にすると図2のようになります。

1,000万円の**初期投資**（*initial investment*）が「マンションモネタ」プロジェクトの主要な**資金流出**（*outflow*）項目。**年間家賃**（*annual rent*）の100万円とプロジェクト終了時のマンション売却代金が主要な**資金流入**（*inflow*）項目となります。**内部収益率**（IRR）とは、これらすべての流入額と流出額

の**現在価値**（*PV*）の合計がゼロになる水準の割引率のことです（図3）。

　高いIRRは良好な**運用成果**（*performance*）を示し、マイナスのIRRは、投資プロジェクトが**赤字**（*loss-making*）であることを示します。投資プロジェクトが2件ある場合、当然ながら優先させるべきなのは予想IRRが高い方のプロジェクトです。

### 図2　「マンションモネタ」の投資計画

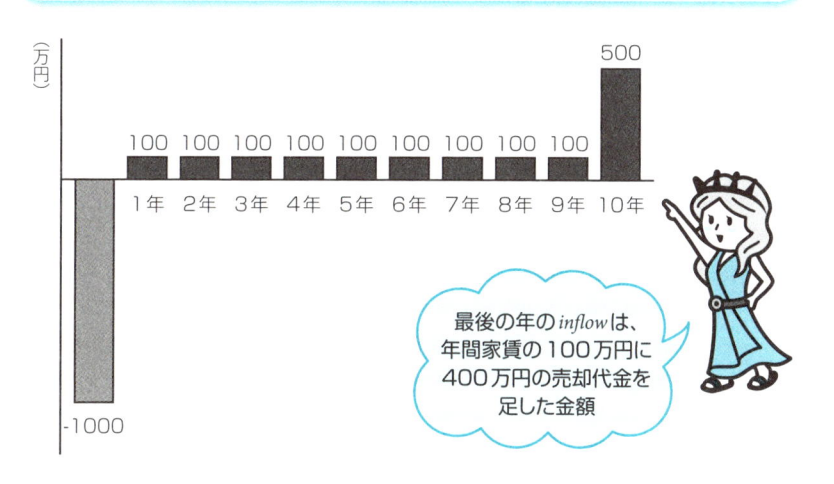

最後の年の*inflow*は、年間家賃の100万円に400万円の売却代金を足した金額

### 図3　IRRの意味

IRRとは、両者が釣り合う水準の割引率のこと

資金流入額の現在価値 ／ 資金流出額の現在価値

釣り合ったシーソーは、流入額と流出額の現在価値の合計額、つまり正味現在価値（NPV）がゼロだという意味である。言い換えれば、IRRとは期初と期末にしかキャッシュフローが発生しないときの年率リターンのことである。

IRRで注意するべき点は、いくら率としてのIRRが高くても、その分母である初期投資の規模(サイズ)が小さければ、結果的に利益の規模(サイズ)も小さくなってしまうということです。リターンは確かに投資の命ですが、規模(サイズ)も重要なのです。だから投資規模が異なるプロジェクトの優劣を比較する場合は、リターンだけでなく利益の絶対的な規模(サイズ)を重視するNPV法による評価も併用して補完するべきでしょう。

　下はIRRを数式で表したものです。

$$C_0 + \frac{C_1}{(1+r)^1} + \frac{C_2}{(1+r)^2} + \frac{C_3}{(1+r)^3} + \cdots + \frac{C_n}{(1+r)^n} = 0$$

$C_0$＝最初の資金流出額（*initial investment*）
$C_{1\sim n}$＝期中の資金流入額（*income & capital gain*）
$r$＝内部収益率（*internal rate of return*）

　この数式がプログラミングされているエクセル関数"IRR"を用いてエクセルシート上でIRRを求めたのが右ページの図4です。下はIRRを求める手順です。

❶ inflowとoutflowの金額を年ごとにB列とC列に入力する。
❷ IRRの算出結果を表示させたいセル（ここではC15）にカーソルを置き、そこにIRR算出用のエクセル関数であるIRRを"+IRR（）"と入力する。
❸ IRR（範囲）として、年ごとのinflowとoutflowが示された列をセル範囲（C3：C13）に指定する。

　このエクセル計算の結果、「マンションモネタ」プロジェクトの**予想内部収益率**（*expected IRR*）は5.30%と求められました。
　マンション売却価格が400万円でなく600万円になれば、図4のエクセルシートのほかの要素をすべて残したまま、10年目の数値（C13のセル）のみを"500"の代わりに（売却価格に年間賃料の100万円を加えた）"700"と入力し直せば良く、そうすればIRRは7.12%になります。反対

LESSON4 ●Investment ― 投資

### 図4　エクセルを使ったIRRの求め方

| | A | B | C | D |
|---|---|---|---|---|
| 1 | | | | |
| 2 | | | | |
| 3 | | 投資開始 | −1000 | |
| 4 | | 1年目 | 100 | |
| 5 | | 2年目 | 100 | |
| 6 | | 3年目 | 100 | |
| 7 | | 4年目 | 100 | |
| 8 | | 5年目 | 100 | |
| 9 | | 6年目 | 100 | |
| 10 | | 7年目 | 100 | |
| 11 | | 8年目 | 100 | |
| 12 | | 9年目 | 100 | |
| 13 | | 10年目 | 500 | |
| 14 | | | | |
| 15 | | IRR | 5.30% | |

C15　=+IRR(C3:C13)

に売却価格が下がって200万円となったら、C13に"100"を入力して計算し直せば、IRRは3.03％になります。

　このようにエクセルを使ってシミュレーションすれば、投資物件に対して「今、売るべきか、それとも貸し続けるべきか（*sell or hold*）」を合理的に判断できるようになります。

### ●利回りの求め方

　収益資産に投資したときの投資金額に対する**利子**（*interest amount*）や**配当額**（*dividend amount*）の割合を**利回り**（*yield*）といいます。利回りはリターンと近い概念ですが、「100円で買ったものを3日後に110円で売って10円もうけた」といった短期的な**売買差益**（*gain*）で利回りが問われることはありません。利回りは、**長期保有**（*long-term investment*）される収益資産のリターンを計測する尺度です。

　債券の**利回り**（*yield*）は、流入額と流出額の**正味現在価値**（*NPV*）が

## Useful Tip　ややこしいキャッシュフロー

　キャッシュフロー(*cash flow*＝資金の流れ)という概念はアメリカで19世紀に生まれました。「キャッシュフロー会計」「キャッシュフロー革命」「キャッシュフロー予測」など、日本で注目が高まったのは1990年代に入ってからのことです。

　今日、キャッシュフローはファイナンスや財務の用語としてすっかり定着しています。しかしキャッシュフローにはさまざまな定義があって誤解を生みやすいのも事実です。「この会社はキャッシュフローベースで赤字だ(*The company suffers from negative cash flow*)」というときのキャッシュフローは、当期利益に減価償却などの現金支出を伴わない費用を加え直した営業キャッシュフロー(*operating cash flow*)を指します。しかし「キャッシュフロー最大化(*maximizing cashflow*)経営」というときのキャッシュフローは、いわゆるフリーキャッシュフロー(*FCF*)を指すと思われます。

　以下は、キャッシュフロー計算書(*cash flow statement*)に登場するさまざまな段階のキャッシュフローです。

① ***Operating Cash Flows, cash flow from operations***　営業活動のキャッシュフロー収支、営業キャッシュフロー(＝営業活動が生み出したお金のこと)

　＝ *net earnings*(純利益)
　　＋ *depreciation & amortization*(減価償却と無形固定資産償却の実施額)
　　＋ *changes in working capital*(運転資本増減)

② ***Investment Cash Flows***　投資活動のキャッシュフロー収支(＝投資に使われたお金と設備売却で回収したお金の収支のこと)

　＝ *capital expenditure*(設備投資)
　　－ *investments*(投融資)
　　－ *proceeds from the sale of assets*(資産売却益)

③ ***Free Cash Flow***　フリーキャッシュフロー(営業活動と投資活動の後、手元に残った企業が自由に使えるお金のこと)

$$①＋②＝③$$

④ ***Financing Cash Flows***　財務活動のキャッシュフロー収支(財務的な活動で入ってきたお金と出て行ったお金の収支のこと)

　＝ *cash received from the issue of debt and equity*(新規借入金、新株、社債の発行代わり金)
　　－ *debt repayment*(借入金返済、社債償還額)

⑤ ***Net Cash Flow***　正味キャッシュフロー(キャッシュフロー全体の収支。期末の現金残高増減額と同じ)

$$③＋④＝⑤$$

釣り合う地点の割引率、つまり投資のIRRのことです。逆にいえば、債券価格とは、その債券が生み出すキャッシュフローを利回りで割り引いて現在価値に引き直したものです。**額面**（*face value*）100円で発行され、年間**クーポン**（*coupon*）5円、5年後に**額面償還される**（*redeemed at par*）債券の**発行利回り**（*yield at issue*）はクーポン・レート（利率ともいいます）と同じ5%です。そして、5年間、毎年受領する5円のクーポンと5年後の償還額の100円のそれぞれを5%の利回りで割り引いて現在価値を求め、それらを合算すると、発行時の債券価格の100円と等しくなります。

さて問題です。

> **例2：債券の価値計算①**
> 利率5%の債券を発行時に購入し、5年後の額面償還を待つ代わりに3年後に流通市場で102円で売却した。この債券の投資利回りは何%になるか？

プロ同士が取引する債券市場では、債券価格は将来の景気の見通しや中央銀行の金融政策の変更などによって変動し、既発債が**発行価額**（*issue price*）と異なった価格で取引されています。ただし、債券の価格変動は一般に株式と比べると緩やかであり、期中に**債務不履行**（*default*）にならない限り、必ず**額面価額**（*face value*）に戻って償還されます。

こうした債券投資のリターンは基本的にモネタの不動産投資と同じように計算できます。つまりこの債券の利回りは、100円で購入し年間5円の賃料収入を生んだ後、3年後に102円で売却されるマンションの**内部収益率**（IRR）と同じだと考えられるのです。本債券の保有期間に生じる年ごとの資金流入額と流出額をエクセルに入力してIRRを求めたら5.63%となりました（図5）。

### 図5　償還前に流通市場で売却した債券の利回り計算

| | A | B |
|---|---|---|
| 1 | | |
| 2 | | |
| 3 | | |
| 4 | 債券購入価格 | -100 |
| 5 | 1年目のクーポン収入 | 5 |
| 6 | 2年目のクーポン収入 | 5 |
| 7 | 3年目のクーポン収入+売却代わり金 | 107 |
| 8 | | |
| 9 | IRR(債券の利回り) | 5.63% |
| 10 | | |

B9　=+IRR(B4:B7)

> **例3：債券の価値計算②**
> 今度は、額面100円の5年物の債券を、発行時に100円で買う代わりに、発行から1年後に流通市場で96円で購入し、それを満期保有（hold until maturity）した。この債券の投資利回りは何％になるか？

　計算方法は先ほどの例と同じです。エクセルを使ってIRRを計算すると、本例の債券利回りは6.16％になります（図6）。

　例2は反対売買によってポジションを閉じた後に事後的に求めた利回りでしたが、例3はポジションがオープンな状態で計算された事前の予想利回りです。後者のように債券を**流通市場**（*secondary market*）で購入し、それを償還まで持ち続けると仮定して求めた予想利回りを**最終利回り**（*yield to maturity, YTM*）といいます。

　通常、債券市場で利回りといえば、**最終（あるいは償還）利回り**（*YTM*）のことを指します。相場関連のニュースで「**長期金利が上昇した**（*Long-term rate went up.*）」というときの「長期金利」とは、**償還までの残存期間**（*term to maturity*）が10年に最も近い国債（＝10年物最長国債）のYTMのことを指します。

　さて、例3の購入価格が96円ではなく98円だったら、最終利回りはど

う変化するでしょうか？　エクセルシートで（B3のセルに入力した）1年目の債券価格を“−96”から“−98”に変えてみましょう。利回りは6.16%から5.57%に下がります（図7）。

### 図6　流通市場で購入した債券を満期保有した時の利回り計算

B9　　fx　=+IRR(B3:B7)

| | A | B | C | D |
|---|---|---|---|---|
| 1 | | | | |
| 2 | | | | |
| 3 | 1年目 | −96 | | |
| 4 | 2年目 | 5 | | |
| 5 | 3年目 | 5 | | |
| 6 | 4年目 | 5 | | |
| 7 | 5年目 | 105 | | |
| 8 | | | | |
| 9 | IRR | **6.16%** | | |
| 10 | | | | |

### 図7　購入価格が上がると利回りは低下

D9　　fx　=+IRR(D3:D7)

| | A | B | C | D |
|---|---|---|---|---|
| 1 | | | | |
| 2 | | | | |
| 3 | 1年目 | −96 | → | −98 |
| 4 | 2年目 | 5 | | 5 |
| 5 | 3年目 | 5 | | 5 |
| 6 | 4年目 | 5 | | 5 |
| 7 | 5年目 | 105 | | 105 |
| 8 | | | | |
| 9 | IRR | **6.16%** | → | **5.57%** |
| 10 | | | | |

この結果からわかるように、**債券価格**（*price*）と**利回り**（*yield*）は反対方向に動きます（価格が上がると利回りは下がり、価格が下がると利回りは上がります）。中央銀行による利上げの観測が高まったり、個別の債券特有のリスクが高まり投資家による要求リターンが高くなると、利回りは上昇し、価格は下落します。

　債券の**保有期間の利回り**（*holding period return*）の実際の計算過程はこの例より少し複雑ですが、基本的な考え方は同じです。債券の利回り計算をより詳しく学びたい場合は、http://www.rimawari.com のようなサイトが参考になるでしょう。

### ◉ 投資と投機

　本レッスンの終わりに投資（*investment*）と投機（*speculation*）の違いをざっと見ていきましょう。投資と投機の線引きはさまざまな観点で行われますが、いずれも絶対的な違いではありません。

　ちなみに大辞泉をめくると、投資は「利益を得る目的で、事業・不動産・証券などに資金を投下すること」とあり、投機は「偶然を狙って行うこと、将来の価格変動を予想して、価格差から生ずる利益を得ること

---

**Make a Difference　リスクオン、リスクオフ**

　世界金融危機以降、リスクが高い資産の人気が高まる相場状況は「リスク・オン（*risk-on*）」、反対に、投資家のリスク回避意識が高まって、安全資産への質への逃避（*flight to quality*）が起きる状況は「リスク・オフ（*risk-off*）」と呼ばれるようになりました。

　リスク・オン相場では、新興国の通貨や、株式、ハイイールド債などリスクの高い資産が買われ、反対に、リスク・オフ相場となると、円、スイスフランなどの強い通貨（*hard currency*）や、米国債、金などが買われます。世界中の金融資産が「オン」と「オフ」にデジタルに色分けされ、1つの情報が世界中のさまざまな資産の価格を同じ方向に押し上げたり押し下げたりする状況は、大量の資金が瞬時に地球上を駆け巡るようになった21世紀に顕著になった新しい現象です。

を目的として行う売買取引」とあります。

　辞書の定義からは、安定した**収益**（*income*）をもたらす対象にお金を投じるのが投資、相場を張って**偶然のもうけ**（*gain*）に賭けるのが投機、というニュアンスが伝わってきます。金融商品は収益が大きい商品と売買差損益が大きい商品に分けられますから、投資と投機の区別は、ある程度は投資する金融商品の種類、すなわち**アセットクラス**（*asset class*）によって決まってくるといえるかもしれません。

　図8にアセットクラスごとの特性をまとめてみました。

　基本的に下に行くほどリスクが高まる、つまり投機的になってきます。

　市場で売買されない**預金**（*deposit*）は価格リスクがない、つまり元本が保証された安全な**貯蓄商品**（*savings product*）です。

　一方、物件を取得して貸せば決まった賃料収入が毎月もたらされる**投資用不動産**（*investment property*）、クーポン収入がもたらされる**債券**（*fixed income instruments*）、そして、**配当利回り**（*dividend yield*）が高く、比較的値動きが緩やかな**資産株**（*income stock*）、個人投資家に人気

### 図8　クラス別の種類と特徴

|  | 金融商品の種類<br>（*Asset Class*） | インカム<br>（*Income*） | 売買差益<br>（*Capital Gain*） |
|---|---|---|---|
| 貯蓄商品 | 預金<br>（*Deposit*） | ○<br>（利息） | ×<br>（売買できず） |
| 投資商品 | 債券<br>（*Fixed Income*） | ○<br>（クーポン） | ○<br>（価格変動） |
|  | 不動産, Reit<br>（*Real Estate*） | ○<br>（賃料, 分配金） | ○<br>（価格変動） |
|  | 株<br>（*Stock*） | △<br>（配当） | ○<br>（価格変動） |
|  | デリバティブ<br>（*Derivatives*） | ×<br>（インカムなし） | ○<br>（価格変動） |
|  | 金や商品<br>（*Gold and commodities*） | ×<br>（インカムなし） | ○<br>（価格変動） |

*speculative* 投機的 ↓

の毎月分配型の外国REIT投信や外債投信といった商品はどれも期中の**分配金**（*dividend*）がある市場性の金融商品です。これに対し、金や商品先物、デリバティブの利益の源泉は売買差益のみで、投資の期中に分配される収益はありません。

　とはいえ、こうしたアセットクラスによる投機性の判断はあくまで大ざっぱなものです。たとえば、**高分配**（*high dividend*）の外貨建て投資信託には、償還時の**為替リスク**（*currency/exchange risk*）という非常に投機的な要素が含まれていて、目先の安定した定期的収益（*income*）は、最終的に**為替差損**（*capital loss*）で相殺され、単に利益を先食いしていただけの結果に終わることもあります。また、ハイイールド債（⇒249ページ）は同じ債券でも**債務不履行リスク**（*default risk*）が高いことから値動きが大きく、通常の債券より株式に近い特性を持つ投機的な商品と見なされています。反対に、投機的なはずの金は**リスク選好の低い投資家**（*risk averter*）から超長期の**マクロ的な大変動**（*cataclysm*）に備えたリスクヘッジの手段として保険のように買われることもあります。株は企業が倒産すれば価値がゼロになり、国債はハイパーインフレで紙切れとなりますが、金はおよそ世界がどのような状況に陥っても一定の価値を保つからです。

　こうしたアセットクラスによる区分とは別に、その資金使途、つまり**実体経済**（*real economy*）に投じられて**経済的価値**（*economic value*）を生むのか、それとも金融証券市場の内部で回転するだけかによって投資と投機の色分けが行われることもあります。設備投資のための資金調達を行う企業の株式や債券にお金を投じることは投資、為替やデリバティブ取引のようにゼロサムの金融取引にお金を投じることは投機だという分け方です。前者のような実業への投資は企業の**生産性**（*productivity*）や**生産能力**（*capacity*）の向上に結びついて社会全体の富の増加に貢献する可能性があるのに対し、後者のような純粋な金融取引にはそのような役割はありません。

　また、投資と投機は**長期**（*long-term*）か**短期**（*short-term*）かで色分けされることもあります。年金基金などの**実需筋**（*real money*）が満期保有目的で債券を購入したり、**長期保有**（*buy-to-hold*）目的で株式を購入

することは投資とみなされ、ヘッジファンドなどの**投機筋**（*speculator*）が日中の**値動き**（*intra-day price fluctuation*）を捉えて売買を繰り返して利益を稼ぐ**短期取引**（*day trading*）は投機とみなされるのです。なぜ長期は「投資」で、短期は「投機」なのかという理由は必ずしも明確ではありませんが、おそらく短期取引はファンダメンタル分析を踏まえた合理的な見通しに基づいた投資ではないことが投機的と呼ばれる理由かもしれません。実際には、プロ投資家による高頻度取引のように長期投資以上に収益が安定しているような「投機」もありますが…（⇒章末コラム　111ページ参照）。

　以上を整理すると表1のようになります。

▼表1　投資と投機の違い

|  | 投資（investment） | 投機（speculation） |
| --- | --- | --- |
| 利益が生まれる見通しの有無 | ある程度、確実な見通し | 偶然性に賭ける |
| リスクとリターンの関係 | 低リスク・低リターン | 高リスク・高リターン |
| 利益の種類 | income中心 | gain中心 |
| 実体経済とのつながり | ある | ない |
| 取引期間 | 長期 | 短期 |

> **まとめ**
> 1. 投資の価値はリターンや収益規模の大きさとその確実性で決まる。
> 2. 投資のリターンは内部収益率（IRR）で計測できる。
> 3. 不動産投資や債券投資のリターンは利回りで表現される。
> 4. 債券価格や不動産価格が上昇すると予想利回りは低下する。
> 5. 投資と投機を線引きする基準は一律ではない。

## 投資に関する金融英語

# Investment

1. 利潤目的で事業、不動産、証券などに資金を投下すること。
2. 今、消費されるのではなく、将来、富を生むために用いられる財のこと。

### ここがポイント

- 投資された資金(fund)は資本(capital)になり、資本は収益(income)を生み出します。capitalを元手とした企業(company/enterprise)はリスク(risk)を取って収益を生み出そうとします。
- 資本主義(capitalism)は利潤(profit)を再投資(re-invest)することで生産活動(production activities)を継続し、拡大する社会システムです。
- 投資の果実は元本に対する利益の割合である収益率(return)で示されます。利益を生み出さない投資は不毛(sterile)です。
- 株式市場(equity market)は期待収益(expected return)とそれを達成できないリスク(risk)の度合いに基づいてcapitalが取引される場です。株価(stock price)は取引されるcapitalの市場価格(market value)です。

- **income**
  インカム、(安定的な)収入、収益、所得、利益
  ▷資本への投資や、個人の活動を通じて生まれる富のこと。経常的な支出を賄うのに使われる収入。
  ▷売上から費用や税金を払った後に残る収入のこと。*earnings*とほぼ同義。
  **注意!** 投資が生む定期収入をインカムゲイン(*income gain*)というが和製英語。英語では*income*だけでインカムゲインと同じ意味になる。キャピタルゲインは*capital gain*でOK。
  ***disposable income*** 可処分所得(個人所得から税金や社会保険料などを差し引いた手取り収入のこと)
  ***generate (produce, yield) income*** 収益を生む
  ***high-income household*** 高所得世帯

  ***income-oriented*** インカム(安定的な定期収入)志向の
  ***income (profit and loss) statement*** 損益計算書
  ***income stock*** 資産株(安定した*income*が期待でき、値動きも小さい株のこと)
  ***income tax*** 所得税
  ***net income (earnings/profit)*** 純利益
  ***operating income (profit)*** 営業利益

- **gain** もうけ、益、キャピタルゲイン
  ▷資産の価値の上昇によるもうけ。買った値段より高く売ることで実現する。対語は損失(*loss*)。

  (用例)
  *If you buy $1,000 of stock A and later sell it for $1,200, you would have a capital gain of $200.*
  A社株を1,000ドルで買い1,200ドルで売れば、

## LESSON4 ●Investment ― 投資

あなたのもうけは200ドルとなる。
***one-off gain/loss*** 特別損益
***realise gain*** 益を確定させる
***reap gains*** 実を結ぶ、投資回収する
***unrealized gain*** 評価益、含み益(☞25ページ)

● **profit** 利益、利潤
▷収入(*revenue*)から費用(*expenses, costs*)を差し引いたもの。*income* と *gain* の両方を含む。
▷会計上の *profit* とは、費用収益対応(*revenue and expense matching*)の原則や減価償却などの非現金項目(*noncash item*)を勘案し、特定期間に実際に入ってきた現金に調整を加えたもの。
▷収入が費用を上回ると黒字(*profitable, money-making*)に、費用が収入を上回ると赤字(*unprofitable, money-loosing, loss-making, red ink*)となる。
▷*profit÷revenue = margin*(利益率)、*profit÷capital = return*(収益率)。
***blow up profit*** (損失などが)利益を吹き飛ばす
***bottom-line*** 収支、当期利益(収入から費用を引いた後の数値のこと。対語の *top-line* は収入、売上)
***break-even*** 収支トントンの、損益分岐点の
***earnings estimate***(***forecast***) 利益予想
***earnings per share, EPS*** 1株当たり当期利益
***earnings surprise*** 企業による利益予想が上方、あるいは下方に修正されること
***generate profit*** 利益を生む

● **return** リターン
▷投資元本に対する収益率、リスクに対する報酬(*reward*)のこと。

**注意！** 収益率は *return* で収益は *payout*。

用例
*It is widely believed that risky investments can yield better returns than the safer bets in an investor's portfolio.*
投資家のポートフォリオ内のハイリスクな投資は安全度の高い投資より高いリターンをもたらすと一般には信じられている。
***absolute return*** 絶対リターン
***boost return*** 収益率を上げる
***expected return*** 期待収益率
***generate (yield) return*** リターンを生み出す
***return on assets, ROA*** 資産利益率
***return on capital employed, ROCE*** 使用資本利益率
***return on equity, ROE*** 自己(株主)資本利益率
***return on investment, ROI*** 投資利益率
***risk-adjusted return on capital, RAROC*** リスク調整済資本リターン

● **yield** イールド、利回り
▷投資リターンの *income* 部分のこと。株式では配当、債券ではクーポン、不動産では賃料収入を投資元本で割って年率換算した数値。
▷もともとは「農作物が産出される」、「収穫高」という意味で、農作物のように継続的に生み出されるもののこと。
▷製造業における「歩留まり(生産されたすべての製品に対する不良品でない製品の割合)」という意味もある。

用例
*Treasury 10-year note yields increased for a third consecutive week as lawmakers in Washington worked to resolve a stalemate over the budget deficit, damping demand for US government debt.*

米連邦議会で財政赤字をめぐるこう着状態を打開しようとする動きが見られるなか、米国債の需要は弱く、10年物米国債の利回りは3週連続で上昇した。

*current yield* （債券）表面利率を債券の時価で割った比率。直利

*dividend yield* （株式）配当利回り

*yield-to-maturity, YTD* （債券）利回り、最終利回り

*yield curve* イールドカーブ(☞109ページ)

- **capital** 資本、元手、自己（株主）資本
  ▷ *income* を生み出す元手となる資産のこと。現金または、船、機械、工場といった資本財（*capital goods*）や、特定のノウハウ、知識といった無形資産（*intangibles*）が *capital* になりえる。
  ▷ 会計上の資本金、自己資本のこと。資産（*assets*）から負債（*liabilities*）を差し引いた金額。*net worth, equity, capitalization, shareholders' equity* など同義語が多い。
  ☞ *liability* (136ページ)

  *authorized capital* 授権資本
  *capital adequacy ratio* （銀行の）自己資本比率
  *capital call* キャピタルコール（プライベートエクイティ、ヘッジファンド、不動産ファンドなどでファンドの運用者が投資家に投資契約期間内に投資資金の払い込みを要求すること）
  *capital expenditure, CAPEX* 設備投資
  *capital gain* キャピタルゲイン（資産の購入価格を売却価格が上回ることで得る利得 ☞96ページ）
  *capital subscription* 出資
  *capitalization rate* キャップレート、還元利回り（不動産投資で予想収益に基づいて推定される投資リターン。算式は、諸費用控除済賃料収入÷不動産価額）

*capitalize ～* （費用項目を）資産計上する
*capitalize on ～* ～を利用して利益を上げる
*contingent capital, CC* 偶発資本（自己資本が毀損したときに自動的に自己資本に転換される債券。偶発転換社債 *contingent convertible bonds* と同義 ☞108ページ）
*cost of capital* 資本コスト
*in-kind contribution* 現物出資
*market capitalization* 株式時価総額
*paid-in capital* 払込済資本
*recapitalization* 増資などで資本増強すること
*venture capital investing* ベンチャーキャピタル（長期的な成長の可能性を感じて新興企業や小規模な事業に投じられる資金のこと）
*working capital* 運転資金（事業に必要な資金のこと。会計的には、売掛債権（*receivables*）＋棚卸資産（*inventories*）－買入債務（*payables*）で求められる）

- **proceeds** 代金、収益
  ▷ 債券や新株の発行や資産の売却などによって得られる代金（*cash*）のこと。

  【用例】
  *All proceeds from the asset sale will be used to repay existing debt.*
  その売却収益はすべて債務返済に充てられる。

- **payback/payout period** 回収期間
  ▷ 投資費用が何年で回収される（*recoup*）かを示したもの。時間の価値を勘案せず、単純に投資額を年間予想収益額で割ったもの。この期間が短いほど効率の良い投資となる。

  【用例】
  *¥ 8 billion investment which returns ¥ 2 billion per year would have a four year payback period.*
  80億円の初期投資に対して年間20億円のリ

ターンが得られる投資の回収期間は4年である。

- **outstanding** 残高
  - ▷収支または貸借の差し引き計算で残ったストックとしての金額。*balance* ともいう。
  - *aggregate balance* 総残高
  - *average outstanding* 平均残高、期中平残（期末ではなく、期中の平均的な残高量のこと。割賦などの金利は期末残高ではなく期中平残に応じて賦課される）
  - *debt outstanding* 負債残高
  - *number of outstanding shares* 発行済株式数
  - *outstanding at the term-end/term-end balance* 期末残高

- **speculation** 投機
  - ▷偶然を狙って行う行為。将来の価格変動を予想して、価格差から生ずる利益を得ることを目的として行う売買取引。
  - ▷動詞の *speculate* には「投機する」という意味のほかに、推測する（*take a view*）、手持ちの知識に基づいて考えをまとめ仮説を立てる（*presume*）、という意味がある。
  - ▷日本語の「投機」の語源は禅語。もともとは「師匠の心と弟子の心が一致統合すること」という意味だった。
  - *hot money* 投資家による投機的な資金のこと
  - *speculative grade* （債券格付けで）投資不適格、BBB格未満の（対語は *investment grade*）
  - *speculative housing* 建売住宅（注文を受けたからではなく、売れるだろうという自らの仮説や推測に基づいて業者が建設する住宅。「投機的な家」ではない）

- **projection** 予想、予測
  - ▷将来の予測、見積もり。まだ事実ではないこと。
  - ▷動詞の *project*（予想する）には、*estimate, forecast, prediction, anticipation, outlook, prospects* など類義語がきわめて多い。
  - ▷*projection* の語源はラテン語でその意味は「前に投げる行為」。*project*（計画）、*projector*（映写機）なども同根。

  【用例】
  *The brokerage also cut its earnings projection for the first quarter of 2012 to 39 cents a share form 47 cents a share.*
  その証券会社は2012年第1四半期の業績予想も1株当たり47セントから39セントに下方修正した。
  - *cashflow projection* 将来のキャッシュフロー予測
  - *earnings estimate*（*forecast*） 収益予想

- **concensus**
  コンセンサス、総意、大勢の人による合意、市場予想
  - ▷アナリスト、エコノミスト、研究機関などによる企業業績、株価、経済指標などの予想数値の中位値（*average mean*）のこと。
  - ▷*market concensus* は調査機関やメディアなどが集計して発表する。市場価格はあらかじめこうした *concensus* を織り込んでおり、実際に経済指標や企業業績が発表されたときに、実績が *concensus* を上回った（*upbeat*）か、下回った（*downbeat*）かで変動する。

- **principal**
  元本、自己資本を使った、主役としての、主な
  - ▷貸付金で利子（*interest*）以外に返済の必要のある金額のこと。
  - ▷初期投資の金額 (*initial investment*)
  - ▷債券の額面（*face value of a bond*）

▷自らのリスクを背負って投資する、取引の主要な当事者のこと。対語は*agent*（☞152ページ）

*principal investing* プリンシパル・インベストメント、自己投資（投資家から資金を募って投資するのではなくマーチャントバンク、投資銀行などが自己資金を投資すること）

*principal-protected* 元本保証の

- **portfolio**
ポートフォリオ、投資ポートフォリオ
▷1人の人間、1ファンド、1機関によって保有される複数の金融商品への投資全体のこと。*investment portfolio*。もともとはイタリア語で書類カバンという意味。

*ladder portfolio* ラダー型ポートフォリオ（債券用語。短期債から長期債まで残存期間が異なる債券にほぼ同額ずつを投資するポートフォリオのこと。目標とする残存年数に近い残存期間の債券を中心に構築するポートフォリオは*bullet portfolio*、長期債と短期債を組み合わせて中期債を持たずに同じ目標残存年数にするポートフォリオは*barbel portfolio*という）

*modern portfolio theory, MPT* モダンポートフォリオ理論（特定のリスクに対し、最大の期待リターンを実現するような最適のポートフォリオを実現できる効率的フロンティアが存在するという理論のこと）

*overweight* オーバーウェイト（特定の証券をベンチマークのポートフォリオに含まれる比率以上の量、保有すること。対語は*underweight*）

*portfolio management* ポートフォリオ管理（投資ミックスや方針、目的と投資内容の合致、アセットアロケーションなどの決定を行い、リスクとパフォーマンスをバランスさせる技術のこと）

*portfolio manager* ファンドマネージャー、投資信託などの運用担当者

- **financial instrument** 金融商品
▷何らかの金銭価値があること示す実際あるいは仮想の証書のこと。具体的には株式、債券、為替、投信、保険、デリバティブなどのこと。
▷特定の経済効果を上げるための買いオペ、利上げなどの中央銀行の政策手段は*monetary instrument*と呼ばれる。

📖用例

*The Central Bank employs a range of both direct and indirect instruments to effect monetary policy.*
中央銀行は金融政策の実行に際してさまざまな直接的な手段と間接的な手段を用いる。

*be instrumental to* 〜に役立つ
*debt instrument* 債券
*Financial Instruments and Exchange Law, FIEL* 金融商品取引法（2007年9月に施行された日本の金融証券市場でのルールを定める主要な法律）
*monetary policy instruments* 金融政策の手段

- **investment vehicle**
金融商品、投資手段、ビークル
▷リターンを得る意図で投資家が投資する、債券、株式、デリバティブ、年金商品、投信などなどの金融商品のこと。*financial instrument*とほぼ同義。
▷プライベートエクイティ・ファンドや不動産ファンドなどの設立形態。具体的にはLP、匿名組合、特定目的会社、投資有限責任組合などを指す。ビークル。

📖用例

*Are diamonds considered a good investment vehicle?*
ダイヤモンドは良い金融商品といえるだろうか。

# LESSON4 ●Investment ― 投資

- **performance**
  パフォーマンス、業績、運用成果
  ▷投資における運用成果や投資対象の過去の値動きのこと。具体的には金融商品の一定期間の騰落率や運用利回りを指す。
  ▷*performance*が予想や基準を上回ることを*outperform*、下回ることを*underperform*という。

  用例
  *For hedge fund investors, the real crime of the year is lousy performance, not insider trading.*
  ヘッジファンドに投資する者にとって今年起きた真に憂慮すべき事態はインサイダー取引ではなく、運用成績の悪さである。

  *hurdle rate* ハードルレート（プライベートエクイティなどで投資案件に最低限、求められる収益率のこと）

- **asset class**
  アセットクラス
  ▷同じようなリスク・リターン特性を持つ投資対象資産のグループのこと。具体的には、債券、株式、コモディティなど。

- **disintermediation** 直接金融化
  ▷個人が貯蓄を銀行預金にする代わりに、投資信託、保険、年金基金などを通じて有価証券や企業に投資し、企業が銀行から資金を借り入れる代わりに直接、資本市場で資金を調達する流れのこと。

## ここがポイント

- 株式（equity）とは企業の所有権を表わす有価証券のこと。stock, shareともいいます。
- equity, stock, shareはそれぞれ語源と意味合いがやや異なるものの用法に厳密なルールがあるわけではありません。どういう場合にどう使われるかは定型表現で丸覚えしてしまいましょう。
- 証券会社の株式市場部門もequityと呼ばれます。

*American depository receipt, ADR* 米国預託証券（米国の預託銀行に預託された非米国会社の株式を裏付けとして米国株式市場で発行される証券のこと）
*bellwether stock* トレンドを先導する銘柄
*blue-chip (guilt-edged) stock* 優良株
*book value per share, BPS* 一株当たり純資産
*common stock* 普通株
*cross ownership*（*holdings*）株式持合い
*cyclical stock* 景気循環株（景気によって業績が大きく振れる株）
*defensive stock* ディフェンシブ株（景気の影響を受けにくく、資産防衛に適した株）
*dividend payout/payout ratio* 配当性向（対語は内部留保率 *plowback/retention ratio*）
*dividend per share, DPS* 1株当たり配当
*equity capital markets, ECM* 株式発行市場
*equity derivative* 株式デリバティブ
*growth stock* 成長株
*multiple* マルチプル（PER, PBRなど、倍率で示される指標のこと）
*penny stock* 1ドルに満たない安い株
*price-to-book ratio, PBR* 株価純資産倍率（株価÷直近BPS）
*price-cashflow ratio, PCFR* 株価キャッシュフロー倍率（株価÷直近営業CF）
*price-earnings ratio, PER, P/E* 株価収益率

（株価÷直近EPS）
*private equity*　取引所に上場していない株式のこと。転じて、非上場企業に対する投資のこと（☞205ページ）
*preferred stock*　優先株（☞248ページ）
*share/stock exchange/swap*　株式交換（株式会社が対象会社を100％子会社にするための企業再編手法のこと）
*share/stock split*　株式分割
*shareholders' equity*　自己資本、（貸借対照表の）株式の部
*shareholders' meeting*　株主総会
*small*（*mid, large*）*cap*　小型株（中型株、大型株）
*stock option*　ストック・オプション
*stock picking*　銘柄選択
*stock repurchase,/buy-back*　自社株買い（☞178ページ）
*tracking stock*　トラッキング・ストック、事業部門株（特定の事業部門や子会社の業績に株価を連動させて利益配当を行う株式のこと）
*treasury stock*　（発行会社が保有する）自社株、自己株式、金庫株
*turnaround stock*　リストラ関連株

- **stake**
  持ち株、持分、ポジション、出資金、利益、掛け金
  ▷動詞で*stake A on B*は、AをBに賭けること。
  ▷動詞で*stake out*となると、自分のものであると宣言する、主張する、確保すること。
  ▷もともとは、自分の土地がどこかを示す木や金属で出来た杭のこと。その杭で囲まれたところが「自分の持分」。*interest*も*stake*と同義で使われることがある。

  用例
  *AIG sold remaining stake in the Asian Insurer for USD 6.5 billion.*
  AIGはそのアジアの保険会社への残りの保有株を65億米ドルで売却した。
  *be at stake*　危機に瀕している
  *controlling interest*　企業の経営権、支配権
  *equity stake*　株式保有比率
  *have a stake*　利害関係がある
  *increase stake in* ～　～への出資比率を上げる
  *stake money on* ～　～に金を出す
  *stakeholder*　利害関係者

- **warrant　ワラント、新株引受権**
  ▷特別な値段で新株を買える権利が発行者から持ち主に付与される派生的な有価証券のこと。
  ▷動詞の*warrant*は保証し、請け合うこと。*warranty*は品質保証、売り手の瑕疵（かし）担保のこと。
  *covered warrant*　カバードワラント（オプションを証券化した有価証券のこと。コール型とプット型がある。コール型ワラントは原資産の価格上昇に伴い価格上昇し、プット型ワラントは原資産の価格下落に伴い価格上昇する）
  *cum-warrant*（*cum-warrant bond*）　ワラント債
  *ex-warrant*　エクスワラント（分離型ワラント債のうちワラントを切り離した社債部分のこと。ボンカス債）

- **initial public offering, IPO
  新規株式公開、株式公開、株式上場**
  ▷非上場企業が自社株を初めて売り出すこと。企業が成長するためにより多くの投資家から資金を募る、あるいは、創業者が持ち株の一部を放出することで利益を確定するために行われる。
  ▷正確には既存の株主が株式市場に放出する分である「売出し（*sale*）」と、新たに株式を発行する分である「公募（*offering*）」に分けられ

LESSON 4 ●Investment — 投資

るが、同時に行われる場合、総称して*IPO*となる。
☞ *public offering*（201ページ）

- **lock-up agreement**　ロックアップ規制
  ▷会社役員、大株主、ベンチャーキャピタルなど、公開前の会社の所有者が、株式の需給バランスを保つために、その株式が公開された後に一定期間、市場で持ち株を売却できないように公開前に自主的に契約を交わすこと。通常、その期間は6か月程度。

  用例
  *The company saw its stock drop following the expiration of its lockup period in December.*
  12月にロックアップ期間が終了すると、その会社の株式は下落した。

- **takeover bid**
  企業買収、**TOB**、公開買い付け
  ▷被買収先の株主に「1株当たり○○円で買います」という提案（*bid*）をして企業を買収しようとすること。対象企業の経営権（*controlling interest*）の取得を目的とする。*tender offer, public tender offer* と同義。非上場企業（*private company*）の買収の場合は*takeover*ではなく、*acquisition*と呼ばれることが多い。
  ▷上場企業株式の一定量以上の証券取引を行うときには、株主の平等を担保するため法律により公開買い付け（*public takeover bid, TOB*）が義務付けられている。
  ▷動詞の*take over* 〜は「〜を買収する、乗っ取る、占領する、席巻する」という意味。一方 *take over as* 〜は、「〜に就任する」という意味になる。

  用例
  *That hi-tech stock rose after a story appeared suggesting it may be an attractive takeover target.*
  そのハイテク株は公開買い付けの絶好の標的であるとのうわさから上昇した。
  *hostile (favorable/friendlly) takeover bid*
  敵対的（友好的）買収
  *management buyout, MBO*　マネジメントバイアウト、経営者による企業買収（☞138ページ）
  *leveraged buyout, LBO*　レバレッジドバイアウト（☞138ページ）

- **secondary market**　流通市場
  ▷投資家が流通している証券を発行企業からではなくほかの投資家から購入する市場のこと。価格は売り手と買い手の需給関係で決まる。
  ▷*secondary*の原義は「二次的な」。中古車（*second-hand car*）の'*second-hand*'などと同様、「一次的買い手が一旦手放した後の」というニュアンス。
  ▷これに対して、*IPO*（*initial public offering*）など、企業が発行する証券を投資家が直接購入する市場が発行市場（*primary market*）である。*primary market*で証券を購入し、投資家の需給に基づいて値付け（*pricing*）と販売（*distribution*）を行う業者を引受業者（*underwriter*）という。

## ここがポイント

- 投資信託（investment/mutual fund）とは、株式、債券、短期市場商品などに投資するために多くの投資家から資金を集めて作られた金融商品のことです。投資信託は投資家の資産を殖やそうとする運用会社（manager）によって運用されます。
- それぞれの投資信託は運用の目的（objectives）、投資方針（guideline）および制限（restrictions）を持ち、その内容は目論見書（prospectus）にまとめられています。
- 個別の投信の特徴やパフォーマンスは、モーニングスターをはじめとする投信評価機関のサイト（米：http://www.morningstar.com/、日本：http://www.morningstar.co.jp/）で確認できます。

- **investment/unit trust, mutual fund　投資信託**
  ▷一般に、日本の契約型投資信託は *investment trust*、米国の会社型投資信託は *mutual fund*、英国の契約型投資信託は *unit trust* と呼ばれる。
  **break the buck**　（MMFなどが）額面割れになる
  **liquidate/sell a fund**　投信を解約する
  **custodian, trustee, depository**　受託会社（契約型投信の資金を預かる機関。日本では信託銀行）
  **dividend**　分配金
  **index fund**　インデックスファンド（市場インデックスを再現する投資信託のこと）
  **investment manager**　運用会社（運用者）
  **launch**　設定日
  **marketer**　販売会社（証券会社や銀行）
  **net asset value, NAV**　純資産価額、基準価額
  **pension fund**　年金ファンド

- **benchmark　ベンチマーク、指標銘柄**
  ▷証券、投信などの運用成績（performance）を運用者が測定する際の標準となる指数（index）や資産のこと。日経平均株価（Nikkei 225）のような市場全体や市場セグメントを構成する指標が採用されることが多い。
  ▷benchmarkの語源は、モノの高さや幅を計るときに基準とするために作業台（workbench）に付けた印。19世紀終わりから「基準となるもの」という意味で使われ始めた。

  〖用例〗
  *Mutual funds rarely outperform their benchmarks in the long term.*
  投資信託が長期的にベンチマークを上回る運用成績を上げることは滅多にない。
  **beat/outperform the benchmark**　ベンチマークを上回る運用成績を上げる
  **tracking error**　トラッキングエラー（*portfolio* と *benchmark* のリターンの乖離のこと）

- **index　指標、指数、インデックス**
  ▷経済や証券市場の変動を測定する統計的尺度のこと。基準となる価値からの変動を独自の算定方法で算定する。
  ▷債券市場や株式市場の主要な *index* は資産運用の *benchmark* として用いられることが多い。TOPIXや日経平均株価のような *index* は「日本株」という特定の市場セグメントを示す仮想の証券ポートフォリオといえる。
  **composite index**　合成指数（株式、指数などを組み合わせて市場や業種のパフォーマンスを示す統計尺度のこと）
  **consumer price index, CPI**　消費者物価指数
  **industrial production index**　鉱工業生産指数

LESSON4 ●Investment ― 投資

- **passive（index）investing**
  パッシブ運用、インデックス運用
  ▷ 投信や*ETF*などで市場ポートフォリオ（あるいはインデックス）をそのまま再現するパフォーマンスを目標とする運用手法のこと。効率的市場仮説（*EMH*）に基づき、市場価格にはすべての情報が織り込まれており個別銘柄の選択は無駄であるとの信念に基づいた運用手法。
  ▷ 対語はアクティブ運用（*active investing*。個別銘柄の分析などに基づいて市場インデックスを上回るパフォーマンスを上げることを目標とする運用手法）。

  【用例】
  *If you want to invest but lack the time to do so actively by selecting individual stocks and bonds, you can invest passively using index funds such as buying shares of Exchange-Traded Funds to obtain market return.*
  投資したいが個別の株や債券の銘柄を選ぶ暇がない場合、ETFなどを購入することで市場並みのリターンが得られる。

- **open-end**　オープンエンド型の
  ▷ ファンドの存続期間中に時価での追加設定や解約が可能な投資信託のこと。公募投資信託の大半は*open-end*型で、需要が高ければいくらでも口数を増やせる。途中で解約や換金する投資家が増えるとファンドの規模（*size*）は縮小する。
  ▷ これに対し、クローズエンド型（*closed-end*）ファンドの典型が*REIT*（*Real-Estate Investment Trust,* 不動産投資信託☞119ページ）。*REIT*はあらかじめ発行口数が決まっており、臨機応変に解約や設定はできない。しかし上場しているため投資家は取引所で随時時価で売買できる。

- **asset allocation**
  資産配分、アセットアロケーション
  ▷ 投資の目的、リスク許容度、投資期間などに基づいてポートフォリオ（*portfolio*）の資産のリスクと報酬をバランスさせる投資戦略のこと。具体的には、株式、債券、現金への資産配分比率を示したものが多い。銘柄選択（*stock selection*）の前に行われる。
  ▷ *asset allocation*の結果としての資産の構成比を*asset mix*という。
  ▷ *asset allocation*と*stock selection*を総合すると*portfolio management*（☞100ページ）となる。

  【用例】
  *Practicing asset allocation is the single most important thing an investor can do.*
  アセットアロケーションの実践は投資家が行いうる最も重要なことだ。

- **universe**
  ユニバース、投資範囲、母集団
  ▷ 同じ商品ライン、業種、インデックスに含まれるすべての有価証券のこと。*universe*から投資候補の銘柄が選定され、ポートフォリオが形成される。

  【用例】
  *The MSCI US Investable Market 2500 Index consists of the 2,500 largest companies and covers approximately 98% of the US equity universe.*
  「MSCI US Investable Market 2500 Index」は2,500の大型銘柄で構成されており、米国株のユニバースのおよそ98％を網羅している。

- **exchange-traded fund, ETF**
  上場投資信託
  ▷ 市場のインデックスの値動きと連動する取引所で売買可能な金融商品のこと。

▷ TOPIXやS&P500指数などの株式インデックス連動型のETFのほかに、金価格連動型ETFなどがある。一般の株式と同様に取引でき、一般的な投資信託より手数料が安い。

- **Sharpe ratio　シャープレシオ**

▷ 投資信託の最も代表的な評価の尺度の1つ。ファンドのリターンから安全資産(risk-free asset)のリターンを差し引いたものをファンドの純資産価額(NAV)の標準偏差で割った数値。

▷ リターンをリスクで割った数値であるSharpe ratioは、高ければ高いほど値動きのばらつきが少なく、効率性の良いファンドという判断になる。

▷ ノーベル経済学賞受賞者でCAPM理論の構築者であるウィリアム・シャープ(William Sharpe, 1934-)が提唱した指標で、効率的市場仮説(EMH)を前提としている。

- **global investment performance standards, GIPS　グローバル投資パフォーマンス基準**

▷ 投資運用会社が公正で十全な投資パフォーマンス結果の開示のために用いるべきとされる、世界共通の倫理的な自主基準のこと。1999年、米国証券アナリスト協会(CFA Institute)の前身によって創設され、現在、GIPS理事会(GIPS Executive Commitee)が管轄している。

- **sovereign wealth fund, SWF　ソブリン・ウェルス・ファンド**

▷ 一国の政府が出資する巨大な投資ファンドのこと。石油や天然ガスの輸出による収入や外貨準備高を原資とすることが多い。

▷ アラブ首長国連邦のアブダビ投資庁(ADIA)、クウェートのクウェート投資庁(KIA)、シンガポールのテマセク(Temasek)と政府投資公社(GIC)、中国の中国投資有限責任公司(CIC)などが有名。

▷ 21世紀に入ってから国際的な資源高等を背景に大きく成長し、2008年の金融危機では米国の多くの金融機関に出資を行って存在感を示した。

### ここがポイント

- 債券(bond)は株式と並ぶ伝統的で代表的な金融商品で、一定期間、資金を借り入れる政府や企業といった発行体(issuer)が、自らの借り入れ(debt)を小口化して債券購入者(bondholder)向けに発行する証書(indenture)を指します。debt, debt instrument/securitiesともいいます。

- 一般に、billは1年以内の短期割引債、bondは長期債を指します。noteはその中間の年限の債券ですが、bondとnoteの区別はそれほど厳密ではありません。

- debentureとは国債以外の無担保(unsecured)の債券のことです。一般に銀行債や信用力の高い大企業の発行する事業債はdebentureです。

- 短期商品や債券など、固定の(fixed)金利・クーポン収入をもたらす金融商品を総称してfixed incomeといいます。証券会社の債券市場部門も一般にfixed incomeと呼ばれます。

# LESSON 4 ●Investment ― 投資

*asset-backed CP, ABCP*　資産担保コマーシャルペーパー
*Bunds*　ドイツ連邦国債
*callable bond*　コーラブル債（発行体による繰上償還条項が付いた債券）
*commercial mortgage backed-securities, CMBS*　商業用不動産ローン債権担保証券
*commercial paper*　コマーシャルペーパー、短期債
*corporate bond*　社債、事業債
*covered bond*　カバードボンド（☞129ページ）
*credit linked note, CLN*　クレジット連動債、クレジット・リンク・ノート
*debt capital markets, DCM*　債券発行市場
*discount (zero-coupon) bond*　割引（ゼロクーポン）債（☞108ページ）
*eurobond*　ユーロ債（発行通貨を公式通貨としない市場で発行された債券）
*exchangeable bond*　他社株転換社債（債券の所有者が株式への転換権を有し転換対象の株式が債券の発行体と異なる仕組債）
*fixed-income bond*　固定利付債
*floating rate note, FRN floater*　変動利付債
*Gilts/gilt-edged securities*　英国国債
*inflation-linked bonds, Linkers*　（とくにイギリスの）インフレ連動国債
*inverse floater*　逆変動利付債
*Japanese Government Bond, JGB*　日本国債
*mezzanine bond/debt*　メザニン債（☞248ページ）
*medium-term note, MTN*　ミディアム・ターム・ノート（スキームや使用通貨などの面で多様な発行形態を規定した、同一プログラムに基づいて発行される債券）
*mortgage-backed securities, MBS*　不動産ローン債権担保証券（*average life* ☞48ページ、*prepayment risk* ☞79ページ、*implicit support* ☞253ページ）

*municipal bond, muni-bond*　地方債
*pass-through securities*　パススルー証券（裏付資産のキャッシュフローがそのまま投資家に転嫁される単純な構造の*MBS*のこと）
*privately-placed bond*　私募債（対語は公募債、*public bond*）
*promissory note*　約束手形（特定期日に当事者の一方がもう一方に特定金額の支払いを無条件に約束する書面で期日と署名が入った証書のこと）
*repackaged securities*　リパッケージ債（発行済の債券を集めて一緒にして、それを元に新たに発行された債券のこと）
*residential mortgage-backed securities, RMBS*　住宅ローン債権担保証券
*reverse dual currency bond, RDCB*　リバースデュアル債、二重通貨建て債
*Samurai bond*　サムライ債（非居住者が日本国内で円建てで発行する債券のこと）
*senior bond/debt*　優先債
*sovereign/government bond*　国債、政府機関債
*straight bond*　普通社債、*SB*
*strip bond*　ストリップス（元本利子分離）債
*subordinated bond/debt*　劣後債（☞248ページ）
*supranational bond/supranationals*　国際機関債
*Treasury Bill, T-bill*　米国財務省短期証券（米国短期債）
*Treasury Note, T-note*　米財務省証券（米国債）
*Treasuries*　米国国債（*T-bills*と*T-notes*の総称）
*Treasury inflation protected securities, TIPS*　インフレ連動米国債
*utility bond*　（電力債などの）公共事業債
*Yankee bond*　ヤンキー債（米国の非居住者が米国内でドル建てで発行する債券のこと）

- **convertible bond**
  転換社債、CB、転換社債型新株予約権付社債
  ▷発行企業に所有者が請求すれば、あらかじめ定められた条件でその企業の株式に転換できる社債のこと。

  用例
  *Because of its dual nature as a bond and an equity option, convertible bonds allow investors to participate possibly in the upside gains of the stock while protecting possible downside through the guaranteed continuous coupon payments.*
  転換社債は債券と株式オプションの両方の性質を持つ。その購入者は潜在的な株価上昇を享受する権利を得ると同時に、定額のクーポン収入を継続的に得ることで下落リスクも回避できる。

  **conversion premium/discount**　乖離率
  **conversion ratio**　転換率
  **reverse convertible bond**　EB債（償還金の代わりに株式で償還される可能性のある仕組債。CBは債券保有者が転換権を持つが、EB債は発行体側がこれを持つ）
  **parity**　パリティ（転換社債の理論価格）

- **coupon**
  クーポン、利札（りさつ）、利率、表面利率
  ▷債券に支払われる利息のこと。
  ▷もともとは支払われる利息金額と支払い年月日が記載された小紙片（*coupon*）を指していた。昔の債券保有者は利払い日ごとに *coupon* を券面から切り取って、銀行に持ち込んで現金と交換していた。
  ▷定額の *coupon* 収入をもたらす債券を固定利付債（*fixed income bond*）という。ゼロクーポン債や変動利付債は厳密には *fixed income* ではないが、債券市場は *fixed income* と総称される。
  *coupon rate*　表面利率（発行時に決められた当該債券の利子率のこと）
  *zero-coupon bond*　割引債、ゼロクーポン債（クーポンの付いていない債券のこと。*discount bond* ともいう）

- **accrued interest, accrual rate**
  経過利息、経過利子
  ▷買い手と受け手の公平のため、利子が支払われる期間の途中に売買された債券の元本に加算される利子のこと。たとえば、1年満期の債券を発行から半年後に購入したら、半年分の利子が購入価格に上乗せされる。
  ▷動詞の *accrue* は、「発生する、利子が生じる、増える」という意味。こうした日割計算に使われる30／360のような便宜的な日数を *daycount* という。
  ▷*accrued interest* を差し引かずに表示された債券価格を *dirty price*、経過利息分を差し引いて表示された価格を *clean price* という。

  用例
  *Accrued interest is the amount of interest a bond has earned since its last coupon interest payment.*
  経過利息とは直近の利払い後に債券に発生した利息額のことである。
  *accrual accounting*　発生主義会計（現金の収入や支出に関係なく収益や費用の事実が発生した時点でそれを計上しなければならないとする会計原則のこと。対語は現金主義会計＝ *cash accounting*）

- **duration**　デュレーション
  ▷発行された債券において期中のクーポンなどを受け取れるまでの期間をそれぞれのキャッシュフローの現在価値で加重平均した期間のこと。

▷ デュレーションが長くなるほど金利変動に対する債券の価格感応度(sensitivity)が高まる。

**用例**
*Sensitivity is the magnitude of a financial instrument's reaction to changes in underlying factors.*
感応性とはさまざまな要因の変化に対する金融商品の価格変化の度合いのことである。

*convexity* コンベクシティ(金利の変動と債券価格の関係を、できるだけ実際の状態に近づけるために凸状の曲線で表わしたもの)

- **yield curve**
  **イールドカーブ、利回り曲線**
  ▷ 同じ信用力で償還日が異なる債券の金利をプロットしたもの。3ヵ月、2年、5年、10年、30年などの指標債(benchmark bonds)の利回りをグラフ化したものが多い。yield curve によって示される利回りは同年限の事業債の利回りや貸出金利のベンチマークとなる。
  ▷ イールドカーブの形状(shape)は経済成長や景気の見通しにも使われる。yield curve は右上がり(positive)のことが多いが、将来の景気悪化により緩和的な金融政策が実施されると右下がり(negative)になることもある。カーブが平坦化することをフラット化(flattening)、逆にカーブの勾配が急になることをスティープ化(steapening)という。
  ▷ その形状変化は利回りが上昇したか下降したか、あるいは長期側(long-end)で起きたか、短期側(short-end)で起きたかにより、それぞれ bear flattening と bull flattening、bear steapening と bull steapening に分かれる。
  ▷ yield curve を基準に投資される短期金融市場と債券市場は "rates & bonds" と総称される。
  ▷ 将来のインフレや経済成長見通し、中央銀行の政策への市場予測によってイールドカーブの形状は変化する。

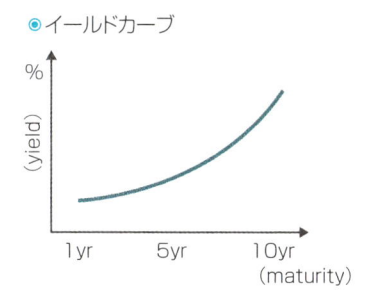

● イールドカーブ

%
(yield)

1yr   5yr   10yr
          (maturity)

*ahead of the curve* 他人に先んじて(反対は *behind the curve* 後手に甘んじて)

**用例**
*More and more employers are expecting their employees to stay ahead of the curve when it comes to new technologies and important industry issues.*
自社の従業員が新技術や業界の重要課題に他社に先んじて取り組む状態にあることを望む企業が増えている。

*credit curve* クレジットカーブ(格付けゾーンごとの債券の利回りを示した曲線のこと)

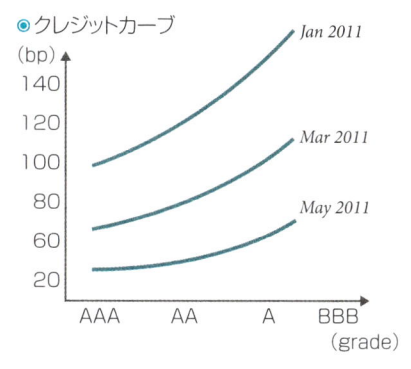

● クレジットカーブ
(bp)
140                    Jan 2011
120
100                    Mar 2011
80
60                     May 2011
40
20
   AAA   AA    A    BBB
                     (grade)

*down the curve* 長期物から短期物にシフトすること

*long-end (short-end) of the curve* イールドカーブの長期(短期)側

*yield spread* 利回り格差

### ここがポイント

- オルターナティブ商品（alternative assets）とは債券、株、投資信託といった通常の（conventional）金融商品以外の金融商品のこと。具体的には貴金属（precious metals）、美術品（arts）、骨董（antiques）、ワイン（fine wines）、希少切手（rare stamps）、硬貨（coins）などを指します。
- ただしオルターナティブ投資がそれほど発達していない日本では、ヘッジファンド（☞203ページ）やプライベート・エクイティ（☞205ページ）、貴金属や商品先物への投資や、機関投資家向け保険商品などを意味することが多いようです。
- オルターナティブ商品は、通常の金融商品と比べると流動性が低く、短期投資には向かないものが大半です。

- **commodity　コモディティ、商品**
  ▷ 商品先物取引所で取引される商品のこと。原油、ガスなどのエネルギー、金、銀、プラチナなどの貴金属、小麦、大豆、とうもろこしなどの農作物、銅、アルミといった非鉄金属などの実物資産を指す。
  ▷ *commodity*は「市場で質的な区別がされない財」という意味。たとえば、商品取引所で取引されるとうもろこしは標準化された（*standardized*）カテゴリーであり、それが甘いか、粒が揃っているかといった質的な差異は価格に反映されない。
  ***commoditization***　コモディティ化（高付加価値商品の市場価値が下落して一般的な商品になること）
  ***commodity exchange***　商品先物取引所（*commodity*の派生商品が取引される場所。シカゴマーカンタイル取引所（*CME*）、シカゴ商品先物取引所（*CBOT*）が有名）

- **gold　金**
  ▷ 最も価値が高いとされる貴金属。古代より世界中で貨幣として用いられてきた。金融商品として現物と先物が取引されている。
  ▷ システム全体の崩壊のような極端なリスクに対する優れたヘッジとなり、世界の政治経済のシステムが不安定になると買われやすい。不合理な思い込みやバブルにも影響されやすいことから投機の対象にもなる。
  ***bullion***　金塊（99.5%以上、純粋であることが正式に証明され、硬貨ではなく塊や板の形状をした金のこと。中央銀行や投資家は24時間開いている国際的な金の店頭市場である*bullion market*で金を購入する）
  ***gold standard***　金本位制（自国通貨と特定重量の金の兌換が政府によって認められている通貨制度のこと。1971年のニクソンショックによって完全に終焉した）
  ***gold fund***　ゴールドファンド（主に金塊や金を産出する企業に投資する*ETF*や投資信託のこと）

- **catastrophe/cat bond　キャットボンド、大災害債券**
  ▷ 自然災害リスクを証券化したリスク関連証券。同等の格付けで通常の社債より高いクーポンが支払われるが、自然災害が発生した場合は元本が減少する仕組みとなっている。
  ▷ *cat bond*の発行により保険会社は引き受けたリスクを投資家に転嫁できる。一方、投資家の方は伝統的な金融商品と異なるリスクプロファイルの商品に投資することでリスクを分散できる。

## COLUMN
## 高頻度取引
──もう1つの株式市場

　量子力学（*quantum mechanics*）は、電子や原子核などの**微視的な**（*microscopic*）世界が、**古典的なニュートン力学的**（*the classical Newtonian dynamics*）な世界とは異なった原理で動いていることを明らかにしました。
　あるいは株式市場の世界も同じような状態にあるといえるのかもしれません。
　テレビで世界の金融市場のニュースが流れるときには、背景には必ずに大きなジェスチャーとともに**場立ち**（*floor trader*）が激しく叫びあう**ニューヨーク証券取引所**（*NYSE*）のフロアが映し出されます。これが今も昔も変わらぬ株式市場のイメージです。
　しかし、現実の株式市場にはまるで異なったもう1つの世界があります。**高頻度取引**（*high-frequency trade, HFT*）の世界です。
　今や**ニューヨーク証券取引所**（*NYSE*）の現物株取引の出来高の7割強、東京証券取引所（*TSE*）の出来高の4割程度はコンピューターによる**プログラム売買**（*program trading*）によるもので、その大半が**1,000分の1秒**（*a millisecond*）や**10億分の1秒**（*a nanosecond*）といった超高速の売買注文なのです。高頻度取引は**注文**（*order*）と**取り消し**（*cancel*）を超高速で大量に入れることで小さなサヤを積み上げていく投資手法で、ゴールドマンサックスのような一握りの業者とHFT戦略に特化したヘッジファンド、そして取引所や*ECN*（⇒226ページ）に大きな収益をもたらしています。
　HFTの主体は中長期の相場観やファンダメンタルズに関心がありません。HFT取引はプログラマーが書いた**アルゴリズム**（*algorithm*）によって人間の手を介さず発注され、**即時執行**（*low latency execution*）を可能にする**コロケーション**（*collocation*＝取引所のシステムと同じデータセンターにシステムを設置すること）をはじめとするシステムインフラによって支えられています。
　HFTの戦略には、取引所と直結した高速コンピューター経由で株式の売買情報を得て瞬時に情報分析を行い、最適な注文を入れる戦略や、きわめて短期的な市場の方向性や**歪み**（*non-randomness*）を予測するものがあり、いずれも小さなサヤ稼ぎを積み上げていきます。過去のデータ分析に基づく**平均への回帰**（*regression toward the mean*）を狙った**統計裁**

定（*statistical arbitrage*）、複数の取引所間のシステム速度の違いの裁定（*latency arbitrage*）もHFTの代表的な戦略です。

　1,000分の1秒のスピードで執行されるHFTは人間の感覚器官で感知できないことから、通常のスピードの世界で活動する市場参加者に通常、その存在が意識されることはありません。HFTがにわかに世間や規制当局の注目を浴びたのは、2010年5月に米国株式市場で起きた「**フラッシュ・クラッシュ**（*Flash Crash*, 瞬間暴落＝わずか5分間にダウ平均が5.49％下落し、わずか2分で急騰して元に戻ったことで市場が混乱した出来事）」がきっかけです。フラッシュ・クラッシュは必ずしもHFTが原因と特定されたわけではありませんが、複雑な自動システムがブラックボックスと化してもたらしかねない市場の混乱に広く警鐘を鳴らす出来事となりました。

Finance and Investment Terms

# LESSON 5

## Leverage
### レバレッジ
〜梃子(てこ)とはさみは使いよう〜

Finance and Investment Terms **LESSON 5**

# Leverage
レバレッジ

## ●ファイナンスにおける梃子の役割

　レバレッジ（*leverage*）は、梃子（*lever*）を効かせることです。小さい力を増幅（*amplify*）し、重すぎて直接は動かないものを動かせるようにする梃子は、自動車のシフトレバーやブレーキハンドルなど、生活のさまざまなシーンで利用されています。図のように支点を中心から相当ずらして作用点の近くに置いた梃子の力点に軽く力を加えれば、たった5キロの力で100キロの重さを持ち上げられるようになります（図1）。この場合、20倍の重さが持ち上げられているのでレバレッジは20倍となります。

### 図1　レバレッジ＝梃子の原理

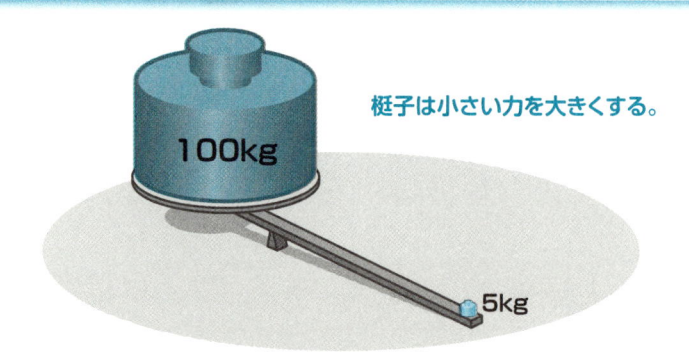

**梃子は小さい力を大きくする。**

100kg

5kg

　同じように金融でレバレッジといえば、少ない手元資金（*cash in hand*）で大きな利益を得るための仕掛けです。レバレッジがうまく働けば利益は拡大しますが、逆方向に働くと損失が拡大します。レバレッジを効かせるときに大事なことは、それが失敗する可能性と、どこまでの失敗が許容されるかをよく見極めておくことです。

　早速、モネタの例で考えてみましょう。

LESSON5 ●Leverage ― レバレッジ

> **例1:レバレッジ版「マンションモネタ」**
> 「マンションモネタ」は購入価格1,000万円、年間予想賃料100万円の物件を、10年後に400万円で売却するプロジェクトだった（Lesson 4 84ページ）。今回、モネタはマンション購入にあたり、投資の50％の500万円を融資で賄うことにした。融資条件は、年利3％で期間10年間の元利一括返済である。

このレバレッジ版「マンションモネタ」の投資リターンを求めてみましょう。

ちなみにLesson 4に登場した、マンション投資費用1,000万円を全額自己負担した「マンションモネタ」プロジェクトの**内部収益率**（*IRR*）は5.30％でした（図2）。

### 図2 「マンションモネタ」の期待リターン：全額自己資本の場合

| | A | B | C | D |
|---|---|---|---|---|
| | | | fx =+IRR(C3:C13) | |
| 1 | | | | |
| 2 | | | | |
| 3 | | 投資開始 | -1000 | |
| 4 | | 1年目 | 100 | |
| 5 | | 2年目 | 100 | |
| 6 | | 3年目 | 100 | |
| 7 | | 4年目 | 100 | |
| 8 | | 5年目 | 100 | |
| 9 | | 6年目 | 100 | |
| 10 | | 7年目 | 100 | |
| 11 | | 8年目 | 100 | |
| 12 | | 9年目 | 100 | |
| 13 | | 10年目 | 500 | |
| 14 | | | | |
| 15 | | IRR | 5.30% | |

今回のレバレッジ版「マンションモネタ」では、**初期投資額**（*initial investment*）は1,000万円ではなく500万円です。一方、毎年の**正味の資金流入額**（*net inflow*）は、年間賃料の100万円から年間支払金利の15万

円（500万円×3％＝15万円／年）を引いた85万円です。そして、物件売却と元本返済が起きる10年目の**正味の資金流入額**（*net inflow*）は15万円（売却代金400万円＋賃料100万円－支払金利15万円－元本返済額500万円）となります。

これを示したのが図3です。

### 図3 「マンションモネタ」の期待リターン：自己資本50％、負債50％の場合

| | A | B | C | D | E |
|---|---|---|---|---|---|
| 1 | | | | | |
| 2 | | | 投資プロジェクト | モネタの投資 | Lenderの貸付金 |
| 3 | | 投資開始 | -1000 | -500 | -500 |
| 4 | | 1年目 | 100 | 85 | 15 |
| 5 | | 2年目 | 100 | 85 | 15 |
| 6 | | 3年目 | 100 | 85 | 15 |
| 7 | | 4年目 | 100 | 85 | 15 |
| 8 | | 5年目 | 100 | 85 | 15 |
| 9 | | 6年目 | 100 | 85 | 15 |
| 10 | | 7年目 | 100 | 85 | 15 |
| 11 | | 8年目 | 100 | 85 | 15 |
| 12 | | 9年目 | 100 | 85 | 15 |
| 13 | | 10年目 | 500 | -15 | 515 |
| 14 | | | | | |
| 15 | | IRR | 5.30% | 9.16% | 3.00% |

事業のリターンが借入金のコストを上回る
➡ レバレッジを効かせることで利益拡大を図れる

500万円借りて負債比率を50％としたモネタの**自己資本**（*equity*）部分の投資リターンは9.16％となり、全額自己資本のIRR（5.30％）を上回りました。レバレッジによってリターンが高くなったのは、投資の半分を占める500万円分の**借入金コスト**（*cost of debt*）が全体の**投資リターン**（*return on investment, ROI*）より低く、モネタは収益とコストの差額を自分のポケットに入れられたためです。借入金には法人税の**節税**（*tax shield*）効果があるので実際のレバレッジ効果はさらに高まります（⇒136ページ）。

レバレッジを掛けたことでモネタの投資リターンが上昇した理由は、**債権者**（*creditor*）と**出資者**（*business owner*）の負うリスクの違いからも説明可能です。出資者のモネタは「マンションモネタ」プロジェクトの生むキャッシュフローに対し、債権者に支払った後の残りの部分にしか**請求権**（*claim*）がなく、その分、債権者より高いリスクを負っています。「レバレッジ版」の高い投資リターンはこうしたモネタの負っている高いリスクへの報酬といえます。

さて、事業の収益性が低下するとレバレッジ版マンションモネタの投資リターンはどうなるでしょうか？

> **例2：「マンションモネタ」の店子の半分が6年目に退去**
> 全期間満室を前提としていた「マンションモネタ」だが、6年目にテナントが半分退去し、その後新しい入居者がなかったことから6～10年目までの賃料収入が100万円から50万円に減ってしまった。

6年目以降の受け取り賃料減少を勘案したモネタの投資リターンは次のようになります（図4）。

### 図4「マンションモネタ」の投資計画：店子の半分が6年目に退去

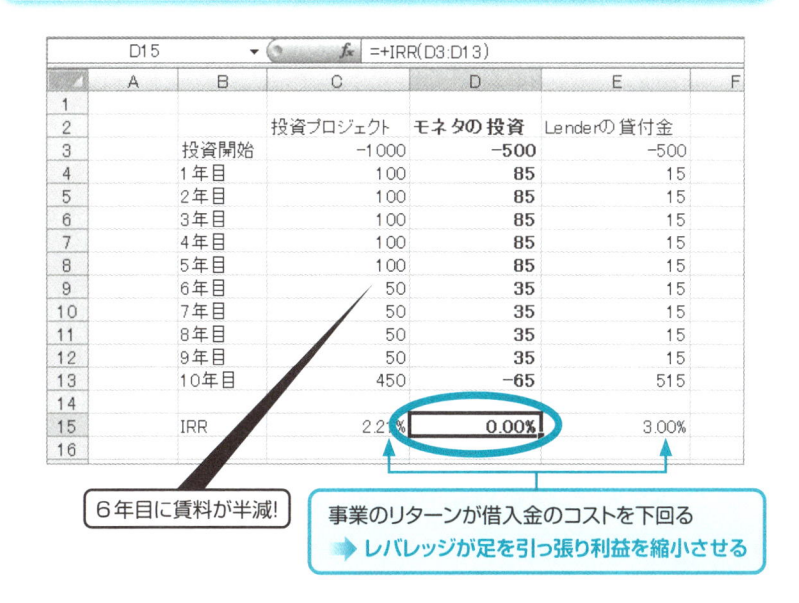

| | | 投資プロジェクト | モネタの投資 | Lenderの貸付金 |
|---|---|---|---|---|
| | 投資開始 | -1000 | -500 | -500 |
| | 1年目 | 100 | 85 | 15 |
| | 2年目 | 100 | 85 | 15 |
| | 3年目 | 100 | 85 | 15 |
| | 4年目 | 100 | 85 | 15 |
| | 5年目 | 100 | 85 | 15 |
| | 6年目 | 50 | 35 | 15 |
| | 7年目 | 50 | 35 | 15 |
| | 8年目 | 50 | 35 | 15 |
| | 9年目 | 50 | 35 | 15 |
| | 10年目 | 450 | -65 | 515 |
| | IRR | 2.2% | 0.00% | 3.00% |

6年目に賃料が半減！

事業のリターンが借入金のコストを下回る
➡ レバレッジが足を引っ張り利益を縮小させる

例2では「マンションモネタ」の**投資リターン**（*ROI*）は2.21％、モネタの**自己資本のリターン**（*ROE*）はぴったり0％になります。これは、全体として2.21％の投資リターンが上がっても、入ってくるお金はそのまま借金返済に回り、モネタの自己資本の収益にはならないことを意味します。もし空室の発生が6年目ではなく5年目なら、モネタの自己資本のリターンはマイナスとなり、自己資本が**目減りして**（*eroded*）しまいます。

つまり、レバレッジ投資では全体の投資リターンが負債コストを上回れば、レバレッジは収益にプラスに働き、反対に下回ればマイナスに働くことになります。ちなみに「マンションモネタ」が有限責任の**法人**（*corporation*）であれば、出資者モネタの**損失の上限**（*maximum loss*）は出資金額の500万円となり、それ以上の損失が出た場合には債権者である銀行の負担となります。

この例に示された通り、レバレッジはリターンの振れ幅（*volatility*）を増幅させ、良くも悪くもリスクを高めます。レバレッジを高めればリターンの振れ幅は大きくなり、事業や投資は高リスク高リターンとなります（図5）。

事業自体が比較的安全で収益の見通しも利く場合、レバレッジを効かせてリターンと収益の拡大を狙うことが賢明な戦略となります。一方、もともと失敗のリスクが高く、見通しが**不透明**（*uncertain*）な事業にレバレッ

**図5　レバレッジはリターンの振幅を大きくする**

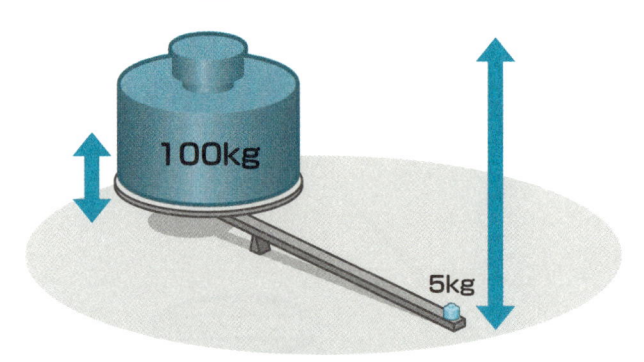

作用点から支点が離れれば離れるほど、レバレッジ比率が上がれば上がるほど、梃子板の振幅は大きくなる。

ジを掛けると、自己資本が**毀損し**（*impaired*）、**支払い不能**（*insolvent*）となる危険が高まります。一般に、安定した**賃料収入**（*income*）を見込んだ投資を行う**不動産投資信託**（*real estate investment trust, REIT*）などでは**物件取得額**（*acquisition cost*）の4割程度の**負債**（*debt*）を取り込んでレバレッジを掛けるのが一般的ですが、玉石混交の**ベンチャー企業**（*start-up companies*）に投資して、一攫千金を狙うような**ベンチャーキャピタル**（*venture capital investing*）などでは、全額**自己資本**（*equity*）で行う投資が多くなります（図6）。

## 図6　事業リスクと許容されるレバレッジ

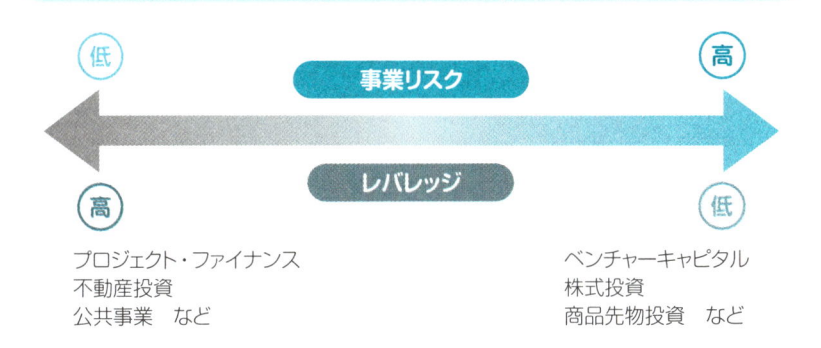

事業リスク　低 ← → 高
レバレッジ　高 ← → 低

（低リスク・高レバレッジ側）
プロジェクト・ファイナンス
不動産投資
公共事業　など

（高リスク・低レバレッジ側）
ベンチャーキャピタル
株式投資
商品先物投資　など

### ●レバレッジを使う・その1──**事業のレバレッジ**（*operating leverage*）

　負債を取り込むことだけがレバレッジではありません。**経営者**（*entrepreneur*）が従業員を雇用し、固定的な人件費を払いながら、自らの収益の極大化を目指して**事業を営む**（*run business*）こと自体も他人の力を活用するという点では一種のレバレッジといえるでしょう。

　Lesson 2 では、時間の制約のせいで収入を増やせない時給労働者の例を見てきました。時給労働者が制約を打ち破って富を増やすにはどうしたら良いでしょうか？　そう、自分と同じ仕事をより安く請け負ってくれる人を見つけ、そうした人を労働者として雇って、**売り上げ**（*sales*）と**支払給与**（*payroll*）の差額をサヤ稼ぎすれば良いのです。他人を**使用人**（*emplyee*）とすることで、人は「**経営者＝他人の力を活用する人**（*employer*）」になります。経営者の**収益**（*earnings*）は、自身の労働時間

によってではなく、どれだけ事業規模を拡大し、どれだけ厚いサヤを稼ぐかによってで決まってきます（図7）。

　美容院、クリーニング店、飲食店といった**労働集約的な**（*labour-intensive*）ビジネスは、他人の力を**活用し**（*leverage*）、多店舗展開し、個人や家族の限られた労働時間の制約を打破することで初めて飛躍的な成長が可能になります。

　一方、財務レバレッジ同様、事業レバレッジもかけすぎれば墓穴を掘ることになります。大きな**固定費**（*fixed cost*）を抱えたのに仕事の受注量が少ないと、レバレッジは逆ザヤを作り出して赤字規模が拡大します。

　レバレッジの威力は、費用に占める固定費の割合が高く、しかも事業の規模が大きいほど強力になります。**新興国**（*emerging economies*）の**安価な労働力**（*cheap labor*）を活用して製品を作り、**先進国**（*developed economies*）で販売するビジネスモデルで稼ぐ**多国籍企業**（*multi-national companies*）は、グローバルな賃金格差を活用したレバレッジ経営を行っているといえるでしょう。

### ● レバレッジを使う・その2——**銀行業**（*banking business*）

　もう1つ、レバレッジが全面的に活用される仕組みに銀行ビジネスがあります。

　銀行業は、**預金**（*deposit*）という**外部資金**（*external money*）を元手に手元資金をはるかに超える量の**貸し出し**（*lending*）を行い、経済全体の**貨幣流通量**（*money supply*）を増やして**信用を創造します**（*create money*）。**貸出金**（*loan*）の原資は、**預金**（*deposit*）、つまり引き出されることを前提に預けられた他人のお金です。もし、銀行が自己資本の範囲内でしか貸し出しができなければ、その規模はきわめて小さくなり、社会全体の**貨幣流通量**（*money supply*）も劇的に減るでしょう。銀行の役割は、他人からお金を集め、それをまた他人に貸す**仲介**（*intermediation*）であり、こうした機能の代価として**利ザヤ**（*interest margin*）を得ます。他人同士を仲介しているということはとりもなおさず、銀行自体はレバレッジを最大限に効かせたビジネスを展開しており、そのレバレッジの大きさが世の中の貨幣流通量を左右するということを意味します。

LESSON5 ● Leverage ― レバレッジ

## 図7　事業のレバレッジ

仕事を自らの責任で請け負い、自分より安い料金で働く人を雇えばサヤが抜ける。ただし、人を雇って固定費が増えれば、赤字になるリスクも高まる。

## Useful Tip　ラテンな英語（1）

　キリスト教文明を基盤とした中世ヨーロッパの共通語はラテン語でした。ですから、ついこのあいだまで日本の教養人に漢籍の素養が必須だったように、ヨーロッパのエリート教育にはラテン語が欠かせないものでした。今でもレベルの高い英語表現にはラテン語表現が頻出します。

***de facto*** 　事実上は
「法律や規格で規定されているのではなく慣習的に標準化されている状態」を示すのに使われます。
例：*English is de fact common language in the United States.* 　英語は事実上、アメリカ合衆国の共通語である。

***prorata*** 　按分計算で、比例按分して
「正確に計算できる特定の因数に比例した」という意味。動詞化して"*prorate*"となることもあります。たとえば、年率12％の金利を1ヵ月当たりに*prorate*すると1％になります。
例：*Extra nights are charged prorata of the weekly rental.* 　超過日数分については一週間のレンタル料の日割額が徴収される。

***a priori*** 　直感的に、そもそも
「前のことからすると」という意味。経験的認識に先立つ先験的、自明な認識や概念を示す難解な哲学用語ですが、「原則的に」、「そもそも」などという意味合いで文章や会話にも登場します。対語は*a posteori*（事後的に）。
例：*A priori, this step should not have posed a special problem.* 　そもそも、この措置によって特別な問題が起きるはずではなかった。

***pari passu*** 　同等の、同順位の
「複数の融資や債券のあいだの返済や償還の順位に優先劣後関係がなく同順位（*the same rank, equal footing*）であること」を意味します。企業が破綻したときなどに*pari passu*でない債権者は同等以下の取り扱いを受けることになります。
例：*Securities issued with a pari passu clause have rights and privileges that are the same as those of existing securities of the same class.* 　パリパス条項の付いた証券は既存の同じ分類の証券と同じ権利と優遇条件を享受する。

## ●レバレッジを使う・その3──信用取引とFX

　**信用取引**（*margin trade*）や、**証拠金**（*initial margin*）を払って通貨を売買する**外国為替証拠金取引**（*forex margin trading, forex*）も広い意味ではレバレッジを効かせた取引です。その仕組みを見ていきましょう。

### ①信用取引（*margin trading*）

　信用取引をしたい投資家は、証券会社の**信用取引口座**（*margin account*）

## LESSON5 ●Leverage ─ レバレッジ

に**委託証拠金**（*initial margin*）を預け入れると、その金額の3倍程度の取引が出来るようになります。これはつまり、100円の元手に200円の負債を取り込んでレバレッジ比率200%の投資をすることと原理的に同じです。通常の借り入れ同様、株を**信用買い**（*buy on margin*）した投資家は、**信用負債**（*margin debt*）に対し、証券会社や証券金融会社に**日歩**（*daily interest*）という金利を払います。

信用取引の資金の融通が通常の負債とちがう点は、信用買いした株式は自動的に借金の**担保**（*collateral*）となる、つまり、信用取引は**証券担保融資**（*share secured loan*）だということです。たとえば、100円の証拠金を払って特定銘柄を300円で信用買いすると、その銘柄は自動的に証券会社に担保として差し入れられ、200円（300円－100円）の負債をカバーする**担保の価値**（*collateral value*）は300円となります。これは一見、十分な担保に見えますが、問題は株の価格変動によって担保価値も**変動する**（*fluctuate*）ことです。証券会社は担保割れを起こさないよう株の担保価値を**日次で値洗い**（*daily mark-to-market*）します。株価の下落で担保価値が**一定の要求水準**（*minimum requirement*）を下回った場合、証券会社は投資家に**追証**（*margin call, remarging*）を請求します。請求を受けた投資家が現金不足などで追証に応えられなかった場合、信用取引はそこで**終了し**（*close out／terminate*）、担保の株は**強制売却**（*compulsory liquidation*）され、その**売却代金**（*proceeds*）は証券会社のものとなります。

信用取引のもう1つの特徴は、短期の**反対売買**（*offsetting trades*）を前提としていることです。信用取引では最初の取引では**現物の受渡し**（*physical delivery*）や**現金決済**（*cash settlement*）は行われず、反対売買によってポジションが解消されて初めて、売りと買いの**差額**（*difference*）が**決済**（*settle*）されます。ですから、投資資金を借りるといっても、実際に投資家の口座に現金が振り込まれることもなければ、返済といっても実際に投資家が現金を証券会社に払い込むわけでもありません。

取引所や証券会社などの証券サービスを提供する側から見ると、信用取引は、市場全体の取引を活発化させ**流動性**（*liquidity*）を高めるための仕組みです。信用取引は株を買うお金が本当に足りない人のものではありません。それはむしろ、投資の元本のサイズをあえて小さくすること

で「(わずか数パーセントのリターンではなく、短期間に何十倍、何百倍にもなるような)巨大なリターンを追求したい」、「買いからではなく売りから入ることで、株価が**下落する方向性**(*downside*)に賭けたい」と考える、**リスク選好が高い投資家**(*risk lovers*)のためのものです。つまりそれは、レバレッジによるリターン追求のためのツールといえるでしょう。

　信用取引は必ずしもリスクを好まない投資家に活用されることもあります。たとえば政策上の理由で対象企業に対する**株式保有比率**(*holding ratio*)を維持する必要性があって**現物株**(*cash equity*)を売れない投資家が、期末にそれを「売ったことに」して利益を確定するために信用取引を活用することがあります。また、**空売り**(*short-sell*)には必ずしもレバレッジを掛ける必要はなく、売る株と同数の株を借りてきて空売りをする投資家もいます。

**②外国為替証拠金取引**(*forex margin trading*)

　ここ10年ですっかり本邦の個人投資家に定着した**外国為替証拠金取引**(*forex*)は、日本円/米ドルなどの**通貨ペア**(*pair of currencies*)を取引対象としていますが、その仕組みも株の信用取引とよく似ています。FXの**必要証拠金**(*initial margin*)はFX業者に払う市場への**参加料**(*entry fee*)、つまり一種の賭け金であり、投資家はその参加料によって許される範囲で、**為替変動**(*currency fluctuation*)への賭けができます。**現物の受渡し**(*physical delivery*)がなく、つねに**売買の差額が決済**(*net settlement*)されるところも信用取引と同じです。

　一方、買い建てた通貨の急速な下落などによって差し入れた証拠金が**証拠金維持率**(*margin maintenance ratio*)を下回ると、投資家のポジションは**自動的に強制売却**(*loss cut*)されること、高金利通貨を買い越せば一種の受取金利が発生することなど、FX独特のルールもあります。

　FXも信用取引も個人が参加するレバレッジ投資であることから、各国の規制当局は投資家保護のために**レバレッジ比率**(*maximum leverage*)の規制を敷いています。現在、日本ではFXで証拠金の25倍、株の信用取引で3倍程度の取引が許容されています。

　リターン増幅のための基本装置であるレバレッジは以上の例にとどまら

ず、**仕組商品**（*structured products*）など多くの金融商品の組成などで活用されています。表1にこれまで見てきたさまざまなレバレッジをまとめました。

▼表1 さまざまなレバレッジ

| | 内容 | 梃子のもと |
|---|---|---|
| 財務レバレッジ<br>(*financial leverage*) | 自己資本に負債を加えて投資することでリスクとリターンを増幅させる | 負債<br>（借入金、社債など） |
| 事業レバレッジ<br>(*operating leverage*) | 従業員を雇ったり、資本財に投資したりして、その労働力や生産力を活用することで、リスクとリターンを増幅させる | 人件費などの固定費 |
| 銀行業務<br>(*banking business*) | 預金などの他人資本を原資として貸出業務を営む | 預金などの他人資本 |
| 信用取引<br>(*margin trade*) | 証拠金を払い、その数倍の取引を行うことで、リスクとリターンを増幅させる | 証拠金と許容されている取引額の差額 |
| 仕組商品<br>(*structured products*) | 国債とデリバティブを用いて合成クレジット債券を組成したり、CDOを元にCDOスクエアやCDOキューブを組成することで、原資産よりはるかに多くの販売可能な金融商品を作り出す | 仕組商品の組成 |

> **まとめ**
> 1. レバレッジとは投資の損益を増幅する仕掛けである。レバレッジを高めると投資は高リスク高リターンになる。
> 2. 財務レバレッジだけでなく、資本財や人材に投資する企業活動自体も広義のレバレッジである。
> 3. 銀行業を他人資本を活用したレバレッジビジネスだと見ることもできる。
> 4. 信用取引や外国為替証拠金取引も証拠金を梃子としたレバレッジ取引である。

## レバレッジに関する金融英語

# Leverage

1. (目的を達成するための)力、行動力、影響力、勢力
2. 梃子(てこ)の作用、梃子装置
3. 信用取引や借入資本を用いることで投資の期待リターンを上げること。
4. 企業の資産を調達するために用いる負債のこと。自己資本に比べて負債の規模が過大になると高レバレッジ企業(*overleveraged company*)となる。ギアリング(*gearing*)ともいう。

### ここがポイント

- lever は「レバレッジを掛ける」という意味の動詞です。*unlevered* は「レバレッジが掛かっていない」、つまり無借金の状態です。
- 一方、leverage を動詞形で使うと、*utilize, make use of* と同様、「～を活用する、使用する」という意味になります。

**用例**

*Leveraging and amplifying your strengths is the only way a person or an organization will excel.*
個人や企業がほかに抜きん出ようと思えば、自らの強みを活用し、それを伸ばすしかない。

- **margin**
  証拠金、利益、利ざや、限界利益、貸付余裕額
  ▷ 信用取引や先物取引の委託証拠金。
  ▷ 担保などに対する銀行の貸し出し余力のこと。*haircut* ともいわれる。
  ▷ 製品やサービスの価格とその原価の差額(＝利益率)のこと。
  ▷ 近代経済学における「限界(＝一方の値の微小な変化に対する他方の値の変化)」のこと。
  ▷ *in the margin, marginally* は「限界的には、ほんの少しだけ、若干」という意味。

**用例**

*Uganda's inflation rate rose marginally for the first time in eight months to 4.9% in November from 4.5% in October.*
ウガンダのインフレ率は10月の4.5%から11月に4.9%に8ヵ月ぶりに若干上昇した。

*marginal demand* 限界需要
*marginal profit* 限界利益
*marginal utility* 限界効用
*net interest margin* 預貸利ざや

- **margin trading** 信用取引
  ▷ 有価証券を買うために資金を借り入れること。あるいは有価証券を売るために当該証券を借りてくること。この結果、差し入れた *margin* (証拠金)の数倍分の取引が可能になる。
  ▷ 信用取引といっても、顧客の信用(*credit*)に基づいてお金や証券は融通が行われるのではな

## LESSON5 ● Leverage — レバレッジ

く、売買対象の証券の信用が担保となる。
▷ *margin*は顧客が信用取引口座に保有している有価証券の時価に応じて差し入れる資金の額のこと。
▷ 対語は*cash trading*（現物取引）。

***back margin***　支払代金の一部を*fee*（謝礼、報奨金）として支払人に戻すこと。*kickback*, *rebate*と同義（☞157ページ）。
***buy (sell) on margin***　信用買い（売り）する
***buyback***　買い戻し（空売りしたポジションを反対売買で決済すること）
***current market value, CMV***　市場現在価値（信用買いされた証券の時価評価額）
***margin debt***　信用買い残
***margin debt ratio***　信用買い残高比率
***mark-to-market***　値洗い、時価評価（*valuation*も同義）
***remargining***　追証によって証拠金残高を調整すること
***short interest***　信用売り残
***short interest ratio***　空売り比率（銘柄の信用売り残高÷一日出来高。何日分の出来高でショートの残高がカバーされるかを示す指標。高ければ高いほどその後のショートカバーが市場に及ぼす上昇インパクトが大きくなる）
***short selling***　空売り
***stock lending and borrowing***　株の賃貸借（プロの投資家が空売りのために株を店頭で借りるか、逆に資金調達のために株を貸す取引のこと）
***top with cash***　現金を差し入れる

● **minimum margin**
最低委託証拠金、必要証拠金
▷ 信用取引やFX取引の開始時に預けなければならない担保金額のこと。
▷ 支払う必要のある証拠金の金額は*required margin*、証拠金維持率（取引残高に対する%）は*maintenance margin requirement*という。

● **margin call**
追証（おいしょう）、マージンコール、証拠金請求
▷ 信用取引を利用する投資家に対し、*valuation*の結果*margin*が不足したときに最低委託証拠金額に達するまで追加的な資金や担保となる証券を預け入れるよう業者が要請すること。*margin call*は、価格の変動によって保有ポジションのリスクが高まることで必要となる。
▷ *margin call*に対応できない投資家のポジションは業者によって強制決済（*forced liquidation*）される。

（用例）
*Midcap stocks slump by double digits on widespread speculation that some investors are liquidating their positions because of margin call pressures.*
信用買いを入れていた投資家が追証の圧力からポジションを手じまうとの思惑が広がり、中型株は10％以上急落した。

● **open contract, open position**
建玉（たてぎょく）、玉（ぎょく）
▷ 先物取引や信用取引の未決済の（*unsettled*）契約総数のこと。買い越している状況を*long contract*（買建玉）、売り越している状況を*short contract*（売建玉）という。

● **haircut**
ヘアカット、時価から掛目を引いた額、融資可能額、債務減免額
▷ 信用取引で代用有価証券（*collateral securities*）などを証拠金として業者に差し入れる時、その時価から担保掛目を引いた割合のこと。
▷ 担保価値から既存の貸付金を差し引いた貸し出し余力のこと。

例1：100万円の有価証券を差し入れて、

haircutが30％なら、その有価証券の担保価値は70万円となる（つまり担保掛目は70％）。
- 例2：債券レポ取引（*bond repo*）の*haircut*が5％の場合、95円の資金融通に対して100円相当の債券の差し入れが必要になる。
▷ *debt/bondholders haircut*で「債務減免額」という意味になる。2010年以降の欧州ソブリン債務危機におけるギリシャの債務減免によって用語として広く一般的になった。

**用例**

*Many argue that Athens will need another debt haircut in order to ease its financial burdens.*
ギリシャ政府は債務負担軽減のために新たな債務免除を必要としているとの主張をする人は多い。

- **futures contract　先物取引**
▷ 将来の指定された月に一定量の商品や証券を、今日決めた価格で売買することを売り手と買い手のあいだで取り決めた契約のこと。*futures*ともいう。標準化されて取引所で取引される（*standardized contracts*）。これに対し、売買が行われた直後に受渡しが行われる取引を*spot trading*（直物取引、現物取引、スポット取引）という。
▷ 同種の取引を当事者が相対（*over-the-counter*）で取り決める、標準化されていない契約を*forward contract*（先渡契約）という。*future contracts*は転売可能だが*forward contracts*は転売不能。
▷ 日本株の代表的な先物はOSE（大阪証券取引所）、CME（シカゴ商品先物取引所）、SGX（シンガポール証券取引所）に上場する日経225先物取引。3ヵ月ごとに*month of delivery*（限月＝期限が満了となる月）が設けられている。指数の1,000倍の取引単位（*unit notional amount*）を1枚（*one unit*）と呼ぶ。
▷ 商品先物（*commodity futures*）の原資産は、原油、コーン、小麦、金、銀、大豆、豚肉、コーヒーなど多様である。

*cash/spot market*　現物市場
*cash settlement*　現金決済
*delivery date*　受渡日
*notional*　想定元本
*the most active (heavily traded) month(s)*　中心限月

- **contract for differences, CFD　差金決済取引、保証金取引**
▷ 現物の受渡し（*physical delivery*）をせず、売買の差額（*gain or loss*）を取引相手（*counterparty*）である業者や取引所と現金決済する（*cash settle*）取引方法のこと。現物取引では難しい空売り（*short sell*）やレバレッジ取引（*leveraged transaction*）が行いやすくなる。
▷ 代表的な*CFD*は外国為替証拠金取引（*forex*）だが、日本では*forex*は*CFD*取引に分類しないことが多い。*CFD*は株価指数、個別株債券、商品先物などさまざまな原債権に対して行うことができる。*CFD*は業者との相対取引である。

- **carry trade　キャリー取引**
▷ 相対的に低金利の通貨を売り、その代金で高金利の別の通貨、あるいは別の通貨建ての金融商品を買うこと。実質的に高レバレッジの投資であり、戦略が成功した場合には大きな報酬が得られる。

**用例**

*The Japanese yen became a favored currency for the borrowing part of the carry trade because of the near-zero interest rates in Japan.*

金利がゼロに近かった日本円は、キャリートレードの借入側の通貨として投資家に人気を博した。
***carry***（***carried interest***）　成功報酬（***private equity***や***hedge fund***でファンドが一定以上の運用成績を上げた場合、運用者に支払う成功報酬のこと）
***cost of carry***　キャリーコスト、持越費用（資金調達にかかる金利や失われる機会費用など、投資ポジションを保持することで生じるコストのこと）
***carry-forward***　繰越利益
***carry-over effect***　持越効果（当期に起きた事象の影響が来期に波及すること）
***negative carry***　ネガティブ・キャリー（有価証券の保有コストが保有によって得られる利回りを上回ること）
***yen carry trade***　円キャリー（低金利の円を借りて他の通貨の金融商品に投資すること。米ドルが低金利通貨となった後は***dollar carry trade***に代替されるようになった）

- **stop loss**　ロスカット、損切り
  ▷ポジションの潜在損失額（***potential loss***）が一定量（***limit***）を超えたら、損失の拡大を防ぐために強制的にポジションを手じまうリスク管理手法のこと。
  注意！　ロスカット（***loss cut***）は和製英語。
  ▷損切ルール（***stop loss rule***）は投資家やトレーダー、金融機関が設定するリスク管理のための自主ルールのこと。
  ▷日本の外国為替証拠金取引（***forex***）の***stop loss rules***では、証拠金（***margin account***）から含み損（***unrealized loss***）を除いた金額が20〜30%に達すると業者によって強制的に反対売買が行われるのが一般的である。

- **cover**　カバー
  ▷空売りした証券を買い戻すこと。***short position***をフラットにすること。***cover***によってリスクは中立化される。
  ▷ヘッジによってリスクを減らすこと。
  ▷担保で保全すること。
  ***cover deal***　カバー取引（FX業者が対顧客取引によって自らが負う為替リスクを金融機関の***counterparty***との反対取引によってヘッジすること）
  ***covered bond***　カバードボンド（社債のうち住宅ローン債権などの資産の裏付けのあるもの。ドイツの抵当銀行が発行するファンドブリーフ債（***Pfandbrief***）が有名）
  ***forward cover***　フォワードカバー（ヘッジ目的で先物為替の取引をすること）
  ***short cover***　ショートカバー（空売りしていた証券を買い戻すこと）

  用例
  *According to the most recent data, short interest for the S&P 500 Index has ticked upward, indicating a higher chance of a short-covering rally driving the whole market higher.*
  直近データによればS&P500インデックスの信用取引の売り越しが増加傾向にあり、ショートカバーの反騰によって市場全体が上げ相場となる可能性が高まっている。

- **coverage**　カバレッジ
  ▷***cover***と同根派生した言葉だが用法は違っている。
  ***analyst coverage***　アナリストカバレッジ（特定企業を担当しているアナリストの一覧やアナリスト数）
  ***client coverage***　顧客営業担当者、カバレッジ（個別の金融商品の専門家ではなく、顧客との***relationship***に責任を持つ投資銀行内の***relationship manager***のこと）

***debt-service coverage ratio, DSCR*** デットサービスカバレッジレシオ（キャッシュフローが年間の負債の元利払いをどの程度カバーしているかを示す指標）

***interest coverage*** インタレストカバレッジ（利益が支払金利の何倍分をカバーしているかを示す指標）

### ここがポイント

- 利益の無限の拡大を生む可能性のあるオプションを買ったり、損失が無限に拡大する可能性のあるオプションを売ることは、レバレッジ投資の一種です。
- 原債権（loan asset）を購入し仕組商品（structured products）を組成して（originate）販売する（sell）ビジネスモデルを活用することで、金融機関は通常の融資活動より回転の効いた経営が可能になります。また仕組商品を合成的に（synthetically）作ったり、仕組商品を元に新たな仕組商品を作ることでより多くの商品を生み出せます。

- **option** オプション、選択権、オプション取引
  ▷ ある原資産（*underlying asset*）について、あらかじめ決められた将来の一定の日や期間（*exercise date/period*）に一定のレートや価格で取引する権利を付与して売買する取引のこと。買う権利をコール（*call*）、売る権利をプット（*put*）という。
  ▷ *option* の価値は本源的価値（*intrinsic value*）と時間価値（*time value*）で構成されており、ボラティリティ（*volatility*）、権利行使価格（*exercise price*）、権利行使期間（*exercise period*）によって価格が決まる。
  ▷ *option* 商品には、単純な構造の（*plain-vanilla*）ものと複雑な構造（*exotic*）のものがある。

  *volatility*（☞71ページ）

  ***American option*** アメリカン・オプション（取引日から権利行使の最終日までいつでも権利行使ができるオプションのこと）

  ***Asian option*** アジアン・オプション（満期日のオプション価値が満期日までの平均価格に基づいて算定されるオプションのこと）

  ***barrier option*** バリア・オプション（ノックイン、ノックアウトなどがあるタイプのオプションのこと）

  ***Bermudan option*** バミューダ・オプション（複数の権利行使日が設定されており、そのいずれかの日に行使が可能なオプションのこと）

  ***binary option*** バイナリー（二択型）オプション（定額のペイオフが得られるか何も得られないかの二者択一のオプションのこと。*FX*商品の1つ）

  ***European option*** ヨーロピアン・オプション（権利行使日のみに権利行使が可能なオプションのこと）

  ***knock-out option*** ノックアウトオプション（特定の条件が満たされるとオプションそのものが消滅するオプション商品の総称）

  ***knock-in option*** ノックインオプション（原資産の価格がオプション期間中に一度でも所定価格に達すると権利が発生するオプション商品の総称）

  ***put-call parity*** プット・コール・パリティ（同一の原資産、同一限月、同一行使価格のプットオプションとコールオプションのあいだで成立する価格の相関関係のこと）

  ***write an option*** オプション契約を発行する、販売する

## LESSON5 ●Leverage ― レバレッジ

- **interest rate swap, IRS　金利スワップ**
  ▷ 取引当事者(counterparties)が特定の元本額(notional amount)について将来の金利の支払いをそれ以外の支払いと交換する(swap)こと。
  ▷ 固定金利(fix)と変動金利(float)を交換するのが最も一般的だが、変動金利同士の交換や、金利以外のunderlying assetとの交換も可能である。
  ▷ 固定金利を払う側がペイヤー(payer)、受け取る側がレシーバー(receiver)。payerとreceiverのあいだの2本のキャッシュフローの流れをlegsという。
  ▷ interest rate swapは一般に、OTC(over-the-counter、相対)取引でありプロの金融機関や大企業がヘッジやALMのためにISDA(International Swaps and Derivatives Association)契約(☞133ページ)に基づいて行う。
  ▷ swapは「交換する」という意味。swap one's ideasは意見を交換すること、swap one's placesは互いの立場を交換すること。

  **basis swap**　ベーシススワップ(異なる変動金利同士を交換するスワップ取引のこと。たとえば3ヵ月円LIBORと6ヵ月円LIBORの交換のこと。異なる通貨同士のLIBORを交換する取引のこともbasis swapという)

  **constant maturity swap, CMS**　コンスタント・マチュリティ・スワップ(当事者の片方への払いが毎期、長期金利に基づいてリセットされるタイプのスワップのこと)

- **currency swap　通貨スワップ**
  ▷ 取引当事者(counterparties)が特定の元本額(notional amount)について、特定通貨を他の通貨に交換すること。fixing時の為替レートに基づいて交換が行われる。cross-currency swapともいわれる。
  ▷ たとえば、国内の資金需要を充足させるために外貨建てで債券を発行する国や企業は、発行債券と期間がマッチしたcurrency swapの契約を締結することで為替リスクをヘッジできる。

- **credit default swap, CDS　クレジットデフォルトスワップ**
  ▷ 参照企業(reference entity)の債務不履行(default)リスク(credit risk ☞77ページ)を売買する契約。信用リスクに対する保護であることからprotectionともいう。金利スワップや通貨スワップ同様、ISDA契約(☞133ページ)に基づいてプロの取引当事者間で相対取引が行われる。期間は5年が多い。
  ▷ CDSは代表的な信用デリバティブ(credit derivative)であり、「クレデリ」といえばCDSを指すことが多い。
  ▷ 保険同様、CDSの買い手は売り手に保証料(premium)を支払う。premiumは契約時に(upfront)で全期間分、支払われることもあれば、毎年支払われることもある。

- **CDS spread　CDSスプレッド**
  ▷ CDS保証料の料率(rate)のこと。参照企業の信用リスクの対価でありベーシスポイント(bp ☞196ページ)で示される。これが薄いほどその会社の信用リスクが高く、保証料が低いことを意味する。
  ▷ CDSは保険と違い、満期以前に取引可能(negotiable)であることから、CDSの買い手は期中に参照企業の信用力が低下するとスプレッドの上昇によって利益を出すことができる。つまり、CDSは一種のプット型ワラント(put warrant ☞102ページ)としての特性を持つといえる。

- **securitization**　証券化、資産流動化
  ▷ 証券の発行者が第三者の金融資産を用いて金融商品を作り出し、リパッケージされて異なる信用力に階層分けされた債券を投資家に販売すること。
  ▷ 代表的な証券化商品には、*MBS*(不動産ローン担保債券)、*RMBS*(住宅ローン債権担保債券)、*CMBS*(商業用不動産ローン債権担保債券)、売掛金やリースといった企業の債権を担保とした*ABS*(資産担保証券)などがある。

  *arranger*　証券化商品の組成者
  *asset pool*　資産プール(証券化して販売するために複数の資産をひとまとめにしたもの)
  *bankruptcy remote*　倒産隔離
  *conduit, SPV or SIV*（*special purpose vehicle or structured investment vehicle*）導管、特別目的会社(仕組商品の組成で用いられる、原資産を保管したり購入したりする特別目的の投資会社のこと。オフバランスで非課税。これらの「容れ物」は一般に資産を担保にした*ABCP*(アセットバックコマーシャルペーパー)の発行によって資金を調達する)
  *credit enhancement/support*　信用補完(高い格付けを得るために信用力を上昇させるための手法のこと)
  *originator*　原資産保有者
  *revolving assets*　リボルビング・プール(短期債権から構成され、返済される債権を補充する形でつねに新しい債権が追加されるような資産プールのこと)
  *servicer*　サービサー、債権回収会社(証券化され、投資家に販売された資産の元利の回収を担当する業者のこと)
  *warehouse lender*　ウェアハウスレンダー(証券化が終わるまでオリジネーターにつなぎ融資を提供する業者のこと)

- **structured**　デリバティブを組み込んだ、証券化技術を組み込んだ、仕組んだ、複雑な
  ▷ 仕組ファイナンス(*structured finance*)は、デリバティブや証券化技術を組み込んだ複雑な金融手法のこと。1980年代から盛んになった。
  ▷ 仕組商品(*structured products*)はデリバティブや証券化技術を使った投資家向けの金融商品のこと。一般に従来型の(*flow, plain-vanilla*)金融商品より利回りが高く流動性が低い。*CBO*(*collateralized bond obligation*, 社債担保証券), *CLO*(*collateralized loan obligation*, 貸出債権担保証券)、それを束ねてリパッケージした*CDO*(*collateralized debt obligation*, 債務担保証券)、*MBS*(*mortgage-backed securities*, 不動産ローン債権担保証券)をさらにリパッケージした*CMO*(*collateralized mortgage obligation*)などが仕組商品の代表である。
  ▷ 仕組商品は標準化されていない商品であり、一般に流通市場が発達しておらず、透明性に乏しい。

  *structured business*　証券化やデリバティブのビジネス。対語は*flow business*, *plain-vanilla business*(株式、債券など従来型の流動性の高い商品のビジネス)
  *structured products/deposit/notes*　仕組商品、仕組預金、仕組債
  *structurer*　(証券会社内の)仕組商品開発担当者、ストラクチャラー
  *tailor-made*(*customized*) *product*　カスタムメイドの商品(顧客にニーズに合わせて開発された非上場で非流動的な商品。対語は*standardized/commodized product*)

- **synthetic**　合成の、シンセティック
  - ▷複数の商品を組み合わせて特定の商品と同じ特性を再現すること。たとえば、特定株のコールオプションを買い、同時に同じ株のプットオプションを売れば、その株の現物保有と同じポジションを再現できる。
  - ▷業者にとってはデリバティブを用いて高信用の合成商品を作り出せば、原債権の供給量より多くの高信用の債券を発行できる。

  用例
  *Many of the funds are now synthetic, relying on derivatives to deliver promised returns rather than holding the actual basket of goods.* それらのファンドの多くはシンセティック（合成的に作られた）商品であり、現物の証券のバスケットを裏付け資産とする代わりにデリバティブ商品を活用することで投資家に約束したリターンを達成しようとしている。

- **collateralized debt obligation, CDO, synthetic CDO**
  債務担保証券、合成債務担保証券
  - ▷公社債（*bonds and notes*）や貸付債権（*loan claims*）を裏づけとして発行される資産担保証券（*ABS*）の一種。
  - ▷派生商品である信用デリバティブへの投資を通じ、現物の負債を切り出してまとめた（*repackaged*）*CBO*や*CLO*と同じ特性を再現した金融商品。いくつかのトランシェ（*tranche*＝ディール全体を薄く切り分けたもの。フランス語で*slice*という意味）に分けられ、シニア部分（*senior parts*＝返済の優先順位が高く信用力が高い部分）は機関投資家（*institutional investors*）に販売される。
  - ▷*CDO*や*synthetic CDO*は、同じ格付けの一般事業債（*plain vanilla corporate bonds*）と比べ利回りが高く、世界的な金余りを背景に2007年までに多くの欧米の機関投資家が投資した。その後、低信用力の米国の住宅ローン（*sub-prime loans*）債権を裏づけとした*CDO*の市場が原債権のデフォルト増加などで崩壊し、世界的な金融危機の発端となった。

- **unbundling**
  アンバンドリング、分割、分解
  - ▷*bundle*は束のこと、*unbundle*は束を解くこと。金融業が持つ信用仲介機能を証券化などによって個別要素や機能に分解すること。

  *originate-to-distribute*　販売用に組成する（原資産を生み出した融資者がそれを保有し続けるのではなく、証券化して投資家に販売することを前提とした、証券化やストラクチャード商品のビジネスモデルのこと）

- **International Swaps and Derivatives Association, ISDA**
  国際スワップ・デリバティブ協会
  - ▷1985年に設立された欧米の主要金融機関を中心とした店頭デリバティブ市場の主要参加者による協会のこと。店頭デリバティブ市場の機能の改善やリスクの軽減を目的とする。
  - ▷*ISDA*基本契約書（*ISDA Master Agreement*）は*ISDA*が作成したデリバティブ取引の標準となる基本契約書のこと。この基本契約書に加え、個別の取引には当事者同士で取引明細（*confirmation*）を交わす。

  *current exposure*　（デリバティブ契約の）時価評価額
  *early termination date*　期限前終了日

- **Credit Support Annex, CSA
  （ISDA基本契約書に付随する）担保契約**
  ▷ISDA基本契約書に付随する任意の契約で、デリバティブの時価評価額の変化に伴って担保を拠出することや、マージンコールの頻度（*frequency of margin call*）、適格担保（*eligible collateral*）についてのルールを定めたもの。どのような条件を設定するかは取引当事者の信用力やリスク選好で変化する。通常、金融機関のリスク管理担当者と法務担当者が共同で条件交渉に当たる。

  *ad-hoc call clause* アドホック条項（通常の時価評価のタイミング以外に当事者のどちらか一方の要求により随時評価と担保の受渡しを行うという条項）

  *collateral management* 担保管理（金融機関内のCSAに基づいた担保管理を専門とした業務）

  *threshold* 信用極度額（取引相手の信用力に応じて供与する無担保の枠のこと。一般に相手方の格付けの変化によって増減する仕組みとなっている）

  *minimum transfer amount, MTA* 最低引渡担保額

  *independent amount* 独立担保額

### ここがポイント

- 企業が借入金や社債などの負債を取り込んでバランスシートを拡大させることは、経営に財務レバレッジを効かせることにつながります。財務レバレッジを効かせて負債比率（*leverage ratio*）が高まった企業は倒産リスク（*default risk*）が高まります。

- **operating leverage　事業（オペレーティング）レバレッジ**
  ▷操業度（*capacity utilization*）の増減に応じて固定費（*fixed cost*）が梃子の支点のような役割を果たして営業利益の増減率が増幅されること。固定費率が高い企業は、操業度（*utilization*）が低いと赤字になるが、上がると大きな利益が出る。一方変動費率が高い企業は*utilization*が低くても利益が出るが、上がっても利益はあまり大きくならない。
  ▷「営業の、事業上の、本業の」という意味で使われる*operational*の対語は「財務的な、金融の」という意味の*financial*。一方、*strategic*（戦略的な、事業上の）が*financial*の対語となることもある。

  〖用例〗
  *Operating leverage is the idea that a company's operating profits can rise and fall more rapidly than sales.*
  事業レバレッジは、企業の営業利益が売上の増減より大きく変動しうるという考え方である。

- **financial leverage　財務レバレッジ**
  ▷貸借対照表（*balance sheet*）上の自己資本（*equity*）に対する負債（*debt*）の規模によって事業の収益率に応じた当期利益の増減率が変化すること。
  ▷負債比率が高い企業は、事業の収益性によっては金利負担で赤字になるが、収益率が高まると大きな利益が出る。反対に負債比率が低い企業は事業の収益性が低くても利益が出やすい代わりに、収益性が高まっても利益はそれほど大きくならない。*gearing*ともいう。

  *double gearing* ダブルギアリング（株式の持ち合いのように、複数の企業が同一の資本をリスクバッファーとして活用すること）

## LESSON5 ●Leverage — レバレッジ

- **interest-bearing debt　有利子負債**
  ▷支払金利が生じる負債のこと。具体的には短期・長期借入金(*short-term and long-term borrowings*)、リース負債(*lease liabilities*)、社債(*corporate debt*)などを指す。これに対し、買掛金(*payables*)、未払税金(*unpaid taxes*)、退職金引当金(*allowance for retirement*)などは利払いの必要のない負債である。
  ▷「負債が多い企業(*debt-ridden company*)」とは自己資本(*equity*)に対して有利子負債(*interest-bearing debt*)の多い企業を指す。

  *interest coverage*　インタレスト・カバレッジ(☞130ページ)

  *debt cash flow ratio*　負債キャッシュフロー比率(有利子負債が年間の営業キャッシュフローの何倍あるかを示した指標。この倍率が高ければ高いほど、収益力に対して負債の返済負担が大きいことになる)

  *debt overhang*　過剰債務(によって新規投資が行われず、経済成長が阻害されること)

  【用例】
  *The biggest risk is that debt will accumulate until the overhang weighs on growth.*
  最大のリスクは債務が累積し、最終的には過剰債務が経済成長の足枷となることである。

- **net debt　純負債**
  ▷貸借対照表(*balance sheet*)の左側の有利子負債額(*debt outstanding*)から右側の現金同等物(*cash and equivalents*)を差し引いた正味の(*net*)負債金額のこと。対語は*gross debt*。
  ▷*net debt-to-equity ratio*(*net DES*)は*debt-to-equity ratio*(*DER*)より正確に企業の負債比率を示す指標である。

  【用例】
  *The compnay's five-year CDS spread tightened as net debt declined over the quarter.*
  純負債が直近の四半期のあいだに減少したことから同社の5年物CDSスプレッドはタイト化した。

- **gearing ratio　ギアリング比率、負債比率、負債自己資本比率**
  ▷企業の財務指標のひとつ。有利子負債(*interest bearing debt*)÷自己資本(*equity*)。*debt-to-equity ratio*(*DES*)ともいう。この比率が高ければ高いほど財務レバレッジが効いていることになる。
  ▷用語としての*leverage*は事業会社と金融機関の双方に使われるが、*gearing ratio, DES*は事業会社のみに使われる。金融機関の*leverage*の度合いは主に*capital adequacy ratio*で測られる。

- **loan-to-value ratio, LTV　担保掛目**
  ▷不動産融資の負債比率のこと。物件価格(*appraised value of property*)に対する融資額(*loan amount*)の割合。
  ▷*LTV*が高まれば高まるほど物件への投資は高リスク高リターンとなる。ノンリコースローン(*non-recourse loan* ☞52ページ)は、あらかじめ設定された*LTV*に基づいて実行される。

  【用例】
  *Lenders typically have tougher loan-to-value ratios (LTV) for condo loans.*
  コンドミニアム投資用の不動産融資にはより厳格な担保掛目が適用されることが多い。

- **deleveraging**
  デレバレッジ、レバレッジ解消、負債削減、負債圧縮
  ▷ 家計、企業や政府などの経済主体が負債削減して(reduce debt)、財務レバレッジを下げようとすること。
  ▷ グローバル金融危機以降、欧米では過剰債務状態になっていた(overleveraged)家計や企業がdeleveragingしており、それが個人消費(private consumption)を圧迫し景気の下振れ圧力(downside pressure to the economy)となっている。

  用例

  *The new hires encourage consumers to spend more and deleverage faster by paying off past debts.*
  新規雇用の増加のおかげで消費者は消費を増やすとともに、負債を返済してレバレッジ解消を加速させている。

- **liability**
  負債、足を引っ張るもの、欠点、責任
  ▷ 企業が事業を営むなかで発生する法的な負債や義務のこと。お金や物やサービスといった経済的な便益の将来の移転によって清算されるべきもののこと。具体的には借入金(borrowings)、買掛金(payables)、未払金(unpaid expenses)などが該当する。
  ▷ 貸借対照表(balance sheet)上はequityとともにassetをファイナンスするツールである。
  ▷ loan, debtと同義でも使われるが、loanよりもdebtが、debtよりもliabilityが広義となる。
  ▷ liabilityにはコストがかかる。また再調達(refinance)されたり、譲渡(transfer, assume)されたりする。
  ▷ より広義には誰かに返さなければならない金銭やサービス、負い目を意味する。反対に誰かに請求できる金銭やサービスはclaim。

  be liable for 〜は「〜を支払わなければならない、〜の義務を負う」という意味。

  用例

  *A limited company is a company in which the liability of the members or subscribers of the company is limited to what they have invested or guaranteed to the company.*
  有限責任の会社とは、会社の構成員または出資者の責任が、その出資額や保証額の範囲に限定される会社のことである。

  **asset liability management, ALM** エーエルエム、資産負債の総合管理(適切なリターンを得るために企業や金融機関が資産と負債を管理する技術のこと。金利スワップや為替スワップなどのデリバティブが多用される)
  **contingent liabilities** 偶発債務(☞249ページ)
  **clean** クリーンである(担保が設定されていない、負債がないという意味。unencumberedと同義)
  **excess liability** 債務超過(会計上、負債が資産の規模を上回って支払不能となった状態のこと。企業の破産手続き開始の原因)

- **tax shield** 節税用のツール、節税策
  ▷ 利払い、減価償却、贈与など、税法上認められている費用を計上することで会計上の利益額を小さくして節税する(save tax)こと。
  ▷ 支払利息は税控除の対象(deductible)なので、借入を起こしてレバレッジを高め、支払利息を増やすことは節税手段にもなる。
  ▷ たとえば、日本の個人投資家によるワンルームマンション投資の大半はtax shieldによる実質収入増を目的としたものである。

  用例

  *Some tax shields are only available to low-income taxpayers or taxpayers who own a home.*

節税策のなかには低所得納税者や持ち家保有者だけに活用が限定されるものもある。

- **buffer（against risk）**
  **（リスク）バッファー、緩衝材、体力**
  ▷ リスクに対する予測の誤差（*margin of error*）を許容し損失を吸収する緩衝材のこと。*cushion against risk* ともいう。
  ▷ 典型的な *risk buffer* は、自己資本（*capital*）、引当金（*reserve*）、現金準備金（*cash reserve*）。簿外の含み益（*unrealized gain*）も予期せぬ損失に対する *buffer* となる。

  【用例】
  *Japan's fantasy films act as a buffer against the reality of the natural world.*
  日本のファンタジー映画は自然界の現実に対する緩衝材として機能している。

## COLUMN

## LBO（レバレッジドバイアウト）
——レバレッジを使った財務テクニック

　レバレッジドバイアウト（*leveraged buy-out, LBO*）は、買収先の資産と将来のキャッシュフローを担保に負債を調達し、買収後、その企業の資産を売却したり事業を改善したりしてキャッシュフローを増やすことで負債を返済する企業買収の手法のこと。プライベートエクイティの投資で多用されるテクニックです。LBOの技術を使えば少ない元手で自分よりはるかに大きい企業を買収できます。LBOのなかでも、買収主体が被買収企業の第三者でなくその経営者や従業員自身によるものを**MBO**（*management buyout*）といいます。

　大半のLBOは、上場企業への**公開買い付け**（*TOB*）として実行され、TOBが成功した被買収企業は**非上場化**します（*going private*）。非上場化した企業を**再建し**（*work out*）、価値を高めて**再上場**（*get back to the market*）に成功すれば、LBOに出資した投資家は負債のレバレッジ効果で莫大な利益を上げられます。

　LBOの資金調達は、買収する主体ではなく買収される主体の信用力に基づいた**ノンリコースローン**（*non-recourse loan*）だという点に特徴があります。**リコース（返済の原資とする財産）**の範囲が買収先の資産に限られることから、買収先の経営が失敗して破綻した場合にも買収側の資産は守られることになります。リコースが限られる分、**信用リスク**（*credit risk*）が高くなることから金利は通常の融資より若干高くなり、金融機関にとって**収益性の高い**（*lucrative*）取引となります。LBOのための調達資金枠は**メザニンローン**（*mezzanine loans*）、**シニアローン**（*senior loans*）などの**トランシェ**に切り分けられ、リスクの好みが異なる資金の出し手に割り当てられます。LBOをめぐるこうした資金融通の仕組み全体を**レバレッジド・ファイナンス**（*leveraged finance*）といいます。

　リーマンショック後、世界的にLBO市場の取引規模は減少していましたが、世界的な低金利の環境下、高リターンを求める投資家の投資意欲をテコに、市場は回復傾向にあります。ちなみに2012年11月の米大統領選挙で惜敗したミット・ロムニー（*Mit Romney*）氏はLBOによる買収を手がける大手**買収ファンド**（*buyout firm*）の*Bain Capital*の創立者の1人で、LBOビジネスの第一人者でした。

Finance and Investment Terms

**LESSON**

# 6

# Transparency

## 透明性

～バザール経済とアナリスト～

## Finance and Investment Terms

# LESSON 6
# Transparency

透明性

### ● 一見さんとバザール

　西アジアや北アフリカの市場 (*souk, bazaar*) を歩けば日本で滅多に出会えない美しい工芸品に出会えます。思い切って良い物を買って帰りたい気にはなるものの、バザールで一生物の買い物をするには相当の気合いと度胸が必要です。

　定価での買い物に慣れた日本人にとって、**バザールの交渉**（*bargain*）はとても難しいのです。「どこまで値切れるだろう？」——恐る恐る値引きの可能性を切り出しても、どうしても欲しいというこちらの気持ちに付け込んで店主は強気です。当てずっぽうに言い値を10分の1に叩いてみたり、しびれを切らして交渉決裂を装い席を立ってみたり。どれだけがんばっても敵に妥協する様子は見られません。なんとか商談が成立しても、果たして本当に良い買い物ができたのか、それともとんでもないガラクタを押し付けられたのか…すっきりしない感じがいつまでも残ります。

　異国のバザールのような場所で絶対にカモられたくない、少しも損したくないと気張ることは、あるいは不毛かもしれません。一見さん、しかもたった1枚の絨毯しか買わない観光客が、海千山千の商人相手の交渉に勝って良い物を安く買えるということ自体、そもそも考えにくいことだからです。

　本当に良い物を良い価格で買いたいと思えば、遠回りでも時間をかけて売り手と長期的な信頼関係を構築することを考えるべきでしょう。店に通って顔馴染みになる、店主が勧める品を試しに買ってみる。そうしたやり取りを経て「上顧客」の立ち位置を獲得して初めて力関係が均衡し、有利な取引条件を得るチャンスが与えられます。リピート買いも期待できない小口の個人観光客にそうした機会を与えなければならない理

由は店主にないのです。

　情報を持つ者（店主）が持たない者（観光客）の足元を見て取引を有利に進めることはバザールでは日常的です。そこでは商品知識や価格情報を持たない客がカモられるのは自然の成り行きであり、ネギを背負った客をカモることは特段とがめられるべき行為ではありません。

　このように情報が少ないうえ平等に行き渡っておらず、売り手と買い手のあいだに**情報の非対称性**（*asymmetric information*）が存在し、それが**積極的に活用される**（*exploit*）ような経済のあり方を**バザール経済**（*bazaar economy*）といいます（表1）。バザール経済には**一物一価の法則**（*law of one price*）がなく**取引条件**（*trading terms*）は当事者の力関係で変化します。取引ルールが不明確で**賄賂**（*bribe*）や**縁故**（*connection*）がモノをいうこうしたバザール経済は、アウトサイダーにとって安心して取引に参加し、カモにされずに生き延びるのが難しいところですが、反面インサイダーにとっては心地よいところでもあります。

## 自由で効率的な市場とその規則

　こうしたバザール経済の対極にあるのが、**市場原理**（*market mechanism*）に基づく**現代的な経済**（*modern economy*）です。**株式市場**（*stock market*）はこうした原理を最も純粋な形で体現している場所といえます。

　自由市場の「自由」は大きなパラドックスです。バザール経済には見るべき規則はなく、監督者もおらず、そこには優位な者が劣位な者をカモる「自由」があります。それに対し、**自由で開かれた**（*free and open*）市場は参加者全員の自由を担保するため**監督者**（*watchdog*）が監視し、多くの規則があり、結果としてそこでは何人にも他人をカモる「自由」

▼表1　バザール的な市場と自由で効率的な市場の比較

|  | バザール市場 | 効率的市場 |
| --- | --- | --- |
| 馴染客の優遇 | できる | できない |
| 情報を持つ売り手(買い手)の優位性 | ある | ない |
| 市場の番人 | いない | いる |
| 流動性 | 小さい | 大きい |
| 明確なルールと罰則 | ない | ある |

がありません。

　株式市場では、取引所や証券会社が特定の投資家を優遇したり価格差別することは、**公正な価格形成**（*fairness in price formation*）を阻む行為として禁止されています。そもそも市場の**公正性**（*fairness*）、**透明性**（*transparency*）、**効率性**（*efficiency*）を担保する目的の仕組みであるオークション形式の市場では、参加者を差別することは不可能です。

　無数の人が参加者する株式市場では、売り手は自分の売った株を誰が買うかを知らず、買い手は自分が誰から買っているかを知りません。流動性が十分な市場では誰一人として**価格形成**（*price formation*）に影響を与えず、資金力は問題とされません。

　代表的な日本株であるトヨタ株は**東京証券取引所**（*Tokyo Stock Exchange*）で毎日、平均500万株、売買代金にして150億円以上の取引が行われています。こうした膨大な取引量がある銘柄では、誰でも買いたいときに買いたいだけの株を買うことができ、売りたいときに売りたいだけの株を売ることができます。サンフランシスコ在住のヘッジファンド・マネージャー、イチゴ農家のモネタ、ケニアのマサイ族の財団の基金運用者が同じ時間に東証に**成り行きで**（*at market price*）買い注文を入れたとします。市場にそれらの注文量を満たす売り板があれば、3人は確実に同じ値段でトヨタ株が買えます。**注文の執行**（*order execution*）は早いもの順であり、誰が入れた注文か、注文が大きいかということは問題になりません。

　ヘッジファンド・マネージャー、モネタ、マサイ族の基金運用者はいずれも、トヨタのホームページで同社の**財務情報**（*financial information*）に平等にアクセスできます。3人の運用パフォーマンスに差が出てくるとすれば、それは投資スキルや運によるものであり、市場での取り扱いに差があるせいではありません。

　とはいえ、流動性の低い銘柄では、資金力のある特定の市場参加者が**相場操縦**（*market manipulation*）を行いやすくなるのも事実です。相場操縦とはほかの参加者をだまして操ることを目的とした売買のことで、特定の情報を市場に流す**風説の流布**（*spread of rumor*）、自分が望む相場の流れを作ることを目的とした**仮想売買**（*ramping*）、**馴れ合い売買**

(*churning*)、**見せ玉**（*wash trade*）などがこれに当たります。特定の人が価格に影響を及ぼしたり操作できるようになると、その市場は**不透明**（*opaque*）で**非効率的**（*inefficient*）になります。こうした市場は投資家の不信を招き、投資離れを引き起こしかねないことから、**市場の番人**（*market watchdog*）は不正な取引が行われないよう参加者を監視するとともに、市場の流動性の水準が一定以上に保たれるようさまざまな工夫をしています。

さまざまな規則のもと、株式市場では多様なプレーヤーが多様なレベルでしのぎを削っています。少しでも有利な取引をしようとトレーダーは熾烈なサヤ抜き競争を繰り広げていますし、銘柄間の**裁定**（*arbitrage*）によって自社の株が売られてその価値が下がることがないよう、**上場企業**（*listed companies*）の経営者は**株主価値**（*shareholders' value*）を向上させ、市場に的確な情報を提供するよう努力しています。**市場の規律**（*market discipline*）はこのような参加者の切磋琢磨によってもたらされるのです。

## Make a Difference 昔はなかったミドルオフィス

この20年で金融業界の様相は大きく変わり、職種も変わりました。20年前の証券会社は営業部隊（*front office*）と事務部隊（*back office*）で構成され、職種としての中間部隊（*middle office*）は存在しないに等しく、コンプライアンス、ガバナンス、リスクエクスポージャーなどの用語も一般的ではありませんでした。

コンプライアンスやリスク管理関連の業務と人員は、トレーディングの拡大と高度化、デリバティブや証券化関連の新しいフロント・ビジネスの伸張や、それに伴う国際的な新しい規制の導入、リスク管理手法の複雑化とともに、過去20年で膨れあがりました。

金融危機後は複雑な商品の販売や投資銀行ビジネスが一時的に後退し、大幅に縮小した業務もありますが、*middle office* が地盤沈下する兆しは見られません。むしろ世界的に規制が強化されるトレンドのなか、金融機関内の「社内官僚」としての *middle office* の存在意義は高まる傾向にあるようです。

参加者だけではありません。**証券取引所**（*exchange*）も競争にさらされています。証券取引所は**高頻度取引**（*HFT*）などを可能にする**システム能力**（*system capabilities*）、**使い勝手の良さ**（*usability*）、**決済の効率性**（*efficient clearing system*）、**執行コスト**（*execution cost*）、**規制の透明性**（*transparent rules*）、**上場金融商品の多さ**（*wide selection of listed products*）、**流動性**（*liquidity*）といった基準で選別されます。金融のグローバル化は世界的な取引所間の統合の動きを誘発し、わが国でも東京証券取引所と大阪証券取引所が2013年1月に統合し、**日本取引所グループ**（*Japan Exchange Group, JPX*）が発足しました。

## 🔵 情報開示

情報が相場を作る株式市場では、**情報開示**（*disclosure*）と**非公開情報の取り扱い**（*handling of undisclosed information*）は参加者に課される最も重要なルールの1つです。

株式市場の要の情報は、**企業価値**（*corporate value*）の評価基準である上場企業の**収益予想**（*earnings forecast*）です。株価はその時点の最新情報をつねに反映し、市場は売りと買いを通じて推定される企業価値にリアルタイムで**修正**（*update*）をかけていきます。中長期的に成長が続き、収益予想が絶えず**上方修正される**（*revised upward*）ような企業は評価され、反対に予期せぬ要因で**赤字転落**（*turn to suffer red ink*）するような企業は制裁されます。企業の開示情報が間違っていれば（**虚偽記載** = *material misstatement*）、市場はそうした誤った情報を一旦反映し、真実が露見するやいなや急激な修正（株価の急騰や急落）をかけるでしょう。市場の公正さを妨げるこうした企業は退出（上場廃止）を迫られます（図1）。

また、上場企業には決められたフォーマットに沿って財務情報を作成し、厳格なルールに則ってそれを**開示する**（*disclose*）ことが義務付けられています。ある企業が開示しているのに、他の企業が同等の開示をしなければ、投資家は銘柄同士を同じ土俵で比較できなくなるからです。どの程度の情報開示が市場の透明性を担保できるかは時代によって変化しますが、頻発する**企業不祥事**（*corporate scandal*）や**金融危機**（*financial* *crisis*）などを経て、上場企業に求められる情報開示の水準は世界的に高くなる傾向にあるようです。

　上場企業は義務的な開示に加え、**投資家向け広報活動**（*investor relations, IR*）にも注力しています。同業他社に比べてわかりにくいと市場に判断されてしまえば、そうした不透明性は企業評価を**割り引く要素**（*discount factor*）となり、企業価値は**過小評価**（*undervalued*）されてしまうからです。企業はIRの一環として、**アナリスト向け業績説明会**（*analyst meetings*）を定期的に開催して自社の戦略や業績の見通しを説明し、企業買収した場合などはその概要と業績への影響といった情報を**臨機応変に**（*on ad hoc basis*）市場に**伝達して**（*communicate*）います。

　また、近年の上場企業による**国際財務報告基準**（*International Financial Reporting Standards, IFRS*）対応に向けた体制整備の動きも、国ごとの制度の壁が生む不透明性を減らし、企業がグローバルな株価競争に伍していくための方策の1つと捉えられます。

### 図1　透明な証券市場の掟

　証券規制はきわめて多岐にわたりますが、市場の透明性を担保するルールはおよそこの3点に絞られます。わが国の法制では、下の1と2は**金融商品取引法**（*FIEL*）に定められた**法令**（*hard law*）、3は東証ルールである**自主規制**（*soft law*）です。

1. 嘘を言ってはならない（虚偽記載、粉飾決算、風説の流布の禁止）。
2. 情報は参加者に平等に与えられなければならない（インサイダー取引の禁止）。
3. 自社に関する株価に影響を与えうる情報について、企業は良い情報も悪い情報もすべてすみやかに開示しなければならない（適時・適切開示）。

## Useful Tip　収益、利益を指す英単語

利益、収益を示す言葉はさまざま。相互に代替可能な概念もあれば、そうでないものもあります。

収益下方修正＝ *profit warnings*
当期純利益＝ *net profit (earnings/income)*
株価収益率＝ *price-earnings ratio*
資金使途＝ *use of proceeds*

これ以外にも、*income* や *gain* も利益を示しますが、この2つの言葉については *Lesson 4* で詳しく説明したので、ここではそれ以外の表現を見ていきましょう。

***revenue*：収入、収益**

企業の売り上げのことで、商品価格に販売数量を掛けた合計額です。*top line, gross income* も同義。

売上高（*sales*）もほぼ同義ですが、製造業の売上高は *sales*、金融業やサービス業の売上高（収益）は *revenue* と使い分けられます。業種によっては粗収益（*gross revenue*）と純収益（*net revenue*）の区別がつくこともあります。政府の歳入も *revenue* です。

***profit*：利益、利潤**

入ってくる収入（*income, revenue*）から費用（*cost, expenses*）を差し引いたものこと。収入から売上原価（*gross cost*）を引くと粗利益（*gross profit*）になり、そこから経費（*SGA*）、金利（*interest*）、税金（*tax*）などを引くと純利益（*net profit*）になります。

*revenue* に対する *profit* の割合が利益率（*margin*）。一般に *margin* が高いと事業は高収益（*profitable*）になります。

***earnings*：税引利益、稼がれたもの**

「稼ぐ」という意味の動詞の *earn* の複数名詞形で、企業が特定期間に計上する最終利益（*bottom-line*）を指します。

*profit* と *earnings* は同義でも使われますが、*profit* には *revenue* から *expenses* を引いた「残余部分」というニュアンスがあるのに対し、*earnings* は「事業活動で稼いだ部分」の意味合いが強く、粗利益や営業利益など、会計的な中間段階の利益には *earnings* は使われません。

*retained earnings*（内部留保）、*accumulated earnings*（利益剰余金）など、*earnings* は株主への配当後の利益としても使われます。これらは *retained profit, accumulated profit* と言い換えても同義です。

***proceeds*：代金、収益**

「〜から発生するもの」という意味。有価証券の発行（*equity and bond issuance*）や資産の売却（*asset sale*）によって得られる現金のことです。会計的な利益ではなく、「資金の流入額（*inflow*）」を示すキャッシュフロー的な概念です。

LESSON6 ●Transparency　透明性

### ◉ アナリストの役割

　株式アナリスト (*equity analyst*) は、企業の**将来の収益** (*future earnings*) を予想して、その予想からはじき出された**理論的価値** (*theoretical value*) に比べて**株価** (*market value*) が割安か割高か判断します。アナリストが個別企業の財務分析を積み上げて投資判断を行う手法を**ボトムアップ・アプローチ** (*bottom-up approach*)、あるいは**ファンダメンタル・アプローチ** (*fundamental approach*) といいます（図2）。

　特定銘柄をカバーする**アナリスト数** (*analyst coverage*) が多ければ多いほど、将来の業績予想のための統計サンプル数は増え、市場全体の予想の**精度** (*accuracy*) は上がります。複数のアナリストによる**収益予想** (*earnings forecast*) の**コンセンサス** (*market consensus*) に対して**四半期の決算発表** (*quarterly earnings report*) の結果が上回ったか下回ったかで株価に調整が加えられます。カバーするアナリスト数が多い銘柄は透明性が高いと判断されて流動性が増すことから、企業のなかには自社をカ

### 図2　アナリストの仕事

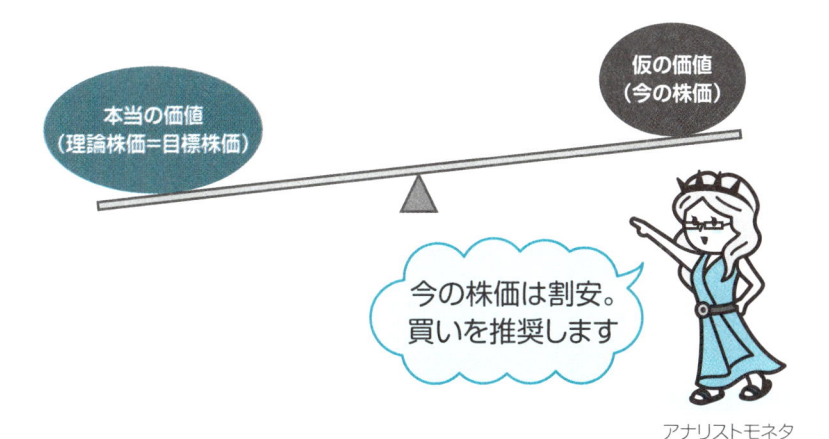

本当の価値
（理論株価＝目標株価）

仮の価値
（今の株価）

今の株価は割安。
買いを推奨します

アナリストモネタ

**ファンダメンタル分析の前提**

❶ 株価と別の「本当の価値」があり、それはまだ株価に織り込まれていない。
❷ 「本当の価値」はファンダメンタルの分析から測定できる。
❸ 「本当の価値」はいつか株価に反映される。

バーするアナリスト名と所属証券会社名を記載した**アナリストカバレッジ**（*analyst coverage*）を積極的にHPで開示しているところもあります。そうした銘柄が増えると最終的には市場全体の効率性と透明性も向上します。こうしたメカニズムが世界で最も効率的に機能し、参入と撤退による新陳代謝が活発に行われているダイナミックな市場がアメリカの株式市場といえるでしょう。

　一方、ファンダメンタル分析に基づくアナリスト予想には意味がないという意見もあります。重要な現代ファイナンス理論の1つである**ランダムウォーク理論**（*random walk theory*）では、現在の次の瞬間に株価が上がる確率と下がる確率は同じだから、そもそも理論株価を**目標**（*target*）とすることには意味がないとされています。また、未来は過去から独立したものなので、いくら過去のトレンド分析をしても、それによって将来のトレンドを予知することはできないという人もいます。予測不能な未来をもっともらしい理由を付けて予測しようとするアナリストには占い師以上の価値はないというのです。

### ● 占い師としてのアナリスト

　たしかに、アナリストの株価予測ははずれることも多く、仮に予想通りに株価が上がっても、それがアナリストが予想した理由で上がったのか、それとも単なる偶然なのかは大抵の場合、実証されないまま終わってしまいます。アナリストや専門家による将来の見通しは、「当たるも八卦当たらぬも八卦」といった受け止め方がされているようです。

　必ずしも予想が当たらないアナリストに存在意義があるのは、投資家が求めているのは**物の見方**（*point of view*）や**切り口**（*angle*）であって解答ではないからかもしれません。インターネットが普及して、誰でも企業情報に手軽にアクセスできるようになり、ここ十数年で情報取得にかかるコストは劇的に下がりました。その結果、私たちは情報の少なさに悩むより、むしろ情報が玉石混交であることや、あまりに技術的過ぎて意味するところがわからないといったことで悩むようになりました。そうしたなかではアナリストの最新ニュースや財務情報を**読み取る力**（*literacy*）はそれ自体が貴重であり、そうした情報に市場心理を照らし

合わせて作り出された将来の「株価ストーリー」は、投資家に特定の視点を提供すること自体に付加価値があるのかもしれません。少なくともアナリストは複雑な物事の様相をわかりやすく説明し、視点を提示して投資家の注意を喚起し、投資意欲を刺激することで、結果的に市場の流動性と透明性の向上に貢献しているといえるでしょう。

　そのように考えると、「株式市場のアナリストは占い師に過ぎない」というけなし文句も不思議と最高のほめ言葉に聞こえてきます。人は不確かな将来に不安を感じ、「こうなるからこうするべきだ」という専門家の**推奨**（*recommendation*）を求めています。将来を読み解き、人々に指針を与える占い師は世界最古の職業の1つであり、歴史上、どんな時代でもその需要が絶えることはありませんでした。もし、アナリストの職能の本質が占い師と同じだとしたら、今後どれだけ世の中が変化してもアナリストには食いっぱぐれなしということになります！

　以上、市場の透明性と情報開示、アナリストの役割を概観しました。市場と情報の関係についてはLesson 9でもう一度、触れたいと思います。

---

### まとめ

1. 情報が非対称に分布するバザール経済は不透明で非効率で差別的である。
2. これに対し現代的な市場は効率性で透明性が高い。
3. 誰も支配的な立場を築くことができない公正な市場は流動性によって担保される。
4. ルールに則った情報開示により、投資家には適正な投資判断の材料が与えられ、市場の透明性は向上する。
5. 株式アナリストは財務情報などをもとに銘柄を分析評価し、投資家に投資判断の切り口を提供することで市場の透明性の向上を図る。

## 透明性に関する金融英語

# Transparency

1. 透明性。遠くまで良く見えること。
2. 価格水準（*price level*）、市場の深さ（*market depth*）、監査済み財務諸表（*audited financial statements*）など、取引に必要とされる情報を投資家が入手できる程度のこと。
3. 制度・組織などの意思決定の過程の見えやすさやわかりやすさのこと。

### ここがポイント

- 情報開示（disclosure）が十分で、価格情報（price information）の入手が容易で、流動性（liquidity）の高い市場が透明性の高い市場です。
- 投資方法などに厳格なルールが課され、流動性が高く情報開示も進んでいる公募投信やREITなどの金融商品は透明です。これに対し、不動産私募ファンド、ベンチャーキャピタル、プライベートエクイティなどは不透明な金融商品です。

**用例**

*Transparent institutions, such as mutual funds or pension funds, save transactions costs for investors.*
投資信託や年金ファンドなどの透明性の高い機関は投資家にとって取引コストの節約になる。

- 透明性の高い市場にはさまざまなルールがあり、参加者の行動を監視する監視機関が設置されています。透明性は金融証券市場だけでなく、組織一般にも適用される概念です。

**用例**

*Big companies' lack of transparency could spark new crisis.*
大企業の透明性の欠如によって新たな危機が起きるおそれがある。

- **disclosure**
  ディスクロージャー、情報開示、公表
  ▷投資判断に影響を与える企業情報をすべて開示する行為のこと。
  ▷企業が株式を上場させるためには取引所が規定するルールに則ったdisclosureが必要となる。また、証券会社やアナリストは投資家の投資判断に影響を与える情報を開示する義務がある。
  ▷信頼できる（trustworthy）公開情報が適時に（in a timely manner）開示されて広まる（disseminate）ことは、公正で透明性の高い市場の前提となる。

  **audit** 会計監査（企業経営の実態を計算書類の記載内容が適正に表示しているかどうかについて監査法人が最終的な承認を行うこと）

# LESSON 6 ●Transparency ― 透明性

***corporate actions*** コーポレートアクション（合併、新株発行、株式分割など、上場企業の株価に影響を与える財務上の意思決定のこと）

***material news/information*** （株価に影響を与える）重要情報。*sensitive information* もほぼ同義。

***securities filings*** 有価証券報告書、20-Kなど、上場会社が当局や取引所に決算資料を提出すること。

（用例）

*The 1933 Act requires that a registration statement be files with the SEC before any offer of securities is made.*

1933年米証券法は、いかなる証券の売出においても事前に有価証券発行届出書を米証券取引委員会（SEC）に提出することを定めている。

***timely disclosure rules*** 適時開示規則（遅滞なく特定の重要事実などを届け出なければならないという証券取引所の上場企業向け規則のこと）

● **Regulation Fair Disclosure, Reg FD**
**FD規制**

▷2000年8月に米証券取引委員会（SEC）が採択した規制で、証券関係者、企業幹部、IR担当者、広報担当者が、アナリストやファンドマネージャーなどに一般に公表していない重要情報（*material information*）をもたらす選択的情報開示（*selective disclosure*）を禁じたもの。企業側から重要事実を入手することを目的としてアナリストが会社に好意的な投資判断を下す可能性を排除するために作られた。これに違反するとインサイダー取引規制に抵触するおそれが出てくる。

● **IR, investor relations**
**IR、アイアール、投資家向け広報**

▷企業が投資家に向けて経営状況や財務状況、業績動向に対する情報を発信する活動のこと。*financial communication* ともいう。

***analyst meeting*** アナリスト向け業績説明会

***CFO, Chief Financial Officer*** 最高財務責任者（一般に企業のIR統括担当役員となるケースが多い）

***conference call*** コンフェランス・コール（電話で行われるアナリスト向け業績説明会のこと）

***earnings announcement*** 決算発表

***earnings forecast*** 利益予想

***earnings season*** 業績発表シーズン

***financial reportings*** 会計報告

***peer comparison*** 同業他社比較

***positive earnings*** 好決算

***roadshow*** IRロードショー（海外の大手投資家に業績や今後の経営計画を説明するためのIR活動のこと）

***upward（downward）revision of ～*** ～の上方（下方）修正

● **quiet period** 沈黙期間

▷決算情報などの漏洩を防ぎ、情報の公平さを保つため、企業が決算内容に関するコメントや質問に回答しない特定の期間のこと。具体的には各四半期決算期日の翌日から決算発表日までのあいだのこと。

▷上場価格の人為的上昇（*inflation*）が起きないよう、IPO前に業績見通しなどのコメントを出さない期間のこと。*waiting/cooling-off period* ともいう。

（用例）

*Mary Schapiro, the chairwoman of the SEC, said that SEC should review its communications rules and the application of the quiet period in light of the changes in both the way the market functions and the changes in communications technology.*

SECのシャピロ委員長は市場の機能のしかたとコ

ミュニケーション技術の変化に鑑みて、SECの情報開示に関するルールを見直すべきだと述べた。

- **agent　エージェント、代理人**
  - ▷特定の当事者 (*principal*) に委託され (*delegated*)、そのために行動する個人または企業のこと。たとえば口座を保有する顧客に委託されて (*on behalf of the customer*) 取引所で売買を行う証券会社は顧客の *agent* である。
  - ▷エージェンシーの弛緩 (*agency slack*) とは、*agent* が *principal* の利益のために委任を受けているにもかかわらず自己利益を優先した行動を取ってしまうこと。たとえば、経営陣が株主の利益を犠牲にして会社を私物化することは *agency slack* である。情報の非対称性 (☞153ページ) に起因するモラルハザード (☞155ページ) であり、市場の失敗の一例でもある。
  - ▷エージェンシー費用 (*agency cost*) とは、*agency slack* による利益の減少や *agent* を監視するための費用のこと。

  【用例】
  *Like in other organizations, the agency slack of international organizations typically results from their specialized expertise, asymmetric information, and the presence of multiple or collective principals.*
  他の組織同様、国際機関によるエージェンシーの弛緩は、その専門技能や情報の非対称性から、または委託者の多様性や集団性から生まれることが多い。

- **due diligence**
  **デュー・ディリジェンス、DD、詳細調査、引受審査**
  - ▷直訳すると「注意する義務」のこと。投資前に、売りに出されているものについてのすべての重要事項を調査、監査して確認する (*scrutinize*) こと。企業買収 (*corporate takeover*) や新規公募 (*public offering* ☞201ページ) の前に行われる。
  - ▷*due diligence* という言葉は大恐慌中のアメリカで施行された1933年証券法で初めて用いられた。同法は、証券会社が投資家による証券購入に際して不適切な情報開示を糾弾されたときに、販売する証券の *due diligence* を行い、それを投資家に開示する限りにおいて情報不開示の責任は免除されることを規定した。米証券業界はこれを受けて新規公募の際の *due diligence* を制度化した。

- **prospectus**
  **目論見書、募集案内書、募集要項**
  - ▷有価証券の募集または売出のためにその相手方に提供する文書で、その有価証券の発行者の事業やそれ以外の事項に関する説明を記載し、投資家が情報を元に投資判断をするためのもの。株式、社債、投資信託などの有価証券がその発行対象である。
  - ▷*offering circular, offering memorandum* ともいう。証券発行前に発行される *preliminary prospectus* (仮目論見書) と発行後に発行される *final prospectus* (目論見書) がある。
  - ▷1933年米証券法で有価証券の発行体が証券を登録して *prospectus* を発行することが義務付けられた。証券を引き受ける証券会社 (*underwriter*) は *prospectus* に誤りや誤解を招く記述があると刑事責任を追及される。

- **comfort letter**
  **コンフォート・レター、確認書**
  - ▷データやその分析の正確性などについて、中立、公正で専門的な知識を持つ監査法人 (*auditor*) の調査結果をまとめたレポートのこと。

## LESSON 6 ● Transparency — 透明性

- ▷ 国際金融で親会社が何らかの理由で子会社を保証(*guarantee*)できないときに与信者に対して非公式な確証を与えるために書く手紙のこと。
- ▷ 有価証券発行届出書、目論見書(*offering memorandum*)の記載内容のうち、会計に関する記載に誤りがないことを監査法人が主幹事証券会社(*lead manager*)に対して確認した書類のこと。直近の決算発表後、企業に投資家が不利になるような重大な変化(*material adverse change*)がないことを確認する。

- **fairness opinion** フェアネスオピニオン
  - ▷ 企業評価を専門に行う者が、M&A取引の当事者から依頼を受けて調査した後に当事者に提出する、買収の対価や合併比率が公正だという内容の意見書のこと。株主代表訴訟(*shareholders' derivative action*)を防ぐために取締役会が活用する。

- **asymmetric information** 情報の非対称性
  - ▷ 当事者の一方がもう一方より多くの情報を持っていること。このようなとき市場の失敗が生じ、情報が*asymmetric*でなければ実現したはずの取引が行われなくなる。
  - ▷ ノーベル経済学賞受賞者のジョージ・アカロフ(*George Akerlof*, 1940-)による研究が有名。

  【用例】
  *A large variety of markets have been said to fail because of asymmetric information, from all different types of insurance markets to the market for translators.*
  さまざまな保険商品の市場から翻訳者の市場まで、きわめて多様な市場が情報の非対称性によって失敗に至っているといわれてきた。

  *adverse selection* 逆選択(情報の非対称性による市場の失敗の結果、良い製品が淘汰されて悪い製品だけが残ること)

### ここがポイント

- 企業倫理(corporate ethics)と不正(fraudulent behavior)の問題は、いわゆる証券不祥事(scandal in the financial markets)に限らず、食品偽装問題、独禁法違反問題、テレビ番組による事実の捏造、産業廃棄物の不法処理、知的所有権の侵害など多岐にわたります。
- とはいえ、金銭という人間の欲望(greed)の対象を直接、取り扱う場所である金融証券市場は他のどんな市場より不正が起きやすい場所です。わが国では金融証券市場関連の不正は金融商品取引法(FIEL)で規制されています。

- **greed** 強欲、私欲
  - ▷ 必要とする、あるいは自らにふさわしい以上の物質的な富を得ようする過剰な欲望のこと。市場での売り手と買い手の双方の行動を動機付ける。同義語は*craving, avarice, avidity, voracity*。

  【用例】
  *Greed and recklessness by the Titans of Wall Street triggered the largest financial crash since the Great Depression.*
  ウォール街の巨人たちの強欲と無謀さによって大恐慌以来最大の金融危機がもたらされた。

- **ethics** 倫理、道徳哲学
  - ▷ 正しい行為と間違った行為の概念を体系化し、主張し、提言する道徳哲学のこと。
  - ▷ *business ethics*とは、商取引で個人や組織全体の行動に適用されるべき倫理的、道徳

的原則を探求するもの。企業統治(corporate governance)は企業における正しいethicsの確立を目指す。

**用例**

*The range and quality of business ethical issues reflects the interaction of profit-maximizing behavior with non-economic concerns.*
企業倫理が問われる事柄の範囲と内容は、収益最大化のための行動と経済以外の関心事の相互作用によって規定される。

**code of conduct**　行動規範
**code of ethics**　倫理規定、倫理綱領
**corporate social responsibility, CSR**　企業の社会的責任
**corporate scandal**　企業の不祥事

- **corporate governance**
  コーポレートガバナンス、企業統治
  ▷企業の経営がいかに指揮されるべきかを、そのすべての利害関係者(stakeholders)の見地から論じるもの。主に経営陣の暴走を牽制するような仕組みを指す場合が多い。
  ▷具体的には、取締役会における経営と監督の分離、独立取締役の任命、透明なディスクロージャー、堅牢な内部統制システム(internal control)、コンプライアンスの確立などがその手段とされる。
  **internal control report**　内部統制報告書
  **supervision**　監督

- **duty of a prudent manager**
  善管注意義務
  ▷業務を委託された人の職業や専門家としての能力、社会的地位などに基づいて「善良なる管理者」の注意力をもって職務を行う義務のこと。たとえば株主に会社経営という業務を委託された取締役(directors)は善管注意義務を果たす必要がある。
  ▷分別管理(segregate client money)義務や忠実(loyalty)義務と並ぶ信託銀行(trust banks)のfiduciary duty(受託者責任、信認義務☞158ページ)の1つでもある。
  ▷類義語であるプルーデントマンルール(prudent man rule)は、慎重に思慮深い専門家として運用者が委託された運用資金を扱うことを意味する。米国で1974年に制定された、企業年金の運用関係者が遵守するべき行動規範であるERISA法(Employee Retirement Income Security Act, 従業員退職所得保障法)はこの精神に基づいている。日本でも厚生年金基金の運用者には同様の義務が求められている。

**用例**

*The trustee may invest in a security if it is one which a prudent man of discretion and intelligence, who is seeking a reasonable income and preservation of capital, would buy.*
受託者は適正な収益を確保しつつ元本を維持することを目指し、分別と知性のある慎重な人間なら購入すると考えられる場合に証券投資が許される。

- **compliance**
  コンプライアンス、法令遵守
  ▷企業に適用されるすべての法規、規則や規制を遵守すること。
  ▷金融機関のcompliance officerは自社のトレーディング活動や営業活動で利益相反(conflict of interest)が起きていないか、法規に則って投資家が保護されているか、顧客の資金洗浄(money laundering)や課税回避(tax evasion)を幇助していないかなどをモニターする。
  ▷法令を遵守しない金融機関は、当局による罰金(fines)、業務停止(business suspension)、

# LESSON 6 ●Transparency ― 透明性

免許取り消し (revocation of the license) などの罰則の対象となるほか、顧客の信頼と評判 (reputation) を失う。

**用例**
*Brokers will evaluate the order to make sure it is in line with current policies and procedures and in compliance with any regulations set by the market in which the order will be traded.*
委託仲介業者は注文が現行の方針や手続きに沿ったものであり、注文が取引される市場の全規制を遵守したものかどうかを確認しなければならない。

*to comply with～*　希望、条件、要求、方針などに従う、適合する
*red tape*　お役所仕事、非効率な仕事

- **watchdog**　番犬、番人、規制当局
  ▷特定の業界を監督し、不法行為が行われないよう監視する機関のこと。*regulator, regulatory bodies, enforcer, guard dog* もほぼ同義。
  ▷広義の *market watchdog*（市場の番人）には監査法人 (auditor) や格付け機関 (credit agency) も含まれる。

- **moral hazard**
  モラルハザード、倫理の欠如
  ▷どんなに悪い結果が生じようと責任を負わなくても良いとわかっていることから、通常なら避けるようなリスクを取ること。*hazard* は危機を引き起こす原因という意味。
  ▷90年代の日本の金融危機や、2007–10年の世界金融危機では、収益、報酬の極大化のために過大なリスクを取り、経営不振に陥った大規模金融機関が、その破綻が社会経済に及ぼす影響があまりに大きすぎる (*too big to fail*) として政府に救済された (*bail out*) ことが規律のないモラル・ハザードだとして批判された。☞ *too big to fail*（208ページ）。

- **regulatory arbitrage**　規制裁定
  ▷金融機関が自己資本比率規制から会計規則まであらゆる規制を迂回すること。
  ▷特定の規制を行うことは、こうした迂回によって市場の歪曲 (*market distortion*) を引き起こす面がある。規制とそれに伴うコスト増を迂回するこうした *regulatory arbitrage* が金融危機の遠因となったシャドウバンキング（☞207ページ）の発達を生んだとされる。

- **window-dressing**　粉飾決算
  ▷投資家に企業価値を高く見積もらせる、あるいは銀行や顧客、取引先を安心させるため、会

◆ 世界の金融証券市場の主な *watchdogs*

| | |
|---|---|
| Bank for International Settlements, BIS | 国際決済銀行（銀行へのバーゼル規制を取り決める委員会である *Basel Committee on Banking Supervision* が置かれている国際機関） |
| British FSA (Financial Services Authorities) | 英金融サービス機構 |
| FRB (Federal Reserve Board) | 米連邦準備制度理事会 |
| Japanese FSA (Financial Services Agency) | 日本の金融庁 |
| IMF (International Monetary Fund) | 国際通貨基金 |
| MAS (Monetary Authority of Singapore) | シンガポール金融管理局 |
| SEC (Securities and Exchange Commission) | 米証券取引委員会 |
| SESC (Securities and Exchange Surveillance Commission) | 日本の証券取引等監視委員会 |

計数値を粉飾(dress up/cook the accounts)すること。資産の過大計上、負債の簿外計上などがある。
▷ 有名な粉飾決算の企業不祥事は、巨額損失を長期にわたり「飛ばし」で隠蔽(conceal losses by shifting them to the portfolio of other companies)していたことが2011年に露見したわが国のオリンパスや、巨額の不正経理、不正取引による粉飾決算で2000年12月に破綻した米エンロン(Enron)のものが有名である。エンロンについては、監査(external audit)を担当していた大手監査法人アーサー・アンダーセン社(Arthur Andersen)の信用が失墜し、2002年に解散を余儀なくされた。

- **rent seeking** 利権追求、たかり
  ▷ 企業が独占利益や超過利益を獲得するために行うロビー活動のこと。

- **laddering** ラダリング
  ▷ 証券市場の不正の1つ。取引開始後に同じ株式を高い価格で購入する条件と引き換えに機関投資家にIPO株の割り当て(allotment)が行われること。その結果、株価は人工的に上昇し、インサイダーは約束された価格より安く買うことで利益を得られる。

- **spinning** スピニング
  ▷ 証券市場の不正の1つ。投資銀行がもうかるIPO株を顧客企業の幹部に割り当て、その見返りとしてその企業と投資銀行業務などの契約を結ぶこと。

- **cornering the market** 市場の独占
  ▷ 特定の株式、商品などの資産を支配することで価格操作すること。ウォルマートやマイクロソフトのような巨大企業にこの疑いがかけられることがあるほか、クラブディール(☞202ページ)に参加するプライベートエクイティ、石油や農作物などの商品を買い占める商社やヘッジファンドにもこうした疑いがかかることがある。

- **racketeering** 違法行為、恐喝、ゆすり、たかり
  ▷ 組織が非合法の事業によって不法に金銭を得ること。
  ▷ *racketeering*には、ゆすり(extortion)、脅迫(blackmail)、賄賂(bribery)、業務妨害(obstruction to business)、資金洗浄(money laundering)、非合法の高利貸し(loan sharking)、株主総会の妨害(disrupting shareholders' meetings)などがある。
  *corporate racketeering* 総会屋、特殊株主、プロ株主

- **Ponzi scheme** ねずみ講、ポンジスキーム
  ▷ 異常に高いリターンを謳って出資者から資金を集め、その資金を使ってその後に続く投資家に利益を配分するといった資金操作を繰り返す詐欺の一形態。一種の自転車操業であり、出資を煽って新規の投資家を無限に呼び込まなければ、必ずどこかで破綻する。1910年代から1920年代に米国で活動した詐欺師チャールズ・ポンジ(Charles Ponzi, 1882-1942)の名前が語源。
  ▷ 2008年12月に逮捕されたNASDAQの元会長、バーナード・マードフ(Bernard Madoff, 1938-)による世界規模のポンジスキームが記憶に新しい。中小企業の年金基金を消失させたAIJ投資顧問(2012年2月に業務停止)の資産運用も、解約する顧客に虚偽のリターンを支払うため、新規顧客の資金を流用しかねなかったという点では*Ponzi scheme*に近かったといえる。

## LESSON6 ●Transparency ― 透明性

- **bribe**　賄賂（わいろ）
  ▷ 見返りになんらかの恩恵を得ようとして政府、規制当局などに違法な金銭を支払うこと。自分に不利な規制が課されたり、法的な懲罰を受けることを防ぐために行われる。露見すると懲戒処分（*disciplinary action*）を受ける。
  ▷ *kickback* もほぼ同義だが、政府、規制当局などに対する *bribe* が違法であるのに対し、顧客に対する同様の行為の *kickback* は必ずしも違法ではない。

- **money laundering**
  マネーロンダリング、資金洗浄
  ▷ 麻薬などの犯罪行為で得られた不正な収益金の出所などを隠し、身元がばれないようにすること。
  ▷ 課税回避（*tax evasion*）、粉飾決算（*window-dressing*）、政治資金のプール（*political fund*）などにオフショアの金融機関を利用することも広義の *money laundering* である。

- **tax haven**
  タックスヘイブン、租税回避地、非課税地域、オフショア
  ▷ まったく税金を支払う必要がないか、税率が極めて低い地域のこと。目立った天然資源や観光資源などがない国や地域が外国人向けの税の優遇措置によって外貨を引き寄せるためにこうした制度を設ける。*offshore financial center* も同義。
  ▷ 具体的には、*Cayman Islands, the Bahamas, Barmuda, British Virgin Islands, Monaco, Vanuatu* などが有名である。ファンドやビークルは節税目的でこうした *tax haven* に設立されることが多く、当局にとって実態の把握がされにくい。
  ▷ *onshore* は「ゆるいオフショア」のこと。具体的には、*Hong Kong, Singapore, Isle of Man, Belgium, Luxembourg, Hawaii, Australia, New Zealand* などを指す。

- **confidentiality**　守秘義務、機密保持
  ▷ 顧客の情報などを外部に明かさないこと。顧客の *privacy* を守ること。
  ▷ スイスの *private bank* は海外顧客に匿名口座（*number's account*）を提供し、その租税情報を顧客の国の当局に明かさないなど、*confidentiality* を守ることで信用を築いてきたが、米同時多発テロ以降、こうした慣行に対する当局の風当たりが米国中心に強くなる傾向にある。

- **confidentiality agreement, CA**
  守秘義務契約、秘密保持契約
  ▷ 市場に影響を及ぼす可能性のある企業情報に接する機会のある金融機関が、業務上知りえた機密を外部に漏らさないことを約束する契約のこと。*non-disclosure agreement* ともいう。
  ▷ 新株の引き受けや *M&A* などのマンデートを獲得し、企業から非公開情報（*confidential information*）を取得する業者は必ず顧客企業と *CA* を締結する。

- **soft dollars**　ソフトダラー
  ▷ 投信などの運用業者が証券会社が提供する調査レポートやそれ以外のサービスを直接購入する（*pay in hard dollars*）のではなく、売買の注文を出して委託手数料を払うことで間接的に購入すること。
  ▷ こうしたコストは通常、運用業者は公表しない。こうしたことから、欧米では証券会社と運用業者の癒着によって受益者である顧客の利益が失われる可能性があるとして、こうした枠組みに対する見方が厳しくなる傾向にある。

## ここがポイント

- 金融機関の社内外にはさまざまな壁（barriers/walls）が立ちはだかっています。これらの壁は、金融機関が自己の利益と顧客の利益、あるいは顧客同士の利益のあいだで二律背反的な状況（tradeoff）に陥り、倫理的に不適切な行為に及ぶことを避けるため、法律や規制によって人工的に作り出されたものです。

- **conflict of interest　利益相反**
  ▷ 本来、中立的であるべきな企業やその職員が、特定の事態から利益を蒙るような状況（vested rights）にあるため信頼できないこと。vested rightsには金銭、地位、知識、評判にかかわるものがある。公正な取引や企業統治のためにはvested rightsを持つ人や企業は排除されることが求められ、法的にそれが必要となる場合も多い（☞161ページ）。
  ▷ 金融機関が巨大化するとさまざまな面で利益相反が起きる可能性があり、それを防ぐために規制当局によるさまざまなルールの制定と監視が行われている。

- **fiduciary**
  **信託の、信用状の、受託者、他人のために仕事をする人**
  ▷ 2人以上の当事者の法的・倫理的な信頼関係、あるいはそのような信頼を受けた側の人のこと。fiduciaryは自らのためではなく受益者（beneficiary/client/principal）の利益のために資産を管理しなければならない。
  ▷ fiduciary relationshipのうち、より限定的に委託者（trustor）が受託者（trustee）に自己の財産を譲渡し、当該財産の運用管理で得られる利益を受益者（beneficiary）に与える旨を取り決める形を信託（trust）という。
  ▷ 会社の経営を受託した経営者や、マンションの管理を受託した管理人、資金運用を受託した投資顧問などがfiduciaryの一例である。受益者に負うべき受託者責任（fiduciary responsibility）には善管注意義務、分別管理義務などがある。
  （善管注意義務☞154ページ）

- **ring fence**
  **リングフェンス、遮断、子会社化**
  ▷ 一部の資産や資産を分別（segregate）すること。
  ▷ さまざまな業務部門を持つ会社がなんらかの理由で特定部門を子会社化すること。
  ▷ 特定の資産を税法上の理由などから、オフショア口座などに移管すること。
  ▷ もともとの意味である「柵で囲う」から派生してさまざまな文脈で多様な意味で使われる。

  retail ring-fencing　リテール業務の子会社化（英国でユニバーサルバンク型の展開を行う商業銀行に対して2013年以降の金融監督体制改革のための関連法案で提案された）

- **firewall**
  **ファイアウォール、銀証分離、銀証の兼業禁止**
  ▷ 証券業務と商業銀行業務のあいだの情報交換と金融取引を行えないようにする法的障壁のこと。
  ▷ 米国では1933年施行のグラス・スティーガル法（Glass-Steagall Act）によって長年、銀証業務の兼業は禁止されてきたが、1999年のグラム・リーチ・ブライリー法（Gramm-Leach-Bliley Act）によって廃止された。一方、米国に倣った「金融ビッグバン（1996～

2001年)」でわが国も銀証の兼業は解禁され、子会社方式での他業態への参入が可能になった。現在は、銀証役員兼務の禁止や、部門ごとの内部管理体制の整備などの規制によって一定の firewall が保たれている。
▷ firewall がなく、投資銀行業務と商業銀行業務の両方を兼営するような業態を universal banking という。
▷ firewall は字義通り、「防御壁、遮断」つまり危機の波及(spillover)を防ぐ装置という意味で使われることもある(流動性の防火壁☞177ページ)。

**用例**

*Last week, the European Commission prepared a confidential paper with three options for boosting the firewall.*
先週、欧州委員会は危機の波及遮断効果を上げることを目指した3つの方策について非公開の書類を作成した。

- **Chinese wall**
  チャイニーズウォール、業務隔壁
  ▷ 会社内の利益相反やインサイダー取引を防ぐために利害や目的が異なる部署間に設けられた障壁のこと。
  ▷ 具体的には、企業の非公開情報を知りえる立場にいる(private side)引受部門と、secondary 市場で自己売買したり顧客に証券を販売する部門(public side)のあいだの壁や、投資銀行部門とトレーディング部門の壁のこと。
  ▷ 部門間のドアを開けっ放しにしない、フロアを別にする、社内メールの流れの管理や「壁越え」手続きの手順制定など、有効な Chinese wall のための内部管理体制の構築と管理には社内 compliance officer が活躍する。
  ▷ Chinese wall は万里の長城のこと。なぜ金融機関の業務障壁が Chinese wall と呼ばれるようになったかは不明。

- **segregation**　分別
  ▷ 顧客資産(customer asset)が証券会社や信託銀行の資産と別に管理されなければならないこと。分別管理されている口座を分別勘定(segregated account)という。
  ▷ こうした segregation がきちんと行われないリスクを混同リスク(commingling risk)という。
  *asset under custody / management, AUM*
  預かり資産(運用会社や信託銀行の規模指標)
  *commingled fund*　合同運用ファンド
  *segregated asset*　分別資産

- **discretionary**
  裁量に任せられた、一任の
  ▷ 決定権、判断の自由、自由裁量権などを示す discretion の形容詞化。文脈によってさまざまな意味に使われる。
  *careful discretion, CD*　ディスクレ注文(特定銘柄への大量注文について、一日をかけて注意深く売買することを依頼する注文のこと)
  *discretionary account*　投資一任勘定(証券会社や運用会社が顧客の同意を得ずに証券の売買を行うことができる口座のこと。managed account ともいう)
  *discretionary income*　贅沢のために使える収入(最低限の住居費、食費や被服費などの生活水準維持のための支出の後に残ったお金のこと)
  *discretionary supervision*　裁量行政(担当者や為政者の方針で法律適用の範囲や方法が決定されるような行政のあり方のこと)

- **arm's length**
  アームズレングス、公正妥当な、よそよそしい
  ▷ *keep something/someone at arm's length* は、何かと親しすぎないように距離を保つこと。*arm's length principle* は、取引の当事者

が独立的で対等であるという原則のこと。
▷「よそよそしい市場（*arm's length market*）」では、取引の当事者同士は人的関係をもたず、接触もしない。たとえば、相対取引である貸付では、融資する銀行と融資対象企業のあいだに人間関係が生まれ、そうした関係は融資期間中のモニタリングなどを通じて継続する。これに対し、資本市場で企業が債券を発行した場合、発行体、仲介者、投資家の関係はあくまで*arm's length*に保たれる。

**用例**
*The changes in the financial markets have altered the nature of the typical transaction of the financial sector, making it more arm's length and allowing broader participation.*
金融市場のこうした変化によって典型的な金融取引の性質は変質して厳格でよそよそしいものになり、その結果、より広範な参加者が参加できるようになった。

- **disclaimer**
ディスクレーマー、免責事項、免責注意事項
▷あらかじめ義務や責任などを否認し、免責されることを宣言することや、そうした内容について明示した文章のこと。これによって、起きるかもしれないさまざまな賠償責任（*liability*）を逃れることができる。*safe harbor provision, cautionary statement*とも呼ばれる。
▷証券目論見書などの巻末に付いている、「.....本情報は投資一般に関する情報の提供を目的としたものであり、投資勧誘を目的としたものではありません。....」という小さい字で書かれ、あまり読まれることのない注意書きのこと。
▷*forward-looking statement*　将来予想に対する記述（上場企業のニュースリリースなどの文末に付けられる*disclaimer*の1つ。「未来の話をしているが確定した話ではない」ということを但し書きにしたもの）

*reps & warranties*　表明・保証（一定の時点に契約当事者に関する事実、契約の目的物の内容等に関する事実について、当該事実が真実かつ正確である旨を契約当事者に表明し、相手方に保証するもの）

*safe harbor rule*　セーフハーバールール、宥恕規定（その規定を遵守していれば違反にならない範囲を明確化した基準のこと）

## COLUMN
## 利益相反とは何か？
──鳥と獣とこうもり

　透明性とは、突き詰めれば「嘘や無用な不確実性が少ないこと」です。人はことお金儲けに関してはポーカーフェースを装い他人を出し抜こうとしますが、なかには置かれた立場上、Aに誠実でいるためには必然的にBを犠牲にせざるを得ない、という**二律背反**（*tradeoff*）の立場に陥ることもあります。これを「**利益相反**（*conflict of interest*）した状況」といいます。

　利益相反とは何かを端的に分かりやすく示しているのがイソップ物語の「こうもり」の寓話です。

　「こうもり」の寓話に登場するこうもりは、鳥の仲間でもあり獣の仲間でもあったので、鳥が有利なときには鳥の味方をし、獣が有利なときには獣の味方になりました。幾度も双方を交互に裏切り続けたこうもりは、結局、鳥からも獣からも嫌われて仲間はずれにされてしまいました。

　投資銀行ではこの寓話のような二律背反的な状況がひんぱんに起こりがちです。

　たとえば、**市場部門**（*market division*）で特定企業の株価に投資判断を下すべき立場にある株式アナリストが同時に**引受部門**（*underwriting division*）で同じ企業の増資アドバイザーをしていたとします。そのアナリストは、株高ムードを作り出して企業にとって有利な増資を成功させるという引受部門の利益と、増資によって**一株当たり利益**（*EPS*）の**希釈化**（*dilution*）がもたらされて既存の株主に不利になるという将来を投資家に伝えて顧客に保有株を売らせるという市場部門の利益に引き裂かれることになります（ただし、実際に増資の事実を伝えれば違法なインサイダー取引となります）。

　さらにアナリストがその銘柄を個人的に保有していれば、株が上がって欲しいという個人的希望と、中立的な立場で銘柄を推奨するという職業倫理の区別が難しくなり、その意見表明の根拠が不透明になるリスクがあります。

　一方、トレーダーは自己ポジションの中から値下がりが予想される証券を素知らぬ顔で顧客に売ることで自らに不要なエクスポージャーを減らすことがあります。金融機関の自己勘定リスク管理上はこうした行動は正当化されるものですが、**顧客の利益を第一に考える**（*customer first*）

という倫理や投資家保護の精神とは明らかに対立します。

　嘘をついてばかりいたこうもりは悪いですが、こうもりの立場に置かれれば誰でもそういう行動を取る可能性があります。**根本的な問題**（*root problem*）は、獣でもあり鳥でもあるというこうもりの曖昧な立ち位置やハイブリッドなアイデンティティそのものにあるといえます。**ファイアウォール**（*firewall*⇒158ページ）や**チャイニーズウォール**（*Chinese wall*⇒159ページ）のような規制が生んだ業務上の障壁は、一言でいえば金融機関がこうもりになれないようにするためのものだといえるでしょう。

　現在、米国では銀行の自己勘定取引を制限する**ボルカールール**（*Volker Rule*⇒207ページ）の実施が検討中です。こうした新しいルールは、さまざまな場所で複数の顔を器用に巧みに演じ分けながら、複数の事業のあいだにシナジーを効かせ、規模の経済を活用して貪欲に利益を追求してきた巨大金融機関の不透明なあり方を糾そうとするものといえます。

Finance and Investment Terms

# LESSON 7

# Liquidity

## 流動性

〜潮の満ち干のように〜

Finance and Investment Terms

# LESSON 7
# Liquidity

流動性

### ● パリの両替商

　1990年代、筆者はパリに住んでいました。ユーロ導入前のヨーロッパは**フラン**（*French Franc*）、**マルク**（*Deutsche Mark*）、**リラ**（*Italian Lira*）、**ペセタ**（*Spanish Peseta*）など、各国の**国民通貨**（*national currencies*）が並存し、国際都市パリの街角には**両替商**（*money changer*）がたくさんありました。円の仕送りに頼る貧乏学生だった当時の筆者の習慣は、リボリ通りに並ぶ両替商の店頭の為替ボードに円—フランのレートを見に行くことでした。

　当時は**マーストリヒト条約**（*Maastricht Treaty*）の批准が各国の国民投票に委ねられ、各国で欧州統合の是非についてさまざまな議論が行われていた時代でした。**欧州単一通貨**（*The European Currency*）がいつか本当に国民通貨に取って代わるなど当時は信じられなかったものですが、ヨーロッパの人々はその後、驚くべき強固な政治的意思でそれを実現しました。2002年に新通貨ユーロが導入されると各国の国民通貨はあっという間に過去の遺物となりました。旅行客の両替需要もさぞかし減ったことでしょう。ずらりと並んでいたリボリ通りの両替商は今頃、どうしているでしょうか？　今でも外国で各国の国旗が並ぶ為替ボードを見るたびに、リボリ通りの両替商を思い出さずにはいられません。

### ● オファーとビッド

　さて、図1は典型的な街角の為替ボードで、2012年、香港で見た某銀行のものを紙面上に再現したものです。ボード右半分のレートは**香港ドル建て**（*denominated in HKD*）です。最上行は、**1デンマーク・クローネ**（*DKK*）が1.2239**香港ドル**（*HKD*）に両替可能で、反対に、1.42839香港ドルが1デンマーク・クローネに両替可能だということを示しています。つまり、

LESSON7 ●Liquidity ― 流動性

### 図1　両替商の為替ボード

| Currencies | Per | We Buy | We Sell |
|---|---|---|---|
| DENMARK | 1 | 1.22390 | 1.42830 |
| INDIA | 1 | 0.13490 | 0.19060 |
| INDONESIA | 1000 | 0.65480 | 1.04170 |
| MALAYSIA | 1 | 2.26780 | 2.82860 |
| NORWAY | 1 | 1.20150 | 1.40760 |
| SOUTH AFRICA | 1 | 0.79330 | 1.13300 |
| SWEDEN | 1 | 1.02760 | 1.21100 |
| SRI LANKA | 1 | 0.04460 | 0.06900 |
| VIET NAM | 1000 | 0.32500 | 0.46220 |

| Travellers Cheques | Per | We Buy | We Sell |
|---|---|---|---|
| EURO | 1 | 9.47520 | --- |
| JAPAN | 1 | 0.08990 | --- |
| UNITED KINGDON | 1 | 11.4743 | --- |
| U.S.A | 1 | 7.25590 | --- |

1万クローネを持って香港観光にやって来たデンマーク人は、この銀行に1千クローネ紙幣を十枚渡すと1万2,239香港ドルがもらえ、それをもう一度デンマーク・クローネに戻すと、8,568クローネが戻ってくるというわけです。買いと売りを一回転することで14％程度の手数料が銀行に取られる計算になります。ずいぶん、大きなサヤですね！

　またこの為替ボードの下の部分では、**ユーロ**（*EUR*）、**円**（*JPY*）、**英ポンド**（*GBP*）、**米ドル**（*USD*）の**トラベラーズチェック**（*travellers cheques*）に対し、"*We buy*"のレートだけが**表示され**（*quoted*）、"*We sell*"の方は空欄となっています。こうした**主要通貨**（*key currencies*）には**実需**（*genuine demand*）があることから、この銀行はそれらを積極的に買って調達したいと考えているためです。

　金融証券市場では、こうした"*We buy*（XXで買います）"の横に表示された買値を、**ビッド**（*bid price*）、"*We sell*（XXで売ります）"の横の売値を**オファー**（*offer/ask price*）といいます（図2）。オファーとビッドは**取引の実績**（*traded price*）ではなく、トレーダーが「この値段で取り

## 図2　オファー・ビッドのしくみ

*I bid at JPY 1,000!*
（1,000円で買うよ！）

*I offer at JPY 1,200!*
（1,200円で売るよ！）

安く買い、高く売り、そうすればつねにもうかる…

仲値は1,100円、あなたのもうけは200円、オファービッド・スプレッドは20％ですね

店頭取引ではオファーとビッドの差（*spread*）がトレーダーのもうけとなる。

### Make a Difference　風水とお金

　台北の美術品コレクターのコレクションを拝見したとき、有名な現代日本人画家が描いた大きな滝の絵が目に留まりました。「滝は風水でお金のこと。だから、滝をモチーフにして描いたらきっと中国人に売れるって、私がアドバイスしたら本当にその通りになったの」と資産家の女主人は優雅に微笑んで教えてくれました。

　そういえば、レストランやお寺の境内など、台北の街ではいたるところに人工の滝が流れていました。

　富貴を流水にたとえる中国人の感性は、お金を液体（*liquidity, currency, flow*）として捉える英語に通じるものがあります。お金は社会を流通することによって増殖します。流れない水が淀むように、お金も死蔵すればいつかはインフレによって減価します。古来、盛大に落下する滝の音にお金の音を聞き、財運の向上を願ってきた中国人は、富や経済活動の本質を如実に理解した民族といえるでしょう。

引きしますよ」と取引前に示す価格であり、**気配値**（*indication, indicative price*）とも呼ばれます。ビッドとオファーの中間が**仲値**（*mid-price*）です。本例のデンマーク・クローネの交換レートの仲値は（1.42839＋1.2239）÷ 2 ＝ 約1.32香港ドルです。

　純粋な**交換比率**（*exchange rate*）である仲値をはさんだオファーとビッドの**スプレッド**（*spread*）は、それが拡がれば拡がるだけトレーダーの**取り分**（*margin*）が増えることになります（図2）。

　仲値とオファー、仲値とビッドの差は、顧客にとっては通貨の両替サービスへの**手数料**（*fee, commission*）、あるいは**取引コスト**（*transaction cost*）と考えられます。**株式委託手数料**（*brokerage commission*）などの**料率**（*rate*）が、「**売買代金**（*trade value*）の1％」のように固定的なのに対し、**店頭取引のスプレッド**（*offer-bid spread*）は対象資産の**流動性**（*liquidity*）や**値動きの大きさ**（*volatility*）に対するトレーダーの臨機応変の判断によって刻々と変化します。

## ● スプレッドと流動性

　公正で透明な市場には潤沢な流動性が必要だということは前レッスンで習いました。**店頭市場**（*over-the-counter market, OTC market*）でこうした流動性を供給するのが**マーケットメーカー**（*market maker*）です。

　**債券**（*bonds*）、**金利**（*rates*）、**為替**（*forex*）のセールストレーダーは、顧客に**オファーとビッドを示し**（*quote*）、示した通りの価格で取引に応じることで市場に流動性を供給します。こうした行為を**マーケットメーク**（*market making*）といい、これにかかわる業者やトレーダーを**マーケットメーカー**（*market maker*）といいます。マーケットメーカーは**自己ポジション**（*inventory*）を持ち、市場が凪いだときも荒れたときも、つねにオファーとビッドを示して**市場を形成します**（*make market*）。

　香港の銀行の為替ボードに戻りましょう。先ほど**デンマーク・クローネ**（*DKK*）を見ましたが、今度はこの銀行が取引に応じているすべての通貨のオファー・ビッドとそのスプレッドを見てみましょう（図3）。

　観光客相手のためか、この銀行の両替のスプレッドは実に厚い！　そしてヨーロッパ通貨に比べるとアジア通貨のスプレッドはさらに厚くなっ

## 図3　通貨別オファー・ビッド・スプレッド

| Country | Currency | offer | bid | offer-bid spread | mid | offer-bid spread/mid % |
|---|---|---|---|---|---|---|
| DENMARK | DKK/HKD | 1.2239 | 1.4283 | 0.2044 | 1.326 | 15.40% |
| NORWAY | NOK/HKD | 1.2015 | 1.4076 | 0.2061 | 1.305 | 15.80% |
| SWEDEN | SEK/HKD | 1.0276 | 1.211 | 0.1834 | 1.119 | 16.40% |
| MALAYSIA | MYR/HKD | 2.2678 | 2.8286 | 0.5608 | 2.548 | 22.00% |
| INDIA | INR/HKD | 0.1349 | 0.1906 | 0.0557 | 0.163 | 34.20% |
| VIET NAM | VMD/HKD | 0.325 | 0.4622 | 0.1372 | 0.394 | 34.90% |
| SOUTH AFRICA | ZAR/HKD | 0.7933 | 1.133 | 0.3397 | 0.963 | 35.30% |
| SRI LANKA | LKR/HKD | 0.0446 | 0.069 | 0.0244 | 0.057 | 43.00% |
| INDONESIA | IDR/HKD | 0.6548 | 1.0417 | 0.3869 | 0.848 | 45.60% |

ています。アジア通貨の中で最もスプレッドが薄い通貨は**マレーシア・リンギ**（*MYR*）。その後、**インド・ルピー**（*INR*）、**ベトナム・ドン**（*VMD*）と続きます。最もスプレッドが厚いのは**インドネシア・ルピア**（*IDR*）で、そのオファービッド・スプレッドは仲値から上下に実に45％も離れています。つまり、この銀行でインドネシア・ルピアを香港ドル経由で一回転させると、元の価値の45％が手数料として持っていかれることになります。

　ちなみに日本の銀行の店頭で個人が*TTS*（*telegraphic transfer selling rate*）で米ドルを買うときのオファーとビッドの開きは仲値から上下に1円程度で、取引コストに引き直すと取引高の3％以下です。これが**外国為替証拠金取引**（*forex*）になると、ドル円取引のオファービッド・スプレッドは10銭以下と、取引コストをほとんど無視できるほどに下がります。

　こうした通貨や取引市場ごとのスプレッドの厚さは、おもにその商品の取引量の多寡、つまり流動性によって決まります。取引数が多ければ多いほどスプレッドが薄くても収益は上がりますが取引数が少なければ、スプレッドを厚くしないと十分に収益が上がらないことから、トレーダーはその時々の流動性によってオファービッドの厚さを調整するからです。

# LESSON 7 ● Liquidity ― 流動性

「**流動性が高い資産**（*liquid assets*）」とは、**取引が盛ん**（*high turnover*）でスプレッドが薄く、投資家が取引コストを気にせずに売買できるような資産のことです。逆に「**流動性が低い資産**（*illiquid assets*）」とは、取引量が少ないためスプレッドが厚く、取引コストが高いため換金しにくい資産のことです。

取引対象の商品の**値動き**（*volatility*）もオファービッド・スプレッドの大きさに作用します。たとえば、取引コストが無視できるほど小さく、取引が瞬時に執行されるプロ同士の円ドル為替市場では、トレーダーは将来の価格下落リスクを考えずにポジションを持てます。ところが、国際決済に使われないため流動性に乏しい通貨の場合、買った通貨は在庫としてしばらく保有しなければなりません。保有期間は長くなるほど、**保有にかかる金利のコスト**（*carry cost*⇒128ページ）がかさみ、保有期間中に価値が下がるリスクも高まります。途上国の**高金利通貨**（*currency with high interest rate*）は**値動きが大きく**（*volatile*）、長期的に下落し易い傾向があるため、トレーダーはオファービッド・スプレッドを厚くすることで利益のバッファーを確保しようとします。

こうした流動性が低い資産の取引コストを**流動性プレミアム**（*liquidity premium*）といいます。流動性プレミアムは、同じ価値であれば投資家が流動性の高い資産を選好することによって起きます（*liquidity preference*, **流動性選好**）。つまり**インドネシア・ルピア**（IDR）のスプレッドが厚いのは、流動性が低い分の**価値が割り引かれ**（*discounted*）ているためと解釈されます。

金融証券市場では同等のリスクを持つ商品でも流動性が低ければ相対的に安くなり（＝利回りが上がり）、流動性が高ければ高くなります（＝利回りが下がる）。流動性の低い**証券化商品**（*securitized products*）の利回りが、同じ格付けの**事業債**（*corporate bonds*）より高いことや、（一定期間、換金できない）**定期預金**（*term deposit*）の利率が（換金が容易な）**普通預金**（*current deposit*）より高いことなども流動性プレミアムによって説明できます。

市場の流動性が低下して取引事例がなくなると、取引される資産に対して**時価評価**（*marking*）ができなくなります。そんなとき「どんな値段

でも売って換金したい」と考えて、**投売り**（*dumping*）する売り手と、それを拾う買い手が現れると、とんでもない安値の取引実績が生まれ、そうした資産を保有している人々は、こうした実績に基づいて時価評価しなければならなくなります。このような時価評価は投資家の**評価損**（*unrealized loss*）につながり、損によって自己資本が**食いつぶされる**（*eaten up*）と投資家は**支払い不能**（*insolvent*）になります。

　サブプライムローン危機に端を発した金融危機の諸現象の多くはこうしたメカニズムによって発生しました。流動性の枯渇から広がった金融不安は結局、**最後の貸し手**（*Lender of last resort*）である中央銀行の大量の**資金供給**（*provision of liquidity*）や政府による市場参加者への**信用補完**（*credit support*）によってしか解消されませんでした。

### ◉ リーマンブラザーズの破綻と流動性

　2008年9月のリーマンブラザーズ（*Lehman Brothers*）の破綻は、市場全体の流動性不足のなかで引き起こされました。

　金融危機前から預金という安定調達源を持っていた**商業銀行**（*commercial banks*）と違い、リーマンブラザーズをはじめとする**投資銀行**（*investment banks*）の資金調達は、伝統的に**レポ**（*repo trade, repurchase agreement*）（図4）と呼ばれる、**国債**（*US Treasuries*）や**不動産ローン債権担保証券**（*mortgage-backed securities, MBS*）を担保とした**業者間市場での短期調達**（*market funding*）や、商業銀行からの短期の**無担保融資**（*unsecured loans*）によって行われていました。

#### 図4　レポ取引の仕組み

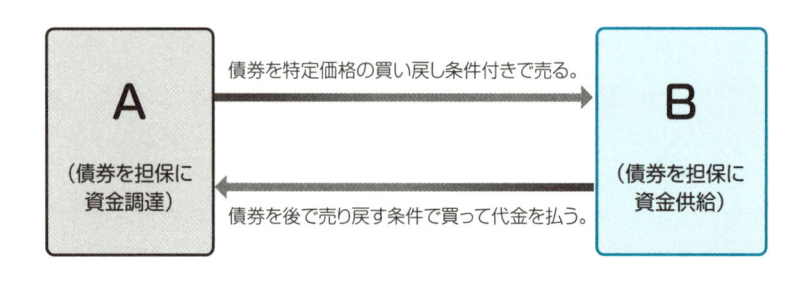

```
┌─────────┐  債券を特定価格の買い戻し条件付きで売る。  ┌─────────┐
│    A    │ ──────────────────────────────────────→ │    B    │
│(債券を担保に│                                          │(債券を担保に│
│ 資金調達) │ ←────────────────────────────────────── │ 資金供給) │
└─────────┘  債券を後で売り戻す条件で買って代金を払う。 └─────────┘
```

# LESSON7 ●Liquidity — 流動性

　金融危機の勃発まで、レポは安全で低コストの資金調達手段として金融証券市場に定着していました。また証券化商品を組成するために原債権や組成商品のうちリスクの高い部分や売れ残った仕組商品を在庫として一時的に保有することも、MBSを担保にレポで資金調達することも、市場が正常に機能しているあいだは特段、問題視されない財務行動でした。

　問題は、サブプライムローンのデフォルト率の増加によって市場不安が高まり、**有毒資産**（*toxic assets*⇒206ページ）に関わっていると見なされたあらゆる商品や取引先との取引が手控えられ、その結果、MBS市場をはじめとして複数の市場で流動性プレミアムが高まったことで生じました。**流通市場**（*secondary market*）で仕組商品の買い手がいなくなっただけでなく、新規組成された商品の**発行市場**（*primary market*）でも流動性が枯渇しました。結果的に、商品組成者である投資銀行のバランスシートに本来、短期間しか留まらないはずの仕組商品の原料や売れ残りは長期間、留まることになり、徐々に腐っていきました（図5）。そうしたことから、とりわけサブプライム住宅ローン関連の仕組商品の組成販売に積極的だったリーマンブラザーズの**資産の質**（*asset quality*）と**支払い能力**（*solvency*）に対する懸念が高まり、取引が手控えられるようになったのです。

### 図5　破綻前のリーマンブラザーズのバランスシート

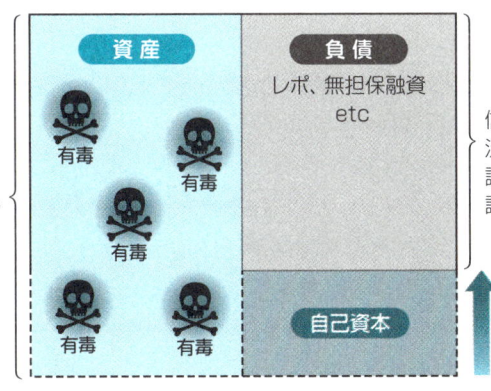

もし当時のリーマンブラザーズが投資銀行ではなく商業銀行で、その調達構造が違ったものだったら、多少資産の質が悪化しても危機をもちこたえられたでしょう。預金者が預金をほかの銀行に移すのには時間がかかりますし、預金金利は市場金利のように突然跳ね上がったりしません。さらに商業銀行には、**預金保険**（deposit insurance）などの**セーフティーネット**（financial safety nets）もあって、預金者の不安を緩和する仕組みが整っています。

　これに対し、レポ取引などの市場性の資金は逃げ足が速く、その調達金利は取引先の信用力を瞬時に反映して変動します。その結果、資金調達を市場性資金に依存してきた投資銀行が調達難に陥りました。多くのプレーヤーは新興国の**ソブリン・ウェルス・ファンド**（Sovereign Wealth Fund）などを出資者とした**資本増強**（recapitalization）で信認を回復して難局を乗り切ろうとしましたが、結局最後まで資本増強ができず、政府の支援も得られなかったリーマンブラザーズが破綻してしまったのでした。

　市場の主要プレーヤーが破綻して、その負債やデリバティブ契約の**決済**（settlement）が不能になると、そうした決済資金の入金をあてにしていた**取引先**（counterparty）も連鎖的に決済できなくなる危険が生まれ、そのためにそのような取引先との取引も控えられるようになりました。こうした業界全体の相互不信の連鎖により、取引量が減って市場が機能不全に陥ると、財務が健全で**支払い能力**（solvency）に問題のないプレーヤーまで**資金繰りに詰まる**（go out of cash）危機にさらされるようになりました。**システミック・リスク**（systemic risk）の発生です。実際、リーマンブラザーズが破綻するとその直後から、米国最大の保険会社であるAIG（American International Group）の破綻懸念、リーマンブラザーズの発行した社債が組み込まれたMMF（money market fund）の額面割れ、**コマーシャルペーパー**（CP）市場の混乱といった**玉突き現象**（domino effect）が次々に起き、危機は**実体経済**（real economy）に波及していきました。こうした危機のなかで**格付け機関**（rating agency）が商品や市場参加者の信用力を格下げしたことも混乱に拍車をかけ、危機を深刻化させました。

リーマンブラザーズの破綻後、アメリカの政策当局はシステミック・リスクの回避に向けて、AIGの**救済**（*bail-out*）、生き残った投資銀行であるゴールドマンサックスとモルガンスタンレーの**銀行持ち株会社**（*bank holding company*）への移行、700億ドルの公的資金を使った**緊急経済安定化法**（*Emergency Economic Stabilization Act*）の制定、**空売り規制**（*short-selling ban*）などの政策を矢継ぎ早に打ち出しました。こうした公的主体による大量の流動性供給と信用補完によって、世界の金融システムはかろうじて**崩壊**（*meltdown*）を免れました。

　しかし金融危機は世界の実体経済にも深刻な爪痕を残しました。その後の米国の超緩和的な金融政策などのせいで、直接的な金融被害の少なかった日本にも超円高、輸出不振といった余波が襲い、暗い経済状況は「リーマンショック」という名のもとに同時代人の記憶に深く刻まれることになりました。また、米国の金融危機から連鎖的に起きた**欧州ソブリン債務危機**（*European sovereign debt crisis*）は今もくすぶり続け、欧州の景気後退を深刻化させています。次のレッスンでは金融危機後の金融証券市場で重要なトピックスとなった**規模**（*size*）の問題を見ていきたいと思います。

## Useful Tip　おいしくてセクシーな金融英語

　「*service*＝役務」、「*commercial paper*＝買入金銭債権」。欧米由来の翻訳用語には硬い表現が多く見られます。これに対し、「直物(じきもの)」「成り行き(なりゆき)」「終値(おわりね)」など米相場などの現場から生まれた口語的な(*colloquial*)市場用語はどれも親しみ易くやわらかい響きを持っています。

　日本語と同じように英語でも、トレーディングフロアから生まれたトレーダー用語には、本能的な生々しい肉体感覚が宿っています。

### risk appetite　リスクへの食欲

　リスク寛容度(*risk tolerance*)、リスク選好(*risk preference*)とほぼ同義ですが、それを「食欲」と呼ぶことで、金銭欲(*greed*)がより生々しく表現されます。*credit appetite*は「信用リスクへの意欲」で、*business appetite*は「事業意欲」です。*risk-hungry*は文字通り、「リスクに飢えた」という意味。

### juicy deal　おいしいディール

　*risk appetite*が増すような収益性の高い取引(*profitable/lucrative deal*)のことです。*juice*は果物や肉を搾ると出てくる汁のこと。おいしい顧客は絞れば絞るだけ甘い汁が出てくるものなのです。

　また、市場には大きな裁定機会が現われ、そうした機会に自分以外の誰も気づいていない場合も取引は*juicy*になります。

　*sexy deal*も類義語です。"*make a deal a little bit more sexy*"といえば、「取引をよりセクシーにする」、つまり、複雑な要素を組み込んで、より大きな利幅を取れる取引の仕組みにすることです。

*sweeten the deal*は、「ディールに甘味を加える」、つまり魅力的な仕掛けを加えて顧客の食いつきを良くすること。

### naked trade　裸の取引

　ヘッジなしのリスクがむき出しになった取引のことです(☞64ページ)。反対は*covered trade*。*buy naked CDS*とは、原債権を持たない投資家が参照企業(*reference entity*)の信用力に悪化を予想してクレジット・デフォルト・スワップ(*CDS*)を購入することです。

　契約期間中に参照企業がデフォルトし、信用事由(*credit event*)が発生すれば、支払った保証料(*premium*)とは比べものにならない多額のペイオフが得られるほか、参照企業の信用力が下がり保証料率が上がるだけでも*CDS*の転売によって利益が生まれます。

　ウォーレン・バフェットは、破壊力の強い*CDS*の取引を大量破壊兵器(*weapons of mass destruction*)にたとえました。

## まとめ

1. 店頭市場は、マーケットメーカーによるオファービッドの表示によって流動性が保たれる。
2. 取引量が多い商品のオファービッド・スプレッドは縮小し、取引コストが下がる。
3. 取引量が減るとオファービッドのスプレッドは拡大し、取引コストは上がる。
4. 取引量が少ないことで本来の価値より高くしか買えず、安くしか売れないリスクを流動性リスクといい、そうしたリスクの対価が流動性プレミアムである。
5. 流動性リスクが極度に高まると市場が機能しなくなる。
6. 2008年からの金融危機では、市場性の短期資金に調達を依存していた米国の投資銀行が複数の市場の流動性低下によって経営難に陥った。

## 流動性に関する金融英語

# Liquidity

1. 資産や有価証券を、価格に影響を与えず売買できる度合いのこと。
2. 流動性は取引が活発だと高まる。売買がしやすい資産を流動資産（current asset）、流動性が高い市場を、厚みのある市場（deep market）という。
3. 資産を現金に転換できる能力のこと。市場性（marketability）ともいう。
4. 現金、およびそれに類する換金が容易な資産のこと。

### ここがポイント

- 流動性は金融証券市場の機能を理解するのにもっとも重要な概念です。
- ミクロ面：金融証券市場の流動性はオファービッド・スプレッドで表現されます。標準化され、スプレッドが薄く、流動的（liquid）な商品は業者にとって収益性が低く、反対にスプレッドが大きく非流動的（illiquid）で非標準的な（exotic）商品は収益性の高い商品です。

  **用例**
  *As the plain-vanilla transaction becomes more liquid and amenable to being transacted in the market, banks are moving on to more illiquid transactions.*
  単純な取引の流動性が増し、市場で売買されるようになったことから、銀行はより流動性の低い取引に重点を移行させている。

- マクロ面：社会全体の流動性は、現在と将来の資金配分の元締めである中央銀行の政策によって左右されます。金融緩和を通じて市中銀行の融資量が増えると、信用創造によって社会に流通する貨幣量は増え、経済全体の流動性は高まります。反対に、金融引き締めによって銀行の融資量が減ると流動性は低下します。

  **用例**
  *The Danish Central Bank plans to raise liquidity in the money market if the introduction of the new pension system is to cause excessive fluctuations in the markets.*
  新年金制度の導入が市場に過剰な変動をもたらすことになれば、デンマーク中銀は短期金融市場への流動性供給を増大させる計画である。

- **liquidity trap** 流動性のわな
  ▷ 金融緩和により利子率が一定水準以下に下がった結果、人々が債券価格がさらに下落すると考えることによって貨幣需要が無限大となり、通常の金融政策が効力を失うこと。貨幣供給をいくら増やしても利子率が下がらず民間投資や消費を刺激できなくなる。

- **liquidity squeeze** 貸し渋り、流動性の枯渇
  ▷ 市場で取引量が極度に減り、流動性不足から自由に売り買いができなくなること。

LESSON7 ●Liquidity　流動性

▷短期資金不足の懸念から金融機関が貸し渋り、その結果、インターバンク金利が上昇し、資金融通が滞ること。融資基準が厳格化され、借り換えや新規の借り入れが難しくなる。
▷*credit crunch*と類義だが、*credit crunch*が融資量全体の減少を意味するのに対し、*liquidity squeeze*はより短期の流動性に焦点が当たっている。

【用例】
*The global financial crisis taught banks that a liquidity squeeze can be lethal.*
世界経済危機は流動性の枯渇は経営に致命的になり得ることを銀行に教えた。

- **liquidity crisis**
  **流動性危機、資金繰りに詰まる（go out of cash）こと**
  ▷資金の流れが滞り流動性不足（*liquidity constraints*）が深刻化することで起きる金融の悪しき状況のこと。たとえば、一企業のレベルでは財務状況には問題がないのに、給与、借入金、買掛金の弁済など短期的な債務の返済に必要な流動資産（*liquid assets*）が十分でないと起きる。*liquidity crisis*が解決されないとその企業は破綻する。
  ▷一方、経済全体のレベルでは、銀行の貸し渋り（*credit crunch*）やコマーシャルペーパー市場の麻痺などによって多くの企業が資金繰りに窮する（*go out of cash*）状態を指す。

- **firewall of liquidity　流動性の防火壁**
  ▷2008年の金融危機後、先進国の中央銀行が経済全体が流動性危機に陥らないようにするため超低金利と量的緩和政策（*quantitative easing*）を採用し、市場に流動性を供給した（*shore up*/*bolster liquidity*）こと。大量の資金供給の常態化はリスク資産の急騰につながる危険性があるとの批判もある。

▷*firewall*は「悪い影響が及ばないように何らかの対策を講じてその波及を遮断する」という意味。下の用例では*firewall*は上記とは逆に、「（米国の）金融緩和の悪影響を防ぐための壁」という意味で用いられている。

【用例】
*China should set up a firewall as uncontrolled dollar printing in the Unites States will drive more liquidity into emerging markets.*
米国による無暗な貨幣増刷は新興国市場に流動性の流入を招くことから中国はその波及を防ぐための方策を講じる必要がある。

- **quantitative easing, QE　量的緩和**
  ▷中央銀行が金利の引き下げではなく当座預金残高量（*volume of current deposit outstanding*）を拡大させたり、長期債市場（*long-end of the curve*）に介入（*step in*）したりすることで市場に流動性を供給して金融緩和を行うこと。非正統的な金融政策（*unconventional monetary policy*）と呼ばれる。
  ▷日本では日銀により2001年から2006年まで実施され、アメリカでは2008年から2012年までで計3回、行われた。

【用例】
*The US Federal Reserve's third round of bond-buying could ultimately rival the size of its first huge quantitative easing, which was widely seen as boosting growth.*
米国連邦準備制度理事会による量的緩和第3弾は、最終的に景気刺激に効果があったと認められた大規模な量的緩和第1弾と同程度の規模となる可能性がある。

- **credit crunch**
  **クレジット・クランチ、貸し渋り**
  ▷銀行が融資を絞り、投資家が投資しなくなることで企業にとって調達コストが上がる、あ

るいは必要な資本が手に入らなくなる状態のこと。経済全体の融資量(credit availability)が減る不況(recession)期に起きる。

- **liquidity premium　流動性プレミアム**
  ▷ 流動性の低い金融商品に対して支払われる対価のこと。offer-bidの差(spread)が開いた状態で、買い手はat a premiumでしか買えず、売り手はat a discountでしか売れない。

- **market making**
  **マーケットメイク、値付け**
  ▷ ディーラー(market maker)が自らの手持ちのポジションをもとに特定の証券に、bid price(買値)とoffer/ask price(売値)を示して、その値段での売買が可能だという意思表示をすること。仲介業者(broker)の取り次ぎにより投資家同士が市場内で直接売買するオークション方式とともに一般的な市場の取引手法。相対取引(over-the-counter, OTC)の市場はmarket makingを行うディーラーによって形成される。☞over-the-counter(228ページ)
  ▷ 「offer-bidの気配値(indication)を示す」という意味のgive quotesもmake marketと同義。

  【用例】
  *Market makers have agreed to quote two-way prices to each other during the London business day for agreed minimum quantities and tenors in both gold and silver.*
  金と銀についても、マーケットメーカーはロンドンの営業時間中、合意された最低数量と限月についてオファービッド双方の気配値を表示することになっている。

- **order-driven market**
  **オーダードリブン市場、オークション市場**
  ▷ 特定の証券の売り手と買い手が自分の売り買いしたい価格と数量を表示することで成立するオークション方式の金融市場(auction market)のこと。証券取引所(exchange)の取引形態はorder-drivenである。
  ▷ これに対し、market makerが気配値に基づいて売りと買いの出合いをつけるmarket making方式の価格決定方法をquote-drivenという。

- **(share /debt) buyback, repurchase**
  **自社株買い、債券の買入消却、買上償還**
  ▷ 企業が市場に流通する株式量を減らすため、自社の発行済株式(issued shares)を市場で購入すること。キャッシュリッチな企業が、株式の需給を引き締めることで株価を上昇させようとして行うことが多い。
  ▷ 企業や国などが過去に発行した証券を時価で買い入れて消却すること。繰上げ償還(early redemption, prepayment)は発行者の一方的な意思で行われるが、買入消却に応じるか応じないかの選択権は投資家の方にある。

- **spread　差、スプレッド、スプレッド取引**
  ▷ 証券や資産のoffer(askともいう)とbidの価格差のこと。spreadは厚くなったり(widen)薄くなったり(tighten)する。
  ▷ 銀行の調達金利と運用金利の差のこと。利ざや。interest marginと同義。
  ▷ 企業の信用力の差による利回り格差のこと。credit spread(信用スプレッド)ともいう。国債をベンチマークとしたcredit spreadは「T＋α」、LIBORをベンチマークとしたcredit spreadは「L＋α」という形で表現される。単位はbp(ベーシスポイント☞196ページ)。
  ▷ 先物、オプションなどで異なる市場や限月の金利差や価格差の差額を得る取引のこと。spread tradeともいう。calendar spread, intercommodity spreads, option spreadsな

どがある。

**用例**
*Rising interest rates and a widening of the credit spread work against the bondholder by causing a higher yield to maturity and a lower bond price.*
金利上昇とクレジットスプレッド拡大は最終利回りを上昇させ、債券価格の下落につながることで、債券保有者に不利に働く。

- **commission**　手数料、歩合
  ▷証券会社が有価証券の売買に課すサービス料のこと。*brokerage commission*(仲介手数料／委託手数料)の略。売買数量(*quantity*)に価格(*price*)を掛けた売買代金(*trade value*)に対するパーセンテージとして顧客に課金される。

**注意！**　*fee*は売買代金に対するパーセンテージではなく定額で徴収されることが多い。このため、*fee*は手数料ではなく報酬と訳されることもある。M&A仲介手数料や弁護士謝礼、ファンドの成功報酬などは、*commission*ではなくて*fee*。
*commission-based*　歩合制の
*commission rebate*　大口顧客に対して行われる委託手数料の値引き
*success fee*　成功報酬
*upfront fee*　アップフロント・フィー、前払い手数料(資金調達時に金融機関に対して支払う手数料のこと。これを諸費用の一部と捉えると*upfront cost*となる)

- **transaction cost**　取引費用
  ▷証券売買にかかる証券価格以外のコストのこと。業者によって徴収される*commission*や*spread*のこと。*transaction fee*とも呼ばれる。

▷広義の金融取引では、税金(*taxes*)、法的費用(*legal fee*)、信託報酬(*custodian fee*)、デューディリジェンス費用(*cost of due diligence*)などの諸経費も*transaction cost*に含まれる。

**用例**
*The first solution of high transaction costs would be to bundle the funds of many investors together so that they can take advantage of what is called economies of scale.*
高い取引費用の一番の解決策は、多数の投資家の資金を1つにまとめ、いわゆるスケールメリットを享受できるようにすることである。

- **volume**　取引量、出来高
  ▷特定の金融証券市場で取引される株式数や建玉の枚数のことで、市場の活動水準を示す。*volume*が多い状態は流動性が潤沢であり、少ない状態は流動性が欠けている。

*average daily trading volume, ADTV*　一日平均出来高(株式銘柄の流動性を示す指標)
*volume weighted average price, VWAP*　出来高加重平均価格(特定株の1日総売買代金を同日の総出来高で割った価格)

**用例**
*VWAP is a trading benchmark used by the investors in pension plans and in some mutual funds who intend to show themselves as passive as possible in their transactions.*
VWAPはできる限りインデックスをなぞるパッシブ運用を行おうとする年金基金や一部の投資信託によって用いられる取引の指標である。

- **negotiable**　譲渡可能な、流通する
  ▷登録などの必要がなく資産や証券の所有権の移管が簡単にできること。有価証券の大半は*negotiable*である。*marketable, transferable*も同義。

▷反対に登録の必要があり、譲渡が容易ではない証券や商品は *non-negotiable securities/product* である。*non-negotiable* な商品は流動性が低い。
**negotiable certificate of deposit** 譲渡性預金（第三者に譲渡できる定期預金）
**negotiable instrument** 流通証券（現金に換金できる証券。為替手形や小切手、約束手形、コマーシャルペーパーなどのこと）

[用例]
*Negotiable instrument is a document which promises the payment of a fixed amount of money and may be transferred from person to person.*
流通証券とは、特定金額の支払いを約束する証書で、人の手から手へ譲渡可能なもののことである。

- **settlement** 決済
  ▷規定された決済日（*settlement date*）に証券の受渡しと金銭の支払いを済ませること。通常、物理的に行われず電子的に行われる。
  **DVP, delivery-versus-payment** DVP決済（証券と資金の授受をリンクさせ、代金の支払いが行われることを条件に証券の引渡しを行う決済方法。決済リスクの最小化が目的）
  **physical settlement** 現物決済
  **STP, straight-through-processing** ストレート・スルー・プロセッシング（証券市場で発注・売買成立から決済に至るまでの過程を人手を介さず電子的に行うこと）

- **reconciliation**
  突合せ、リコンシリエーション、照合
  ▷会計や決済事務で、2つの記録を突合わせて比較し、その記録が正確かどうかを確認すること。

- **fail** フェール、決済不能
  ▷売り手が証券の受渡しを行わない、あるいは買い手が決済日までに資金を払い込まないことから、取引が成立しないこと。*fail to deliver* の略。資金不足、バックオフィスの手違いなど、さまざまな理由で起きる。
  **buy-in** バイイン（売り手が受渡期限までに証券の受渡を行わなかったことを原因として買い手の請求により業者が再度、証券を購入すること）

- **clearing** 清算、クリアリング
  ▷取引者の口座情報を更新するプロセスのこと。金融機関同士の決済に先立って行われる事前準備のこと。
  **book-entry system** 振替決済制度（有価証券の売買取引や担保取引を、一定の期間に設けた帳簿上の口座振替だけで行う制度のこと）
  **clearing house** 清算機関、クリアリングハウス（現物取引や上場派生商品の取引で *clearing members* の支払と受取の集約を行う機関のこと。証券の受渡し、資金の支払について債務の引き受けを行い決済履行を保証する。ネッティング（☞181ページ）により債務を効率的に圧縮して、決済機関に決済指示を出す。CCPとほぼ同義（CCP☞229ページ）
  **CME Clearing** シカゴを拠点とした米国の主要な *clearing house*
  **Japan Securities Clearing Corporation, JSCC** 日本証券クリアリング機構（2002年7月に設立されたわが国の市場横断的な統一清算機関）
  **LCH.Clearnet** ロンドンを拠点とした国際的な *clearing house*

- **outright transaction**
  アウトライト取引、売り切り・買い切り取引

▷ 買戻しや売戻しなどの条件のない通常の売り取引、買い取引のこと。

**用例**

*There are mainly two types of bond trading, one is outright purchase/outright sell trading and the other is repurchase agreement/ reverse repurchase trading.*

債券の取引には買い切り、売り切りの取引と、買戻・売戻条件付の取引の2種類がある。

**Outright Monetary Transactions, OMT** アウトライト・マネタリー・トランザクションズ（2012年9月に欧州中央銀行理事会が決定した、南欧の重債務国支援を目的とした国債購入策のこと）

- **repo transaction, repo, RP**
 レポ取引、債券貸借取引、買戻し条件付き取引、現担レポ

 ▷ 債券買戻し契約（*bond repurchase agreement*）のこと。資金調達する側が資金を出す側に対し、(主に国債などの)有価証券を担保として差し入れることで行う短期資金調達取引。最初の取引から数日から数週間後、資金の出し手は受け手に、提供された担保と同じか同等の債券を固定価格で返却する（☞170ページ)。

 ▷ 債券を貸して資金を受ける側にとっての *repo* 取引は、その相手方（資金の出し手）にとってはリバースレポ（*reverse repo*）取引となる。

 ▷ 日本の現先取引は「現金を担保に債券を賃借する取引」だが、実質的な経済効果は「債券を担保に融資する」*repo* 取引と同じである。

 ▷ 契約期間中に当事者の *A* か *B* のいずれかが破綻すると、買戻し、売戻しが行えなくなるため、*repo* は信用リスクを伴う取引である。このため、*repo* 取引では信用リスクの劣る取引先には相手方から *haircut*（調達資金に対する債券の時価や額面額からの一定の割引率☞127ページ）が課されることがある。

 *repo rate* レプレート（レポ取引による資金調達の金利のこと。翌日物レポレートは短期金融市場の主要指標の1つ。イギリスの政策金利も *repo rate* という）

- **netting** ネッティング、相殺

 ▷ 取引の当事者間に複数の債権・債務（*claims and obligations*）関係があるときに、それらの債権・債務を差し引き清算し、単一の債権または債務に置き換えること。

 ▷ 決済時に債権債務の差額のみを決済する *payment netting*、同じ決済日の複数の債権債務を差し引きして債権・債務を一本化する *netting by novation*、取引当事者が破綻した場合に、一定範囲の取引から発生した債権債務を *netting* して一本の債権とする *close-out netting* がある。

**用例**

*Novation is an extinguishment of a party's obligation through an agreement between the old obligor, a new obligor, and the obligee to substitute the old obligor for a new one.*

更改とは旧債務者、新債務者、債権者のあいだの契約を通じて旧債務を新債務に代替し、旧債務者の債務を消滅させるものである。

## COLUMN
## ポジションについて
──結んで開いて

　投資家やトレーダーが事業や金融商品といった資産や負債を保有している状態を、「**ポジションを持つ／取る／張る**（*have/take position*）」といいます。たとえば銘柄Aを特定時点で買い越していれば、「**A株のロング**（*long on/have open position in stock A*）」です。反対に、**空売り**（*short sell*）して売り越していることは「**ショート**（*short position*）」です。ポジションを取ったときと反対の取引することを、**ポジションを手じまう、解消する**（*close, unwind, wind down, square, net, offset*）といい、なかでも**売り越していた分を買い戻すことをカバー**（*short cover*）といいます。**ポジショントーク**（*position talk*）はトレーダーがポジションを張っているとき、自分のポジションに有利になりそうな情報を流して相場に影響を与えようとすることです。

　非上場企業などの**非流動資産**（*illiquid asset*）に対するベンチャーキャピタルやプライベートエクイティの投資は、**譲渡**（*sale*）や**再上場**（*re-listing*）などを通じた**投資終了**（*exit*）によって解消されます。こうしたプロの投資家が投資を有利な価格で手じまう方策のことを「**出口戦略**（*exit strategy*）」といいます。

　トレーダーの最も重要な仕事の1つは日々の**ポジション管理**（*managing his position*）です。**ポートフォリオ**（*portfolio*）のリスクとリターンの特性（*risk return profile*）は、組み入れられたポジションの**値上がりの可能性**（*upside*）や、**価格変動の大きさ**（*volatility*）、ポジション同士の値動きの**相関**（*correlation*）によって決まります。トレーダーは自らのポジションのリスクとリターンの特性をつねにしっかり把握していなければなりません。

　こうしたトレーダーのポジションは、リスク管理上は**エクスポージャー**（*exposure*）に変身します。金融機関のリスク管理部署は、特定のリスクについて許容可能なエクスポージャーの**極度額**（*limit, threshold*）をあらかじめ設定し、それをトレーダーが遵守しているかどうかを**監視**（*monitoring*）します。

# Finance and Investment Terms
## LESSON 8

## Size
サイズ
〜大きすぎてつぶせない〜

# Finance and Investment Terms LESSON 8

## Size
サイズ

### ●TBTFクラブ

2000年代前半、筆者は某欧州系銀行の**店頭デリバティブ**（*OTC derivatives*）の**取引先の信用リスクの管理担当者**（*counterparty risk officer*）でした。世界中のデリバティブ取引のリスクを24時間リアルタイムで管理する巨大な官僚組織に所属していた当時の筆者は、社内や同業者のあいだでしか通用しない、アルファベットスープのような**専門用語**（*jargon*）に囲まれて生活していました。

"TBTF"は、そんなリスク管理上の専門用語の1つでした。

"TBTF"は、"*too big to fail*（**大きすぎてつぶせない**）"の略です。1990年代の日本では、巨大な債務を抱えた流通やゼネコン業界の**破綻寸前企業**（*zombie companies*）が「（銀行にとって貸付金の規模が）大きすぎてつぶせない会社」と呼ばれていたものでした。これに対し、プロ同士のグローバル金融証券市場でTBTFが指していたのは、「破綻時のシステミック・リスクが大きすぎるため、いざとなったら政府がお金を出して救済するしかない巨大金融機関」、つまり世界的規模で活動する30足らずの大規模金融機関のことでした（図1）。TBTFは各国中央銀行の支援が受けられる先進国の**大手商業銀行**（*sizeable banks*）、米国の**大手投資銀行**（*the bulge bracket investment banks*）、そして一握りの巨大保険会社で構成されていました。

**通貨スワップ**（*currency swap*）や**CDS**（*credit default swap*）といった世界の店頭デリバティブ取引の大部分は、いずれも**大手格付け機関**（*major rating agencies*）から当時、ダブルA格以上の格付けを得ていた欧米の（TBTF＝巨大金融機関）のあいだで行われるものでした。

リスク管理上、TBTFは互いに高い**社内格付け**（*internal ratings*）と大きな**取引与信枠**（*counterparty limit*）を与え合っていました。

当時の筆者の担当業務の1つだったTBTFの**支払い能力**（*solvency*）の分析は退屈なルーチンワークでした。まず、取引金融機関のCARMELS——**自己資本比率**（*Capital adequacy*）、**資産の質**（*Asset quality*）、**経営の質**（*Management quality*）、**収益力**（*Earnings*）、**流動性**（*Liquidity*）、**市場リスクへの感応度**（*Sensitivity to market risk*）——を個別に分析し、その分析結果にふさわしい「**実力本位の格付け**（*intrinsic rating*）」を付けます。そのあとで、そうした「実力」は横に置きます。「この金融機関の規模と重要性に鑑みれば、緊急時には政府の支援が得られる可能性が極めて高い」という決め文句をどのカウンターパーティーにもコピペして、**システム上の重要性**（*systemic importance*）という「ゲタ」をはかせた高い格付けをレポートの最後の部分で提案するのでした。

競合他社のなかにはそうした取引先の**信用力分析**（*credit analysis*）の作業を安価なインドの業者に丸投げ**外注**（*outsourcing*）しているところも多いと聞きました。

### 図1　プロの取引先同士の網の目のように緊密な取引関係

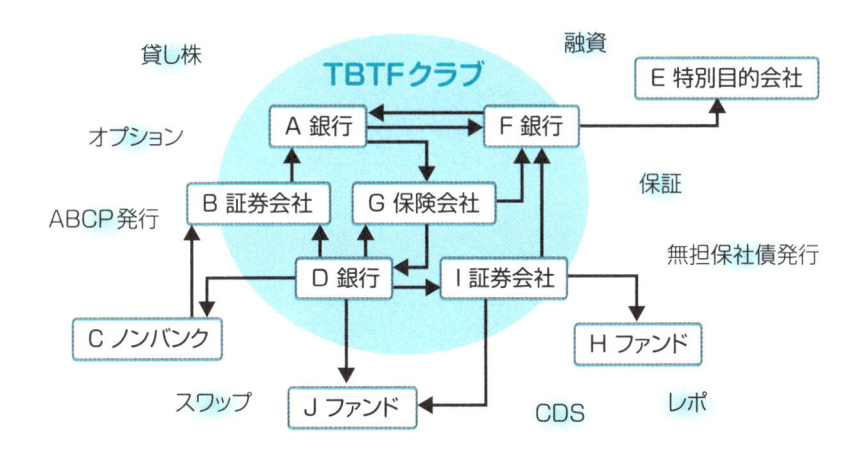

（図：TBTFクラブを中心としたA銀行、F銀行、B証券会社、G保険会社、D銀行、I証券会社の相互関係。周辺にC ノンバンク、E 特別目的会社、H ファンド、J ファンド。関連取引：貸し株、オプション、ABCP発行、融資、保証、無担保社債発行、スワップ、CDS、レポ）

**プロの金融機関は互いに取引先に内部格付けと与信枠を付与し合い、それに基づいた信用リスクのエクスポージャーの計測と管理を行っている。**

「**大いなる安定の時代**（*The Great Moderation*）」の絶頂にいた当時、欧米の巨大金融機関は空前の繁栄を謳歌していました。そうした大手金融機関の一角で働いていた筆者の目には、「TBTFクラブ」を核とした安定秩序がいつまでも続くように感じられていました。

### ● もっと大きく──金融機関の集約

筆者の予感に反し、2007年以降の金融危機の過程で多くのヘッジファンドやノンバンクが破綻し、**ベアスターンズ**（*Bear Stearns*）、**リーマンブラザーズ**、**AIGファイナンシャル・プロダクツ**（*AIG FP*）といったTBTFクラブの定番ネームが金融証券市場から次々と消えていきました。

それでもプロ同士の金融取引の主要プレーヤーの大半は、自力の資本増強に加え、中央銀行からの大量の資金供給や債務保証、政府の支援などでなんとか破綻を逃れて生き延びました。そのなかには**JPモルガン・チェース**（*JP Morgan Chase*）や**バンク・オブ・アメリカ**（*Bank of America*）のように危機を契機にさらに巨大化した金融機関もありました。

右の表1は**金融安定理事会**（*Financial Strability Board, FSB*＝金融危機後に組織されたG20を母体とする国際組織）によって2011年11月に認定された「**システム上、重要な世界の金融機関**（*global Systemically Important Financial Institutions, global SIFIs*）」、つまり金融危機後に金融規制当局によってお墨付きを与えられた究極のTBTF機関です。これらの金融機関はいずれも、将来、経営危機に陥った場合には救済されることが確実な一種の**準政府機関**（*semi-governmental institutions*）のような存在です。こうした特殊性を持ったこれらの機関は今後特別な規制の対象となる予定です。

TBTF機関はどこも数万～数十万人規模の従業員を抱えて世界的に展開しており、なかには自国の**経済規模**（*Gross Domestic Products*）を超える資産規模を持つところもあります。これらのグループ形成の影でどれだけの数の金融機関が消えていったかをあらためて振り返れば、ここ数十年の金融機関の**集約**（*consolidation*）の猛烈さにため息が出ます。

たとえば、わが国の三大金融グループである、みずほフィナンシャルグループ、三井住友フィナンシャルグループ、三菱UFJフィナンシャルグループは上記のSIFIsのリストにも登場しますが、これらはどれも不

▼表1　SIFI システム上、重要な金融機関（29機関）

| | |
|---|---|
| ・Bank of America (USA) | ・JP Morgan Chase (USA) |
| ・Bank of China (China) | ・Lloyds Banking Group (UK) |
| ・Bank of New York Mellon(USA) | ・Mitsubishi UFJ FG (Japan) |
| ・Banque Populaire CdE (France) | ・Mizuho FG (Japan) |
| ・Barclays (UK) | ・Morgan Stanley (USA) |
| ・BNP Paribas (France) | ・Nordea (Sweden) |
| ・Citigroup (USA) | ・Royal Bank of Scotland (UK) |
| ・Commerzbank (Germany) | ・Santander Group (Spain) |
| ・Credit Suisse (Switzerland) | ・Société Générale (France) |
| ・Deutsche Bank (Germany) | ・State Street (USA) |
| ・Dexia (France/Belgium) | ・Sumitomo Mitsui FG (Japan) |
| ・Goldman Sachs (USA) | ・UBS (Switzerland) |
| ・Group Crédit Agricole (France) | ・Unicredit Group (Italy) |
| ・HSBC (UK) | ・Wells Fargo (USA) |
| ・ING Bank (Holland) | |

(出所：Policy Measures to Address Systemically Important Financial Institutions, FSB, 4 November 2011)

良債権問題で経営に窮した日本の伝統的な主要銀行が1990年代末に政府主導で再編されて誕生した金融グループです。「メガバンクグループ」は、富士銀行、日本興業銀行、第一勧業銀行、三菱銀行、東京銀行、住友銀行、東海銀行、三和銀行、東洋信託銀行、安田信託銀行など、数多くの銀行の集合体であり、グループ傘下の証券会社やリース会社なども入れると、数え切れないほどの金融機関の寄り合い所帯です。

　海外でも状況は似たようなものです。**SGウォーバーグ**（*SG Warburg*）、**クラインウォート・ベンソン**（*Kleinwort Benson*）、**モルガン・グレンフェル**（*Morgan Grenfell*）といったロンドンの金融街**シティ**（*the City*）の**マーチャントバンク**（*merchant bank*⇒198ページ）の名門は、それぞれ**UBS**（*Union Bank of Switzerland*）、**ドレスナー銀行**（*Dresdner Bank*）、**ドイツ銀行**（*Deutsche Bank*）といった**ユニバーサルバンク**（*universal bank*⇒197ページ）に吸収合併されて消滅しました。イタリアの**ウニクレディト・グループ**（*UniCredit*）は2005年にドイツの**ヒポ・フェラインス銀行**（*Hypo und Vereinsbank*）を買収してユーロ圏で最大規模の自

己資本を持つ金融機関に浮上し、**ロイヤル・バンク・オブ・スコットランド**（*Royal Bank of Scotland*）は2000年にイングランドの4大商業銀行の1つ、**ナショナル・ウェストミンスター銀行**（*National Westminster Bank*）を買収して英国最大の銀行グループとなりました。**BNPパリバ**（*BNP Paribas*）もまた、同年にフランスの大手商業銀行の**パリ国立銀行**（*Banque Nationale de Paris*）と、投資銀行の**パリバ**（*Paribas*）の合併によって誕生したグループです。BNPパリバは合併後もイタリアの**BNL**（*Banca Nazionale del Lavoro*）や**フォーティス**（*Fortis*）のベルギー部門を買収し、その拡大は留まることを知らず、直近の総資産規模は母国フランスのGDPに迫るほどになっています。

　グローバルな金融機関の集約はすべての先進国で怒涛のような勢いで進んだといえるでしょう。合併は**経営ポストの減少**（*smaller number of managerial positions*）や**雇用削減**（*redundancy*）につながりやすいほか、システムの統合や異なる文化の融合のリスクも高く、経営陣や従業員にとっては、普通、よほどの必然性がなければやりたくないもののはずです。にもかかわらず、ここ20～30年、金融業界でメガトン級の合併が日常茶飯事に起きた理由は、ほかでもない金融証券市場の競争条件に根本的な変化が生まれ、それに対応できない企業は十分な**株主価値**（*shareholders' value*）を生み出せなくなったためにほかなりません。

　競争条件の根本的変化とは、グローバルな投資銀行業務で**大きな自己資本**（*large capitalization*）と**安定した負債調達基盤**（*stable funding base*）がこれまで以上に重要になったということでした。スワップなどのデリバティブ技術の発展と普及により、国際的な**引受業務**（*underwriting business*）を展開するためには巨大トレーディング機能が不可欠となり、そうした機能を持つためには、より大きなIT投資やリスクテークの能力、つまり大きな自己資本が求められるようになったのでした。小粒なままでは、他社と対等にデリバティブ取引するための高い格付けも得られず、顧客企業のグローバルな活動にも対応できず、その結果、大きなディールを追う資格がなくなり、十分な株主価値も提供できなくなったのです。

　こうした変化の反面、金融業界でも小規模な**M&A仲介**（*advisory*）や**資産運用**（*investment management*）などの純粋な**手数料ビジネス**（*fee* *business*）の分野では、依然として資金力より人材の質や情報力、ブランド力といったソフトパワーが重視され続けています。だからそうした分野では、**ラザール**（*Lazard*）、**ロスチャイルド**（*Rothschild*）などの小型の伝統的名門企業が今でも**ブティック型プレーヤー**（*boutiques*）として生き残っているのです。また、国際競争にさらされず、特定地域の強固な**顧客基盤**（*franchise*）に根差した**地方銀行**（*regional banks*）もまた、大手銀行とちがって合併の嵐に巻き込まれないですんでおり、比較的小さな規模のまま存続しています。

## Make a Difference 報酬とモチベーションの関係

投資銀行の報酬（*compensation*）とは、文字通り労働を金銭に換える（*compensate*）ため身を粉にして働く代償のことで、月々の定額の給料（*base salary*）と決算後の年1度の賞与（*year-end bonus*）の合計で示される税込み年収を指します。場合によっては報酬のパッケージ（*compensation package*）には、給料、賞与に加え、ストックオプション（*stock option*）、家賃補助（*housing allowance*）などの手当（*fringe benefits*）が含まれることもあります。一般に投資銀行では収益を上げる動機付け（*incentive*）のためにボーナスが報酬全体に占める割合が大きいといわれていますが、他業界と比べれば基本給自体も随分、高額です。大いなる安定の時代（*the Great Moderation*）、ハイリスク・ハイリターンの建前だった投資銀行の従業員報酬は全般にローリスク・ハイリターンだったといえるでしょう。金融危機によって高まったリスクの代償（*price*）は公的支援により最終的に納税者によって負担されました。庶民の怒りがウォール街占拠の活動（*Occupy Wall Street*）となって拡がったのは記憶に新しいところです。

## ● なぜ大きくなったか？

　端的にはバランスシートや自己資本の大きさが、長く続いた低金利の**金余り**（*abundant credit*）環境下で収益の拡大に直結するようになったことが金融機関の巨大化の原因といえるでしょう。

　また、同じバランスシート拡大でも、自己資本をスリムに保ち、他人資本を大きく取り込んでレバレッジを効かせれば、**自己資本のリターン**（*return on equity, ROE*）が高くなります。1990年代以降、金融機関は単に顧客にお金を貸して金利収入を得たり、取引仲介で手数料を稼ぐのではなくバランスシートを使った商売をするようになりました。たとえば**証券化商品**（*securitized products*）ビジネスでは、原料である原債権を仕入れ、仕組み商品を組成します。そして最もリスクの高い部分を自己ポジションとして持ち、それ以外は販売し、売れ残った商品をまた在庫として保有する、といった具合です。世界的な証券化や仕組商品の市場の拡大で、こうしたやり方によって見込める収益の規模も飛躍的に増大しました。

　こうしたビジネスの仕組みで多くのディールを成功させた巨大金融機関の経営者やトレーダーは、その**報酬**（*compensation*）もうなぎのぼりとなりました（*skyrocketed*）。

　金融機関の規模と収益が拡大するなかで、その**自己勘定**（*proprietary account*）の規模や許容されるリスクの種類も拡大しました。対顧客取引がもたらす収益拡大のスピードと収益性の限界を超えるため、金融機関は**自らがファンドとなり**（*principal investing*）、ゴルフ場からワインまで、さまざまな実物資産に投資しました。

　もちろん相対的な安定が続いた時代にも、金融証券市場には**散発的な危機**（*sporadic crisis*）や**落ち込み**（*dip*）がありました。しかし巨大化した金融機関は大きな資本のバッファーと商品や地域の分散のおかげで、そうした散発的な危機がもたらした一時的なマイナスを十分に吸収して成長を続けたのでした。

## Useful Tip　国を指す英単語

「国」を意味する英単語は沢山あります。

国際連合 = *United Nations*
国債 = *Sovereign Debt*
国営企業 = *State-Owned Companies*
国コード = *Country Code*

*nation, sovereign, state, country*, ……同じ「国」という意味でも用例によって使われる単語が違います。

### *nation*：国

語源はラテン語の*nacio*。さまざまな地域の学生が集まっていた中世ヨーロッパの大学で同じ言語を話す学生の組合を指していました。だから*nation*は「同じ言葉を話す民族の国＝国民」を指し、多民族国家は一義的には、*nation*ではありませんでした。

*national accounts*（国民経済計算）、*nationalism*（民族主義、ナショナリズム）など多様な文脈で使われます。アメリカでは、「州（*state*）」と対比させた「全米（*federal*）」という意味で*national*が使われることもあります。

### *sovereign*：主権、国

ラテン語の「上の、至高の」が語源で「領土の中で上から君臨する」という意味です。*sovereign debt*は政府債務、つまり国債のことで、*government bond*と同義です。国営企業や政府系機関の発行する*quasi-sovereign debt*や*agency bond*も広義の*sovereign debt*です。

一方、欧州開発銀行（*EDB*）や世界銀行（*IBRD*）のような国際機関（*international institutions*）が発行する債券は*supra-national debt*で、*supra-nationals*などとも呼ばれます。

### *country*：国

もともと、「*contra*＝目の前に見える景色」という意味で、イギリスでは貴族の領地のことでした。*country*という言葉に国と田舎という二つの意味があるのはそのためです。「お国自慢」「お国言葉」といった日本語の「お国」に近いニュアンスを持っています。

### *state*：①状態、②国家、統治機構

上記の二つの意味があります。これはイタリア・ルネッサンス期の政治学者マキャベリ（*Niccolò Machiavelli, 1469-1527*）が「今の状態」という意味のイタリア語*stato*を「現在の支配体制」という意味に転用したのが起源とされています。*state-owned company*は国営企業。アメリカのような連邦国（*federation*）では*state*は州を指します。*walfare state*は福祉国家。*nation state*は国民国家。*status*（地位）、*statistics*（統計）も語源は*state*と一緒です。

これ以外にも、「国」を指す言葉は、*empire, commonwealth, republic*など沢山あります。それぞれ1つずつの語源と定義を辿っていけばそれだけで政治思想史の教科書ができてしまいそうです。

## 相互連関（*interconnectedness*）とモラルハザード

　米国発の金融危機で起きた現象の皮肉は、自由で効率的な市場が世界全体に拡がるなか、その使徒である巨大金融機関はいつしか小人の国のガリバーのような存在となり、事業に失敗する自由もないほど重要な存在になってしまったということでした。ガリバーたちは、取引を通じて相互の関係を深めつつ、証券化などの**組成販売型**（*originate-to-distribute*）のビジネスモデルに傾斜し、世界中の小人たちに商品を売ってリスクを拡散させていったのです。金融機関の集約化、取引の活発化、グローバル化によって世界が相互に**つながりすぎた**（*too connected*）状況が生みだされると、金融証券市場はいつしか「自己責任によるリスクテーク」「個は全体に影響を及ぼさない」「市場は自律的に回復する」という昔ながらの理念が通用しない場所になってしまったのでした。

　特定市場の**流動性枯渇**（*dearth of liquidity*）や特定プレーヤーの**信用不安**（*credit uneasiness*）が取引関係を通じてほかの市場やプレーヤーに**波及し**（*spill out*）、そうしたプレーヤーが参加する市場全体が萎縮すると、債権債務関係に絡め取られたプレーヤーは萎縮したままジッとしていようとしてもそうしていることができません。信用不安の標的となったプレーヤーは決済関係を通じて不安を取引先に感染させていき、そうした**感染**（*contagion*）がやがて世界中の経済活動に波及していったのでした。

　「タバコを吸うのは自己責任」のスローガンではありませんが、本来、ギャンブルは負けた金を自己責任で負担できる人だけのものであるはずです。病気やリストラでやむを得ず失業した人は生活保護の給付を受けられますが、パチンコで生活費をすってしまった人に役所は給付を承認しないでしょう。ところが金融危機では、すったお金とすった当事者のサイズが大きすぎるがゆえに救済されるという**モラルハザード**（*moral hazard*）が起きました。小型のプレーヤーは自らの負担範囲を超えて損失が拡大した途端、活動停止して自己責任で市場から**退出**（*exit*）するよう迫られたのに対し、図体の大きいプレーヤーは「つぶれたら社会への**影響が大きすぎるから**（*too big to fail*）」という理由で、当局からの支援を受けて生き延びたのでした。**シティグループ**（*Citigroup*）やAIG

（*American International Group*）といったアメリカを代表する巨大金融機関は投機筋に混ざってギャンブルするファンドのような一面も持っていましたが、それでも取引先との債権債務関係を通じてシステム全体や世界経済に与える影響が大きいという理由で救済されたのでした（図2）。

　欧米の政府や規制当局は今後、TBTF機関に通常の金融機関より高い**自己資本比率**（*capital adequacy ratio*）を義務付けようとしています。また、それ以外にも分割、報酬制度の改革、自己勘定取引の制限といった新しい規制の導入が検討されています。とはいえ、これまでのところそうした金融改革は道半ばであり、どこまで踏み込んだ改革が行われるかはまだ未知数です。

### 図2　金融危機劇場の登場人物

**TBTF機関**：私はTBTF。勝ったときにはお金をもらうが、負けてもお金は払わない。政府が私を潰せないから、政府が代わりに払ってくれる

**政府**：私はシステムの守護神。救う人と救わない人をいちいち分けていられないから、TBTFとその債権者を一網打尽に救済してシステムの安定性を守る

**TBTF機関の債権者**：私はTBTFに貸したお金を危うく失いそうになったが、政府に支払を保証してもらって助かった！

**納税者**：ギャンブルしてないのに、いつだってツケを払うのは私

**逆張り投資家**：リスクを取って賭けに勝った！　もうけは取ったリスクへの正当な報酬だ

### 改革とウォール街

　金融機関が巨大になりすぎたことが問題の根源なら、つぶれてもシステムに影響が及ばないほどに分割すれば良く、また金融機関同士が相互につながりすぎているのが問題なら、つながりすぎないように取引を規制すれば良いといえそうです。しかし言うが易し、それはこれまで20〜30年間、政府の後押しを受けながら金融機関が邁進してきた方向を否定することでもあります。時計の針を元に戻し、金融機関の収益性を削ぐような改革には金融ロビーの猛烈な反対があるでしょうし、実体経済にマイナスの影響を与える可能性があるとしたら政府や規制当局も規制強化に慎重になるでしょう。また**特定の国の規制当局**（*a national regulator*）が**国際基準**（*international standard*）より厳しい規制を自国で新たに導入しようとすれば、グローバルな金融機関は自国を避けて規制の緩い地域や法的形態の活動を活発化させて規制を**骨抜きにし**（*water down*）ようとする動きも出てくるでしょう。

　究極的に絶対つぶせないTBTFは**政府**（*government*）です。もし本当に巨大金融機関がつぶせないほど大きいのだとしたら、それは政府の一部として一種の官庁のように運営されるべきだという考え方もあるでしょう。私企業と違って政府には利潤を目的としたリスクテークはできず、公務員に巨大なボーナスはありません。つぶすことのできない金融機関には無謀なリスクテークは許されるべきでなく、破綻リスクのない組織で働く従業員は公務員並みの報酬しか与えるべきでないという主張です。

　ちなみに日本では金融機関は一獲千金のチャンスのある職場というよりは、安定した雇用が保証された堅い職場とみなされ続けていました。そんな日本にいると、こうした主張はそれほど無茶ではないように聞こえます。

　ところがウォール街やシティではそうした考え方はなじみにくいようです。

　アメリカやイギリスでは金融機関が規制で縛られた退屈な業界だった時代すら、商業銀行としての規制を受けなかったウォール街やシティのマーチャントバンクや投資銀行には自由な空気が流れており、そこで働く人たちの倫理観や行動原理、そして報酬が「公務員的」だったことは一度もあ

りませんでした。
　欧米の資本主義のエッセンスともいえるリスクテークと金銭欲のDNAを欧米の巨大金融機関は確実に引き継いでいます。そのエネルギーを削ぐような抜本変革が一朝一夕に行われるとも思われず、とりわけ報酬に対する規制には大きな抵抗が予想されます。
　相互連関性やTBTFは、今後、10年間の世界の金融業界の状況をめぐるキーワードであり続けるでしょう。

## まとめ

1. スワップ取引やCDS売買などの店頭デリバティブ市場は「TBTF（大きすぎて潰せない）」といわれる大手金融機関同士の取引が主流である。
2. 2011年、金融安定委員会は、世界の29のシステム上重要な金融機関を選定し、「究極のTBTF」とした。
3. グローバルに活動する金融機関は過去20年間で猛烈に集約して巨大化した。金融工学の発展などから、大きな自己資本と安定した調達基盤がグローバルな投資銀行業務の競争条件となったことが主因。
4. 2007〜08年に起きたウォール街発の金融危機では、経営者や従業員の私欲から過大なリスクを取り、その結果、損失を蒙った欧米の巨大金融機関の多くが納税者負担で救済された。
5. こうしたモラルハザードの再発防止のため、現在、金融機関の規制のあり方について世界的にさまざまな改革案が検討されている。

## サイズに関する金融英語

# Size

1. 物理的な大きさ、規模、寸法。
2. (人口や内容物の)数、量のこと。scaleは類義語

### ここがポイント

- 金融証券市場では、bp(ベーシスポイント)、tick(ティック)、yard(ヤード)など、数値に関する独特の単位の呼称がありますが、どれも慣れれば難しいものではありません。
- むしろややこしいのは、日本語の数の単位は、千、万、億と4桁ずつ上がっていくのに対し欧米言語の数の単位はthousand, million, billion...と3桁ずつ上がっていく数字感覚の違いです。
- 金融証券マン、ウーマンにとって取引の桁数(number of digits)は絶対、間違えてはいけないものです。金融証券市場でキャリアを築くには、売りと買いを間違えないこと、数字の桁を間違えないことがなにより大事です。いやしくもトレーダーを目指す人は"136,590K"が「1億3,659万」だということを瞬時に理解しなければなりません。

- **basis point**
  **ベーシスポイント、ベーシス、bp**
  ▷金利、スプレッドなどの単位の呼び方で0.01%のこと。日本語の「毛(もう)」に対応する。
  ▷たとえばLIBOR＋100bpは「LIBORの金利に1.00%を上乗せした」という意味。
  ▷これに対しpointは1%(100bp)のこと。

- **tick　ティック、呼び値**
  ▷金融商品における価格変化の最小単位のこと。株価では1円や10円、5セントだったりする。金利のtickは1bp(ベーシスポイント)。
  ▷動詞でtick up(down)は、「わずかながら上がる(下がる)」こと。uptick (downtick)は直前の取引より上の価格で行われる取引のこと。
  【用例】
  *Uptick rule established by the SEC requires that every short sale transaction be entered at a price that is higher than the price of the previous trade.*
  米SECが定めるアップティック・ルールは空売りの価格はその直前価格より高くなければならないという決まりである。

  **tick chart**　値動きにあわせて表されたチャート

- **yard　ヤード、10億**
  ▷為替、債券などの取引で10億を指す俗語。フランス語でbillionを指すmilliard(ミリヤール)が語源。声で注文を出したり受けたりするときにbillionをmillionやtrillionと混同しないようにそう呼ばれるようになった。
  【用例】
  *The Old Lady just bought half a yard of cable and there are plenty of bids for Bill and Ben.*
  英国中銀は5億ポンドのドル売りポンド買い介入を行った。日本円が買われている。

# LESSON 8 ● Size — サイズ

- **cap**　（価格などの）上限、帽子、頂点
  - ▷ *ceiling*, *upper limit* と同義。対語は *floor*, *lower limit*。
  - ▷ 動詞として使われると、上限(*the top end*)を定めることを意味する。一方、対語の *floor* は動詞としては使われない。
  - 用例
    *The pay for CEO is capped at $500,000.*
    最高経営責任者の報酬上限は50万ドルである。

- **interest rate cap**　金利キャップ
  - ▷ 金利オプションの一種。契約期間中の更改日(*reference date*)に基準金利(*reference rate*)が *cap rate* を上回ったら、その金利差を受け取れる取引のこと。対語は *interest rate floor*。*cap* と *floor* を組み合わせて金利に上限と下限を設ける取引はカラー(*collar*)。

- *cap*(*floor*)*rate*　約定上限(下限)金利、キャップ(フロア)レート

- **denomination**　額面金額、通貨建て、単位
  - ▷ 債券や紙幣、硬貨の表示金額(*stated value*)や額面金額(*face value*)のこと。
  - ▷ 金融資産の価値が表現されている通貨のこと。*JPY-denominated assets* は円建て資産。
  - 用例
    *Common options are to have an euro-denominated bank account for receiving payments.*
    よく行われるやり方は着金用にユーロ建ての銀行口座を持つことだ。
  - *change of denomination*　デノミ(通貨単位の引き下げ)

## ここがポイント

- 金融証券市場のプレーヤーの業態と呼称は国により少しずつ異なっています。たとえば、日本では証券会社のことを securities company といいますが、アメリカでは broker-dealer、イギリスでは advisory, discretionary intermediary などといいます。
- 一方、信託銀行(trust bank)は日本特有の業態です。アメリカでは預託銀行(depository bank)が一部、類似業務を行っていますが、全体としての業態はかなり異なっています。

- **investment bank**　投資銀行
  - ▷ M&A助言、新株の発行や債券引受けなど法人の大口顧客向けのサービスに特化し、証券仲介業務や自己売買取引を同時に行う業態のこと。
  - ▷ 金融危機まで狭義の投資銀行は、いわゆる *bulge bracket investment banks* と呼ばれるウォール街の五大証券会社(*Goldman Sachs, Merril Lynch, Morgan Stanley, Lehman Brothers, Bear Stearns*)を指し、広義の投資銀行には欧州の主要なユニバーサルバンク(銀行、証券、保険を兼営する業態。*UBS, Deutsche Bank, BNP Paribas, Royal Bank of Scotland, Barclays* など)の投資銀行部門が含まれていた。5大証券会社のうち3社が消え、のこりの2社も商業銀行に業態転換した今、社業として投資銀行業務に特化した金融機関はきわめて少なくなった。

- **commercial bank**　商業銀行
  - ▷ 預金業務、貸出業務、基本的な金融商品の販売などを行う金融機関のこと。大半の商業銀行は為替業務、貿易金融業務もてがけるフルサービスバンキングの業態である。

▷ commercial bank のうち、世界の主要な金融都市に拠点を置き、国内インターバンク市場と国際インターバンク市場の両方で活動する金融機関を money center bank と呼ぶ。

- **merchant bank　マーチャントバンク**
  ▷ 預金業務を行わず、国際的な企業の資金調達のアレンジによって手数料収入を得、自己資本を貸付や企業買収に投入するといった業態の昔の英国の銀行のこと。具体的には、シュローダー銀行、SGウォーバーグ、モルガン・グレンフェル、ベアリング、ラザール・フレール、N.M.ロスチャイルドなど。伝統的にパートナーシップ形態で運営されていたが、1986年の英国ビッグバン（金融業の規制緩和）後、その大半が姿を消した。
  ▷ 米国で発達した投資銀行が自己勘定のトレーディングや IPO を収益の柱にしていたのに対し、英国で発達した merchant bank は国際的な引受業務（☞103ページ）や信用状（letter of credit）の発行などを業務の柱をしていた。

- **boutique　専門店型の、ブティック**
  ▷ 特定の分野に特化した業態のこと。boutique investment bank は、M&A など特定分野に特化してほかの業務を行わない投資銀行のこと。boutique の対語は full-line（百貨店のように多くの商品を品揃えして、顧客が one-stop shopping できるような業態）。
  ▷ パリやミラノの目抜き通りに並ぶ専門店（boutique）同様、selective かつ exclusive で貧乏人は相手にしないというイメージがある。

- **wholesale
  ホールセール、法人向け業務、大規模な**
  ▷ 大企業、政府、他の金融機関などへの融資や、M&Aの仲介、証券引受などの大口の金融取引のこと。対語は retail（個人、中小企業向け業務）。

  【用例】
  *At the end of last century, the deregulation of financial markets and banks had been a main force to push forward the development of corporate and wholesale banking.*
  20世紀の終わり、金融証券市場と金融機関の規制緩和は企業金融とホールセール業務の発展に主導的役割を果たした。

### ここがポイント

- 以下に登場するマーケット用語は英語がそのままカタカナとして定着し、意味にも日英のズレがないものが多いです。

- **trader　トレーダー、取引をする人**
  ▷ 第三者のため、あるいは自らのために有価証券を長期保有せず短期的に売買する（trading）人のこと。
  *day trader*　デイトレーダー（日中の値動きによって利益を出すことを目的に高頻度な取引を行い、夜にはポジションを手じまうトレーダーのこと）
  *floor trader*　フロアトレーダー（場立ち。証券取引所の立会場内で自らの勘定で取引を執行する人のこと）
  *market maker*　セールストレーダー（顧客との取引で収益を上げるために商品に値付けを行う人のこと）

*prop trader* プロップトレーダー(金融機関の自己勘定を使って金融取引を行い利益を出すための取引をする人のこと)

- **dealer** ディーラー、業者
  ▷自らが取引当事者(*principal, counterparty*)となって取引を行う人のこと。店頭取引業者として *market making* を行う。*broker* の対語。
  ▷自己売買する人のこと(*trader* とほぼ同義)
  【用例】
  *Dealers in the securities segment of the capital market include banking institutions, stockbrokers, investment and merchant bankers and venture capitalists who intermediate between the market and the public.*
  資本市場の証券部門の業者は、商業銀行、証券会社、投資銀行、ベンチャーキャピタリストなどで、それらは市場と投資家を仲介している。

- **broker** ブローカー、証券会社、仲買人
  ▷顧客の代理人(*agent*)として取引を執行する人のこと。
  ▷証券会社は *broker* であると同時に *dealer* でもあることから、米国では証券業務を営む会社を *broker-dealer* という。
  【用例】
  *Whether you place an order directly with your broker or trade online, you instruct your broker to buy or sell at a specified price.*
  証券会社の担当者に注文しても、注文をインターネット上に流しても、いずれの場合も特定の価格で売り買いする指図を証券会社に出すことになる。

- **middle office** ミドルオフィス
  ▷投資銀行、証券会社で *front office* (収益を生む部署)と *back office* (決済、事務処理部署)のあいだでリスク管理、財務、コンプライアンス、IT などの業務を行う部署のこと。
  ▷もともと「*front* ＝前方部隊」、「*back* ＝後方部隊」は軍隊用語。その中間の *middle office* はリスク管理や法令遵守が重要視されるようになった90年代に急速に拡大した。*front office* と *back office* の職務や部署の定義が比較的明確なのに対し、たとえば、IT 業務を含めるかどうかなど、*middle office* の領域の定義にはあいまいな面がある。
  ▷*front office* はより直接的に *business*、*back office* は *administration* と呼ばれることもある。

- **mandate** マンデート、委任された権限
  ▷株式や社債の発行やシンジケートローンの組成などの資金調達が実施されるとき、証券会社や銀行がその企業から業務の委任を受けること。投資銀行の *front office* の担当者にとって、顧客から *mandate* を取るための営業活動(*pitching*)は仕事の大きな部分を占める。*mandate* を取った後のもう一つの大きな仕事が *execution* (業務の執行)である。
  【用例】
  *Morgan Stanley shares surged 4% on Wednesday, propelling financial stocks higher, in response to media reports that the investment bank has won the mandate to be the underwriter for Facebook's initial public offering.*
  フェースブックのIPO引受主幹事のマンデートを獲得したとの報道からモルガンスタンレーの株価は水曜日に4％上昇し、それ以外の金融株も連れ高した。
  *mandate letter* マンデート・レター(アレンジャー業務など特定業務を委託することを記した顧客から業者への手紙)

- **primary dealer**
  **プライマリー・ディーラー**
  ▷ ニューヨーク連銀(Federal Reserve Bank of New York)が指定する米国債(Treasuries)の大口業者。国債の発行時期や種類に注文をつけたり、ほかの買い手が参加できない入札に参加できるなどの特典がある代わりに一定額の入札や落札(購入)、市場の情報の提供を義務づけられる。
  ▷ 業者にとってprimary dealerであることはfirst-tier player(一流プレーヤー)の証。国債の安定消化を図るため、日本でも2004年10月に財務省がprimary dealer制度を導入した。

- **pitching　営業活動、プレゼンテーション**
  ▷ account(顧客)に商品やサービスをsolicit(勧誘)すること。

  【用例】
  *If your business is to achieve its potential in a competitive marketplace, you must first find possible clients or customers and then pitch your services to the most likely prospects.*
  もしあなたが競争の激しい市場でそのビジネスをやっていくなら、まず潜在顧客を見つけ、その中からもっとも可能性が高そうな先に提供できるサービスについてのプレゼンテーションをすることである。
  *pitchbook*　投資銀行が営業活動の販売促進に用いる自社概要や自社スタッフの紹介を記したパワーポイントの顧客用資料のこと。

- **beauty contest**
  **ビューティーコンテスト、主幹事決定審査会**
  ▷ 証券の発行体に対し、証券会社が主幹事(lead manager)のmandateを獲得するために自社のfinance planを説明するコンペのこと。

- **tombstone　墓石広告**
  ▷ 企業が株式や社債などを発行する際の募集広告のこと。発行概要(description)、規模(deal size)、条件(terms)、主幹事(book runner)など、投資家にとって必要な情報が縦長のスペースに簡潔に盛り込まれている。そのデザインが欧米における「墓石(tombstone)」に似ていることから付けられた名前。

● 墓石広告の例

> **Company X**
>
> has been aquired by
>
> **COMPANY Z**
>
> Moneta Investment Bank
> Financial Advisor to the Seller

- **bookrunner　事務幹事会社**
  ▷ 証券の新規発行やシンジケートローン(syndicated loan)の組成において、シンジケート団(syndicate＝dealに参加する業者の集団)の中心的な役割を果たす取りまとめの業者のこと。lead managerともいう。販売能力に応じてsyndicate membersへの販売の割当額(allotment)を決定し、発行に関するbookを管理することから'bookrunner(帳簿を仕切る人)'と呼ばれる。大型のディールには複数の共同主幹事(co-lead, joint-lead, joint bookrunner)がいる。
  ▷ 大手投資銀行は世界中の大型起債やIPOなどのbookrunnerのleague tableで始終、トップ争いをしている。墓石広告の左上(top left)にdealのlead bookrunnerの業者名が記載されることから、主幹事会社は'The top left'とも呼ばれる。

**用例**
Industrial and Commercial Bank of China (ICBC), the nation's largest lender, added Deutsche Bank to its list of book-runners for its record-breaking initial public offering of up to $15 billion in Hong Kong.
中国最大の銀行である中国工商銀行(ICBC)は香港株式市場における史上最大規模の150億ドルのIPOの共同主幹事にドイツ銀行を加えた。

- **league table　リーグテーブル**
  ▷ 収入、取引数、利益などを基準に付けられた企業の順位表のこと。Thomson-Reuters、Institutional Investor誌などによる四半期ごとのM&A、IPO、社債主幹事、シンジケートローンなどのleague tableが有名。
  ▷ league tableの実際の例は、http://about.bloomberg.com/pdf/gcmkt.pdfなどを参照。

**用例**
League tables are closely watched in the industry and banks use them as marketing tools, although they are only a rough indicator of how well any firm is doing.
リーグテーブルはプレーヤーの実績をごくおおまかに示すものでしかないが、業界での注目度は高く、業者はそれをマーケティングの道具として使っている。

- **solicitation　勧誘、投資勧誘、営業**
  ▷ 金融業者が顧客に取引を行うよう営業活動を行うこと。
  ▷ 日本での顧客への投資勧誘は金融商品取引法(FIEL)に基づいて、適合性の原則の遵守(suitability obligations)、不招請の(unsolicited)勧誘、詐欺的(fraudulent)勧誘などが禁じられており、説明義務(duty of explanation)が課されている。
  ▷ 動詞のsolicitは、何かをしきりに頼むこと、懇願すること、せがむこと。

**用例**
We will solicit financial products that we determine to be suitable for customer, based on their financial condition, investment related knowledge, experience and objects of concluding the contract for financial product.
弊社はお客様の財務状態、投資に関する知識、金融商品の契約締結の目的と経験に適合した金融商品の勧誘を行います。

*fraudulent inducement*　不正勧誘
*unsolicited call*　飛び込み訪問
*unsolicited rating*　勝手格付け(債券発行者の依頼に基づかず、格付け機関が発行者である企業の外部資料だけによって付与した格付けのこと☞238ページ)

● アメリカの押し売りお断りの看板

- **public offering, PO**
  **有価証券の新規募集、公募、公募増資**
  ▷ 新規発行される株式および/あるいは既存の株主の保有する株式について既存の株主に引受権を与えず広く一般から勧誘し、市場で応募を募ること。
  ▷ 国によって規制が異なるが、投資家への目論見書(offering memorandum, prospectus ☞152ページ)の交付や当局への発行開示書類の提出(日本は有価証券届出書、米国はform S-1)が求められる。share offeringも同義。対語はprivate offering/placement(私募)。

▷公募債の新規発行のこと。
▷ offering には issuing（新株発行）と selling, secondary offering（既発行の株式の売出し）の両方が含まれる。
▷ PO は IPO と同義で使われることもある。新規公募（initial public offering）によって上場した企業の株は、流通市場に流通（float）する。

**book-building** 需要積み上げ方式（仮条件を投資家に提示して「その値段でどれくらい買いたいか」という投資家の需要に基づいて新株の価格決定を行う方法のこと）

**dilution** 希薄化（POや株式分割により発行済株式数が増え、1株当たりの権利内容が小さくなること。増資は希薄化につながる。diluted EPS は希薄化後の1株利益）

**flotation**（**listing/go public**） 株式上場（対語は going private＝非上場化）

**green-shoe option** グリーンシューオプション（IPOを行う際、主幹事証券会社が over-allotment に対処するため発行会社や株式を借りた大株主から引受価額と同条件で追加的に株式を取得する方法のこと）

**launch** ローンチ（新株発行や起債の意図のこと。社債の起債ではローンチ日に発行条件が決定される）

**listing requirements** 上場基準（要件）

**offering price** 公募価格

**over-allotment** オーバーアロットメント（当初の募集、売出しの予定数量を超える需要があった場合、主幹事証券会社が一時的に株を借り、当初の予定数量を超えて同じ条件で投資家に販売すること）

**private equity placement/offering** 第三者割当増資（新株を特定の第三者を引き受け先として発行すること）

**rights issue** 株主割当増資（rights offering ともいう）

**stock**（**share**）**issue** 公募増資、時価発行増資（上場企業が資金調達のために増資を行うこと。stock offering ともいう。offer に対する投資家による応募は subscription）

**stock sell** 株式の売出し（すでに発行されている大株主の保有株の不特定多数への売りのこと。release of outstanding shares と同義）

**subscription** 応募、申し込み（公募で発行された株を買うことを投資家が約束すること。人気株は応募超過になる＝oversubscribed となることもある）

**tap a market** 証券を発行する

● **private offering/placement** 私募
▷新たに発行される有価証券について少数の投資家を対象に取得の申し込みを勧誘（solicit）すること。単に placement ともいう。
▷私募投資の開示規制は公募よりも緩く、投資家は機関投資家など大口のケースが多い。

用例
*A private placement is a debt or equity security sold in the United States that is exempt from registration with the Securities and Exchange Commission by virtue of being issued in transactions not involving any public offering.*
私募とは、米国国内で株式や債券が販売されることであり、一般投資家への募集を伴わずに発行されることからSECへの届出が免除されている。

**private placement memorandum, PPM** 私募投資家に発行される目論見書

● **club deal** クラブディール
▷複数のプライベートエクイティ会社（PE firms）が資産を持ち寄り共同で企業買収を行うこと。
▷知り合いや仲間うちのビジネスのこと。利益相反（☞158ページ）や市場の独占（☞156

# LESSON8 ●Size — サイズ

ページ)といった規制上の問題が提起される場合もある。

- **top-tier**　大手の、一流の
  ▷ *tier-one* ともいう。*top-tier banks* は *full-line* でグローバル展開をしている大手金融機関のこと。*bulge bracket firms* とほぼ同義。反対は *second-tier*(準大手の)。
  ▷ *tier*(ティア)とは階段や階層のこと、*tiered* は階層構造になっていること。
  ▷ バーゼル銀行規制では自己資本がその重要性や確実性によって階層化されている(*tiering*)。*tier1 capital* とは、自己資本のうち基本的な項目のこと。これに補完的な項目である *tier2* と準補完的項目である *tier3* がプラスされて広義の自己資本が構成される。*tier1* のうち、さらに中核的な部分である *core tier1* は、*tier1* から優先株(*preferred stock* ☞ 248ページ)と優先出資証券(*OPCO*)を除いたもの。

- **incentive**　誘因、動機、報酬
  ▷ 特定の行動を取ることによって得られる金銭的な報酬のこと。
  ▷ たとえば、投資銀行の経営者や従業員は年度末のボーナスを *incentive* として短期的な利益を追求する。こうした報酬制度はディールの成立時に、*arranger fee* などのまとまった *up-front fee* が入る複雑な金融商品の販売を活発化させる。

## ここがポイント

- ヘッジファンドはケイマンなどのオフショアに設立され、私募形式で募集されるため、関係者以外にはそのストラクチャーや運用実績の内容は公表されません。そのため、投資信託などと比べると、その業界の主要プレーヤーの顔ぶれ、規模、運用手法やパフォーマンスは一般にはわかりにくくなっています。
- Eureka Hedge(http://www.eurekahedge.com)をはじめとする専門データベース会社の有料会員となると、世界の各地域の詳しいヘッジファンドの情報が得られます。また、2012年に邦訳が刊行された Sebastian Mallaby の『*More Money than God: Hedge Funds and the Making of a New Elite*(邦題:ヘッジファンド−投資家たちの野望と興亡 I, II)』には、ヘッジファンドの投資手法や知られざるマネージャーの横顔が興味深く描かれています。

- **hedge fund**　ヘッジファンド
  ▷ 空売り(*short-selling*)、オプション、プログラム取引、デリバティブ取引といった通常の投資信託では禁止されている手法を使うファンドのこと。*hedge fund* に投資するには最低でも数億円以上の投資額が要求されることから、通常、富裕な個人(*family office*)や機関投資家を対象とする。
  ▷ 私募の投資パートナーシップ(*limited partnership*)として設立され、少数の投資家のために運用されることが大半で、個人向けの投資信託のような厳格な規制を受けない。*hedge fund* に投資された資金は一定期間、換金できず、流動性が低い(*illiquid*)。
  ▷ *hedge* は「リスクを回避する」という意味だが、実際の *hedge fund* はレバレッジを効かせた投資を行い、積極的にリスクを取って高い絶対リターンを目指す。その語源は、初期

のhedge fundが弱気市場の下振れリスクを回避(hedge)するために空売り(short-selling)を多く用いたことに由来する。今でも多くのhedge fundがロングショート戦略(☞205ページ)を取っている。それ以外にも多様な投資戦略のhedge fundがある。

- **limited liability partnership, LLP**
  **有限責任投資組合**
  ▷ 私募でクローズエンド(☞105ページ)のinvestment vehicleで、hedge fundやprivate equityの投資形態として最も一般的なもの。法人ではないため、ファンドの段階で法人税の課税が行われず、ファンドを通過(pass-through)して出資者に利益配分され、その所得に課税されるという特徴がある。
  ▷「投資事業有限責任組合契約に関する法律」に基づいて日本国内に設立される投資組合の正式英語名称はThe Limited liability partnership under the Japanese Law。
  ▷ パートナーシップは投資家である有限責任組合員(limited partners, LP)と運用者である無限責任組合員(general partner, GP)で構成される。
  **limited liability company, LLC** 合同会社(LLPと似た構造だが、GPがいない。株式会社に似た法人形態)
  **limited partnership, LP** 合資会社、リミテッド・パートナーシップ(法人格を有し、法人税が課されるpartnershipのこと。日本法による合資会社はGSK。節税目的でCayman Islandsなどのtax havenに設立されるLPはexempted limited partnershipと呼ばれる)

- **feeder fund**
  **フィーダーファンド、子ファンド**
  ▷ 親ファンド(master fund)の傘下にある子ファンドのこと。ベビーファンド(baby fund)ともいう。国内と外国の投資家など、規制や税制の異なる投資家ごとに作られる。
  ▷ hedge fundでは運用は親ファンドで行われ、子ファンドは親ファンドの受益権(beneficiary rights)を購入する形態が取られることが多い。
  **beneficiary right** 信託受益権(資産から発生する経済的利益を受け取る権利のこと)

  【用例】
  *The Master-Feeder fund structure is a common way that hedge funds are set up to accept assets from both foreign and domestic investors in the most tax and trading efficient manner possible.*
  親子ファンドの構造は、ヘッジファンドにおいて外国人投資家と国内投資家から税制面と取引面で最も効率性を高めたやり方で資金を集めるための一般的な方法である。

- **sophisticated investor**
  **洗練された投資家、プロ投資家**
  ▷ 複雑な金融商品や投資機会のリスクと利得を理解できるだけの経験と知識があるとみなされる投資家のこと。経験と知識がある分、規制は緩やかになる。sophisticated investorsによる投資資金を一般にスマートマネー(smart money)という。
  ▷ 日本では、金融商品取引法(FIEL)上の適格機関投資家(qualified institutional investor, QII or accredited investors)、いわゆる「プロ投資家」がこれに該当し、一般投資家が購入できない私募の金融商品などを購入できる。具体的には年金基金(pension funds)、保険会社(insurance company)、銀行(banks)、投信(mutual funds)、ヘッジファンド(hedge funds)といった機関投資家(institutional investor)がこれに該当する。対語はunsophisticated/retail investor。

# LESSON8 ●Size ― サイズ

- **fund of funds, FoHF**
  ファンド・オブ・ファンズ
  ▷ 複数の hedge fund への投資を運用会社が組み合わせて1つのファンドにまとめたもの。1つのファンドに投資するより分散投資によるリスクの低減が図られるといわれている。
  *gate keeper* ゲートキーパー（hedge fund や private equity への投資について機関投資家に助言し、投資家の運用方針に適合するファンドを選定する人や機関のこと）

- **prime brokerage**
  プライム・ブローカー業務
  ▷ 証券会社が hedge fund に提供する、貸し株 (stock lending)、融資 (loans)、決済の事務代行 (execution and cash management) などの総合サービスのこと。prime broker は hedge fund のメインバンクの役割を果たす。
  ▷ 欧米の hedge fund と関係が深く、取引執行能力の高い Credit Suisse, Goldman Sachs, Morgan Stanley, Deutsche Bank といったグローバルな巨大金融機関が高いシェアを誇る。

- **long-short strategy**
  ロングショート戦略
  ▷ 証券の売りと買いを同時に行い、市場変動による影響を軽減しつつ投資収益を上げようとする運用手法のこと。
  ▷ long-short strategy のうち、ポートフォリオが市場全体に価格変動に中立的になるようにロングとショートのポジションを作る投資戦略をマーケット・ニュートラル戦略 (market neutral strategy) という。ショートが多い場合には short-bias、ロングが多い場合には long-bias となる。

- **event-driven strategy**
  イベントドリブン戦略
  ▷ 理論価値に対する一時的な市場の mispricing を収益機会として活用する投資手法のこと。買収、合併、新ニュースなどのイベント発生時に特定銘柄の株価に発生する。
  ▷ 再建中など「特殊な状況」にある企業が発行する社債や不動産など、流動性がきわめて低い金融資産に投資する special situations strategy はこうした投資戦略の一種である。

- **private equity investing, PE**
  プライベートエクイティ
  ▷ 非上場会社に直接投資するか上場会社を買収して非上場化し、企業再編やリストラ、経営改善などによって企業価値を向上させ、再上場や売却などで運用成果を確定させる投資手法のこと。
  ▷ PE 投資に特化した運用会社 (PE firm) はファンドを設立し、投資家を募り、パートナーシップ形態で運営されることが多い。

## ここがポイント

- 2007-2012年のグローバル金融危機以後、欧米メディアで頻出するようになった金融危機関連の新しい用語を集めてみました。この中には、日本でも金融用語としてすっかり定着したものもあれば、あまり定着していないものもあるようです。

- 「リーマンショック」という金融危機を示す最も一般的な表現は欧米ではあまり使われません。リーマンショックに該当する言葉は、"The Global Financial Crisis", "Subprime Mortgage Crisis", "2007-2012 Global Financial Crisis", "2008-2012 Global Recession", "Late-2000s Financial Crisis" など、異なった表現が細かく使い分けられているようです。

- **toxic asset（securities）
有毒資産（証券）**
  ▷ 流通市場がなくなって流動性が枯渇した資産のこと。大きな流動性プレミアムを覚悟しなければ売れないことから実質的に換金不能となる。
  ▷ 具体的には2008〜09年の金融危機時に、流動性プレミアムが上昇し、売買が不能となったMBS、CDO、CDSなどの商品を指す。
  ▷ 住宅ローン会社で金融危機時にバンカメに買収されたカントリーワイド・フィナンシャル（Countrywide Financial）社の創業者のモジロ社長（Angelo Mozilo, 1938-）が2006年に自らのEメールのなかで担保掛目（LTV）100％のサブプライムローンを 'toxic' と表現したのが語源とされている。

  用例
  *For all the bailout money they've received, some of America's biggest banks are still unwilling to sell many of the toxic assets clogging their balance sheets.*
  あれだけ多くの救済資金を得たのに、一部の大手米銀は依然として自行のバランスシートを目詰まりさせている有毒資産の多くを処分することに消極的である。

- **contagion　影響の波及、感染**
  ▷ 特定の市場の流動性枯渇や価格下落といった悪影響が次々と他の市場に波及していく（spill over）こと。または、特定の国の経済的変化がほかの国に波及していく可能性のこと。グローバルなマネーの移動や金融工学の発展などによって市場間の相互連関（interconnectedness）が高まったことから起きやすくなった。*spillover effect*（波及効果）は類義語。
  ▷ タイで起きた危機がアジア全域に波及した1997年のアジア通貨危機（Asian currency crisis）、2010年に始まった欧州ソブリン債務危機（European sovereign debt crisis）でギリシャの危機がほかのユーロ圏周縁国に波及したことなどがcontagionの例である。

  用例
  *The borrowing costs of nations at the heart of Europe jumped sharply on Tuesday, the latest evidence of broader contagion across the Continent as economic growth stalled.*
  ユーロ圏中核諸国の資金調達コストは火曜日に急上昇し、不況によって債務危機がより広範に波及していることをあらためて示唆するものとなった。

- **decoupling　デカップリング、非連動**
  ▷ 2つの現象間の相関（correlation）が減っていくこと。経済の文脈では、米国発の金融危機にもかかわらず、中国、インド、ブラジルなどの世界新興市場は先進国の不況の影響を受けなくなっているという見方を示す理論のこと。対語は*re-coupling*（米国経済の減速によって世界経済全体が減速するという理論）。
  ▷ 新興国の経済が先進国化することで、経済成長と環境破壊とのあいだの相関が減っていくことも*decoupling*と呼ばれる。

  用例
  *Another reason why globalisation and decoupling can co-exist is that opening up economies has not only boosted poor countries' trade, it has also spurred their productivity growth and hence domestic incomes and spending.*
  経済の開放によって貧困国では輸出が増加しただけでなく、生産性の向上や、それに伴う国内所得や支出の増大ももたらされたということも、グローバリゼーションとデカップリングが同時進行できると考えられるもう1つの理由である。
  *BRICs*　経済発展が著しい新興国であるブラジ

ル、ロシア、インド、中国の総称。

- **shadow banking**
  シャドウ・バンキング、影の銀行
  ▷ 銀行のように振る舞って貸借や投資を行うが、銀行としての規制を受けない金融機関のこと。投資銀行(*broker/dealer*)、ヘッジファンド(*hedge fund*)や特別目的会社(*SPV*)、導管(*conduit*)など証券化のための特殊な運用会社や*FRB*(米国連邦準備制度理事会)による直接の規制を受けない金融業態の総称。金融危機発生の遠因になったとされ、目下、そのグローバルな監督、規制の方法が世界中の金融当局の課題となっている。対語は*traditional banking system*。
  ▷ 債券中心の運用会社*PIMCO*のマネージング・ディレクターであるポール・マカリー(*Paul McCulley*, 1957-)が2009年に発表した "*The Shadow Banking System and Hyman Minsky's Economic Journey*" という論文で初めて使われた言葉。

- **Dodd-Frank Act**
  ドッド・フランク法、米金融規制改革法
  ▷ 正式名称は「ウォール街改革、および消費者保護に関する法律」。2010年7月21日に第一次オバマ政権下で成立、2011年7月22日から適用開始。多くの公的資金が投じられた2007年からの金融危機の反省を踏まえ、*shadow banking system*にメスを入れ、政府の監督下に置くことで健全な市場経済を復活させることを目的としている。
  ▷ 同法は、*FRB*内の消費者金融保護局(*Consumer Protection Agency*)の設置、ボルカールール(*Volker Rule*)の実施、店頭デリバティブの標準化とその集中的な市場の創設、巨大金融機関の破綻スキームなどを規定しているが、解釈をめぐる対立、介入などもあり、実際の施行状況は条文によってまちまちである。

- **Volcker Rule　ボルカールール**
  ▷ 2010年1月21日、オバマ政権によって提案された銀行規制案のこと。商業銀行に対してヘッジファンドや未上場企業への投資やその所有を禁じ、自己勘定取引(*proprietary trading*)についても制限を加えるという内容。法制化が遅れているが、第二次オバマ政権下で厳格に実施される可能性が高い。
  ▷ 発案者であるポール・ボルカー(*Paul Volcker*, 1927〜)はカーター、レーガン両政権下で*FRB*議長として高金利・ドル高の政策を推進した人物。

- **prudential norms**
  プルデンシャル規制
  ▷ 最低自己資本(*minimum capital requirement*)、債権分類法(*asset classification*)、不良債権に対する引当金の積み立て方法(*provisioning of NPAs*)などを規定する、銀行の健全性を確保するための規制のこと。

- **financial transaction tax, FTT**
  金融取引税
  ▷ 特定目的の金融取引に課される税のこと。具体的には株式売買のような特定の金融取引に対して取引金額に基づいて徴収される。税収を増やす手段であると同時に、高頻度取引(*HFT*☞111ページ)のように社会的有用性が乏しいとされる金融取引を減らすことが目的である。金融取引量の減少を招くことで金融仲介機能の低下を招きかねないとの批判もある。
  ▷ 2012年10月、ユーロ圏10カ国は共通ルールの*FTT*を域内に導入することに同意した。
  ▷ *FTT*の原案の1つがトービン税(*Tobin tax*)で

ある。トービン税は投機目的の短期的な取引を抑制するため、国際通貨取引に低率の課税をするというアイディアで、ノーベル経済学賞受賞の経済学者、ジェームス・トービン (*James Tobin*, 1918-2002) が1972年に最初に提唱した。

- **systemically important financial institutions, SIFI**
  **システム上重要な金融機関**
  ▷規模が大きく、破綻すると世界的な金融危機を誘発するような銀行、保険会社をはじめとする金融機関のこと。2009年のG-20 ロンドン首脳会議で設立された金融安定化委員会 (*Financial Stability Board, FSB*) は2011年11月に世界的にシステム上、重要な金融機関 (*G-SIFIs*) のリストを公表した。このリストは毎年11月に更新される予定である (*G-SIFIs*のリストは187ページ参照)。
  ▷現在、導入が検討されている新しい国際的な銀行規制である*BaselIII*では、*SIFI*にはより高い自己資本比率を課すことが検討されている。

- **narrow bank　ナローバンク**
  ▷預金を集めて国債、*MMF*などの安全な資産で運用し、振込、送金といった決済業務は行うが、リスクを伴う貸付業務は行わない業態の銀行のこと。

- **too big to fail, TBTF**
  **大きすぎて潰せない**
  ▷極めて規模が大きく相互の取引関係も大きいことから、破綻したら経済に甚大な影響が及ぶため経営難に陥ったら政府が支援しなければならない金融機関のこと。世界的な規模で展開する商業銀行、投資銀行、保険会社、ヘッジファンドなどがこれに該当する。

▷1984年に米下院のマッキニー議員 (*Steward McKinney*, 1931-1987) が下院の公聴会で初めて用いたのを機に次第に一般化し、金融危機時の公的資金による巨大金融機関の救済によって有名になった言葉。

▷2007-2010年の金融危機では、巨大金融機関が私的な利益の追求のために過大なリスクを取り、破綻時には納税者負担で救済される状況がモラルハザード (☞155ページ) を招いたとして批判された。報酬制度の改革、監督制度の変更、分割、兼業禁止など*TBTF*機関の改革に向けた方策が世界的に検討されている。

## COLUMN

## 国際収支のキーワード
── 足し算、引き算、黒字、赤字

　アジア危機、ロシア危機、アルゼンチン危機……1971年の**ニクソン・ショック**（*Nixon Shock*）後、世界の通貨制度が**固定相場制**（*fixed exchange-rate system*）から**変動相場制**（*floating exchange-rate system*）に代わり、資本が国境を越えて自由に移動するようになってから、国際金融システムは不安定化し、対外債務を抱えた国の金融証券市場の危機がひんぱんに起きるようになりました。長期化している**欧州ソブリン債務危機**（*European sovereign debt crisis, 2010-*）も、もとはといえばギリシャの**財政収支の不均衡**（*fiscal unbalance*）から同国の国債が売られたことが原因です。

　こうした問題を理解するために、まずは**国際収支**（*balance of payments*）における**資金循環表**（*flow of funds table*）のフローとストックの基礎用語をおさらいしましょう。

---

*Current Account Balance*（経常収支）
= *Trade Balance*（貿易収支）+ *Factor Income*（所得収支）+ *Transfer*（現金移転）
= *Savings*（国内貯蓄）− *Investment*（国内投資）
= *Fiscal Balance*（財政収支）+ *Private Sector Balances*（民間部門収支）

　その国の外国との関係における総合的な収支のことです。経常黒字は国内の*Savings*と*Investment*の差額とぴったり一致します。**経常黒字**（*current account surplus*）が続くと黒字分は**対外資産**（*external assets*）となって年々、積みあがっていきます。

---

*Trade Balance*（貿易収支）
= *Export*（輸出）− *Import*（輸入）

　その国の年間の**輸出額**（*export*）と**輸入額**（*import*）の差額のことです。輸出が輸入を上回ると**貿易黒字**（*trade surplus*）、下回ると**貿易赤字**（*trade deficit*）となります。日本は長年、貿易黒字国でしたが2011年に31年ぶりに赤字に転落しました。

*Factor Income*（所得収支）
= *Earnings on Foreign Investments*（外国投資利益）− *Payments made to foreign investors*（非居住者への支払い）

　その国の**対外資産**（*external assets*）から上がる配当や利子、賃料などから、**非居住者**（*non-resident*）に支払われる国内資産の配当、利子、賃料を引いたものです。対外資産が対外負債より大きくなると所得収支の黒字額は膨らみやすくなりますが、黒字となるか赤字となるかは対外資産の収益性や金利為替水準にも左右されます。

*Capital Balance*（資本収支）
= *Increase/decrease in Private Foreign Assets*（民間対外資産の増減）
− *Increase/decrease in Private Foreign Liabilities*（民間対外負債の増減）

　経常収支とならぶ国際収支の柱。国際収支統計上はその国の民間部門の対外資産と対外負債の差の増減のことです。対外資産は、直接投資（外国企業への出資など）、証券投資、現預金、貿易信用などから構成されます。一方、対外負債は非居住者が保有する国内資産を指します。資本収支が赤字だということは、「正味で見ると資本が海外に流出している（＝対外資産が増えている）」という意味です。

*Increase/Decrease in Foreign Reserve*（外貨準備増減）
= *Current Account Balance*（経常収支）+ *Capital Balance*（資本収支）

　経常収支（一国と外国との総合的な収支）と資本収支（民間部門の正味の対外資産増減）の合計が、政府部門（＝政府や中央銀行、政府系ファンド）が保有する対外資産である外貨準備の増減に等しくなります。もし外貨準備高が不変なら、経常黒字の増加は資本収支の赤字とイコールになります。つまり経常黒字分が資本収支の赤字につながり、資本収支の赤字が対外資産の純増分となるのです。

Finance and Investment Terms

# LESSON 9

## Market

### 市場

~虚と実の絡み合い~

# Finance and Investment Terms

## LESSON 9

# Market
市場

### ◈ 若いときの選択

　1980年代、ティーンエージャーだった筆者は人生の選択に際してつねにトレンドフォロワーでした。「自分が本当に行きたい志望校、専攻を選び、本当にやりたいことを学べ」と大人に口酸っぱくいわれても、溢れる**選択肢**（*alternatives*）のなかで何を本当にしたいかがわからず、偏差値や人気ランキングばかりフォローしていました。偏差値が高い大学や、人気の高いゼミは、とりもなおさず多くの人が価値を認めている、つまり**市場価値**（*market value*）が高いということだから、そうした場所に身を置けば自分の市場価値も上がると思ったのです。「人気のある大学や学部やゼミに入れば優秀な人たちが集まっていて、人との出会いから刺激を受けるだろう。やりたいことはその後で見つければいい」――筆者はそうつぶやきながら、内面の声ではなく、親や知人や友人の声でもなく、世間という不特定多数の人々の声に耳を傾けて大通りの賑やかな場所を目指そうとしていました。

　結局、そうした選択は良い結果につながったのでしょうか？

　正直、よくわかりません。当時は若すぎて自分の好みや適性、世の中の仕組みがよくわからなかったから、それ以上の選択はできなかったように思うし、当時「ベストの選択」ができたとしても時の流れの中でそれがベストであり続けた保証はありません。あるいは別の選択をしていても、どこかで揺り戻しがはたらいて最終的には今と同じような人生になっていたようにも思います。

　「バスに乗り遅れることを悔やんだり焦ったりすることはない。なぜなら、賑やかな大通りは速足で通り過ぎるだけだが、とぼとぼ歩く裏道でこそ、思いがけず美しい花の山に出会えるのだから……」――乗り遅れるのが怖かった筆者ですが、人生の半ばを過ぎた今、ようやくこのような物事の逆説的なあり方が分かりかけてきたように思います（図1）。

図1　相場の極意

人の行く裏に道あり花の山
(Buy when others sell, sell when others buy.)

## 付和雷同と売れ筋

　人は世間のトレンドを知り、それに**乗り遅れる**（*miss out on the wave*）まいと考えてさまざまな情報を収集します。就職企業ランキングや旬のトレンドを特集した雑誌がいつでも売れるのはそのせいです。しかし、**優勢なトレンド**（*prevailing trend*）は刻々と変化するので、現時点のランキングの輪切りは中長期的な将来の**軌跡**（*path*）の予想にはあまり役立ちません。

　付和雷同する無数のトレンドフォロワーの動きは流行を生み出します。他人が買っているという事実に釣られてフォロワーが次々と買う商品は「**売れ筋商品**（*hot number*）」になり、本源的価値が認識されないまま、買いが買いを呼ぶバブル的状況を引き起こすのです。

　株や不動産が売れ筋商品になると**資産バブル**（*asset bubble*）が発生します。ブームに必ず終わりがあるように、ブクブクと**生成し続ける**（*booming*）バブルは、いつか**潮目が変わるポイント**（*tipping point*）に達すると**崩壊します**（*bust*）。

　バブルの問題は、それがいつかは崩壊するということが**後知恵**（*hindsight*）では明らかでも、渦中にいるあいだには見えないということです。また、たとえそれがバブルだとわかっても、どこまで膨らみ、いつ崩壊するかという正確なポイントが予想できないということです。上昇トレンドのうちにポジションを手じまって利益を確定した者と、売り抜けそびれた者の運

命は天国と地獄に分かれます。だからバブルが発生しているとき、それに乗るべきか止めておくべきかを判断するのはとても重要かつ難しいのです。

### 他人の心理

相場で利益を出すには、投資対象となる資産の**本当の価値**（*intrinsic value*）と比べて取引価格が割高か割安かを判断することが大切ですが、もう1つ大切なのは、世間は新しい情報にどう反応するかを予測する、つまり**他人の心理**（*market psychology*）を読むことです。金融証券市場でそのどちらがより重要かというと、少なくとも**短期的な投資家**（*short-horizon investors*）にとっては後者の方が重要でしょう。相場は自分以外の人々の売り買いで形成されるからです。他人が自分の後に買うと予想してポジションを取り、その読みが当たれば、他人に先行した分、大きくもうけられますし、すでに進行しているトレンドを後追いしたら、後追いの分、もうけは少なくなりますが、乗ったトレンドが続く限りはやはりもうけることができます（図2）。

---

**Make a Difference　履歴書と自己ブランド化**

キャリアパスが多様化する最近の日本では、履歴書（*CV*, *résumé*）のフォーマットも伝統的な定型のものから欧米風の自由なフォーマットが主流に変わりつつあるようです。

フリーフォーマットの履歴書では、書き方だけでなく、紙の質と色の選択も自由だということを忘れてはいけません。すぐに文具店で厚めで白度の高い高級紙か輸入便箋を買ってきて、プリンター内のペラペラの再生紙と差し替えましょう。真っ白な紙に黒々とした美しい字で印刷されたあなたの人生の物語（*personal history*）は、見違えるほど素晴らしく見えます。

印刷された履歴書をもう一度、点検しましょう。文字の大きさや、上下左右のバランスは適当ですか？　インクにカスレやシミはありませんか？　英字のフォントが日本語フォントのままではありませんか？

小さなディテールにも気を抜かず、雇う側の人間の心理を研究してライバルに差をつけましょう。

LESSON 9 ●Market ― 市場

## 図2　他人の行動を読む人々によって形成される市場

### トレンドセッター（*masterminds, sponsors, bulls and bears*）の思惑と結果

「この銘柄には株価以上の価値がある（ファンダメンタル分析）」
「いつか、市場もそのことに気づくだろう（他人の行動の予測）」
「だから一足先に買っておこう（投資行動）」
「ほかの人も買いを入れるよう、積極的に影響力を行使しよう（ポジショントーク）」

「皆がこの株の価値に気づいた。大もうけ！」　　「結局、誰もついてこなかった…」

### トレンドフォロワー（*sheep*）の思惑と結果

「この株に価値があるかどうかわからないし、興味もないし、調べる時間もない（ファンダメンタル分析の放棄）」
「でも相場は上がり始めていて、これからも上がりそう（トレンド継続の予測）」
「乗り遅れないうちに買っておこう（投資行動）」
「買ったことを友達に教えてあげよう（ポジショントーク）」

「予想通りの上げ相場。もうかった！」　　「買った直後にトレンド転換。ババを引いてしまった…」

それに対し、本当の価値を見極めようとして対象を観察し、割高か割安かを判断し、自分の判断を全面的に頼って行動するのは孤独でリスキーな行為です。本当の価値を見極めたのが自分一人なら、市場価格は永遠に「（自分だけが知っている）本当の価値」に収斂しません。それどころか、「間違った見方」が優勢となり、一時的にでも世間の大多数が正反対のポジションを取れば、たとえあなたの意見が正しいことが最終的に実証されるとしても、少なくとも世間の理解を得られないあいだは含み損を抱えた状態（eroded value）に耐えなければなりません。

トレンドセッターであれフォロワーであれ、市場は他人の心理を読んで**他人と同じように行動しようとする**（herding）人々で成り立っています。経済学者の**ケインズ**（John Meynard Keynes, 1883-1946）は、「自分が誰が美人だと思うかではなく、皆が誰を美人だと思っているかについて投票を行う」**美人投票**（beauty contest）が金融証券市場の本質だと述べました。

他人の思惑を読むということは、金融証券市場への投資だけではなく、現代ビジネスの基本でもあります。たとえば消費財の**マス・マーケティング**（mass-marketing）は、消費者のトレンドや嗜好を調査し、そうした情報をフィードバックして商品を開発し、販売手法を構築していきます。このことはつまり、自分を無にして他人目線で社会の欲望を読み、それに自分自身（＝自社商品や販売方法）をすり合わせていくことにほかなりません。

### 金融証券市場のフィードバックループ

　市場心理（*sentiment*）を互いに読み合う参加者の無数の売買の集積は、金融証券市場の出来高や値動きに複雑なパターンを作り出します。**市場価値**（*market value*）と評価対象である**実体の価値**（*intrinsic value*）の変化は**双方向的**（*two-way*）です。「虚」としての**流通市場**（*secondary market*）の思惑は、売買対象である資産の「実」としての**価値**（*fundamentals*）に影響を及ぼし、そうした実体の変化は再び新たな情報として市場にフィードバックされます。正であれ、負であれ、市場はこうしたフィードバックを無限に**増幅させていく**（*procyclical*）装置なのです。

　教科書的には、株式市場は特定の環境下に置かれた企業の価値を客観的に観察し、それを評価して通信簿を与える先生のような存在と考えられています。無数の参加者が株式に**評価を与える**（*judge*）株式市場を何かにたとえるとしたら、それは、フィギュアスケート選手の演技を複数の**審査員**（*judge*）が厳正に判断する**競技会**（*competition*）のようなもの。株価は複数の審査員の評価の平均点のようなものといえるかもしれません。

　ところが、実際の株式市場はちがいます。そこでは審査員の多くがスケート選手に注目して客観的に評価する代わりに、「自分以外の審査員はこのスケート選手に何点をつけるだろう？」と自分以外の審査員の行動を予想する予想屋で、ひたすら互いが互いの行動を気にしているのです。投資家Aは会社の同僚に上がる株があると勧められてC株を買い、投資家Bは投資家AがC株を買っているのを見てC株を買います。社会的影響力の強い投資家Bは、自らが保有するC株が上がるよう「C社はすごい」とポジショントークを仕掛けますが、C社の本当の姿は知らないのでどこがどうすごいのかを詳しくは説明できません。こうした人々の買いの連鎖で株価が上がりはじめ、それを見た投資家がさらにC株に殺到すれば、需給を反映して株価はうなぎのぼりになります。

　株式市場の参加者の大半がC社の価値の**実体**（*fundamentals／substance*）に無関心であるように、C社という評価対象も、市場による評価とは関係なく存在しています。**流通市場**（*secondary market*）で取引されるC社株はすでに発行されてしまった株ですから、それがいくらとなろうがC社の日常には関係ないのです。

市場の動きは株式の**発行市場**（*primary market*）とＣ社の**財務活動**（*financing activities*）を通じて初めて、その実体に影響を及ぼします（図3）。流通市場で株高になれば、Ｃ社はそうした人気を活用して自社の実体価値を上げる行動に出られるようになるのです。具体的には、有利な条件で**新株を発行**（*share issue*）し、低コストの資金を事業の拡大に使えるようになりますし、有利な**株式交換**（*share exchange*）の条件で他社に**買収**（*takeover*）を仕掛けられるようになります。さらにＣ社の経営者に**ストックオプション**（*stock option*）が与えられていれば、株高は彼らに高い**報酬**（*compensation*）をもたらし、業績向上への**インセンティブ**（*incentive*）も高まります。

### 図3　株式市場と上場企業の関係

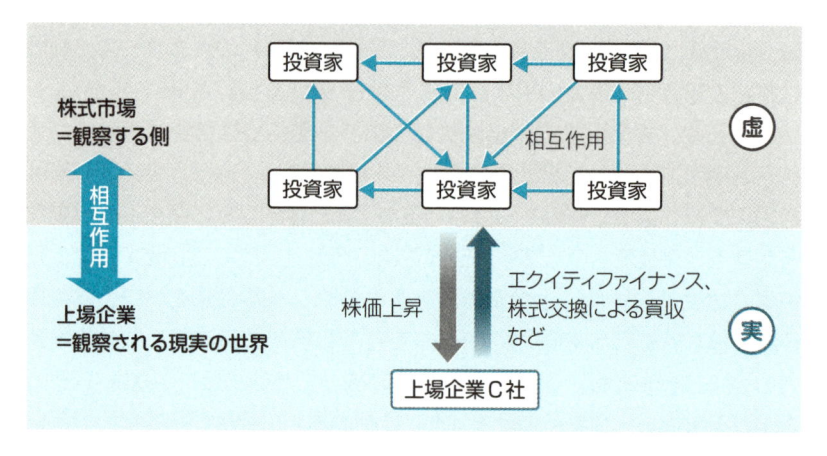

実体の観察者である株式市場の評価は実体を変化させる。そのプロセスは以下の通り。

❶株式市場（観察する側）は観察される現実の世界を自らの主観と解釈で認識する。市場は参加者間同士の行動も自らの主観と解釈で認識する。
❷こうした株式市場の参加者の行動によりＣ社株が上昇。
❸株価の上昇がＣ社の財務活動を通じてＣ社の実体の変化につながる。
❹Ｃ社の実体の変化を市場があらためて自らの主観と解釈で認識して行動する。Ｃ社の株価は再び上昇。

これはあたかも「美人だ」といわれ続けた女性が本当に美人になり、先生から褒められ続けた子供が本当に優秀になり、良い評点を得たスケート選手の演技が本当に極上になるようなものです。つまり、スケート選手の演技を無視して互いの評点の予想ばかりしている審査員の採点によって、スケート選手の演技の水準（レベル）自体が変化するという魔法のような現象が市場では起きるのです。市場の「虚」は評価対象の「実」にフィードバックをもたらし、そのフィードバックによって「実」が変化します。そして変化した「実」は、再び「虚」の世界である市場の参加者の行動のさらなる変化を誘うのです。

### 負のフィードバックループの例：格付け機関と欧州ソブリン債務危機

こうした関係を表わす具体例として**格付け機関**（*bond rating agency*）の行動と**発行体の信用力**（*issuer's creditworthiness*）、そして、債券市場の**クレジットスプレッド**（*credit spread*）の関係が挙げられます。それを見てみましょう。

**格付け**（*credit rating*）は投資家の行動と債券市場に強い影響力を持ち、その信用力評価は指標となる債券の利回りや金利に対する上乗せ金利である**クレジットスプレッド**（*credit spread*）に反映されます。高格付けの発行体のクレジットスプレッドは**狭くなり**（*tighten*）、反対に低格付けの発行体のスプレッドは**広くなり**（*widen*）ます。

こうした影響力があるため、格付けアナリストは一旦格付けした債券を格下げするときには、極力、分析対象の実態を中立的な第三者として真面目に見極めようとするものです。ところが、こうした格付け機関の意見変更の表明は、債券の信用力の見通しや投資家の投資戦略に作用することで、その価格や**発行体の資金調達コスト**（*issuer's funding cost*）に影響を与え、それによって発行体のファンダメンタルズに新たな変化を誘発し、市場に**あらかじめ存在していた**トレンド（*underlying trend*）を増幅させるのです。

**金融危機**（*financial crisis*）とはこうした**フィードバックループ**（*feedback loop*）が負の蟻地獄に陥ったものにほかなりません（図4）。

発生から3年を過ぎた今も完全に収束しない**欧州ソブリン債務危機**

## 図4　格付けとクレジットスプレッドの負のフィードバックループ

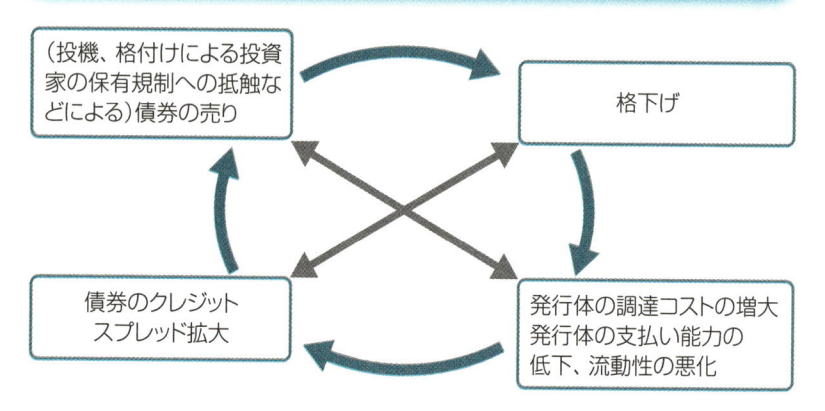

```
（投機、格付けによる投資        ─→         格下げ
家の保有規制への抵触な
どによる）債券の売り
      ↑    ╲    ╱    ↓
           ╳
      ↑    ╱    ╲    ↓
   債券のクレジット      ←─   発行体の調達コストの増大
    スプレッド拡大              発行体の支払い能力の
                              低下、流動性の悪化
```

**格付け機関の意見表明は、投資家の行動に影響を及ぼして債券の価値（利回り）を変化させることで、客観的な分析対象だったはずの発行体の実体にも影響を及ぼす。**

> どうやったら
> 悪循環から
> 抜け出せる
> かしら？

（*European sovereign debt crisis*）もまた、負のフィードバックの動向が事態を占う鍵となっています。この危機は、2009年末にギリシャ政府公表の財政指標の一部の粉飾が露呈したのを機に**ギリシャ国債**（*Greek sovereign debt*）が激しく売られ、**そのドイツ国債に対するスプレッド**（*spread over German Bunds*）が拡大したことから始まりました。格付け機関はギリシャの財政状態が脆弱だとして最初の格下げを行って以来、シングルＡ格からシングルＣ格にまで格付けを段階的に下げていきました。格下げによって投資家がギリシャ国債を嫌って売ると、そうした売りがギ

リシャの新発債の発行コストの上昇につながり、そうした財政に圧し掛かるコストの上昇がギリシャ国債のさらなる格下げにつながりました。

　結局、ギリシャに対しては、**トロイカ**（*Troika*）と呼ばれる**3つの国際機関**（*European Union, European Central Bank, IMF*）による**救済策**（*bailout program*）が2度講じられ、国債償還額に大幅な**減免**（*haircut*）が加えられました。現在、ギリシャは**財政面の条件**（*conditionality*）を遵守する約束と引き換えにかろうじてユーロ圏に留まっている状態です。

　こうした負のフィードバックループは、イタリア、スペイン、ポルトガル、アイルランドなど、財政のぜい弱な**ユーロ圏周縁国**（*eurozone peripheral countries*）にも飛び火しました。今、各国や欧州のレベルの対策と投資家の売りのあいだには一種の**もぐら叩きゲーム**（*Wrack-a-Mole*）のような関係が生まれています。

　ひとたび市場の圧力で負のスパイラルに陥った債務者が自力で信用を回復するのは難しいものです。欧州の政治指導者たちはユーロ圏の一体性を示して**市場の信認**（*market confidence*）を回復しようと必死ですし、投機の標的となっている国々の政府も、**財政規律**（*fiscal discipline*）を守ってユーロ圏に踏みとどまれるよう懸命の努力をしています。しかし、通貨は統合したものの、予算承認権などの**主権**（*national sovereignty*）の大部分は依然として各国レベルに留まり続けているヨーロッパでは、なかなか完全な一体性を市場に示すことができません。

　景気回復によって周縁国の財政が劇的に好転するか、あるいは欧州以外の地域により大きな危機が勃発し、それが相対的に欧州の安定性を際立たせるような事態にでもならない限り、欧州債務問題が抜本的に終息することはないようにも思われます。周縁国の**離脱**（*exit*）やユーロ圏そのものの**崩壊**（*meltdown*）への懸念がいつまでも消えない不完全燃焼の日々が当面、続くと予想されます。

## Useful Tip　ラテンな英語（2）

　Lesson 5（122ページ）に続き、ビジネス文書によく登場するラテン語です。

***pro forma***：形式的な、形だけの
　"*pro forma statements*"は、正式の会計基準に則った決算書以外の、非経常的要素や一期限りの要素を除いて示した財務諸表のことです。具体的には会計処理方法の変更、買収による売上増やのれんの計上、新株の発行など特別要因を取り除いて前期との比較を容易にする目的で作られます。
　"*pro forma invoice*"は正式の請求書の前に顧客に出す見積書のこと。

***ad hoc***：特別の、限定目的の
　英語で"*for this*"にあたるラテン語で「特定目的や任務のためのもので、一般化してほかの目的に使えない」という意味。"*ad hoc committee*"は特殊な状況に合致させるよう作られ、そうした状況がなくなったら消滅する時限的な委員会のこと。*ad hoc* の代わりに *one-off* が同義で使われることがあります。

例：*The credit officer gave approval to the transaction on ad hoc (one-off) basis.*
信用リスク管理担当者はこの取引に一度限りの特別承認を与えた。

***curriculum vitae, CV***：履歴書、レジュメ
　*curriculum* はラテン語でコース（*course*=カリキュラム）、*vitae* は人生（*life*）を指すので、*CV* は文字通り「人生行路」です。*personal history, résumé*（フランス語で「まとめられたもの」という意味）も同義です。

***i.e.***：換言すれば、つまり
　"*id ed*"（英語では *that is*）の略語で、「アイジー」と発音します。意見や考えをわかり易く説明するときに使われ、*that is to say, in other words, namely* などと同義です。

例：*The evaluation noted that the employee had frequently exhibited irresponsible behavior (i.e., coming to work late, failing to complete projects).*
勤務評定によると、その従業員は（遅刻、仕事を中途半端に投げ出すなど）無責任な行動をひんぱんに取っていた。

***e.g.***：たとえば
　"*exempli gratia*"（英語では *for the sake of example*）の略語で、「イージー」と発音します。書き言葉を簡潔にするために使われ、*for example, for instance* と同義です。

例：*I bought a lot of things in that shop, e.g., games, toys, and flowers.*
私はゲーム、玩具、花など多くの物をその店で買った。

## まとめ

1. 人々は世の中のトレンドを知り、参加しようとする。流行や市場のバブルはそうした人々の選択の集積から生まれる。
2. 何らかのきっかけで生成したバブルは、膨張し、潮目が訪れると崩壊する。
3. バブルの崩壊の規模やタイミングを事前に予測することは難しい。
4. 参加者の思惑や解釈の集積である金融証券市場は、時として投資対象の価値を過大や過小に評価する。
5. こうした市場評価は評価対象の実体の価値にも影響を与える。
6. 欧州ソブリン債務危機は、こうした市場と実体経済の相互作用によって深刻化した金融危機の一例である。

## 市場に関する金融英語

# Market

1. 売り手と買い手の財やサービスの交換を可能にする場所のこと。価格は需要と供給が釣り合うところで決定される。
2. 証券が取引される場所。米国の金融証券市場は *Wall Street, the Street*、英国の市場は *the City* などと呼ばれる。
3. *marketplace* も同義語。

### ここがポイント

- もともと market は「家畜や備蓄物を決まった時間に売買するために集うこと」を意味していました。一方、昔の日本の「市」は、河原、川の中州、海辺の浜、坂の途中に立てられて、どこからともなく人がたくさん集まってくる場所だったそうです（網野善彦著『歴史を考えるヒント』より）。

- 動詞形の market は、市場で売買する、市場に出す、市販する、売り込むという意味で、sell とほぼ同義です。進行形の marketing は、売るための仕組み作りのために製品、流通、価格、販売促進、広告などの要素を組み合わせる行為を示しますが、あるいは単に売るという意味のときもあります。marketer は売る人、つまり営業担当者のこと。

  **用例**
  *The best way to market yourself online is to have a social media plan.*
  ウェブ上であなたを売り込む最良の方法は、ソーシャルメディアを計画的に使うことだ。

---

- **bull** 強気の投資家、強気な
  ▷ 市場全体あるいは特定の銘柄や業種が値上がりすると考える人のこと。反対は bear。対象に bullish な投資家は買い、bearish な投資家は売る。
  ▷ 市場の地合い（market sentiment）が強い状態。
  ▷ bull は雄牛、bear は熊。bull は敵に立ち向かうとき下から上に角を突き上げるが、熊は上から下に前足を振り下ろすことから、相場の上げは bull、下げは bear と呼ばれるようになった。
  ▷ 最強の牛集団であった旧メリルリンチ（Merrill Lynch）のロゴには風格ある bull の姿が描かれていた。2008年の金融危機を契機に Bank of America に吸収合併されて Bank of America Merrill Lynch になって以来この美しいロゴは投資銀行業務では見られなくなった。

  **bull（bear）market** 上げ（下げ）相場
  **bullish（bearish）** 強気な（弱気な）
  **chicken** 損失を恐れるリスク回避家
  **pig** 短期に巨利を狙う投機家

## LESSON 9 ●Market ― 市場

- **feedback loop** フィードバックループ
  ▷工学用語。フィードバックはある出力結果を入力側に戻す操作のこと。feed-back loopはフィードバックを繰り返すことで結果が増幅していくこと。たとえば、〈市場心理の冷え込み➡取引量の減少➡流動性プレミアムの上昇➡市場心理の冷え込み〉、〈株価の上昇➡信用取引の担保余力の向上➡買いの増加➡株価の上昇〉といった循環する流れのこと。
  ▷正のフィードバック（positive feedback）は出力の増加が入力操作を促進すること。負のフィードバック（negative feedback）は反対に出力の増加が入力操作を阻害すること。

  （用例）
  *In climate change, a feedback loop is the equivalent of a vicious or virtuous circle which accelerates or decelerates a warming trend.*
  気候変動におけるフィードバックループとは、温暖化のトレンドを加速させたり鈍化させたりする正や負のスパイラルのことを指す。

- **momentum** モメンタム
  ▷相場の勢い、強弱。
  ▷特定期間の価格や出来高の変動率。テクニカル投資家はモメンタムをチャートにして、0を分岐点として相場の反転の目安となる水準を探す。

  （用例）
  *Euro maintains bullish momentum following FOMC.*
  FOMC（連邦公開市場委員会）発表を受けてユーロは強気のモメンタムを維持している。

- **customer-side** 実需筋、顧客側の
  ▷実需に基づいて取引する、金融証券市場における「最終顧客」のこと。年金基金や保険会社、投信などのこと。buy-sideとほぼ同義。

  注意！　実需筋の投資という意味で使われる「リアルマネー」は和製英語。

- **street-side** 業者側、証券会社
  ▷sell-sideとほぼ同義。Wall Streetが語源とされる。street-side tradeは業者間取引のこと。たとえば、清算機関（clearing house）と証券会社のあいだの取引は、street-side tradeである。

  （用例）
  *There is a "street-side" settlement between the brokers who buy and sell the stock and the clearing agency, and a "customer-side" settlement between the broker and the customer.*
  株式の決済には、売買を執行する証券会社と清算機関のあいだの業者間決済と、証券会社と顧客のあいだの対顧客決済の2種類がある。

- **circuit breaker system** サーキットブレーカー制度
  ▷市場で大量の売りなどで価格が一定以上の変動を起こした場合にパニック売り（panic sale）などを避けるために発動（trigger）し、取引停止（trading halts）する制度のこと。collarともいう。

- **trading session** 立会い、取引時間
  ▷売買のために取引所が定めた時間のこと。trading hoursともいう。寄り付き（opening）から引け（closing）まで。昔は会員の場立ち（floor trader）が投資家から寄せられた注文をさばいていた（open outcry/pit trading）が、東京証券取引所（TSE）は1999年に全面、機械化した（electronized）。一方、ニューヨーク証券取引所（NYSE）には今でも場立ち（floor trader）がいる。
  ▷（為替市場などで特定地域の）取引が活発な

時間帯のこと。
▷ trading session以外の取引を時間外取引（after-hours trading, AHT）、あるいは代替取引システム（alternative trading system, ATS）という。

:::用例
*The Asian Session kicks off at 2400GMT and runs through to around 0900 with trading in financial centres such as Tokyo and Sydney.*
アジア地域では東京やシドニーといった金融センターでグリニッジ標準時の24時から翌日9時くらいまでの取引が行われる。
:::

- **electronic communication network, ECN 電子証券取引ネットワーク**
  ▷ 仲介者を介すことなく投資家が直接取引できるような取引システムのことでATS（alternative trading system）の1つ。1996年、米国SECの制度改革によって生まれた。代表的なECNはシカゴ・マーカンタイル取引所（CME）が運営するGLOBEX。
  ▷ 日本では取引所以外の私設取引システムをPTS（Proprietary trading system）ともいう（☞次ページ参照）。

- **bubble　バブル、泡**
  ▷ 転売によって価値が発生するもの。期待の連鎖が作り出した価値。
  ▷ ファンダメンタル要因で決まる価値をはるかに超える水準まで価格が上昇すること。背景には信用供給の過剰な伸び（excessive credit expansion）や過剰レバレッジ（over-leverage）がある。

:::用例
*The Japanese asset price bubble was an economic bubble in Japan from 1986 to 1991, in which real estate and stock price were greatly inflated.*
日本の資産バブルは1986年から1991年に生成し、不動産や株の価格が大幅に上昇した。
:::

*pop bubble*　バブルが起きる
*boom & burst*　バブルの生成と崩壊
*housing bubble*　住宅バブル（米国の1990年代〜2007年までのsub-prime loanの伸張を背景とした住宅価格の上昇のこと）
*dotcom bubble*　ITバブル（1990年代後半〜2001年）。*technology bubble*ともいう。

- **tipping point　ティッピングポイント**
  ▷ 小さな変化がある一定の閾値（threshold）を超えると一気に巨大な変化を引き起こすとき、その閾値のこと。2000年に刊行されたジャーナリストのマルコム・グラッドウェル（Malcolm Gladwell, 1963-）の同名のベストセラー・ノンフィクションによって広まった言葉と概念。

:::用例
*The attainment of the tipping point that transforms a phenomenon into an influential trend usually requires the intervention of a number of influential types of people.*
特定の現象を人々に影響を与えるトレンドに変貌させるティッピングポイントに到達させるには通常、多くの影響力の強い人々の介在が必要となる。
:::

- **speculator　仕手筋、投機家**
  ▷ 短期的に大きな利益を得ることを目的に、大量に投機的売買を行う人のこと（speculation ☞99ページ）。

*speculative stock*　仕手株（仕手筋の取引対象になりやすい株のこと。浮動株が少ない低位株が多い）

- **turnover 取引高、回転率、売り上げ、離職率**
  ▷ 一定期間に取引された有価証券の数量

# LESSON 9 ● Market ― 市場

（volume）のこと。
▷ heavy turnover は大商い（売買が回転すること）、light trading, doldrums は閑散、停滞。
▷ 離職率（turnover rate）とは期初の社員数で期中に辞めた社員の数を割った比率のこと。一般に turnover が低いほど「居心地の良い会社」といえる。

【用例】
Stocks hold firm on thin turnover.
薄商いのなか、株価は堅調だ。

● **contrarian investing**　逆張り投資
▷ trend に反したリターンリバーサルを狙った投資のこと。具体的には、値下がりした銘柄や PER の低い株を買うこと。逆張ることを bargain hunt, bottom fishing ともいう。
▷ 逆に、trend に乗って上昇中の銘柄や高 PER の銘柄を買ったり下げ基調の銘柄を空売りするのは順張り投資（market following, trend trading）。

【用例】
A contrarian is a person who takes up a position opposed to that of the majority, regardless of how unpopular it may be.
逆張り投資家とはそれがどんなに不人気でも大多数の投資家とは逆のポジションを張る人のことである。

● **buy-and-hold investing**
　有価証券の長期保有、バイアンドホールド戦略
▷ 市場には下げ相場も荒れ相場もあるが、中長期的には良い投資リターンをもたらすと信じて買った証券を短期売買せず長期保有すること。株式の場合、優良株（blue chips）を長期保有し、債券は期中に売買せず、満期保有（hold until maturity）する。怠け者に合った戦略なので couch-potato strategy ともい

われる。

【用例】
Buy-and-sell does well, usually, over long periods of time.
バイアンドホールドは通常、長期的には良い結果を出す。

● **arbitrage**　裁定取引、アービトラージ
▷ 異なる資産の売買を同時に行い、その価格差によって利益を得ること。同じか類似の金融商品に、異なる市場で価格差があることを利用して利益を得ること。arbitrage の機会は完全に透明で効率的な市場には存在しない。
▷ 転換社債アービトラージ（CB arbitrage）など、arbitrage はトレーダーやヘッジファンドの主要な収益機会である。プロの投資家はコンピューターを駆使して体系的に市場の mispricing を探す。

【用例】
Some say arbitrage only applies when an identical security is bought and sold simultaneously with zero residual risk.
同一の証券を残存リスクを一切残さずに同時に売買することだけを裁定取引と呼ぶ人もいる。

● **program trading**　プログラム売買
▷ 大口取引を行う機関投資家によるコンピューターを使った取引のこと。トレーダーがコンピューターに入力した注文が直接市場のコンピューターシステムにつながり、自動的に約定される。
▷ program trading のうち、高精度のコンピューターを使い、大量の注文を極めて高速に執行するプラットフォームを高頻度売買（high-frequency trading, HFT ☞111ページ）という。HFT は複雑なアルゴリズム（algorithm）を駆使して複数の市場を分析し、市場の条件に基づいて取引を執行する。algorithm trading,

*system trading* も同義。

**用例**

*That trading terminal has developed nearly 50 proprietary algorithms that enable single-security, pair, spread, or program trading across multiple asset classes.*

このトレーディング端末には同一、あるいは2つの有価証券間の取引、あるいはさまざまな金融商品間のスプレッド取引やプログラム取引を可能にする50近くの自己売買用アルゴリズムが内蔵されている。

- **algorithm　アルゴリズム、算法**
  ▷ *flow chart* で図示される問題解決の考え方のこと。プログラムとは、コンピューターに *algorithm* を指示する文書のこと。
  ▷ *algorithm* の語源は9世紀アッバース朝の数学者、*al-Khwārizmī* の名前。

- **index trading　インデックス売買**
  ▷ マーケットの指標であるインデックスに連動するポートフォリオが構築されるよう有価証券の売買を行うこと。
  ▷ たとえば、日経平均株価指数を対象とした *index trading* は構成銘柄である225銘柄をそれぞれ同じ単位ずつ保有するように買い付けることである。

- **basket trading　バスケット取引**
  ▷ 複数銘柄をひとまとめにして一括で売買する取引のこと。大口の投資家がインデックス運用の売買、ポートフォリオの銘柄入替、裁定取引に伴う現物株の売買などに利用する。*basket* とは複数銘柄のこと。
  ▷ 一般に、*basket trading* は立会外（*off-floor*）や店頭（*OTC*）で、投資家と証券会社の相対で行われる。

- **block trade　ブロック取引**
  ▷ 市場外で大量(発行済株式数の数％から数十％)の有価証券を合意された価格で売買する取引。市場に与える影響を回避しながら持ち合いを解消したり、効率的に大量の出資や譲渡を行うときに利用される取引方法。*block order* ともいう。

- **over-the-counter, OTC　場外の、店頭の、相対の**
  ▷ 売り手と買い手が取引所のような仲介者を入れず、双方の合意によって価格・数量・決済方法などを決めて取引し、売買契約を締結する方法のこと。
  ▷ *OTC trade* は、*offer* と *bid* を両建表示する *market maker*（☞178ページ）との取引を指すが、単に、A と B が相対で直接行う取引もやはり *OTC trade* である。一方、取引所で注文が集中して処理される取引は取引所取引（*exchange trade*）。
  ▷ 債券取引、店頭デリバティブ取引、為替取引などは *OTC trade* である。

- **counterparty　カウンターパーティ、取引相手、取引当事者**
  ▷ 金融取引の取引相手のこと。*seller* と *buyer*、*lender* と *borrower* など、どのような取引にも一対の *counterparty* がいる。
  ▷ 取引所上場商品（*listed products*）の取引の *counterparty* はつねに取引所（あるいは取引所に付随した中央清算機関, CCP）なのに対し、店頭（*over-the-counter, OTC*）の相対取引の *counterparty* は取引ごとに異なる。

**用例**

*In an interest rate swap, each counterparty agrees to pay either a fixed or floating rate denominated in a particular currency to the*

*other counterparty*.
金利スワップ契約の当事者双方は特定通貨建の固定金利か変動金利を取引相手に支払うことに同意する。

**counterparty risk** 主にデリバティブの取引相手の信用リスクのこと。

- **custodian**
  **カストディアン、証券保管機関**
  ▷ 投資家に代わって有価証券の保管(*safe-keeping*)を行う機関のこと。*custodian bank*ともいう。
  ▷ グローバル・カストディアン(*global custodian*)は世界中でカストディアン業務を行う金融機関のこと。最大手は*BNY Mellon, State Street Corp., JP Morgan Investor Services*など。
  ▷ これらに対し、サブ・カストディアン(*sub-custodian*)は自国の有価証券の保管を行う金融機関。*global custodian*は*sub-custodian*に業務を委託する。

- **central（clearing）counterparty, CCP**
  **中央清算機関**
  ▷ 売買の相手側に代わり、証券の受渡しや資金の受払いについて債務の引受け(*assumption of obligations*)を行い、決済履行を保証する機関。決済の相手方(*counterparty*)となり決済機関に証券や資金の振替指図を行う。
  ▷ 東京証券取引所(*TSE*)の*CCP*は日本証券クリアリング機構、ニューヨーク証券取引所(*NYSE*)の*CCP*は*NYSE Clearing*。
  (*clearing* ☞180ページ)
  (*netting* ☞181ページ)

- **central securities depository, CSD**
  **証券保管振替機関**
  ▷ 有価証券を投資家に代わって集中的に保管(*safekeeping*)するとともに、証券取引関連の現物の受渡しを口座簿上で移転したり(*book transfer*)、証券の登録を行う機関。
  ▷ 米国の*CSD*には、*DTC*(*The Depository Trust Company*)、*NSCC*(*The National Securities Clearing Corporation*)、欧州の*CSD*には、*Clearstream, Euroclear, Crest*などがある。わが国の*CSD*は証券保管振替機構(*Japan Securitie Depository Center*)。

**注意！** *depository*と*custodian*は、言葉の概念として両者は似ている。しかし実際の業態と機能は異なっている。*depository*は通常、特定企業の特定の金融商品全体の保管と振替を担当する公的機関なのに対し、*custodian*は同一市場に複数存在し、顧客をめぐって競合している。また*custodian*は複数の市場や商品にまたがって業務を行っている。一般に*depository*と*custodian*は補完的関係にある。

*depository*は共に証券決済業務のインフラであるという点では*CCP*とも似ている。しかし*CCP*が参加者による決済の*counterparty*となるのに対し*depository*は*CCP*による清算(*clearing*)が済んだ後の振替業務を行う。*CCP*は信用リスクを負い*depository*は事務リスクを負う。

## COLUMN
## デリバティブ取引のタームシート
——当事者間の賭けの条件

　タームシート（*term sheet*）とは、デリバティブ契約などの**内容や期間**（*terms and conditions*）を項目別にまとめた表のことです。

　金融機関の営業担当者は、これを元に顧客を**勧誘し**（*solicit*）、商品説明し（*explain*）、**交渉します**（*negotiate*）。

　右側のページは単純な5年物の金利スワップ（想定元本10億円）のタームシートです。これによれば顧客は**変動金利**（*floating rate*）を受け、**固定金利**（*fix rate*）を払います。業者サイドのモネタ銀行は3ヵ月ごとにTIBOR＋50bpを顧客に支払い、顧客はモネタ銀行に年に1度、固定金利の1.2%を払います。支払日にTIBORが0.7%以上の場合、顧客の正味の受けの金額はモネタ銀行の受けを上回ります。また、将来も短期金利が上昇するという予想が市場で**優勢になる**（*prevail*）と、この**スワップ契約**（*swap contract*）の**現在価値**（*present value*）は顧客側にプラス、業者側にマイナスとなります。

　つまり、スワップ契約とは将来の特定時点の金利や為替水準をめぐっての当事者間の一種の賭けにほかなりません。

▼図　金利スワップのスキーム

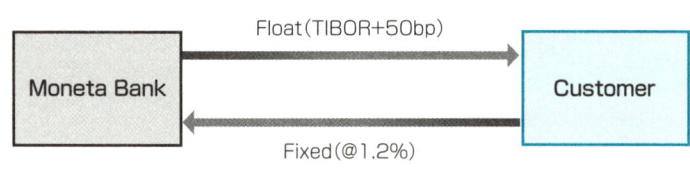

Moneta Bank →　Float(TIBOR+50bp)　→ Customer
Moneta Bank ←　Fixed(@1.2%)　← Customer

## ●金利スワップのタームシート

| | | |
|---|---|---|
| Party A | 当事者A | Moneta Bank |
| Party B | 当事者B | Customer |
| Effective Date | 開始日 | March 1, 2013 |
| Termination Date | 終了日 | March 1, 2018 |
| Notional Amount | 想定元本 | JPY 1,000,000,000 |
| Party A Amounts | 当事者Aの払い | |
|   Floating Rate | 変動金利 | 3-month TIBOR |
|   Spread | スプレッド | +50bp |
|   Daycount | 日数計算方法 | Act/360, Adjusted |
|   Payment Dates | 支払日 | Quarterly, on 01 June, 01 September, 01, December, 01 March in each year, subject to adjustment in accordance with the Business Day Convention |
|   Fixing Dates | 金利決定日 | 2 Business Days in advance, Reference Reuters TIBOR01 |
| Party B Amounts | 当事者Bの払い | |
|   Fixed Rate | 固定金利 | 1.20% |
|   Daycount | 日数計算方法 | 30/360, Adjusted |
|   Payment Dates | 支払日 | Annually, on 1 March each year, subject to adjustment in accordance with the Business Day Convension |
| Business Days | 営業日 | Tokyo-Modified Following |

Finance and Investment Terms

# LESSON 10

# Credit Rating
## 信用格付け

～格付け物語──ムーディーから現代まで～

# Finance and Investment Terms
# LESSON 10
## Credit Rating
信用格付け

### ◉格付け物語

　素人には判断がつきにくい、企業や団体が発行する債券の信用力をトリプルAやダブルAといったわかりやすい記号で示す——そんな**債券格付け**（credit ratings）が生まれたのは、20世紀初頭の自由放逸なアメリカの**資本市場**（capital markets）でのことでした。債券のデフォルトが多発した1930年代の**大恐慌の時代**（The Great Depression）に格付けの価値は投資家に広く認知されるようになりました。

　1970年代には米当局からのお墨付きを得て、格付けは市場の規制やルール作りの手段として本格的に用いられるようになります。投資家に情報提供して対価を得る「**格付け会社**（rating company）」が、規制の手段としての「**格付け機関**（rating agency）」に変貌し、パワーアップしたのはその頃からです。

　1990年代以降、主要格付け機関の世界的な影響力は増大しました。**エンロン・ショック**（Enron Shock）や**サブプライム危機**（Subprime Mortgage Crisis）では、格付け機関の行動は危機の元凶の1つとされ、そのずさんな格付け手法や収益主義に多くの批判が浴びせられました。それでも格付け機関の影響力が弱まる兆しはありません。最近では国に対する格付け変更などは一般ニュースでも報道されるようになり、その一挙手一投足への関心は一般社会にも広がりつつあります。

　最終レッスンではこうした格付けの歴史と現在を見ていくことにします（表1）。

### ◉ムーディーの時代

　ニューイングランドの氷職人の息子、**ジョン・ムーディー**（John Moody, 1868-1958）は、西部開発の橋頭堡だった鉄道会社の起債ラッシュに湧

## LESSON10 ●Credit Rating ― 信用格付け

▼表1　S&Pとムーディーズの歴史

| 1860年 | ヘンリー・バーナム・プアー、アメリカで初めての投資ガイドを出版。 |
|---|---|
| 1900年 | ジョン・ムーディー、「ムーディーのマニュアル」の定期刊行開始。 |
| 1906年 | ルーサー・リー・ブレイク、「スタンダード・スタティスティクス・ビューロー」を設立。初めて、鉄道会社以外のアメリカの事業会社の財務情報を提供。 |
| 1909年 | ジョン・ムーディー、「ムーディーズ・インベスターズ・サービス」を設立、事業債の格付けを開始。 |
| 1916年 | スタンダード・スタティスティクス・ビューロー、事業債の格付けを開始。 |
| 1919年 | ムーディーズ、ソブリン格付けを開始。 |
| 1941年 | プアーズ・パブリッシングとスタンダード・スタティスティクスが合併、S&Pに |
| 1950年 | ムーディーズ、S&P、国際機関への格付けを開始。 |
| 1962年 | ムーディーズ、信用調査機関ダン&ブラッドストリートの傘下に。 |
| 1966年 | S&P、出版社ザ・マグロウヒル・カンパニーの子会社に。 |
| 1975年 | ムーディーズ、S&P、フィッチ・レーティングスが米国認定格付け機関になる。 |
| 1985年 | ムーディーズ東京事務所開設。(翌年、S&P、東京事務所開設) |
| 2000年 | ムーディーズ、ニューヨーク証券取引所に上場、以後、時価総額は3倍に。 |

(S&P、ムーディーズHPなどより筆者作成)

＜1890年代の**ウォール街**（*Wall street*）にやってきました。

　カトリックの宣教師やジャーナリスト、金融アナリストなどの職を転々とした32歳のムーディーは、ふとしたひらめきから株式や債券の価値を評価するマニュアルの刊行をはじめました。ちょうど1900年のことでした。マニュアルは好評を博し、ムーディーは出版会社を設立するまでになりましたが、**1907年の恐慌**（*the Panic of 1907*）で会社はあえなく倒産。1913年に鉄道会社の信用力の分析に特化したマニュアルを新たに刊行し、再起を図りました。これに成功したことから翌年、ムーディーは新会社「**ムーディーの投資家サービス**（*Moody's Investors Services*）」を設立。以後、マニュアルは定期刊行されるようになりました。現在の格付けサービスの最初の一歩です。

　ムーディーは、マニュアルに掲載する債券に19世紀末の融資や売掛金の信用調査で使われていた格付けシステムに似た記号を付けました。もし企業の発行する債券にトリプルAが付いていれば、それは投資の元本と利息はほぼ確実に支払われるだろうという意味でした。それより信用力が低い債券はダブルA、シングルA、トリプルB...という具合です。トリプルBより低い格付けの債券は**クズ**（*junk*）、つまり発行体が破綻して元本が返らない可能性が高いことを意味しました。

　ムーディーの事業は会社名の最初の一語を取って**ムーディーズ**（*Moody's*）

と呼ばれるようになりました。その後、徐々に格付け対象の業種と企業は増え、1920年代には全米の公募債のほぼすべてが網羅されるようになりました。大恐慌時代、多くの企業が経営危機に瀕し、債券の**デフォルト**（*default*）も多発しましたが、ムーディーズから高格付けを得ていた債券は無事だったことからその名声は高まり、以後、債券格付けはアメリカの資本市場に定着していきます。ちなみに、当時のムーディーズの経営はマニュアルなどの刊行物を購入する投資家からの**購読料収入**（*subscription fee*）で成り立っていました。

## 格付け会社、機関になる

　第2次世界大戦後から1970年代まで、アメリカの資本市場の活動が比較的低調だった時代、ムーディーズやS&P（*Standard and Poor's*）は国内事業債市場の参加者以外には知られていない地味な調査会社であり続けました。

　格付け業界の変化は金融証券市場のボラティリティが高まり、デリバティブ商品など新しいイノベーションがはじまったときに訪れました。金融証券市場の商品が複雑化すると、格付け会社のカバレッジ対象は、徐々に拡大していきましたが、こうした業務拡大にもかかわらず、購読料収入は1970年代以降、次第に伸び悩むようになりました。というのは企業のオフィスにコピー機が普及したからです。債券投資家のあいだで格付けリストのコピーが出回るようになったことで、お金を払って刊行物を買う人が減ってしまったのです！

　アナリストの人件費を賄いきれなくなった格付け会社はビジネスモデルの**コペルニクス的転回**（*Copernican shift*）を考えるようになりました。つまり債券発行体（＝自らが評価する対象）から**格付け手数料**（*rating fees*）を徴収し、投資家からの購読料から収益源をシフトすることを模索し始めたのです。格付け業界のビジネスモデル転換は、1975年に**米証券取引委員会**（*US Securities & Exchange Commission, SEC*）が証券会社の**自己資本規制**（*net capital rule*）のルール作りのための「**公認格付け機関**（*Nationally recognized statistical rating organizations, NRSRO*⇒251ページ）」としてS&P、ムーディーズ、フィッチ・レーティングスの3社を選

# LESSON 10 ● Credit Rating ― 信用格付け

## Useful Tip　会社を指す英単語

会社を指すいくつかの言葉は語源や用法が少しずつ異なっています。

会社定款＝ Article of Incorporation
会社法＝ company law
コンサルティング会社＝ consulting firm
企業価値＝ enterprise value

**corporate, corporation**：
　ラテン語で「体現する、人格化する」という意味の *corporare* が語源。17世紀頃から「法的に認められた主体」である企業や地方自治体を示すものとして使われはじめ、今日、「法人」という意味で幅広く使われています。
　英文社名の末尾によく付いてくる "*Inc.*" は "*incorporated*" の略で、「法人化した」、つまり、「有限責任（＝出資した自然人に責任が及ばない）の株式会社」という意味です。

**company**：
　「会社」を指す最も一般的な言葉ですが、仲間、友達、集団、交際の意味もあります。ラテン語で「**仲間**」を意味する *companion* から派生しました。中世にはギルドを示す言葉だった *companionship* は、ヨーロッパで資本主義が本格的に勃興した16世紀から「事業を行う集団」を指すようになり、*company* 自体が会社を意味するようになりました。
　英文社名の末尾によく付いてくる "*Co. Ltd.*" は "*company limited*" の略で、"*Inc.*" 同様、「株式会社」を意味します。

**firm**：
　数人の個人が集まった法人格のない小規模な事務所のことで、イタリア語で署名を意味する "*firma*" が語源です。個人の集まりに法人格がないとは、出資者した個人であるパートナーが会社の債務に対して無限責任を負う（*partnership*）ということを意味します。

**house**：
　証券会社、投資銀行のこと。巨大金融機関が出現する前のウォール街やシティ、そして兜町の業者はそれぞれが代々続く個人商店（*house*）であり、独特の個性と家風がありました。欧州の由緒ある高級オートクチュール業者が「メゾン（*maison*）」と呼ばれるのと同様の響きがあります。"*The bond house*" は債券に強い証券会社のことで、"*The house of the year*" は、Institutional Investors 誌などが選ぶ「今年の最高の証券会社」です。

**enterprise**：
　「企てる（*undertake*）」という古代フランス語の動詞の分詞形で、大胆なことや困難なことを企てることや冒険的な事業を指します。*business enterprise*（事業を企てること）を直訳した日本語が「企業」です。
　大航海時代（*Age of Discovery*）には、リスクを取って海外進出して交易によって一獲千金を狙う人々が続出しました。こうした「リスクを取って挑戦する人」が *entrepreneur*（起業家、フランス語）です。

## Make a Difference　勝手格付け

　企業にとってシェア拡大の常套手段は値引きです。格付け機関も御多分にもれず手数料の割引きや値下げを行います。しかし過度の値引き競争は業界全体の首を絞める結果になります。また他社より格付け基準（*rating criteria*）を緩くしたり発行体にとっての調査負担を軽くすれば、短期的にシェアは上がるかもしれませんが、長期的には投資家の信頼を失うでしょう。こうしたジレンマのなか、一部の格付け機関は「勝手格付け（*unsolicited ratings*）」をシェア拡大の一手段としてきました。勝手格付けとは企業側の依頼がないまま、公開情報に基づいて企業を分析し、格付けを公表する行為のことです。その目的の1つは、公表された自社の勝手格付けに当惑した企業に暗に依頼格付けの取得を迫り、最終的には勝手格付けを依頼格付けに切り替えて手数料を得ることです。

　勝手格付けには批判も多く、現在、S&Pは勝手格付けには格付け記号の後に *pi*（パイ＝公開情報（*public information*）に基づくという意味）を付けて依頼格付けと区別しています。ムーディーズは勝手に付けた格付けのリスト（*unsolicited ratings list*）を公開しています。

定したことで実現の目処が立ちました。政府の**お墨付き**（*credentials*）を得た格付けは、その後銀行経営や証券投資への規制の手段として使われるようになっていきました。それと同時に発行体から徴収される債券発行額の**5ベーシスポイント**（*bp*）程度の格付け手数料は、**目論見書**（*prospectus*⇒152ページ）の作成費用とならぶ社債発行に必要な事務コストの一部と考えられるようになりました（図1）。米ドル建ての公募債にはムーディーズとS&Pの2つの格付けが付いているのが当たり前になり、**地方債**（*municipal bond*）、**コマーシャルペーパー**（*CP*）、**保険金支払い能力**（*claims-paying ability*）、**銀行預金**（*bank deposit*）など、格付け範囲がどんどん拡大していったのもこの頃からです。

### ●競争激化

　1990年代になると、S&P、ムーディーズの2社の実質寡占体制に3社目の認定機関のフィッチ・レーティングスが本格的に挑むようになり、格付

## 図1　格付け機関の収益構造──収益の大部分は調査先の発行体から

投資家 →（情報購読料：格付け機関の収益に占める割合は小さい）→ 格付け機関（発行体を評価して投資家に情報提供する） ←（格付け手数料：債券の発行額の5bp程度。収益の大部分）← 発行体

評価対象からお金をもらうのは少し変!（利益相反）

け機関同士の競争が激化しました。また、**ドル建市場で外国の発行体**（*Yankee Bonds issuers*）が増加するとともに、ヨーロッパや日本のように伝統的に銀行の力が強かった地域でも資本市場が発展して事業債の発行が増えると、米系格付け機関の海外での活躍の場も拡がっていきました。

　民間企業である格付け機関が成長と拡大を志向し、シェア拡大を図ろうとするのは自然の理です。とはいえ、格付けビジネスに大きなポテンシャルが生まれた途端、市場の公正なゲートキーパーとしての役割と、株主価値を追求する営利企業としての役割のバランスは微妙になっていきました。20世紀終盤に**証券化商品の格付け**（*structured product ratings*）という巨大な処女地が出現すると、バランスは徐々に収益性に傾いていきました。

### ● ストラクチャード狂想曲

　これまで事業債の格付け手数料という限られたパイをめぐる競争に明け暮れていた格付け機関にとって、**証券化商品**（*securitized products*）の格付けは絶好の事業機会でした。

　証券化商品は債券ですから、信用力評価の基本コンセプトは伝統的な事業債の格付けと同じです。しかしその**格付け手法**（*rating methodology*）は相当、違いました。

事業債を格付けするとは、対象企業の**財務状態**（*financial standing*）や**事業の見通し**（*business outlook*）を分析し、その評価結果にふさわしい**格付けを付与する**（*assign ratings*）ことです。だから、**事業債アナリスト**（*corporate bond analyst*）は、発行体の信用力を客観的に見極めて分析結果にふさわしい格付けを与えようとします。これに対し、**証券化商品のアナリスト**（*structured products analyst*）は、まず落としどころである格付けを念頭に「組成されるストラクチャーのうち100億円分の債券にトリプルAを付けるには、どのような資産をどのくらい集め、どのようにリスク分散させるべきか？　評価の物差しとしてどんなモデルが妥当か？」というように、まず**仕組み**（*structure*）を分析して、格付けを依頼した**組成担当者**（*structurer*）に**助言**（*advice*）を与えるというものでした。証券化商品の格付けには、統計学や数学などの金融工学の基礎知識に加え、統計モデルや資産プール内の原債権の過去の**延滞率**（*delinquency rate*）や**地域分散**（*geographic dispersion*）のデータなどについての、まるで新しい分析枠組みとツールが必要となりました。

　事業債は、100年の歴史を背景に**格付け手法**（*rating methodology*）が確立し公表されており、過去の格付け変更やデフォルト実績のデータなども豊富です。これに対し、証券化商品の開発とその信用力評価手法は1990年代になって金融機関と格付け機関の担当者が共に**手を取り合って**（*in tandem*）進めていく未踏の地でした。両者は話し合いやデータの交換を密に行い、共にディールの成功に向けて尽くし、新たな市場の発展と拡大に尽くす同志のような関係だったのです。

　大手投資銀行や金融グループが証券化商品の組成と販売を寡占的に行い、格付け機関の収入源がそうした数社からの受注に依存したことも、両者の関係をいっそう、緊密にしました。新種のストラクチャーの証券化商品に希望通りの格付けが与えられ販売に成功すれば、そうした金融機関は巨額な手数料収入を、商品組成担当者は**成功報酬**（*bonus*）を手にしました。また格付け機関にとってもそうした案件の格付け実績は、より大規模な二号、三号案件の格付け受注の呼び水となりました。組成担当者と格付けアナリストの利害は一致していた反面、トリプルA格付けが付与された商品の持つ潜在的なリスクは、組成者と格付けアナリスト以外には容易

に理解できないような性質のものでした。

　2007年のサブプライム危機は、米国の住宅価格が下落し、こうした証券化商品の主要「原料」だった米国の**低信用の借り手向けの住宅ローン**（*sub-prime loan*）のデフォルトが増加したことからはじまりました。サブプライムローンを原料とした証券化商品には、本来、十分な**リスク分散**（*diversification*）や**信用補完**（*credit enhancement*）がなされていたはずでしたが、それが不十分だったことが露呈したことで、商品の流動性は一気に低下しました。これに端を発し、問題のサブプライムローンと必ずしも直接関連していなくても、似たような複雑なストラクチャーの仕組商品に投資家が手を出さなくなってしまいました。その結果、*ABS*（*asset-backed securities*）、*CDO*（*collateralized-debt obligation*）などの仕組商品の価値がおしなべて下落して売るに売れない**有毒債権**（*toxic asset*⇒206ページ）と化しました。そしてそれらを保有していた金融機関や投資家は巨額損失をこうむったのでした。

　証券化商品に付けられていた格付けは、本来、償還まで変更が行われない前提のはずでしたが、原債権のデフォルト率が想定を超えて上がると、格付け機関は後手に回りながらもそうした商品を格下げしました。格下げは市場の下落に拍車をかけました。

### ●批判されても繁栄

　一時、格付け業界全体の収益全体の半分近くを占めた証券化商品の市場が2008年に激減したことから、右肩上がりが続いた格付け機関の収益も大きく落ち込みました。深刻な金融危機に陥った欧米で、格付け機関は「**当てにならない**（*unreliable*）」「**もうけ主義だ**（*bottom-liner*）」「**利益相反だらけ**（*full of competing interests*）」といった批判にさらされ、社内体制や格付け手法、発行体との関係などの見直しを迫られました。

　それでも格付け機関の経営が評価対象の発行体からの手数料収入で成り立っているという利益相反的なビジネスモデルは今日まで変わっていません。米国では、いっそのこと格付け機関を国営化するとか、市場参加者から強制的に格付け情報料を徴収するといった抜本的な改革案も出ているようですが、債券格付けが国際資本市場の値付けの**事実上の標準**（*de fact* *standard*)として（少なくとも平時には）円滑に機能しているうえ、それに代わる便利な道具や制度がない以上、格付け機関の力を削いでそのガバナンス体制を変化させるということは容易でないように見えます。

格付け機関はいくら批判されても衰退するようには見えません。債券格付け、とくに先進国のソブリン債の格付けは、金融業界を超えて世間の耳目を集めるようになっており、格付けは**国家財政**（*public finance*）を評価することを通じて大国の政治経済の行方すら左右するようになっています。こうしたなか、いつの間にか世界の政治指導者が自国の格付け動向に注意を払うことが当然となりました。S&Pは2011年1月、日本国債を格下げしました。それを受けて、「（私は）そういうことにうといので」と発言した民主党の菅元首相は国民のひんしゅくを買いました。この出来事は、格付けに代表される市場の意向に十分な意識がない指導者は、市場の信認だけでなく世論の支持も得られないことを示しました。

ちなみに2000年に**ニューヨーク証券取引所**（*New York Stock Exchange*）に上場したムーディーズの2012年の**年商**（*annual sales*）は、米CDO危機による落ち込み前の水準を超えて**過去最高**（*all-time high*）を更新する見通しです（図2）。

**図2　ムーディーズ社の過去10年の売上推移（単位：百万ドル，年）**

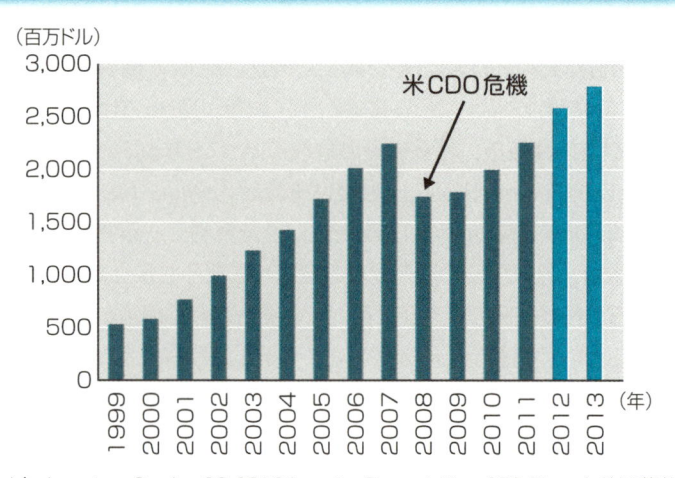

（Moody's Investors Service 2Q 2012 Investor Presentation, SEC filingsなどより筆者作成）

## 格付けとホームバイアス

　こうした状況は長い目で見ると意外な方面から一石を投じられる可能性があります。中国の金融力と**人民元**（renminbi, RMB）の台頭です。

　米系格付け機関が金融証券市場でこれほどに強大な地位を得ている理由の1つは、それが格付けという便利でわかりやすいシステムを創り出して資本市場に普及させた老舗の本家であり、実績、ノウハウ、ブランド力、格付けカバレッジの広さのあらゆる点で追随を許さず、代替するものがないためでしょう。

　しかし、世界が格付け機関の動向を注視せずにはいられない現状の背景には、アメリカ流の金融証券市場がグローバルスタンダードであるという世界の構造とアメリカの総合的な国力もあるといえそうです。

　不確かな将来を占い、評価する債券格付けでは、財務数値や統計などの**定量データ**（quantitative date）だけでなく、さまざまな**定性的な**（qualitative）情報も勘案します。どの情報をどの程度加味するかは評価する主体の判断で変わってきます。世界各国に格付け機関があればその格付け結果にバラつきが生じるのは当然であり、その評価が「**意見**（opinion）」に過ぎないのも当たり前といえるでしょう。格付け機関の意見は、その**立ち位置**（position）と**価値観**（bias）を反映するわけですが、どのような立ち位置や価値観が広く投資家に受け入れられるかは、世界のお金の流れや国際秩序の成り立ちによって変化していくと思われます。

　機関投資家に**外国の資産より自国の資産を選好するホームバイアス**（home bias）があるように、一般に各国の格付け機関は勝手を知らない外国や外国企業には厳しい評価を付けがちです。たとえば、米系格付機関の日本企業に対する格付けは、日系格付機関による格付けより低くなっています。日本企業に「有利」な日系格付機関の格付けは国内債券市場でしか通用しません。だから、日本企業は、**海外で起債する**（tap international markets）ときには米系格付機関の「グローバルな」格付けを公表し、国内市場で国内投資家向けに起債するときには「ローカルな」国内格付け機関の格付けを公表するというように使い分けをしています。このように**二重基準**（double standard）が存在できるのは、日本にグローバルなドル建て債券市場とは別個の円建ての大きな国内債券市場があるからで、国内市

場がない国ではそもそも自国の格付け機関による自らの立ち位置や価値観に基づいた意見が存在する余地はありません（たとえばドイツやフランスには「国内」格付け機関はありません）。

このように考えると、ニッチプレーヤーに甘んじず米系格付け機関の一人勝ちの状況にグローバルに挑戦する可能性があるのは、世界経済を左右する力を持ち、米国債の最大保有国でもある中国の格付け機関だけかもしれません。

中国最大の格付け機関である**大公国際資信評価有限公司**（*Dagong Global Credit Rating*、本社北京）は2011年8月3日、S&PによるトリプルAからダブルA＋への米国債の格下げに数日先駆けて、それをシングルA＋からシングルAに格下げしました。

また中国の中央銀行である**中国人民銀行**（*People's Bank of China*）の**周小川**（*Zhou Xiaochuan*）総裁は、「中国の国内投資家は米系格付け機関への依存度を下げて独自の判断や分析を用いるべきであり、世界一の人口を持つ経済大国である中国は国際ルールの制定により大きな役割を果たすべきだ」との意見を表明しています（2011年12月）。さらに、太公のトップである**関建中**（*Guan Jianzhong*）総裁は、「世界経済の回復は国際的格付け機関の改革によって支えられるべき」だとして、今後中国をはじめとする世界の債権国が国際的な監視機関を設立し、既存の格付けシステムに代替していくことを提案しています（2011年6月27日付中国日報）。

こうした中国の要人発言や格付け機関の動きは、米系格付け機関だけでなくアメリカの政策責任者にとっても末恐ろしい感じがするものかもしれません。

太公は2012年10月24日、米国、ロシアの格付け機関と共同で、「**世界信用評級集団**（*Universal Credit Rating Group*）」という新たな格付け機関を設立すると発表しました。「世界信用」という名前からして野心的なこの**合弁事業**（*joint venture*）を通じ、太公は今後欧米中心の基準を廃し、新興国の新興企業に有利な格付けを推進していくと明言しています。

今後は国家間や地域間の競争がますます激化して世界の金融証券市場も複数の価値観や基準が並存する混迷の時代に突入するのかもしれません。

そのなかで日本は一体、どのような立ち位置を占めることになるでしょ

うか？

　人民元が世界の**基軸通貨**（*key currency*）となり、中国の格付け機関が国際金融資本市場の主要なプレーヤーとなる日がいつか来るのかどうかはわかりません。そうなったときにはグローバル資本市場のプレーヤーの序列と資金配分は今日とは様相がまるで違うものになっているでしょう。あるいはそうなってみて初めて私たちは、今日の金融証券市場の様相を懐かしむことになるかもしれません。

> **まとめ**
>
> 1. 債券格付けは20世紀初頭のアメリカの資本市場で生まれた。ジョン・ムーディーがはじめた債券の信用力分析と格付けのマニュアルは、1929年の大恐慌を経てアメリカの資本市場に定着した。
> 2. アメリカでは1970年代から格付けは金融機関規制当局による規制の手段として使われるようになり、格付け会社は債券発行体から格付け手数料を徴収する「格付け機関」となった。
> 3. 20世紀終わりの証券化商品の市場の拡大は、格付け機関にとって収益源の拡大の機会となった。
> 4. しかし証券化市場の混乱が金融危機の元凶となると、「誤った」格付けが市場を混乱させたとして格付け機関への批判も高まった。
> 5. こうした批判にも関わらず、米系格付け機関の世界的影響力は極めて高い。その強みはアメリカの国力やドルを中心とした国際通貨システムと緊密に結びついている。

## 信用格付けに関する金融英語

# Rating

1. 格付け、評価、採点、評定
2. 人気度、視聴率、支持率

### Ratingの用法

| | | | |
|---|---|---|---|
| approval rating | 支持率 | downgrade | 格下げする |
| assign a rating | 格付けを付与する | rating rationale | 格付け事由 |
| audience rating | 視聴率 | stock ratings | 株価格付け |
| confirm a rating | 格付けを据え置く | upgrade | 格上げする |
| bond ratings | 債券格付け | | |

### ここがポイント

- ratingは格付けや評価を付与すること、rankingは順番をつけること。いずれも、さまざまな事物を特定の価値観に基づいて分類し、それらの優劣を比較するのに用いられます。
- rateは料率、またはパーセンテージで表された率のことです。動詞のrateは、何かを値踏みすることや重要性や価値を評価することを指します。
- 信用格付け(credit rating)は、政府や企業の発行する債券の元利払いの確実性を特定の記号で示したものです。
- 格付けがトリプルBマイナス以上の社債は投資適格(investment grade)、それ未満の社債は投資不適格(speculative grade)です。

- **loan agreement / contract　融資契約書、借用書、金銭消費貸借契約書**
  ▷loanの内容を貸し手と借り手のあいだで取り決めた契約書類(document)のこと。融資期間中、貸し手は貸付金残高(loan outstanding or balance)を管理し、借り手は借入金残高(debt outstanding)を管理する。
  ▷借り手が期日通りに融資を完済すれば(get fully repaid)契約は終了するが、借り手が期日通りに(timely)元本と利息の支払いができない(fail to repay)と債務不履行(default)となる。住宅を抵当としたmortgage loanでは、借り手がdefaultすると貸し手によって抵当物件の差し押さえ(foreclosure)が実行される。
  ▷借り手が期日通りに弁済できない可能性が高まると、貸し手にとっての貸付債権(claim)は不良化し(grow doubtful/non-performing)、貸し手の債務者分類(borrower classification)に基づいて貸倒引当金(allowance for doubtful debt)の引き当てや償却(write-off)が必要となる。債務の再編成(work-out, restructuring☞250ページ)が行われることもある。

*collection* 債権回収
*come due* 支払期限が到来する
*disbursement* 払い込み
*documentation* 契約書類
*language* 契約条文の文言や条項のこと。*wording* ともいう
*Material Adverse Change clause, MAC clause* MAC条項（対象会社の事業などに重大な悪影響を及ぼす事項があった場合には貸し手のコミットメントを解除できるという契約条項）
*non-performing*（*delinquent*）*loan, legacy asset* 不良（支払い延滞）債権
*overdue* 延滞の、未払いの
*proceeds* 払い込まれたお金
*roll-over/refinance* 借り換える
*servicing* （債務者による）元利払い、（債権者による）債権回収
*term, tenor* 融資期間
*whether guaranteed or not* 保証人の有無
*whether pledged or not* 担保の有無

- **collateral** 担保、担保物件
  ▷ 支払いや債務の履行を確実にするために差し入れられる（*pledged*）資産のこと。借り手が債務不履行になると、貸し手は契約が当初の約束通り履行されるように、*collateral* を差し押さえ（*seize*）、売却（*sell off*）して債権を保全しようとする。
  ▷ *collateral* の種類には、証書、商品、無形固定資産、事業からの収益などさまざまなものがある。
  ▷ 物的担保である *collateral* に対し、人的担保（＝保証）のことを *guarantee* という。
  *encumbered* 担保物権などにより所有権を制限されている
  *foreclosure* 抵当物、担保物件の質流れ
  *lien* 先取特権、留置権（債務の弁済まで債務者の財産を占有する権利）
  *lien creditor* 一般債権者より優先する、*lien* を有する債権者
  *secured debt*（*obligation*） 担保付債務
  *security interest* 担保権
  *unsecured debt*（*obligation*） 無担保債務

- **default**
  デフォルト、債務不履行、期限の利益喪失
  ▷ 義務の怠慢、不履行、支払いを怠ること。債券の発行者が破綻などで利払いや元本の支払いを停止すること。
  ▷ 企業が破綻して *default* することは、*go under, collapse, go burst, bankrupt, file for Chapter 11, fall into bankruptcy, break down* などさまざまな表現がある。
  ▷ *default setting*（初期設定）のように「操作を加えられていない元のままの」という意味で使われることもある（コンピューター用語の *default* は1960年代から使われはじめた比較的、新しい用法で、金融におけるデフォルトと意味が異なっている）。

  用例
  *Moody's Investors Service considers Greece to have defaulted per its default definitions.*
  ムーディーズは自社のデフォルトの定義に基いてギリシャは債務不履行に陥ったと判断している。

- **event of default**
  デフォルト事由、期限の利益喪失事由
  ▷ 期限が存在することで当事者が受ける利益が失われること。社債発行契約書（*indenture*）や融資契約書（*loan agreement*）の中の最も重要な条項の1つ。企業の破綻や、資金繰りがつかず期限内に元利払いができないことなどがこれに該当する。

> 用例

*The occurrence of any one or more of the following events shall constitute an event of default.*
以下の事由の少なくとも1つが発生した場合、それは期限の利益喪失事由となる。

- **credit scoring**　クレジット・スコアリング
  ▷ 銀行やノンバンクが融資前の信用審査で借り手の信用力に対して統計学的な評点(*score*)をつけること。そうしたスコアリングを踏まえて借り手のリスクに基づいた金利が決定される。

- **resolution**　破綻処理、整理
  ▷ 破綻した金融機関の財産を保全したり、処分したりすること。具体的には公的資金を用いて金融機関の不良資産を買い取って、バッドバンクと呼ばれる資産管理会社を設立して事業を継続するグッドバンクと分けたり、大量の債権や不動産を抱き合わせ販売(*bulk sale*)したりすることで、金融システムの維持、健全化を図る。

> 用例

*During the recent financial crisis, the absence of an orderly resolution regime forced governments of several countries to provide extraordinary support to a number of systemically important financial institutions (SIFIs) that are considered "too-big-to-fail".*
金融機関を秩序立てて破綻処理する制度が欠けていたため、最近の金融危機で各国政府は「大きすぎて潰せない」と見なされるいくつものシステム上重要な金融機関(SIFIs)に特別の支援を行った。

*The Resolution and Collection Corporation*
整理回収機構(日本で不良債権処理のために1990年代に政府が設立された機関)

- **senior (junior/subordinated) debt**　優先（劣後）債務
  ▷ 企業が清算された場合に最初に返済しなければならない優先順位(*status*)の高い負債のこと。通常、債券の信用格付けは無担保の(*unsecured*)senior debtに付与される。
  ▷ これに対し、支払い順位が劣後する債務がjunior debt。junior debtの格付けは劣後性を反映してsenior debtの格付けより1～2ノッチ程度、低くなる。

- **preferred stock/shares**　優先株
  ▷ 企業の清算時に負債より支払い順位が低いが普通株(*common stock*)より支払い順位が高い株式のこと。支配関係に変動を及ぼさず新株による資金調達を行いたい企業や金融機関が発行する。
  ▷ 普通株と違ってpreferred stockには議決権(*voting right*)がなく、その代わり普通株に優先して配当が支払われる。一定条件下に普通株に転換できる転換権が与えられるものもある。
  ▷ 優先株や劣後債のことをハイブリッド証券(*hybrid securities*)といい、そうした証券を組成するような資金調達の仕組みをメザニンファイナンス(*mezzanine finance*)という。

- **outlook**　見通し、アウトルック
  ▷ 今後、1～2年のうちに格付けが変化する方向性として格付け機関が発行体について示すもの。ネガティブ（下向き、弱含み）、ポジティブ（上向き、強含み）、安定的（中立的）の三種類がある。

> 用例

*Fitch Ratings on Tuesday affirmed its AAA credit rating on the United States and*

LESSON10 ● Credit Rating — 信用格付け

*maintained a negative outlook.*
フィッチ・レーティングスは火曜日、アメリカ合衆国のトリプルA格付けを確認し、下向きの見通しを据え置いた。

- **high yield bond**
  **高利回り債、ハイイールド債、ジャンク債**
  ▷ 投資適格未満（*below investment grade*）の格付けを持ち、利回りの高い債券のこと。対語は投資適格債（*high grade bond*）。
  ▷ 好況期には投資家のリスク選好が高まることから投資適格債とハイイールド債とのスプレッドは縮小し、不況期には拡大する。

- **fallen angel　堕ちた天使**
  ▷ 当初の格付けは投資適格（*investment grade*）だったが、途中で投資不適格（*speculative grade*）に格下げされてジャンク債（*junk bonds*）になった債券のこと。
  
  用例
  *2012 was a strong year for virtually every part of the high-yield universe, but fallen angels are one category that performed particularly well.*
  2012年はハイイールド債のカテゴリー全体が良好な運用成績を上げたが、とりわけ投資適格からジャンク債に格下げされた「堕ちた天使」のカテゴリーが健闘した。

- **contingent liability　偶発債務**
  ▷ 滅多に起きないような出来事や状況によって本当の負債になるかもしれない潜在的な負債のこと。こうした負債に対し一般に準備金（*reserve*）や引当金（*provision*）が引当てられる。
  ▷ *contingent liability* の例として、従業員行為（*employees' acts*）、債務保証（*guarantee*）、履行中の契約（*open contract*）、係争中の訴訟（*litigation indemnity*）、第三者への賠償（*third party indemnity*）、未払いの仕入れ注文（*payables*）、未解決の紛争（*pending disputes*）などが挙げられる。何が *contingent liability* となるかは企業の業種によって異なる。
  ▷ 会社法上、*contingent liability* は貸借対照表の注記（*footnote*）に記載されなければならない。

  **be contingent on ～　～が条件である、～による**
  
  用例
  *Your salary will be contingent on your performance as a supervisor.*
  あなたの給料は、監督者としての成果によって決まる。

- **cross default　クロスデフォルト**
  ▷ もし借り手が当該債務以外の債務でデフォルトを起こしたら当該債務も同時にデフォルトすることを規定した社債発行契約書（*indenture*）や融資契約書（*loan agreement*）の条項（*clause*）のこと。*cross acceleration* ともいう。
  ▷ *cross default* 条項が付くことで、複数の債務の返済の順位が同じになることをパリパス（*ranked pari passu*）といい、付いていないため、ほかの債務より返済順位が低くなることを劣後する（*subordinated*）という。

- **covenant**
  **コベナンツ、誓約、制限条項、約款、特約条項**
  ▷ 社債発行契約書（*indenture*）や融資契約書（*loan agreement*）に盛り込まれる、貸し手の不利益が起きた場合に契約解除や条件の変更ができるという条項のこと。
  ▷ 後述の *negative pledge, rating trigger* のほかに、特定の事象が起きたら財務的な制限を加えたり資産処分を制限するような *covenant*

も存在する。

🔲用例
*High street retailer HMV warned that it was likely it would breach its covenants at the end of January due to difficult trading conditions.*
路面展開する小売業のHMVは、厳しい事業環境を原因として1月末には銀行融資の特約条項に抵触する可能性が高いと警告した。

- **negative pledge　ネガティブプレッジ、担保制限条項**
  ▷同じ債務者のほかの債務への担保提供を制限する条項。もし、ほかの債務に担保を差し入れるなら、同時に当該債務にも担保を差し入れることを約束することによって、こうした条項が付いた無担保債券や貸出債権がほかの債権に劣後することが避けられる。

- **rating trigger　レーティング・トリガー**
  ▷一定の格付け未満への格下げが実施されたとき効力を発揮する条項のこと。
  ▷たとえば融資契約には格付けが投資適格未満になった場合に期限の利益を喪失する（*trigger an event of default*）ような *rating trigger* 条項が存在する。こうした条項が作動（*trigger*）することで市場に混乱がもたらされることがある。

🔲用例
*Despite the potential threat posed by rating triggers on debt markets, these contractual devices remain almost unregulated both in the U.S and in Europe.*
レーティング・トリガー条項は債券市場に潜在的な脅威をもたらす可能性があるが、こうした契約条項は米国でも欧州でも依然、野放し状態にある。

- **shadow rating　シャドウ・レーティング**
  ▷格付け機関によって債券の発行体に付与されるが一般に公表されない非公式の格付けのこと。*CDO* などの組成に際して、債権プールに含まれる企業に公表債券格付けがないとき、組成に関連して便宜的に付けられる。

- **distressed assets　ディストレスト資産**
  ▷支払い不能で破綻しかかっている企業の株、債券（*junk bonds*）、売掛金（*accounts receivable*）などのこと。値動きが大きいことから、リスクを受け入れて安値で資産を買いたいと考える投資家に絶好の投資機会を与える。
  ▷ディストレス資産の投資家はとりわけ破綻した企業の回収価値（*recovery value*）に注目する。

🔲用例
*The term 'distressed debt funds' embraces a multitude of different strategies from distressed debt, turnaround and special situations.*
「ディストレスト債務ファンド」という言葉には、ディストレスト債務への投資、企業再生、増資や合併での裁定取引などさまざまな戦略が包含される。

- **restructuring　債務再編**
  ▷困難な状況にある（*distressed*）政府や企業が債務不履行となることを避けるために債務の借入条件（*terms and provisions*）を変更する（*alter*）こと。*debt workouts* ともいう。
  ***debt consolidation***　複数の債務の一本化
  ***debt-for-equity swap, DES***　デットエクイティスワップ（債権者が株式と交換に債権を償却すること）
  ***debt forgiveness***　債権放棄、債務免除
  ***debt reduction***　債務圧縮

*debt turns sour*　借金が焦げ付く
*debt waiver/forgiveness/relief*　債務免除・削減、債権放棄
*moratorium*　モラトリアム、支払い猶予
*repudiation*　（政府による債務の）履行拒否
*rescheduling/defferal on payment of principal*　元本返済の繰り延べ
　用例
*The IMF should provide the Argentine authorities with its bottom-line judgement on what would be an acceptable rescheduling of Argentina's external debt.*
IMFはアルゼンチン政府に対し、同国の対外債務の元本返済の繰り延べの受け入れ可能な条件について最終的な判断を示すべきである。

- **Nationally Recognized Statistical Rating Organizations, NRSRO**
  米国公認格付け機関
  ▷アメリカの当局が認定した格付け機関のこと。
  ▷1975年に米証券取引委員会（*SEC*）がアメリカで広く用いられているとして*Moody's*、*S&P*、*Fitch Ratings*の3社を認めた。2013年2月現在、米国内外の10社が*NRSRO*として認定されている。

- **notch**　ノッチ、段階
  ▷（*BBB*と*BBB+*の違いのような）格付けの1段階の差のこと。
  　用例
  *Morgan Stanley was cut its ratings by 2 notches from A2 to Baa1.*
  モルガン・スタンレーは2ノッチ格下げされ、A2からBaa1となった。
  *notching*　清算時の支払い順位や担保の有無などによって、同じ発行体の債券の格付けにノッチ差をつけること。

- **sovereign ceiling**　ソブリン・シーリング
  ▷ある国の企業の信用格付けはその国の政府の格付け（*sovereign rating*）を上限として上回ることができないという考え方。たとえば、特定の国の格付けがシングルAであれば、その国の企業の格付けはシングルAで頭打ちとなる。
  ▷こうした格付け手法は政府が持つ外貨の送金管理の権限や徴税権によって正当化される。この見方に従えば、その国の企業は国債を上回る金利で資金調達できないことになるが、実際は、多国籍企業の中には*sovereign ceiling*にもかかわらず自国の国債より低い金利で調達できている企業もある。
  ▷*sovereign ceiling*の考え方は絶対ではなく格付け機関によっても異なっている。また、証券化商品の格付けはその国の政府の格付けを上回ることもある。

- **fiscal**　会計の、国庫の、財政上の
  ▷財政（*public finance, state treasury*）という意味の形容詞。お金を入れる小さなバスケットを意味するラテン語の*fiscus*が語源。
  ▷財務を意味する*finanical*と同義で使われることもある。
  *fiscal agent*　フィスカル・エージェント、財務代理人、*FA*（さまざまな財務的な義務を第三者のために行う金融機関のこと）
  *fiscal austerity*（*retrenchment*）　緊縮財政
  *fiscal cliff*　財政の崖（2013年に米国が直面した財政を原因とした経済の下振れリスクのこと）
  *fiscal consolidation*　財政再建
  *fiscal/budgetary deficit*（*surplus*）　財政赤字（黒字）
  *fiscal policy*　財政政策
  *fiscal slippage*　財政赤字削減目標が未達になり達成が先送りされること

*fiscal year*(*calendar*)　決算期、決算年度

- **external debt**　対外債務
  ▷ 外国の銀行や国際機関から外貨(*foreign currency*)建てで借り入れられた政府債務(*government/public debt*)のこと。一国が *external debt* の返済を順調に行うには、自国通貨の安定と同時に輸出によって返済原資の外貨を十分に獲得する必要がある。
  ▷ 通貨危機による自国通貨の下落は債務の実質価値を高め対外債務の返済を困難にする。国家によるデフォルトを避けるため、緊急時には往々にして国際通貨基金(*IMF*)による救済融資が行われる。
  ▷ 中南米債務危機(1980年代)、アジア通貨危機(1996年)、ロシア財政危機(1998年)、欧州債務危機(2010年～)などはどれも *external debt* に関連した危機だった。
  (国際収支のキーワード☞209ページ)

  *conditionality*　金融引き締め、財政赤字削減、経済構造の改革など、融資と引き換えに IMF から課される条件のこと。
  *debt service ratio*　デットサービスレシオ、債務返済比率(国の年間の債務元利合計支払額を財・サービス輸出額で割った比率)
  *debt sustainability*　債務の持続可能性
  *financing gap*　資金調達ギャップ(対外債務の返済と輸入に必要な外貨に対する、輸出などの外貨建て収入の不足額)

- **technical default**
  テクニカル・デフォルト
  ▷ 融資や債券の発行に際して前提となっていた誓約条件(*covenant*)に借り手が抵触し、より不利な条件を課されること。借り手の状況が悪いときに起きるが、企業倒産などで起きる真の *debt service default* とは違う。
  ▷ *technical default* は ISDA (*International Swaps and Derivatives Association* ☞133ページ)の信用デリバティブ契約の信用事由(*credit event*)にまれに含まれることがあり、それによって CDS の保険金支払いが引き起こされることがある。

- **selective default, SD**
  選択的デフォルト
  ▷ 米系格付け機関スタンダード＆プアーズ(*Standard & Poor's, S&P*)の格付け記号。債務の少なくとも一部が予定期日に履行されないこと。無秩序なデフォルト(*disorderly default*)を避けるため、債務者が特定の債務を選択して不履行とするがそれ以外の債務は期日通りの支払い(*timely payment*)をするだろうと判断されるときに付与される。
  ▷ 2011年2月28日、ギリシャ国債の債務再編が行われ集団行動条項(*Collective Action Clause, CAC*)が導入されたことを受けて、S&P による同国の格付けは CCC (トリプル C) から SD に格下げされた。2012年3月、ISDA がこれを CDS (*credit default swap*) 契約の信用事由(*credit event*)と認定したことから、ギリシャのデフォルトリスクに対する保険金が支払われることになった。

- **bail-in**　ベイルイン
  ▷ 破綻危機に際した企業や政府を、既存の株主による強制的な資本注入、債券保有者による債務の削減(*bondholder haircuts*)、DES (*debt-equity-swap*)、返済猶予(*moratorium*)などの負担の受け入れによって救うこと。公的資金の注入など、第三者の資金提供で行う救済である *bail out* の対語で、「内部関係者による救済」という意味を含む。
  ▷ 2008年秋の金融危機後に登場した新語で、とりわけ欧州ソブリン債務危機に関連して多く登場する。金融危機の反省から、モラル

ハザードを招く公的資金の注入による救済 (bail-out) と、システミックリスク (systemic risk☞79ページ) を招く無秩序なデフォルト (disorderly default) のあいだの折衷的な危機回避策として提案されている。

- **possibility of support　支援可能性**
  ▷下部主体が上部主体にとって重要な存在であることからその経営が困難に陥ったとき、上部主体が支援を行う可能性のこと。子会社に対する親会社の支援や、政府支援機関 (GSE)、TBTF金融機関などに対する政府の支援などがその具体例である。
  ▷上部主体から保証 (government guarantee) をはじめとする明示的な支援 (explicit support) が与えられている債務には、上部主体と実質一体と見なして格付け機関は上部主体と同一の格付けを付与する一方、キープウェル契約 (keepwell agreement) やコンフォートレター (comfort letter☞152ページ) のような信用補完に対しても、保証より効力は割り引かれるものの一定の支援可能性が考慮される。
  ▷こうした明示的な信用補完がなくても、制度的枠組みやガバナンスの仕組みなどから上部主体による暗黙の保証があると推定された場合には、下部主体の財務や事業面で見た実力 (intrinsic strength) より高い格付けが付与される。

- **implicit support　暗黙の保証**
  ▷明示的な保証 (explicit support) はないが、政府にとって重要な機関であるため、緊急時には政府の支援が得られると期待されること。特定の主体にそうした期待が抱かれると、その財務的な実力より高い信用力の評価が得られ、結果的に低コストで資金調達できることから暗黙の補助金 (implicit subsidies) とも呼ばれる。

▷米国の連邦住宅抵当公庫 (Fannie Mae) と連邦住宅貸付銀行 (Freddie Mac) が発行する不動産ローン担保債券 (MBS) には米連邦政府の implicit support があると市場で認識されていたが、サブプライムローン危機に際してそうした認識が揺らぎ、資金調達が困難になったことから、2008年9月、これらの機関は国有化された。
▷日本の政府関係機関が発行する債券のうち、政府保証が付いていない財投機関債 (FILP agency bond) も、日本政府の implicit support があると暗黙に認められていることから、それに基づく起債運営がなされている。

- **government-sponsored enterprise, GSE**
  **（米国の）政府支援機関**
  ▷農業経営、住宅建設、教育のための金融など、公共性の高い事業の遂行を目的として1916年以降、アメリカの連邦議会によって設立されたいくつかの株式会社のこと。これらが発行する債券は GSE debt securities と呼ばれる。

## COLUMN
## 流動性と支払い能力
―― 2種類の金欠

　私たちはよく「金欠だ（*I'm short of money*）！」と叫びます。正確には、金欠には、「**ビンボーだ**（*short of wealth*＝富の絶対額が足りない）」という意味と、「**手元に金がない**（*short of liquidity*＝現金不足だ）」という2つの意味があります。前者は**支払い能力**（*solvency*）の問題、後者は**流動性**（*liquidity*）の問題です。

### 1.支払い能力（*solvency*）

　支払い能力とは、一言でいうと**負債**（*liabilities*）に対する**資産**（*asset*）の規模のことです。負債に対する資産のカバーが大きければ大きいほど、企業の支払い能力は高くなります。財務分析とは企業が支払い不能に陥る可能性を測るものであり、銀行はこうした分析から企業の返済能力を判断して融資を実行します。支払い能力が低い企業には銀行は高い金利を要求します。

　通常、企業の資産は負債と自己資本でファイナンスされていますが、資産の目減りが自己資本を食い潰し、その規模が負債を下回るようになるとその企業は**債務超過**（*excess liabilities*）となります。債務超過の企業とは、手持ちの資産をすべて売却しても借金返済に足りない、つまり、**返済が不能**（*insolvent*）な企業のことであり、株主にとって無価値な企業です。こうした企業は銀行から継続的な融資を受けられなくなるため、改善の余地がなければ事業を継続できません。

　**支払い不能**（*insolvency*）とは**静的**（*static*）で**会計的な**（*accounting*）現象です。企業が債務超過かどうかを判断するのは企業の資産内容を精査する**会計士**（*accountant*）の仕事です。

　保険会社の支払い能力のことを**ソルベンシーマージン**（*solvency margin*）といいますが、これは文字通り支払い余力、つまりリスクに対してどのくらいの自己資本の厚みがあるかをリスクを分母、自己資本を分子に取って示したものです。

### 2.流動性不足（*dearth of liquidity*）

　支払い不能が資産不足から生じるのに対し、流動性不足は資産と負債の**期間ミスマッチ**（*mismatch in term structure*）や借り換えの失敗（*failure* *in refinancing*）によって起きます。期間ミスマッチとは、**短期負債**（*short-term debt*）が満期を迎えることで発生する将来の**予定支払額**（*expected outflow*）を払えるだけの現金や換金可能資産がない状態のことで、財務諸表上では**当座資産**（*quick assets*）が**流動負債**（*current liabilities*）を下回る状態のことです。

　こうした状態の企業の**資金繰り**（*cash management*）は綱渡りです。外部から**資金を取り込む**（*funding*）か、**長期資産**（*fixed assets*）の一部を換金することができない場合には、迫り来る**支払期限**（*due date of payment*）に対処できなくなるからです。

　こうしたとき、たまたま銀行が貸し渋っていたり資本市場の環境が悪かったりすると、資金調達ができません。また、長期資産を処分するには、買い手がタイミング良く現れる必要があり、現れなければ多額の**売却損**（*loss from sale*）覚悟で資産を**投げ売りすること**（*dump*）を余儀なくされます。

　支払い不能と違い、流動性不足は**外部情勢**（*external situation*）の刻々とした変化によって変わっていく**動的**（*dynamic*）現象です。流動性不足に陥らないためには日ごろから十分な**流動性**（*cash in hand*）を手元に持ち、銀行と良好な関係を保ち、**予防的クレジットライン**（*contingent line*）などの緊急時の融資枠を確保しておく必要があります。

## 番外編
# Market Jargon

相場に関する用語をまとめてみました。

### ● 相場用語

| | |
|---|---|
| all-time high (low) | 史上最高 (安) 値 |
| closing | 引け |
| cross-trading | クロス取引 |
| day (year) high | 本日 (年初来) 高値 |
| day (year) low | 本日 (年初来) 安値 |
| discretionary order | ディスクレ注文 |
| (careful discretion ☞159ページ) | |
| distant/nearby | 期先/期近 |
| ex-right | 権利落ち |
| fill/execute | 約定する |
| good-til-cancelled (GTC) order | キャンセルするまで有効な注文 |
| intraday trade | 日中取引 |
| kill | キャンセル |
| limit (conditional) order | 指し値 (条件付き) 注文 |
| market order | 成り行き注文 |
| opening | 寄り付き |
| order not filled | 不出来 |
| peak | 最高値 |
| place (execute) an order | 注文を出す (執行する) |
| stop loss order | 逆指し値 |
| trough | 底値 |
| VWAP order | 出来高加重平均取引 (☞179ページ) |

### ● 相場の上昇

| | |
|---|---|
| bull market/market upturn/uptrend | 上げ相場 |
| buoyant, booming | 上げ基調の |
| catapult | 上放れする |
| edge (tick) up/ratchet | じりじり上がる |
| gain ground (momentum) | 勢いを得る |
| go (come) up, rise, climb, spike, appreciate, gain, tick up | 上がる |
| head higher to try ～ | ～の上値を試す |
| upswing/upturn/uptrend | (相場の) 上昇 |
| rebound, bounce back, rally, make a backlash | 反騰する (下がっていたものが上げに転じること) |
| surge, jump up, boost, boom, soar, run up | 急上昇する |

### ● 相場の下落

| | |
|---|---|
| bear market/market downturn/downtrend | 下げ相場 |
| collapse/slump/plummet/break/ drop sharply/tumble/get a crash/ be disrupted | 急落する |
| dip/plunge | 押す |
| downturn/downswing/downtrend | (相場の) 下落 |
| drag down by ～ | ～に引きずられて下落する |
| falter | 低迷する |
| go (come) down/slump/contract/fall/lose/ retreat/sink/be eroded/tick down | 下がる |
| head lower to try ～ | 下値を試す |
| lose momentum (ground)/wane/falter | 勢いを失う |
| recede/edge (tick) down/ lose ground/ dwindle | じりじり下がる |
| slip back/fall back/pull back | 反落する |
| stall | 失速する |

番外編 ●Market Jargon

## ● さまざまな相場の様相

~ *weigh heavily on the market*
　　　　～によって相場の上値が重い
*be ready to bounce back* 　あく抜けした
*bottom out* 　底打つ
*checkered/mixed* 　上げと下げが交錯した
*come to a standstill* 　膠着状態となる
*consolidation* 　地固め、調整
*correction* 　反落、調整
*flat market, range-trading market,*
　*sideways trade*
　　レンジ相場、方向性のない相場、ボックス相場
*gyrating, sharp fluctuation* 　乱高下
*heavy trading*(*turnover*)/*tight market*
　　　　大商い
*hit*(*touch*) *a record*(*all-time*)*high*
　　　　最高値を更新
*hold firm/steady* 　堅調な
*hover between small gains and losses*
　　　　小さいレンジを方向感なく漂う
*long rally* 　息の長い上昇
*market sentiment/breadth* 　地合い
*moribund/stagnating* 　停滞した
*movement in a tight range* 　小動き
*overbought* 　上放れた
*oversold* 　下放れた
*priced in/factored in/incorporated*
　　　　織り込み済み
*reversal*
　反転(価格トレンドが反対方向に変わること)
*sell-off* 　激しい売り、下落
*skirmish* 　小競り合い
*skyrocketing* 　青天井の
*slack*(*light*)*trading*(*turnover*)/*thin market*
　　　　閑散
*soft patch/summer doldrums/*
　*market doldrums/congestion* 　足踏み状態
*spike*(*surge*)*in volume* 　出来高の急増

*steady/firm* 　小じっかりした
*struggle to find a direction* 　もみ合う
*trading opportunity* 　買い場
*turbulent/roaring* 　大荒れの
*turning point, trend reversal, breakout* 　転換点

## ● 相場の売買

*average down* 　ナンピン買い
*bottom fishing* 　物色買い
*buy on dips/weakness* 　押し目買い
*cut loss* 　損切る
*drop in sympathy* 　連れ安
*dumping/fire sale* 　投げ売り
*panic selling* 　狼狽売り
*profit-taking* 　利食い
*sell on rally* 　戻り売り
*sell-off* 　処分売り
*short cover* (空売りしていた手合いの)買戻し
*short squeeze* 　踏み上げ
*speculative buying* 　思惑買い
*take profit* 　利食う

## ● テクニカル用語

*advance/decline ratio* 　騰落レシオ
*barstick chart*
　　　　棒足チャート、いかり足チャート
*black*(*white*)*candlestick* 　陰線(陽線)
*break down below support of* ~
　　　　～の下値抵抗線を破る
*break the barrier of* ~
　　　　～の上値抵抗線を破る
*breakdown*
　ブレイクダウン(支持線を超えて下落すること)
*breakout*
　ブレイクアウト(抵抗線を超えて上昇すること)
*candlestick chart* 　ローソク足チャート
*chartist* 　チャーティスト(チャート分析を
　　　　主として売買する投資家)

| | | | |
|---|---|---|---|
| *daily*(*weekly/monthly*) | 日足(週足、月足) | *moving agerage convergence divergence, MACD* | 移動平均収束拡散法 |
| *declining wedge* | 下降ウェッジ | | |
| *double bottom* | 二番底 | *oscillator* | 値幅分析、オシレーター系の |
| *double top* | 毛抜き天井 | *OsMa* | 移動平均オシレーター |
| *fakeout/false signal* | だまし(サインが示す方向と異なった方向に動くこと) | *pennant* | ペナント(2本の収斂するトレンドラインで形成され、二等辺三角形に近い形状となるレンジのこと) |
| *fill the gap* | 窓を埋める | | |
| *head and shoulder* | ヘッドアンドショルダー(三尊天井で中央のヘッドが両側のショルダーより高いもの) | *psychological barrier*(*support*) | 心理的抵抗(支持)線 |
| | | *resistance line* | 抵抗線 |
| *histogram* | 柱状グラフ | *support line* | 支持線 |
| *inclining wedge* | 上昇ウェッジ | *throwback* | だまし(ブレイクしたように見えて値を戻すこと) |
| *intraday* | 日中 | | |
| *logarithmic price scale* | 対数目盛り | | |
| *low volume pullback* | アヤ戻し | *triple top* | 三尊天井 |
| *moving average* | 移動平均 | | |

Finance and Investment Terms
**INDEX**

# 索引

# Finance and Investment Terms INDEX

- 太字の用語は太字のページの用語解説で詳説しています。
- 番外編（Market Jargon）の用語は除いています。256ページを参照してください。

## 英語

### A

a priori ..... **122**
ability to pay ..... 77
absolute return ..... 97
absolute value ..... 27
Abu Dhabi Investment Authority, ADIA ..... 106
abundant credit ..... 190
account ..... 200
accountant ..... 254
accounting term ..... 46
accounts receivable ..... 250
accredited investors ..... 204
accrual accounting ..... 108
accrual rate ..... **108**
accrue ..... 108
accrued interest ..... **108**
accumulated depreciation ..... 29
accumulated earnings ..... 146
accumulated profit ..... 146
accuracy ..... 147
accurate risk pricing ..... 63
acquisition ..... 103
acquisition cost ..... 25,119
active investing ..... 105
actual value ..... 27
ad hoc ..... **222**
- on ad hoc basis ..... 145
added value ..... 30
add-on interest ..... 50
ad-hoc call clause ..... 134
adjustment ..... 26
administration ..... 199
advance ..... 52
advice ..... 240
advisory ..... 188,197
after-hours trading, AHT ..... 226
Age of Discovery ..... 237
ageing schedule ..... 47
agency bond ..... 191
agency cost ..... 152

agent ..... 100,**152**,199
aggregate balance ..... 99
ahead of the curve ..... 109
AIG Financial Products ..... 186
Akerlof, George ..... 153
aleatory contract ..... **77**
algorithm ..... 111,**228**
algorithm trading ..... 227
allocate ..... 29
allotment ..... 156,200
allowance for doubtful debt ..... 246
allowance for retirement ..... 135
all-time high ..... 242
alpha return ..... 69
alpha (a) ..... **65**
alternative assets ..... **110**
alternative trading system, ATS ..... 226
alternatives ..... 212
American depository receipt, ADR ..... 101
American International Group, AIG ..... 172,193
American option ..... 130
amortization ..... 29,52
amount ..... 12,**25**
amount to～ ..... 25
amplify ..... 114
analyst coverage ..... 129,147,148
analyst meeting(s) ..... 145,151
anchoring ..... **73**
annual percentage rate ..... 50
annual rent ..... 84
annual sales ..... 242
annualize ..... 38
annuity contract ..... 77
anomaly ..... **76**
anticipation ..... 99
antiques ..... 110
apply for a bank loan ..... 36
appraisal ..... 59
appraise ..... 25

appreciate ..... 29
approval rating ..... 246
arbitrage ..... 37,143,**227**
arbitrage opportunities ..... 68
arbitrage pricing theory, APT ..... 74
Aristotle ..... 206
arm's length ..... **159**,160
arm's length market ..... 160
arm's length principle ..... 159
arranger ..... 132
Arthur Andersen ..... 156
Article of Incorporation ..... 237
arts ..... 19,110
Asian currency crisis ..... 206
Asian option ..... 130
ask ..... 178
ask price ..... 165
assess ..... 25,63
asset(s) ..... 98,136,254
asset allocation ..... **105**
asset bubble ..... 213
asset class ..... 93,**101**
asset classification ..... 207
asset liability management, ALM ..... 131,136
asset pool ..... 132
asset quality ..... 171,185
asset sale ..... 146
asset under custody ..... 159
asset under management, AUM ..... 159
asset-backed commercial paper, ABCP ..... 107,132
asset-backed securities, ABS ..... 132,133,241
assign a rating ..... 240,246
assume ..... 57
assumption of obligations ..... 229
asymmetric ..... 37
asymmetric information ..... 141,**153**
at a geometric rate ..... 42
attentional bias ..... 73

auction market...........................178
audience rating..........................246
audit............................................150
audited financial statements........150
auditor...................................152,155
Australia.....................................157
(the) Austrian School....................32
authorized capital....................53,98
average...................................74,75
average daily trading volume,
  ADTV......................................179
average expected cost..................62
**(weighted-)average life, WAL....48**
average life...........................79,107
average mean...............................99
average outstanding.....................99
award...........................................60

## B

baby fund..................................204
Bachelier, Louis..........................75
back margin..............................127
back office...........................143,199
**backtesting**..............................**74**
back-up facility............................53
Baffet, Warren......................28,174
Bahamas....................................157
**bail-in**.....................................**252**
bail-out...................155,173,253
bailout program.........................221
Bain Capital...............................138
balance.......................................99
balance of payments.................209
balance sheet..................134,135,136
balance sheet risk.......................78
baloon payment..........................52
Banca Nazionale del Lavoro,
  BNL.........................................188
bank deposit..............................238
Bank for International Settlements,
  BIS..........................................155
bank holding company...............173
bank holiday................................49
Bank of America................186,224
Bank of America Merrill Lynch
  ..............................................224
bank rate....................................48
banker........................................60
banker's fee................................60
banking business.......................120

banknotes....................................26
bankrupt....................................247
bankruptcy remote....................132
banks........................................204
Banque Nationale de Paris,
  BNP........................................188
barbel portfolio..........................100
Barclays....................................197
bargain.....................................140
bargain hunt.............................227
Barmuda...................................157
barrier option............................130
barriers/walls............................158
barter....................................14,20
base rate....................................48
base salary...............................189
Basel II...................................30,77
Basel III......................................77
Basel Committee on
  Banking Supervision..............155
**basis point, bp**......................**196**
**basis risk**................................**79**
basis swap...............................131
**basket trading**....................**228**
bazaar......................................140
bazaar economy.......................141
bear.........................................224
bear flattening..........................109
bear steapening.......................109
Bear Stearns.....................186,197
bearish.....................................224
**beauty contest**...............**200**,216
beginning of the term.................46
behavioral economics............68,73
behind the curve......................109
Belgium....................................157
bellwether stock........................101
**benchmark**............................**104**
benchmark bonds.....................109
beneficiary................................158
beneficiary right........................204
Bermudan option......................130
Bernoulli, Jacob..........................74
**beta (β)**...................................**65**
betting........................................57
**bias**........................................**73**
bid.....................................103,228
bid price............................165,178
bill......................................48,106
**bill discount**......................**47**,52

binary option............................130
blackmail..................................156
Black-Scholes model..................27
block order................................228
**block trade**...........................**228**
blue-chip (guilt-edged) stock,
  blue chips.........................101,227
BNP Paribas.......................188,197
BNY Mellon...............................229
bolster liquidity.........................177
**bond(s)**..................19,83,**106**,167
(the) bond house......................237
bond rating agency..................219
bond ratings.............................246
bond repurchase agreement.....181
bond valuation............................44
bondholder...............................106
bonds and notes.......................133
bonus.......................................240
book....................................25,200
book transfer............................229
**book value**..............................**25**
book value per share, BPS....83,101
book-building...........................202
book-entry system...................180
**bookrunner**...........................**200**
boom and burst........................226
booming...................................213
boost return...............................97
borrower....................................52
borrower classification..............246
borrowings...............................136
bottom fishing..........................227
bottom-line..........................97,146
bottom-liner.............................241
bottom-up approach.................147
**boutique(s)**......................189,**198**
boutique investment bank........198
break down...............................247
break the buck.........................104
break-even................................97
**bribe**...............................141,**157**
bribery......................................156
BRICs.......................................206
bridge loan................................52
British FSA...............................155
British Virgin Islands................157
**broker**.............................178,**199**
brokerage commission........167,179
broker-dealer......................197,199

| | | |
|---|---|---|
| bubble | 226 | |
| buffer | **137** | |
| bulge bracket firms | 203 | |
| bulge bracket investment banks | 184,197 | |
| bulk sale | 248 | |
| **bull** | **224** | |
| bull flattening | 109 | |
| bull steepening | 109 | |
| bullet payment | 40,52 | |
| bullet portfolio | 100 | |
| bullion | 110 | |
| bullion market | 110 | |
| Bunds | 107 | |
| business appetite | 174 | |
| **business day** | **49** | |
| business ethics | 153 | |
| business outlook | 240 | |
| business owner | 117 | |
| business suspension | 154 | |
| business/economic cycle | 50 | |
| bust | 213 | |
| buy on margin | 127,123 | |
| **buy-and-hold investing** | **227** | |
| (share/debt) buyback | 127,**178** | |
| buy-in | 180 | |
| buyout firm | 138 | |
| buy-side | 225 | |
| buy-to-hold | 94 | |
| buy-to-let | 84 | |

── C ──

| | |
|---|---|
| calendar spread | 178 |
| call | 130 |
| call provision | 79 |
| callable bond | 107 |
| cancel | 111 |
| **cap** | **197** |
| (small, mid and large) cap | 102 |
| cap rate | 197 |
| capacity | 94 |
| capacity utilization | 134 |
| **capital** | 96,97,**98**,137 |
| capital adequacy ratio | 98,135,185,193 |
| **capital asset pricing model, CAPM** | 68,74,**75** |
| capital balance | 210 |
| capital call | 98 |
| capital expenditure, CAPEX | 88,98 |
| capital gain | 86,96,98 |
| capital gain/loss | 84 |
| capital goods | 82,98 |
| capital loss | 94 |
| capital markets | 234 |
| capital structure | 78 |
| capital subscription | 98 |
| capitalism | 96 |
| capitalist | 43 |
| capitalization | 98 |
| capitalization rate | 98 |
| capitalize ~ | 98 |
| capitalize on ~ | 98 |
| capitalized | 42 |
| careful discretion, CD | 159 |
| CARMELS | 185 |
| carried interest | 50,129 |
| carry | 129 |
| carry cost | 169 |
| **carry trade** | **128** |
| - dollar carry trade | 129 |
| - yen carry trade | 129 |
| carry-forward | 129 |
| carry-over effect | 129 |
| **cash** | **16**,35,98 |
| cash accounting | 108 |
| cash and equivalents | 135 |
| cash equity | 124 |
| cash flow | 88 |
| cash flow from operations | 88 |
| cash flow projection | 46,84,99 |
| cash flow statement | 88 |
| cash flow table | 40 |
| cash in hand | 114,255 |
| cash management | 205,255 |
| cash reserve | 137 |
| cash settlement | 123,128 |
| cash trade | 30 |
| cash trading | 127 |
| cash/spot market | 128 |
| **cat bond** | **110** |
| cataclysm | 94 |
| **catastrophe bond** | **110** |
| (the) Catholic Church | 54 |
| cause and effect | 57 |
| cautionary statement | 160 |
| (the) Cayman Islands | 157,204 |
| CB arbitrage | 227 |
| **CDS spread** | **131** |
| ceiling | 197 |
| (the) Central Bank | 18,38,50 |
| **(the) Central Counterparty, CCP** | 228,**229** |
| central securities depository, CSD | **229** |
| certain events | 56 |
| CFA Institute | 106 |
| chance | 58,71 |
| change of denomination | 29,197 |
| changes in working capital | 88 |
| charge interest | 50 |
| chart | 46 |
| Chicago Board of Trade, CBOT | 110 |
| Chicago Mercantile Exchange, CME | 110,128,226 |
| chicken | 224 |
| Chief Financial Officer, CFO | 151,159 |
| China Investment Corporation, CIC | 106 |
| **Chinese wall** | **159**,162 |
| churning | 142 |
| **circuit breaker system** | **225** |
| circulate | 23 |
| Citigroup | 192 |
| (the) City | 187,224 |
| claim | 52,62,117,136,246 |
| claims-paying ability | 238 |
| classical economics | 31 |
| clause | 249 |
| clean | 136 |
| clean price | 108 |
| clear | 30 |
| **clearing** | **180**,229 |
| clearing house | 180,225 |
| clearing members | 180 |
| client | 158 |
| close | 182 |
| close out | 123 |
| closed-end | 105 |
| close-out netting | 181 |
| closing | 225 |
| **club deal** | **202** |
| CME Clearing | 180 |
| code of conduct | 154 |
| code of ethics | 154 |
| cognitive bias | 73 |
| coincidence | 71 |
| coins | 110 |

co-lead ..................................................... 200
collapse ..................................................... 247
collar .............................................. 197,225
**collateral** ................................. 123,**247**
collateral management ..................... 134
collateral securities ........................... 127
collateral value .................................. 123
collateralized bond obligation, CBO
........................................................ 132
(repackaged)collateralized bond
    obligation ................................... 133
collateralized debt obligations, CDO
................................... 132,133,206,241,250
collateralized loan obligation, CLO
............................................... 132,133
collateralized mortgage obligation,
    CMO ............................................ 132
collection ............................................ 247
Collective Action Clause, CAC ... 252
collocation .......................................... 111
come due ........................................... 247
**comfort letter** ....................... **152**,253
**commercial bank** .. 38,50,170,**197**,198

commercial mortgage-backed
    securities, CMBS .................. 107,132
commercial paper, CP
........................................ 107,172,174,238
commercial transaction ..................... 36
commingled fund .............................. 159
commingling risk .............................. 159
**commission** .................... 28,167,**179**
commission rebate ........................... 179
commission-based ........................... 179
commit ～ for xx ............................... 53
cancel/duck a commitment .......... 53
**commitment** ................................ **52**
- enter into a commitment ............ 53
commitment fee ................................. 53
commitment line ............................... 53
committed ........................................... 53
committed amount ........................... 53
committed capital ............................. 53
committed facility ............................. 53
commoditization ............................... 110
**commodity** ................................. **110**
commodity exchange ..................... 110
commodity futures ........................... 128
commodized product ...................... 132
common stock ........................... 101,248

commonly accepted ........................... 17
commonwealth .................................. 191
**company** ................................. 96,**237**
company law ..................................... 237
company limited ............................... 237
compensate ................................... 63,189
compensation ............................. 190,218
compensation package ................... 189
**compliance** ................................. **154**
compliance officer ..................... 154,159
comply with ～ ................................ 155
composite index ............................... 104
compound annual growth rate,
    CAGR ............................................. 47
**compound interest** ...................... **47**
**compounding** ........... 40,41,42,43,**47**
compulsory liquidation ................... 123
**concensus** .................................... **99**
concentration ...................................... 76
conditionality ............................ 221,252
conduit ......................................... 132,207
conference call ................................. 151
confidence interval ............................ 30
**confidential agreement**, CA ...... **157**
confidential information ................. 157
**confidentiality** ............................ **157**
confirm a rating ................................ 246
confirmation ..................................... 133
confirmation bias ............................... 73
**conflict of interest** ......... 154,**158**,**161**
connection ......................................... 141
consolidation .................................... 186
constant maturity swap, CMS
................................................... 47,131
consulting firm ................................. 237
consumer loan ................................... 52
consumer price index, CPI .... 29,104
Consumer Protection Agency ... 207
**contagion** ............................... 192,**206**
contingent capital, CC ..................... 98
contingent convertible bonds ........ 98
**contingent liability** ........... 136, **249**
contingent line ................................. 255
- be contingent on ～ .................... 249
contract ............................................. 246
**contract for differences**, CFD ... **128**
contraction ......................................... 50
**contrarian investing** ................. **227**
contribution ....................................... 80
controlling interest (stake) ..... 50,103

conventional .................................... 110
conversion ........................................... 15
conversion premium/discount .. 108
conversion ratio ............................... 108
converter ............................................. 15
**convertible bond**, CB ................ **108**
convexity .......................................... 109
cook the accounts ........................... 156
cooling-off period ........................... 151
Copernican shift .............................. 236
core tier one ..................................... 203
cornering the market ..................... 156
**corporate** ..................................... **237**
corporate actions ............................. 151
corporate bond(s) ..................... 107,169
corporate bond analyst ................. 240
corporate debt ................................. 135
corporate ethics .............................. 153
corporate finance .............................. 84
**corporate governance** ............... **154**
corporate loan ................................... 52
corporate racketeering ................... 156
corporate scandal ..................... 144,154
corporate social responsibility,
    CSR ............................................. 154
corporate value ................... 27,83,144
**corporation** ........................... 118,**237**
**correlation** .............. **72**,76,79,182,206
correlation coefficient ...................... 73
cost(s) ......................................... 97,146
- value at cost .................................... 25
cost of banking service ................... 38
cost of capital .................................... 98
cost of carry .................................... 129
cost of debt ...................................... 116
couch-potato strategy .................... 227
counter-cyclical stock ...................... 50
counterparties .................................. 131
**counterparty** ........ 128,129,172,**228**
counterparty limit ........................... 184
counterparty risk ....................... 77,229
counterparty risk officer ................ 184
**country** ........................................ **191**
country code ................................... 191
**country risk** ................................... **78**
Countrywide Financial ................. 206
**coupon** ................................. 89, **108**
coupon rate ................................ 79,108
**covenant** ............................... **249**,252
**cover** ..................................... 62, **129**

cover deal ... 129
**coverage** ... **129**
covered bond ... 107,129
covered trade ... 174
covered warrant ... 102
craving ... 153
create money ... 120
credentials ... 238
**credit** ... **39**,52,126
credit agency ... 155
credit analysis ... 185
credit appetite ... 174
credit assessment ... 36
credit availability ... 178
credit cost ... 38
**credit crunch** ... **177**
**credit curve** ... **109**
**credit default swap, CDS**
 ... **64,131**,184,206,252
credit derivative ... 77,131
credit enhancement ... 132,241
credit event ... 252
credit facility ... 53
credit line ... 53
credit linked note, CLN ... 107
credit rating(s) ... 77,219,234,246
credit record ... 36
**credit risk** ... **77**,138
**credit scoring** ... **248**
credit spread ... 178,219
credit standing ... 38,77
Credit Suisse ... 205
credit support ... 170
**Credit Support Annex, CSA** ... **134**
credit uneasiness ... 192
creditor ... 52,117
creditworthiness ... 77,219
criminal track record ... 36
cross acceleration ... 249
**cross default** ... **249**
cross ownership(holdings) ... 101
**cross-currency swap** ... **131**
cum-warrant(cum-warrant bond)
 ... 102
**currency** ... **39**,166
currency basket ... 78
currency depreciation ... 29
currency fluctuation ... 124
currency(foreign exchange)
 forward, FXA ... 48,78

currency swap ... 78,131,184
current account balance ... 209,210
current account surplus ... 209
current asset ... 176
current deposit ... 46,169
current exposure ... 133
current liabilities ... 255
current market value, CMV ... 25,127
current maturity ... 90
current value ... 25
current yield ... 98
**curriculum vitae, CV** ... **222**
cushion against risk ... 137
**custodian** ... 104,**229**
custodian fee ... 179
customer asset ... 159
customer first ... 161
**customer-side** ... **225**
**cut-off** ... **50**
cut-off time ... 50
**cycle** ... 12,**50**
cyclical ... 71
cyclical stock ... 50,101

——— **D** ———

Dagong Global Credit Rating ... 244
daily interest ... 123
daily mark-to-market ... 123
day trader ... 198
day trading ... 95
daycount ... 108
de fact standard ... 241
**de facto** ... **122**
deal size ... 200
**dealer** ... **199**
dearth of liquidity ... 192,254
debenture ... 106
decelerate ... 29
debt ... 52,106,119,134,136
 service debt ... 50
debt capital markets, DCM ... 107
debt cash flow ratio ... 135
debt consolidation ... 250
debt forgiveness ... 250
debt instrument ... 100,106
debt outstanding ... 99,135,246
debt overhang ... 135
debt reduction ... 250
debt repayment ... 88
debt service default ... 252

debt service ratio ... 252
debt sustainability ... 252
debt turns sour ... 251
debt waiver ... 251
debt workouts ... 250
debt/bondholders haircut ... 128
debt-ridden company ... 135
debt-service coverage ratio, DSCR
 ... 130
debt-to(for)-equity-swap, DES
 ... 135,250,252
**decoupling** ... **206**
deductible ... 136
deep market ... 176
deep-discount bond ... 48
**default** ... 64,89,131,236,246,**247**
default risk ... 77,94,134
default setting ... 247
defensive stock ... 101
defferal on payment of principal
 ... 251
deflate ... 29
deflation ... 19
delegated ... 152
**deleveraging** ... **136**
delinquency rate ... 240
deliver ... 30
delivery date ... 128
delivery versus payment, DVP
 ... 78,180
**delta**($\delta$) ... **65**
demand ... 15,18
demand deposit ... 46
**denomination** ... **197**
deposit ... 17,93,120
deposit amount ... 25
deposit book ... 18
deposit insurance ... 172
deposit rate ... 50
depository ... 104,229
depository bank ... 197
Depository Trust Company, DTC
 ... 229
depreciate ... 29
**depreciation** ... **29**
depreciation and amortization ... 88
depreciation expense ... 29
derivative pricing theory ... 74
destroy value ... 24
deterministic ... 71

Deutsche Bank............187,197,205
Deutsche Mark......................164
**devaluation**......................**29**,78
devalue..............................18,29
developed economies..............120
deviation..............................57
diluted EPS..........................202
dilution........................161,202
dip....................................190
direction..............................63
directors............................154
dirty price..........................108
disbursement..................52,247
disciplinary action................157
**disclaimer**.........................**160**
disclose..............................144
**disclosure**...................144,**150**
discount......................26,**47**,48
- at a discount....................178
- buy (sell) at a discount........24
discount (zero-coupon) bond...107
discount bond......................108
discount broker......................48
discount cash flow analysis......48
discount factor....................145
**discount rate**..........27,42,43,47,**48**
discounted..........................169
discounted cash flow method......28
discounting..........................43
**discretionary**.....................**159**
discretionary account............159
discretionary income............159
discretionary intermediary......197
discretionary supervision........159
disinflation..........................29
**disintermediation**...............**101**
disorderly default............252,253
dispersion............................74
disposable income..................96
disseminate........................150
**distressed assets**..............**250**
distribution....................84,103
**diversification**........74,75,**76**,241
dividend....................87,94,104
dividend payout....................101
dividend per share, DPS..........101
dividend yield..............28,93,98
Danish Krone, DKK................164
document............................246
documentation....................247

**Dodd-Frank Act**.................**207**
doldrums............................227
dollar-cost averaging, DCA........76
domino effect......................172
dotcom bubble....................226
double gearing....................134
double standard..................243
down payment......................52
down the curve..................109
downbeat............................99
downgrade........................246
downside..........................124
downside risk..................58,71
drawdown............................52
Dresdner Bank....................187
dress up............................156
due....................................47
due date of payment............255
**due diligence, DD**..........**152**,179
dump................................255
dumping............................170
**duration**........................79,**108**
**duty of a prudent manager**....**154**
duty of explanation..............201
dynamic............................255
dynamic hedge....................74

## E

e.g.................................**222**
early redemption..........47,48,178
early repayment/prepayment.....52
early termination..................46
early termination date..........133
earn interest........................50
**earnings**..............96,119,**146**,185
earnings announcement........151
earnings estimate(forecast)
.......................97,99,144,147,151
earnings on foreign investments
..........................................210
earnings per share, EPS
............................72,83,97,161
earnings potential................71
earnings season..................151
earnings surprise..................97
economic activities................12
economic indicator................42
economic value..............12,94
edge....................................61
efficiency..........................142

efficient frontier....................75
efficient market....................68
**efficient market hypothesis, EMH**
.........................68,**75**,76,105,106
**electronic communication**
**network, ECN**..............111,**226**
electronized......................225
eligible collateral................134
eliminate............................63
Emergency Economic
  Stabilization Act................173
emerging economies............120
empire..............................191
Employee Retirement Income
  Security Act, ERISA..........154
employer......................59,119
emplyee............................119
encumbered......................247
end of the period..................46
Ende, Michael......................13
enforcer............................155
Enron................................156
Enron Shock......................234
enterprise............................96
enterprise value..................237
entrepreneur....................119
**entreprise**.........................**237**
equal footing....................122
**equity**
......78,82,98,**101**,116,119,134,135,136
equity analyst....................147
equity and bond issuance......146
equity capital markets, ECM.....101
equity derivative................101
equity investing....................84
equity market......................96
equity stake......................102
eroded..............................118
eroded value......................216
estimate............................99
estimated growth rate............83
estimated useful life..............29
**ethics**.......................**153**,154
euro, EUR..........................165
eurobond..........................107
euro-dollar..........................51
(the) European Central Bank, ECB
..........................................221
(the) European Currency........164

(the) European Development Bank,
　EDB ................................................... 191
European option ....................................... 130
European sovereign debt crisis
　................................................. 173,206,209,220
(the) European Union, EU ........... 221
eurozone peripheral countries .... 221
evaluate .................................................... 25
**event of default** ................................. **247**
**event-driven strategy** ................ **205**
excess liabilities .................................. 254
excess liability ..................................... 136
excess return ......................................... 65
excessive credit expansion ......... 226
exchange ........................... 26,28,144,178
exchange rate ................. 14,18,21,167
exchange trade .................................... 228
**exchange(currency)risk** ......... **78,94**
exchangeable ........................................... 14
exchangeable bond ........................... 107
**exchange-traded fund, ETF** ... **68,105**
execution ............................................... 199
execution cost .................................... 144
exempted limited partnership ... 204
exercise date ...................................... 130
exercise period ................................. 130
exercise price .................................... 130
exit ............................................... 84,192,221
exit strategy ...................................... 182
exotic ............................................. 130,176
expansion ................................................. 50
expectation ............................................. 71
expected outcome .................................. 66
expected outflow ............................... 255
expected payoff .................................... 61
expected rate of return ............ 42,75
expected return ..................... 82,96,97
expense(s) ............................ 41,97,146
expiration .......................................... 47,48
explain ..................................................... 230
explicit support ................................ 253
exploit .................................................... 141
export ...................................................... 209
**exposure** ........................................ **72,182**
external assets ........................ 209,210
external audit ..................................... 156
external balance ................................... 78
**external debt** ................................. **252**
external money ................................... 120
external situation ............................ 255

extortion .................................................. 156
ex-warrant ............................................... 102

--- F ---

face value (amount)
　........................................ 24,25,26,89,99,197
**facility** ............................................... **53**
facility fee ............................................. 53
factor income ...................................... 209
**fail** .............................................. **79,180**
fail to repay ....................................... 246
failure in refinancing ................... 254
**fair market value, FMV** ............. **28**
**fair value** ........................................ **28**
fairness in price formation .......... 142
**fairness opinion** .......................... **153**
fall into bankruptcy ....................... 247
**fallen angel** ................................... **249**
family office ...................................... 203
Fannie Mae ............................................. 253
fat-tailed ................................................ 79
federal .................................................... 191
federal funds rate ............................... 51
Federal Reserve
　Bank of New York ........................ 200
Federal Reserve Board, FRB
　............................................... 48,155,207
federation ............................................. 191
fee ............................................ 127,167,188
fee business ....................................... 188
**feedback loop** ...................... **219,225**
**feeder fund** .................................... **204**
**fiduciary** ....................................... **158**
fiduciary duty ................................... 154
fiduciary relationship .................. 158
fiduciary responsibility ............. 158
file for Chapter 11 ......................... 247
FILP agency bond ............................... 253
final prospectus ............................... 152
finance ...................................... 35,38,46
finance business ................................. 34
finance plan ....................................... 200
financial communication ............. 151
financial crisis ....................... 144,218
**financial engineering** ............... **74**
financial information ................... 142
financial instrument .................. 82,100
Financial Instruments and
　Exchange Law, FIEL
　............................. 100,145,153,201,204

**financial leverage** ..................... **134**
financial markets ................................ 23
financial reportings ....................... 151
**financial risk** ................................ **78**
financial safety nets .................... 172
financial service provider ........... 12
Financial Services Agency, FSA
　.................................................................. 155
Financial Services Authorities, FSA
　.................................................................. 155
Financial Stability Board, FSB
　....................................................... 186,208
financial standing ........................... 240
financial transaction ....................... 36
**financial transaction tax, FTT** .. **207**
financing activities ....................... 218
financing cash flows ......................... 88
financing gap ...................................... 252
fine wines ............................................. 110
fines ......................................................... 154
fire .............................................................. 59
**firewall** ....................... **158,159,162,177**
**firewall of liquidity** ............... **177**
**firm** ..................................................... **237**
first-tier player ............................... 200
**fiscal** .............................................. **251**
fiscal agent ........................................ 251
fiscal austerity ............................... 251
fiscal balance ................................... 209
fiscal cliff .......................................... 251
fiscal consolidation ...................... 251
fiscal deficit(surplus) ................. 251
fiscal discipline ............................. 221
fiscal expenditure ............................ 26
fiscal policy ...................................... 251
fiscal position ..................................... 78
fiscal retrenchment ........................ 251
fiscal slippage ................................. 251
fiscal unbalance ............................... 209
fiscal year(calendar) ............ 46,252
Fitch Ratings ...................................... 251
Fischer, Black ...................................... 74
fix ............................................................. 131
fix rate .................................................. 230
fixed ........................................................ 106
fixed assets ................................. 46,255
fixed cost ................................... 120,134
fixed exchange-rate system ........ 209
fixed income ............................. 106,108
fixed income instruments ............... 93

fixed interest rate ............................... 50
fixed-income bond ..................... 107,108
fixed-rate method ................................ 29
Flash Clash ....................................... 112
flattening ........................................... 109
flight to quality ............................. 76,92
float ............................................ 131,202
floater ............................................... 107
floating exchange-rate system .. 209
floating rate note, FRN ................. 107
floating system .................................. 78
floating/variable rate ................ 50,230
floor .................................................. 197
floor rate .......................................... 197
floor trader ........................... 111,198,225
flotation ........................................... 202
flow .................................................. 166
flow business .................................. 132
flow chart ........................................ 228
flow of funds table ......................... 209
fluctuate ..................................... 24,123
fluctuation ......................................... 50
footnote ........................................... 249
forced liquidation ........................... 127
**forced sale value**, **FSV** ........................ **27**
forecast .............................................. 99
foreclosure ............................... 246,247
foreign currency ............................. 252
foreign reserve ................................ 210
forex .................. 122,124,128,129,167,168
forex margin trading ................ 122,124
forgiveness ..................................... 251
Fortis ............................................... 188
fortune ............................................... 71
**forward** .............................................. **48**
forward contract ........................ 48,128
forward cover .................................. 129
forward guidance ........................ 48,51
forward rate ...................................... 48
forward rate agreement, FRA .... 48
forward-looking statement ..... 48,160
franchise ......................................... 189
fraudulent behavior ....................... 153
fraudulent inducement .................. 201
Freddie Mac .................................... 253
free and open ................................. 141
free cash flow ................................... 88
French Franc ................................... 164
frequency of margin call .............. 134
fringe benefits ................................ 189

front office ................................ 143,199
full of competing interests .......... 241
full-line ........................................... 203
**fund(s)** ............................... **16**,46,96
**fund of funds**, **FoHF** ................. **205**
fundamental approach ................. 147
fundamentals ............................ 28,217
funding ............................................ 255
funding cost ................................ 38,219
funding rate ...................................... 51
future earnings .............................. 147
future value, FV ........................ 35,43
futures ......................................... 28,128
**futures contract** ............................. **128**

━━━ G ━━━

**gain** ............................... 87,93,**96**,97,146
- reap gains ....................................... 97
gamble, gambling .................... 59,71,77
**gamma($\varepsilon$)** .................................... **65**
gap ..................................................... 27
gate keeper .................................... 205
gauge ........................................... 25,63
British Pound, GBP ....................... 165
GDP growth rate ............................. 42
gearing ...................................... 126,134
**gearing ratio** ................................. **135**
general partner, GP ....................... 204
genuine demand ............................ 165
geographic dispersion .................. 240
get-rich-quick .................................. 69
gift ..................................................... 20
Gilts/gilt-edged securities ........... 107
give quotes ..................................... 178
Gladwell, Malcolm ......................... 226
Glass-Steagall Act ......................... 158
global custodian ............................ 229
global investment performance
 standards, GIPS ......................... 106
Globex ............................................. 226
go burst ........................................... 247
go default ......................................... 64
go out of cash .......................... 172,177
go under ......................................... 247
going concern .................................. 27
going private ............................ 138,202
**gold** .................................................. **110**
gold fund ......................................... 110
gold standard ................................. 110
Goldman Sachs ........................ 197,205

Goshigaisha, GSK .......................... 204
government .............................. 194,252
government bond ........................... 191
government guarantee ................. 253
government intervention ............... 79
Government of Singapore
 Investment Corporation, GIC .... 106
**government-sponsored entity**, **GSE**
 ......................................................... **253**
Graham, Ben .................................... 28
Gramm-Leach-Bliley Act .............. 158
granular portfolio ............................ 76
(the) Great Depression .. 186,189,234
**greed** ..................................... **153**,174
Greek sovereign debt ................... 220
greeks ............................................... 65
green-shoe option ......................... 202
gross cost ....................................... 146
gross debt ....................................... 135
gross domestic products, GDP .... 186
gross income .................................. 146
gross profit .................................... 146
gross revenue ................................ 146
gross trading value ......................... 28
grow doubtful ................................. 246
growth ............................................... 50
growth stock ................................... 101
GSE debt securities ....................... 253
G-SIFIs ............................................ 208
Guan Jianzhong ............................. 244
guarantee ................................ 153,247,249
guard dog ....................................... 155
guideline ......................................... 104

━━━ H ━━━

**haircut** ........................ 126,**127**,181,221
hard currency .................................. 92
hard dollars .................................... 157
hard law .......................................... 145
Hawaii ............................................. 157
hazard ........................................ 71,155
hearing ............................................. 36
heavy turnover .............................. 227
**hedge** ................................. 58,**73**,203
**hedge fund** ... 74,129,**203**,204,205,207
hedging transaction ....................... 63
herding ........................................... 216
Herstatt risk .................................... 78
heuristics .......................................... 73
high-dividend .................................... 94

high turnover ........................................ 168
**high-yield bond** .............................. **249**
**high-frequency trading, HFT**
........................................... **111**,144,227
high-grade bond .............................. 249
high-income household .................. 96
high-water mark ................................ 50
hindsight ............................................ 213
hindsight bias .................................... 73
historical data .............................. 46,62
historical performance .................... 50
Hong Kong Dollar, HKD ................ 164
hoard ..................................................... 19
hold until maturity .................... 90,227
holding period return ...................... 92
holding ratio ..................................... 124
home bias (in assets) ................ 73,243
home equity loan .............................. 52
Hong Kong ....................................... 157
honor .................................................... 52
horizon ................................................. 46
hot money ........................................... 99
hot number ....................................... 213
**house** ............................................... **237**
housing allowance ......................... 189
housing bubble ............................... 226
hurdle rate ....................................... 101
hybrid securities ............................ 248
hyper-inflation ............................ 20,29
Hypo und Vereinsbank ................. 187

— I —

**i.e.** ...................................................... **222**
illiquid ......................................... 176,203
illiquid asset(s) ......................... 169,182
immunize ............................................ 63
impaired ............................................ 119
implicit subsidies .......................... 253
**implicit support** .................. 107,**253**
import ................................................ 209
in a timely manner ........................ 150
in tandem ......................................... 240
**incentive** ............................ 189,**203**,218
income ... 42,86,93,94,**96**,97,98,119,146
- generate income ............................ 96
income (profit and loss) statement
............................................................ 96
income-generating assets ............. 83
income stock ............................... 93,96
income tax .......................................... 96

income-oriented ............................... 96
incorporated .................................... 237
increase stake in ~ ........................ 102
indemnity ........................................... 64
indenture .............................. 106,247,249
independent amount ..................... 134
**index** ................................................. **104**
index fund ................................... 75,104
**index investing** ............................ **105**
**index trading** ................................. **228**
Indian Rupee, INR .......................... 168
indication .................................. 166,178
indicative price .............................. 166
Indonesian Rupiah, IDR ................ 168
industrial production index ........ 104
inefficient ........................................ 143
inflate ................................................. 29
inflate value(cost) ........................... 30
**inflation** ........................... 18,21,**29**,151
- core inflation .................................. 29
- headline inflation ......................... 29
inflation expectations .................... 29
inflation targeting ........................... 30
inflationary(deflationary) ............. 30
inflation-linked bonds, Linkers .... 107
inflow .................................... 41,84,86
inheritance tax ................................ 17
initial investment .......... 84,86,99,115
initial margin .................... 122,123,124
**initial public offering, IPO**
........................... **102**,103,156,200,202
in-kind contribution ...................... 98
insolvency ...................................... 254
insolvent ................... 78,79,119,170,254
installment credit ........................... 52
institutional investor(s) ......... 133,204
insurance ...................................... 58,77
- buy insurance coverage ............ 63
insurance business ........................ 61
insurance company ..................... 204
insurance policy ............................. 64
insured ........................................ 64,80
insurer ............................................... 80
intangible .......................................... 37
intercommodity spreads ............. 178
interconnectedness ................. 192,206
**interest** ......................... **50**,99,102,146
- controlling interest .................... 102
- pay interest .................................... 50
- yield interest ................................. 50

interest amount ......................... 40,87
interest coverage .................... 130,135
interest margin ...................... 120,178
interest on ~ .................................... 50
**interest rate** ................ 17,38,42,**50**
**interest rate cap** ........................ **197**
interest rate cut .............................. 50
**interest rate floor** ..................... **197**
interest rate hike ............................ 50
interest rate path ........................... 76
**interest rate risk** ......................... **78**
**interest rate swap, IRS** .... 50,78,**131**
**interest-bearing debt** ................ **135**
intermediation .............................. 120
internal control report ................. 154
internal rate of return, IRR
............................................. 84,86,95
internal ratings ............................. 184
International Bank for
  Reconstruction and
  Development, IBRD ................. 191
International Financial Reporting
  Standards, IFRS ................... 28,145
international institutions ............ 191
International Monetary Fund, IMF
.......................................... 155,220,252
international standard ................ 194
**International Swaps and**
  **Derivatives Association, ISDA**
........................................... 131,**133**,252
in-the-money, ITM .......................... 27
intraday price fluctuation ............ 95
intrinsic rating ............................... 185
intrinsic strength .......................... 253
**intrinsic value** ........ **27**,28,130,214,217
inventory .................................... 98,167
inverse floater .............................. 107
invest ............................................. 17,37
invested amount ............................ 82
**investment(s)** ....... 23,88,92,**96**,104,209
**investment bank** ............... 170,**197**
investment cash flows ................. 88
investment grade .............. 99,246,249
- below investment grade .......... 249
investment horizon .................. 49,72
investment management ...... 68,188
investment manager ................... 104
investment property ..................... 93
**investment trust** ................. 68,**104**
investment vehicle ............... 100,204

investor relations, IR..........145,**151**
ISDA Master Agreement..........133
Islamic finance..........54
(the)Isle of Man..........157
issue price..........89
issuer..........106,230
issuing..........202
Italian Lira..........164

### — J —

Japan Exchange Group, JPX......144
Japan Securities Clearing
 Corporation, JSCC..........180,229
Japanese Government Bond, JGB
..........107
Japanese Yen, JPY..........165
jargon..........184
Jobs, Steve..........37
joint bookrunner..........200
joint venture..........244
joint-lead..........200
JP Morgan Chase..........186
JP Morgan Investor Services....229
**juicy deal**..........**174**
junior debt..........248
junk..........235
junk bonds..........249,250

### — K —

Kahnemann, Daniel..........73
keepwell agreement..........253
key currency(ies)..........165,245
Keynes, John Meynard..........216
kickback..........127,157
Kleinwort Benson..........187
Knight, Frank..........58
knock-in option..........130
knock-out option..........130
Kuwait Investment Authority, KIA
..........106
Kiyosaki, Robert..........20

### — L —

labor theory of value..........31
labour-intensive..........120
ladder portfolio..........100
**laddering**..........**156**
laissez-faire..........31
language..........247
latency arbitrage..........111

launch..........104,202
(the) law of diminishing
 marginal utility..........32
**(the) law of large numbers**.....60,**74**
(the) law of one price..........141
Lazard..........189
LCH.Clearnet..........180
lead bookrunner..........200
lead manager..........153,200
league table..........200,**201**
lease..........34
lease liabilities..........135
legacy asset..........247
legal fee..........179
legs..........131
Lehman Brothers..........170,197
lend..........17
lender..........52
(the)lender of last resort..........170
lending..........120
lending rate..........38,50
letter of credit..........53,198
level payment..........40
lever..........114,126
**leverage**..........23,114,120,**126**,135
**leveraged buy-out**, LBO......103,**138**
leveraged finance..........138
leveraged transaction..........128
**liability**..........52,78,98,**136**,160,254
 - be liable for ～..........136
LIBOR flat..........51
lien..........247
lien creditor..........247
life of the bond..........49
light trading..........227
likelihood..........71
limit..........129,182
limit amount..........25
limited liability company, LLC....204
**limited liability partnership**, LLP
..........**204**
limited liability partnership
 under the Japanese Law..........204
limited partners, LP..........204
limited partnership, LP..........203,204
Linkers..........107
liquid..........176
liquid assets..........46,168,177
liquidate..........27,104
liquidation..........27

liquidation value..........**27**
**liquidity**..........23,35,**39**,68,78,123,144,
..........150,166,167,**176**,185,254
liquidity constraints..........177
**liquidity crisis**..........**177**
liquidity drain..........78
liquidity preference..........169
**liquidity premium**..........26,169,**178**
**liquidity risk**..........**78**
liquidity squeeze..........**176**,177
**liquidity trap**..........**176**
listed companies..........143
listed products..........228
listing requirements..........202
literacy..........148
litigation indemnity..........249
**loan(s)**..........35,**52**,120,136,205,246
 - take back loan..........52
**loan agreement**..........37,**246**,247,249
loan amount..........135
loan claims..........133
loan interest..........34
loan officer..........36
loan outstanding/balance..........52,246
loan payment..........42
loan sharking..........156
**loan-to-value ratio**, LTV......**135**,206
lock-up agreement..........**103**
London Inter-Bank Offered Rate,
 LIBOR..........**51**,131
long contract..........127
long-bias..........205
long-dated..........46
long-end of the curve..........109,177
**long-short strategy**..........**205**
long-term..........46,94
long-term debt..........46
**long-term interest rate**..........**51**
long-term investment..........87
loosening bias..........73
loss cut..........124
loss from sale..........255
loss-making..........87,97
low latency execution..........111
lower limit..........197
lower of cost or market..........25
loyalty..........154
luck..........57,71
lucrative..........138
lucrative deal..........174

lump-sum ............................................. 52
Luxembourg ...................................... 157

## — M —

Maastricht Treaty .......................... 164
Machiavelli, Niccoló ..................... 191
Madoff, Bernard ............................ 156
maintenance margin requirement
 ............................................................ 127
maison ............................................... 237
make market .................................. 178
make use of .................................... 126
Malaysian Ringgit, MYR .............. 168
managed account ......................... 159
management buyout, MBO ... 103,138
management quality ..................... 185
manager ....................................... 84,104
**mandate** .................................. **199**,200
mandate letter ............................... 199
manufacturer ..................................... 12
**margin** ............ 62,97,**126**,127,146,167
margin account ....................... 122,129
**margin call** ............................... 123,**127**
margin debt ............................... 123,127
margin debt ratio .......................... 127
margin maintenance ratio .......... 124
margin of error .............................. 137
**margin trading** ..................... 122,**126**
marginal demand ......................... 126
marginal profit ............................... 126
marginal utility ......................... 37,126
mark to market ................................ 25
**market** ............................................ **224**
market capitalization ............... 28,98
market concensus ........................... 99
market confidence ....................... 221
market consensus ........................ 147
market depth ................................. 150
market discipline .......................... 143
market distortion .......................... 155
market division ............................. 161
market funding ............................. 170
market maker ............ 167,178,198,228
**market making** ............. 167,**178**,199
market manipulation ................... 142
market mechanism ...................... 141
market neutral strategy .............. 205
market price ........................... 24,25,142
market psychology ....................... 214
market rate ................................. 43,79

**market risk** ............................ 30,**77**,78
market sentiment ......................... 224
**market value**
 ................... 24,**25**,28,96,147,212,217
market watchdog .................... 143,155
marketability ................................. 176
marketable ..................................... 179
marketer .................................... 104,224
marketing ....................................... 224
marketplace .................................. 224
marking .......................................... 169
Markowitz, Harry ...................... 74,75
mark-to-market ............................. 127
Marx, Karl ........................................ 31
(the) Marxism .................................. 31
mass-marketing ............................ 216
master fund .................................... 204
material adverse change, MAC ... 153
material adverse change clause,
 MAC clause ............................... 247
material information ................... 151
material misstatement ................ 144
material news/information ......... 151
**maturity** .......................................... **47**
maturity date ................................... 47
maturity gap .................................... 47
maturity ladder analysis .............. 47
maximum leverage ...................... 124
maximum loss .......................... 30,118
McCully, Paul ................................ 207
McKinney, Steward ...................... 208
mean .................................................. 74
means of settlement ..................... 18
measurable ....................................... 58
measure ....................................... 25,63
median .............................................. 74
medium-term ................................... 46
medium-term note, MTN ........... 107
meltdown ................................... 173,221
(the) mercantilism .......................... 31
**merchant bank** ..................... 187,**198**
merger and acquisition, M&A
 ..................................................... 157,198
Merrill Lynch ........................... 197,224
metrics .............................................. 72
mezzanine bond/debt .................. 107
mezzanine finance ....................... 248
mezzanine loans ........................... 138
microscopic .................................... 111
**middle office** ........................ 143,**199**

mid-price ........................................ 167
Miller, Merton ................................. 75
millisecond ..................................... 111
minimum capital requirement .. 207
**minimum margin** ...................... **127**
minimum requirement ................ 123
minimum transfer amount, MTA
 ............................................................ 134
mismatch in term structure ....... 254
mispriced .......................................... 68
mispricing ........................... 26,205,227
miss out on the wave ................. 213
mode .................................................. 74
modern economy .......................... 141
modern finance ............................... 74
modern finance theory ................. 68
modern portfolio theory, MPT
 ..................................................... 74,100
**momentum** ................................. **225**
Monaco ........................................... 157
Monetary Authority of Singapore,
 MAS ............................................ 155
monetary illusion ........................... 21
monetary instrument ................... 100
monetary policy ......................... 29,51
- accommodative monetary policy
 ............................................................. 51
- expantionary monetary policy ....51
- unconventional monetary policy
 ............................................................ 177
monetary policy instruments ..... 100
monetary value .............................. 13
**monetize** ........................................ **26**
monetize debt ................................. 26
**money** ............................................. **16**
money center bank ...................... 198
money changer ............................. 164
money economy ............................. 20
**money laundering** ......... 154,156,**157**
money market fund, MMF ......... 172
money savings ................................ 19
money stock .................................... 51
money supply ................................ 120
money-loosing ................................. 97
money-making ................................ 97
money-rich ....................................... 34
monitoring ...................................... 182
month of delivery ......................... 128
Moody's Investors Services .... 235,251
Moody, John ................................... 234

| | | |
|---|---|---|
| moral hazard ................................. 155,192 | net income (earnings/profit) ............ 96 | odds ............................................................ 71 |
| moratorium ..................................... 251,252 | net inflow ............................................ 115,116 | offer ..................................................... 165,228 |
| Morgan Grenfell ................................... 187 | net interest margin .......................... 126 | offer/ask price .................................... 178 |
| Morgan Stanley ............................ 197,205 | net present value, NPV .... 27,48,84,87 | offer-bid spread ................................. 167 |
| mortgage loan ................................ 52,246 | net profit ................................................. 146 | offering ............................................. 102,202 |
| mortgage-backed securities, MBS | net realisable value ........................... 28 | offering circular ................................. 152 |
| ................... 79,107,132,170,206,253 | net revenue .......................................... 146 | offering memorandum ... 152,153,201 |
| Mozilo, Angelo ........................................ 206 | net settlement ..................................... 124 | offering price ....................................... 202 |
| multi-national companies .............. 120 | net trading value ................................. 28 | off-floor .................................................. 228 |
| multiple .................................................... 101 | net worth ................................................. 98 | offset ................................................. 63,182 |
| muni-bond, municipal bond ... 107,238 | **netting** ........................................ 79,**181**,229 | offsetting trades .............................. 123 |
| mutan rate ................................................ 51 | netting by novation ........................ 181 | offshore financial center ............. 157 |
| **mutual fund(s)** ................... **104**,204 | neutral .......................................................... 21 | on a like-for-like basis .................... 47 |
| mutual-aid program ........................... 80 | New York Stock Exchange, | on MoM(month-on-month)basis ..... 47 |
| mutual-aids ............................................. 80 | NYSE ....................................... 111,242,225 | on QoQ(quarter-on-quarter)basis |
| | New Zealand ........................................ 157 | ................................................................. 47 |
| — N — | Nikkei 225 ............................................. 104 | on YoY(year-on-year)basis ............ 47 |
| **naked CDS** ........................................ 174 | (the) Nixon Shock ............................ 209 | one-off ..................................................... 222 |
| **naked trade** ............................... 64,**174** | noise ............................................................ 71 | one-off gain/loss ................................. 97 |
| nanosecond ............................................ 111 | nominal ....................................................... 21 | one-stop shopping ........................... 198 |
| **narrow bank** ..................................... **208** | nominal GDP growth rate ............... 26 | onshore .................................................. 157 |
| **nation** ..................................................... **191** | nominal interest rate ........................ 50 | opaque .................................................... 143 |
| nation state ........................................... 191 | **nominal value** ................................... **26** | OPCO ........................................................ 203 |
| national accounts ............................. 191 | noncash item ........................................ 97 | **open contract** ........................ **127**,249 |
| national currencies ......................... 164 | non-disclosure agreement ........... 157 | open outcry ......................................... 225 |
| National Securities Clearing | non-negotiable securities ............. 180 | **open position** ................................ **127** |
| Corporation, NSCC ..................... 229 | non-performing .................................. 246 | **open-end** ............................................ **105** |
| national sovereignty ....................... 221 | non-performing(delinquent)loan | opening .................................................. 225 |
| National Westminster Bank ........ 188 | ............................................................. 247 | operating cash flow(s) ....................... 88 |
| nationalism ........................................... 191 | non-randomness ............................... 111 | operating income(profit) ................ 96 |
| Nationally Recognized Statistical | non-recourse loan ............. 52,135,138 | **operating leverage** ............ 119,**134** |
| Rating Organizations, NRSRO | non-resident ........................................ 210 | **operational risk** ................................ **77** |
| ..................................................... 236,251 | normal distribution ..................... 30,74 | operator ................................................... 80 |
| near-term ................................................. 46 | **notch** ..................................................... **251** | opinion ................................................... 243 |
| negative carry ..................................... 129 | notching ................................................. 251 | opportunity cost ................................. 37 |
| negative correlation ........................... 73 | note(s) ....................................... 106,132 | **option** ..................................................... **130** |
| negative feedback ........................... 225 | notional .................................................. 128 | option spreads .................................. 178 |
| **negative pledge** ....................... 249,**250** | notional amount ........................ 128,131 | order ......................................................... 111 |
| **negotiable** .......................... 12,131,**179** | number of outstanding shares ..... 99 | order execution ................................. 142 |
| negotiable certificate of deposit ... 180 | number of terms ................................. 46 | **order-driven market** ................... **178** |
| negotiable instrument .................... 180 | number's account ............................ 157 | originate ................................................ 130 |
| negotiate ................................................ 230 | numerical ................................................... 12 | originate-to-distribute ............ 133,192 |
| net ............................................................. 182 | NYSE Clearing .................................... 229 | originator .............................................. 132 |
| net asset value, NAV ............... 104,106 | | Osaka Securities Exchange, OSE |
| net capital rule .................................. 236 | — O — | ............................................................. 128 |
| net cash flow ......................................... 88 | objectives ............................................. 104 | outcome .................................................... 57 |
| **net debt** ............................................... **135** | obligations .............................................. 52 | outflow ...................................... 41,84,86 |
| net debt-to-equity ratio, net DER | obligor ....................................................... 52 | **outlook** ........................................... 99,**248** |
| ............................................................. 135 | obstruction to business ................ 156 | outperform ........................................... 101 |
| net earnings .......................................... 88 | Occupy Wall Street .......................... 189 | |

Outright Monetary Transactions,
OMT ............................................. 181
**outright transaction** ...................... **180**
outsourcing ..................................... 185
**outstanding** .................................... **99**
over-allotment ................................. 202
overdraft ..................................... 52,53
overdue ..................................... 47,247
over-leverage .................................. 226
overleveraged ................................. 136
overleveraged company ................. 126
overnight call rate ........................... 51
overpriced ........................................ 26
overrated ......................................... 24
overstated ....................................... 24
oversubscribed ............................... 202
**over-the-counter, OTC**
............................................ 128,131,178,**228**
over-the-counter (OTC) derivatives
............................................................. 184
over-the-counter (OTC) market ... 167
over-the-counter (OTC) trade .... 228
overvalued ....................................... 24
overweight ..................................... 100

## P

paid-in capital ................................. 98
pair of currencies .......................... 124
(the) Panic of 1907 ..................... 235
panic sale ...................................... 225
paper money ................................... 18
paper profit ..................................... 25
par .................................................... 25
- on a par with ~ ............................. 25
- under par ...................................... 47
par value .......................................... 25
parameters ...................................... 72
**pari passu** .................................... **122**
Paribas ........................................... 188
parity ......................................... 25,108
- at parity ........................................ 25
partners ........................................... 80
partnership .............................. 204,237
pass through .................................... 62
**passive investing** ............. 68,75,**105**
pass-through ................................. 204
pass-through securities ................ 107
**path** ......................................... **76**,213
path dependency ............................ 76
path dependent option ................... 76

pay back ........................................... 52
pay off ............................................. 52
payables ........................... 98,135,136,249
**payback/payout period** .................. **98**
payer .............................................. 131
payment netting ............................ 181
**payoff** ................................... 60,61,**72**
payoff diagram ............................... 72
pay-off profile ................................. 72
payoff scheme ................................ 72
**payout** ........................................ **72**,97
payout ratio .................................. 101
payroll ........................................... 119
peer comparison ........................... 151
pegging system .............................. 78
pending disputes ........................... 249
penny stock .................................. 101
pension fund (s) ..................... 104, 204
People's Bank of China ............... 244
perform ........................................... 52
**performance** ...................... 85,**101**,104
performance fee ............................. 84
period of time ................................ 46
personal history ............................ 222
Pfandbrief ..................................... 129
physical delivery .............. 123,124,128
physical settlement ...................... 180
pig .................................................. 224
PIMCO ........................................... 207
pit trading ..................................... 225
pitchbook ...................................... 200
**pitching** ..................................199,**200**
placement ..................................... 202
plain-vanilla .................................. 130
plain-vanilla business ................... 132
plain-vanilla lending business ...... 130
pledged .......................................... 247
plowback ...................................... 101
policy .............................................. 62
**policy rate** ......................... 38,**50**,51
political fund ................................. 157
Ponzi, Charles ............................... 156
**Ponzi scheme** .............................. **156**
**pool of money** .............................. **16**
pop bubble .................................... 226
**portfolio** ............................ **100**,105,182
portfolio management ........... 100,105
portfolio manager ......................... 100
Porter, Michael ............................... 30
**position** ....................................... **182**

position talk ................................. 182
positive earnings ......................... 151
positive feedback ........................ 225
**possibility of support** ................ **253**
**potential** ...................................... **71**
potential loss ............................... 129
potential upside ............................ 71
precious metals ........................... 110
predatory lender ........................... 51
prediction ...................................... 99
preference ..................................... 32
**preferred stock (shares)**
........................................... 102,203,**248**
preliminary prospectus ............... 152
**premium** ........................ 26,62,131,174
- at a premium ............................. 178
- buy at a premium ................. 24,26
- trade on premium/discount ...... 25
prepayment ...................... 47,52,178
**prepayment risk** ................. **79**,107
**present value, PV**
.................................. **27**,35,43,48,85,230
prevailing trend ........................... 213
price ................... 18,24,28,35,37,46,179
price formation ............................ 142
price information ......................... 150
price level .................................... 150
price tag ........................................ 12
price-cashflow ratio, PCFR ......... 101
price-earnings ratio, PER
....................................... 27,28,72,83,101,146
price-to-book ratio, PBR
............................................... 25,28,83,101
**pricing** ........................... 24,**26**,34,103
pricing theory ............................... 76
**primary dealer** ............................ **200**
primary market .............. 103,171,218
prime broker ................................ 205
**prime brokerage** ........................ **205**
**prime rate** ................................... **51**
**principal** ...................... 40,**99**,152,158,199
principal amount ........................... 25
principal investing ................. 100,190
principal-protected ..................... 100
privacy ......................................... 157
private bank ................................ 157
private company ......................... 103
private consumption ................... 136
private equity ............. 84,102,129,204
private equity (PE) firm(s) ... 202,205

private equity investing ..........205
private equity placement ..........202
private foreign asset ..........210
private offering/placement
..........201,202
private placement memorandum, PPM ..........202
private sector balances ..........209
private side ..........159
privately-placed bond ..........107
**pro forma** ..........**222**
pro forma invoice ..........222
pro forma statements ..........222
probabilistic logic ..........75
probability ..........60,66,71
probability of occurrence ..........58
**proceeds** ..........**88**,**98**,123,**146**,247
procyclical ..........217
procyclicality ..........50
production ..........12
production activities ..........96
productivity ..........94
products ..........12
**profit** ..........82,96,**97**,146
- blow up profit ..........97
- generate profit ..........97
profit warnings ..........146
profitability ..........44
profitable ..........97,146
**program trading** ..........74,111,**227**
project ..........82,99
project finance ..........44
**projection** ..........**99**
promissory note ..........107
prop trader ..........199
proprietary account ..........190
proprietary trading ..........207
proprietary trading system, PTS
..........226
**prorata** ..........**122**
prorate ..........122
prospect(s) ..........82,99
**prospectus** ..........104,**152**,201,238
protection ..........131
provision, provisioning ..........207,249
provision of liquidity ..........170
prudent man rule ..........154
**prudential norms** ..........**207**
public bond ..........107
public debt ..........252

public finance ..........242,251
public information ..........238
**public offering, PO** ..........103,152,**201**
public side ..........159
public takeover bid ..........103
public tender offer ..........103
purchase ..........12
put ..........130
put warrant ..........131
put-call parity ..........130

— Q —

qualified institutional investor, QII
..........204
qualitative ..........243
quality of collateral ..........38
quantitative analysis ..........74
quantitative date ..........243
**quantitative easing, QE** ..........51,**177**
quantity ..........28,179
quants ..........74
quantum mechanics ..........111
quarterly ..........49
quarterly earnings report ..........147
quasi-sovereign debt ..........191
quick assets ..........255
**quiet period** ..........**151**
quotation ..........26
quote, quoted ..........165,167
quote-driven ..........178

— R —

**racketeering** ..........**156**
raise money ..........46
ramping ..........142
random ..........71
random events ..........57
**random walk theory** ..........**76**,148
**randomness** ..........**71**
ranked pari passu ..........249
ranking ..........246
rare stamps ..........110
rate(s) ..........131,167,246
rate allowed by the law ..........51
rate of return ..........27
rates and bonds ..........109
**rating** ..........**246**
rating agency(ies) ..........172,184,234
rating company ..........234
rating criteria ..........238

rating fees ..........236
rating methodology ..........239,240
rating rationale ..........246
**rating trigger** ..........249,**250**
rational ..........68
**rational expectations hypothesis**
..........**74**
real ..........21
real asset ..........19
real economy ..........94,172
real estate ..........19,83
real money ..........94
real value ..........21,26
real-estate investment trust, REIT
..........105,119
realize gain ..........97
rebate ..........127
recapitalization ..........98,172
receivables ..........98
received interest ..........41
receiver ..........131
recession ..........50,178
recommendation ..........149
**reconciliation** ..........**180**
recoup ..........98
re-coupling ..........206
recovery value ..........250
red ink ..........97
red tape ..........155
redeem(ed) ..........47,52
redeemed at par ..........89
redemption ..........52
redundancy ..........188
reference banks ..........51
reference date ..........197
reference entity ..........64,131,174
reference rate ..........197
refinance ..........52,136,247
refinancing ..........255
**reflation** ..........**30**
regional banks ..........189
regression toward the mean ..74,111
**Regulation Fair Disclosure, Reg FD** ..........**151**
regulator ..........155,194
**regulatory arbitrage** ..........**155**
regulatory bodies ..........155
reimburse debt ..........52
reimbursement ..........52
re-invest ..........96

re-investment ............................................. 41
**relative value** ........................................... **27**
release of outstanding shares .... 202
re-lend ........................................................ 41
relief ......................................................... 251
re-listing .................................................. 182
remargining ..................................... 123,127
renminbi, RMB ..................................... 243
**rent seeking** ........................................ **156**
rental fee .................................................. 34
repackaged securities ...................... 107
repaid ................................................. 47,246
repay ......................................................... 52
**repayment** ............................................. **52**
repo rate ...................................... 48,50,181
repo trade ............................................. 170
**repo transaction** ............................... **181**
reporting line ........................................ 59
reps and warranties ......................... 160
republic ................................................. 191
repudiation .......................................... 251
repurchase ........................................... 178
repurchase agreement ................... 170
reputation ............................................ 155
**reputational (reputation) risk** .... **79**
required margin ................................ 127
rescheduling ....................................... 251
reserve ............................................ 137,249
residential mortgage-backed
   securities, RMBS .................. 107,132
residual value ................................. 27,29
(the) Resolution and Collection
   Corporation, RCC ....................... 248
**resolution** ............................................ **248**
restrictions ......................................... 104
**restructuring** ............................. **246,250**
résumé ............................................ 214,222
retail ....................................................... 198
retail investor .................................... 204
retail loan .............................................. 52
retail ring-fencing ............................ 158
retained earnings ............................. 146
retained profit ................................... 146
retention package ............................. 59
retention ratio .................................. 101
**return** .............................. 45,82,96,**97**
- generate return .............................. 97
return on asset, ROA ........................ 97
return on capital employed, ROCE
.................................................................... 97

return on equity, ROE ..... 97,118,190
return on investment, ROI
.............................................................. 97,116,118
return reversal ...................................... 76
**revenue** ........................................ **97**,**146**
revenue and expense matching .. 97
reverse convertible bond ............. 108
reverse dual currency bond ....... 107
reverse repo ........................................ 181
reverse selection ............................... 153
revised downward ............................. 68
revised upward ............................ 68,144
revocation of the license ............. 155
revolving assets ................................ 132
revolving credit .................................. 53
reward ................................. 35,67,75,97
**rho**($\rho$) .............................................. **65**
Ricardo, David ..................................... 31
Rich Dad, Poor Dad ........................... 42
rights issue ......................................... 202
rights offering ................................... 202
**ring fence** ........................................ **158**
**risk** ............................... 23,58,**70**,71,96
- absorb risk ......................................... 70
- avoid risk ............................................ 70
- bear risk .............................................. 70
- calibrate risk ..................................... 70
- carve up risk ..................................... 70
- control risk ........................................ 70
- diversify risk ................................ 63,70
- eliminate risk .............................. 59,70
- enhance risk ................................. 66,70
- entail (involve) risk ....................... 70
- hedge risk ........................................... 70
- mitigate risk ..................................... 70
- originate risk ................................... 70
- pass on risk ....................................... 70
- provide with risk ............................ 59
- reduce risk ......................................... 70
- screen risk ......................................... 70
- share risk ........................................... 70
- spread risk ........................................ 70
- take on risk ....................................... 70
- take risk .............................................. 70
- temper risk ........................................ 70
- tolerate risk ...................................... 70
- transfer risk ...................................... 70
- undertake risk ................................. 70
- undue risk ......................................... 70

risk-adjusted return on capital,
   RAROC ................................................ 97
**risk appetite** ............................. **70**,**174**
risk asset ................................................ 76
risk aversion ........................................ 75
risk averter ........................................... 94
risk lovers ..................................... 64,124
risk preference ................................. 174
**risk premium** ....................... **26**,44,**75**
risk profile ............................................ 70
risk return profile ........................... 182
risk return trade-off ................... 67,72
risk tolerance ................................... 174
risk-adjusted return on capital,
   RAROC ................................................ 97
risk-free .................................................. 75
risk-free asset .............................. 75,106
risk-free rate ........................................ 75
risk-hungry ........................................ 174
**riskless** ................................................... **75**
RiskMetrics .......................................... 72
risk-off .................................................... 92
risk-on .................................................... 92
roadshow ............................................ 151
rocket scientist ................................... 74
roll-over .......................................... 52,247
Romney, Mit ...................................... 138
Ross, Stephen ...................................... 74
root problem .................................... 162
Rothschild ........................................... 189
Royal Bank of Scotland ........ 188,197

---- **S** ----

safe asset ............................................... 76
safe harbor provision .................... 160
safe harbor rule ................................ 160
**safe haven** ............................................ **76**
safekeeping ....................................... 229
sale ................................................ 102,182
sales ...................................... 12,119,146
**salvage value** ...................................... **27**
Samurai bond ................................... 107
Sandel, Michael .................................. 13
Santa Claus Rally ............................... 76
saturate .................................................. 18
save tax ................................................ 136
savings ................................................. 209
savings product .................................. 93
scandal in the financial markets
.................................................................. 153

score.................................................248
scrap value.......................................28
scrutinize.........................................152
secondary....................................103,159
**secondary market**......90,**103**,171,217
secondary offering ........................202
second-tier......................................203
secured debt(obligation)................247
securities..........................................106
Securities and
  Exchange Commission, SEC
  ................................151,155,226,236,251
Securities and Exchange
  Surveillance Commission, SESC
  ........................................................155
securities company.........................197
securities filings..............................151
securities market line.......................68
**securitization**..................................**132**
securitized products.......169,190,239
security interest..............................247
segregate..........................................158
segregate client money.................154
segregated account.........................159
segregated asset..............................159
**segregation**......................................**159**
seize..................................................247
**selective default**, SD..................**252**
selective disclosure........................151
self-reproducing...............................42
sell....................................................130
sell off.........................................84,247
sell on margin.................................127
sell or hold........................................87
selling..............................................202
selling, general and
  administrative expense, SGA...146
sell-side...........................................225
semi-governmental institutions..186
senior bond/debt......................107,248
senior loans.....................................138
senior parts.....................................133
sensitive information....................151
sensitivity................................65,109
sensitivity to market risk............185
sentiment........................................217
separate.............................................59
serial correlation..............................73
service..............................................174
service provider................................12

servicer...........................................132
servicing.........................................247
settle...........................................30,123
**settlement**...............18,78,79,172,**180**
settlement date..........................30,180
**settlement risk**...........................**78**,79
severance package..........................59
**sexy deal**.....................................**174**
SG Warburg....................................187
**shadow banking system**......155,**207**
**shadow rating**..............................**250**
share..........................................82,101
share buy-back..............................102
share exchange..............................218
share issue.....................................218
share offering................................201
share secured loan........................123
shareholders' derivative action...153
shareholders' equity................98,102
shareholders' meeting(s).......102,156
shareholders' value................143,188
**Sharpe ratio**...........................68,**106**
Sharpe, William.....................74,75,106
shop for credit.................................52
shore up liquidity..........................177
short contract................................127
short cover..............................129,182
short-bias.......................................205
short-end........................................109
short-horizon investors................214
short interest.................................127
short interest ratio........................127
short position..........................129,182
short sell, short-selling
  .................64,124,127,128,182,203,204
short-selling ban...........................173
short-term.................................46,94
short-term borrowings.................135
short-term debt.........................46,255
short-term horizon..........................49
short-term rate................................51
sign off..............................................36
Singapore.......................................157
Singapore Exchange, SGX...........128
**size**...................23,43,82,105,173,**196**
sizeable banks...............................184
skyrocketed....................................190
sliced................................................35
smart money.................................204
Smith, Adam....................................31

smooth out noise.............................72
**soft dollars**..................................**157**
soft law...........................................145
solicit.......................200,201,202,230
**solicitation**..................................**201**
solvency.................77,171,172,185,254
solvency margin............................254
**sophisticated investor**..............**204**
souk.................................................140
**sovereign**....................................**191**
sovereign bond..............................107
**sovereign ceiling**.......................**251**
sovereign debt..........................64,191
sovereign debt crisis......................64
sovereign rating............................251
sovereign risk..................................78
**sovereign wealth fund**, SWF
  .........................................**106**,172
Spanish Peseta..............................164
special situations strategy..........205
special-purpose vehicle, SPV
  .........................................132,207
speculate..........................................99
**speculation**..........................77,92,**99**,226
speculative grade.................99,246,249
speculative housing........................99
speculative stock..........................226
**speculator**...............................95,**226**
spill out..........................................192
spill over, spillover.................159,206
spillover effect..............................206
**spinning**......................................**156**
sporadic crisis...............................190
spot trading...................................128
**spread**.................................167,**178**,179
spread of rumor.......................79,142
spread trade..................................178
square.............................................182
**stake**...........................................50,**102**
stakeholder(s)........................102,154
Standard and Poor's, S&P
  ..................................236,251,252
standard deviation................70,71,74
standardized..................................110
standardized contracts.................128
start-up companies.......................119
**state**..............................................**191**
State Street Corp..........................229
state treasury................................251
stated value...................................197

state-owned company ..................... 191
static ............................................... 254
statistical arbitrage ........................ 111
statistics ......................................... 191
status ....................................... 191,248
steapening ..................................... 109
sterile ............................................... 96
stochastic ........................................ 71
stochastic volatility model ............. 27
stock ......................................... 82,101
stock exchange ............................. 102
stock lending ................................ 205
stock lending and borrowing ..... 127
stock market ................................. 141
stock offering ................................ 202
stock option ..................... 102,189,218
stock picking ................................. 102
stock price ...................................... 96
stock ratings ................................. 246
stock repurchase .......................... 102
stock selection .............................. 105
stock sell ....................................... 202
stock (share) split ........................ 102
stock(share)issue .......................... 202
**stop loss** ...................................... **129**
stop loss rule ................................ 129
storage function ............................. 23
storing value ................................... 18
straight bond, SB .......................... 107
straight method .............................. 29
straight through processing, STP
 ................................................. 78,180
strategic ........................................ 134
(the) Street ................................... 224
**street-side** ................................... **225**
stress test ....................................... 30
strip bond ..................................... 107
structure ....................................... 240
**structured business** .................. **132**
**structured finance** .................... **132**
structured investment vehicle, SIV
 ...................................................... 132
structured product ratings .......... 239
structured products ....... 125,130,132
structured products analyst ........ 240
structurer ............................... 132,240
sub-custodian ............................... 229
subordinated ................................ 249
**subordinated bond/debt** ...... **107,248**
sub-prime loan(s) ............... 133,226,241

(the) Subprime Mortgage Crisis
 ...................................................... 234
subscription .................................. 202
subscription fee ............................ 236
substance ...................................... 217
success fee .................................... 179
suitability obligations .................. 201
super long-term .............................. 46
supervision ................................... 154
supranational bond/supranationals
 ...................................................... 107
supra-national debt, supra-nationals
 ...................................................... 191
surpus value ................................... 31
suspension of convertibility .......... 78
swap ................................................ 36
swap contract ............................... 230
sweeten the deal .......................... 174
swing line loan ............................... 52
syndicate ...................................... 200
syndicate members ...................... 200
syndicated loan ....................... 52,200
**synthetic** ..................................... **133**
**synthetic CDO** ............................ **133**
synthetically ................................. 130
system capabilities ...................... 144
system trading ............................. 228
systemic importance ................... 185
**systemic risk** ............... **78,79,172,253**
**systemically important financial
 institutions, SIFI** ............. **186,208**

─── T ───

$T+a$ .............................................. 49
tail event ........................................ 79
**tail risk** ......................................... **79**
tailor-made(customized)product
 ...................................................... 132
takaful ............................................ 80
take over ~ .................................. 103
**takeover(bid), TOB** ........ **103**,152,218
 - favorable/friendly takeover bid
 ...................................................... 103
 - hostile takeover bid ................. 103
takeover(bid), TOB ...................... 138
Taleb, Nassim ................................. 79
tangible .......................................... 37
tap a market ................................. 202
target ............................................ 148
tax(es) ................................... 146,179

tax evasion .............................. 154,157
**tax haven** ............................. **157**,204
**tax shield** ............................. 116,**136**
technical analysis .......................... 74
**technical default** ...................... **252**
technical elements ........................ 83
technology bubble ....................... 226
telegraphic transfer selling rate,
 TTS ............................................ 168
Temasek ....................................... 106
tender offer .................................. 103
tenor ........................................ 52,247
**term(s)** ................... 34,40,46,**200**,247
term deposit ............................ 46,169
term loan ....................................... 46
**term sheet** ................................. **230**
term structure of interest rates ... 46
term to maturity ............................ 90
term(time) to maturity ................. 47
term-end ........................................ 46
terminate ............................. 47,59,123
terms and conditions ............. 47,230
terms and provisions .................. 250
the most active
 (heavily traded) month(s) ......... 128
theft ................................................ 20
theoretical value ................. 27,28,147
theories of surplus value .............. 31
**theta ($\theta$)** ....................................... **65**
thin-tailed ...................................... 79
third party indemnity .................. 249
threshold ........................... 134,182,226
TIBOR ............................................ 51
**tick** .............................................. **196**
tick chart ...................................... 196
tick up(down) .............................. 196
tier one capital ............................. 203
tier two ......................................... 203
tier three ...................................... 203
tiered ............................................ 203
tiering ........................................... 203
tighten .................................... 178,219
tightening bias ............................... 73
**time** ....................................... 23,**46**
**time bucket** ................................. **49**
time decay ..................................... 65
time frame ..................................... 49
**time horizon** ............................... **49**
time range ................................ 46,49
**time series** .................................. **49**

| | | |
|---|---|---|
| time series analysis ..... 49 | trailing twelve month, TTM ..... 47 | unencumbered ..... 136 |
| time span ..... 49 | tranche ..... 133 | unequal exchange ..... 31,54 |
| **time value** ..... **48**,130 | **transaction cost** ..... 167,**179** | UniCredit ..... 187 |
| **timeline** ..... **49** | transaction fee ..... 179 | Union Bank of Switzerland, UBS ..... 187,197 |
| timely ..... 246 | transfer ..... 18,136,209 | |
| timely disclosure rules ..... 151 | transferable ..... 179 | **unit trust** ..... **104** |
| timely payment ..... 252 | **transparency** ..... 23,142,**150** | (the) United Nations ..... 191 |
| time-rich ..... 34 | transparent rules ..... 144 | universal bank ..... 187 |
| **tipping point** ..... 213,**226** | travellers cheques ..... 165 | universal banking ..... 159 |
| Tobin, James ..... 208 | (US) Treasuries ..... 107,170,200 | Universal Credit Rating Group .. 244 |
| Tobin tax ..... 207 | Treasury Bill, T-Bills ..... 107 | **universe** ..... **105** |
| Tokyo Stock Exchange, TSE ..... 142 | Treasury inflation-protected securities, TIPS ..... 107 | unmeasurable risk ..... 58 |
| **tombstone** ..... **200** | | unpaid expenses ..... 136 |
| **too big to fail, TBTF** ..... 79,155,184,192,195,**208** | Treasury Note, T-Notes ..... 107 | unpaid taxes ..... 135 |
| | treasury stock ..... 102 | unprofitable ..... 97 |
| too connected ..... 192 | trend ..... 68,227 | unrealized gain ..... 97,137 |
| top end ..... 197 | trigger ..... 225,250 | unrealized loss/gain ..... 25,170 |
| (the) top left ..... 200 | Troika ..... 221 | **unrealized value** ..... **25** |
| top line ..... 146 | trust ..... 20,158 | unreliable ..... 241 |
| top with cash ..... 127 | trust bank(s) ..... 154,197 | unsecured ..... 106,248 |
| TOPIX ..... 104 | trustee ..... 104,158 | unsecured debt(obligation) ..... 247 |
| top-line ..... 97 | trustor ..... 158 | unsecured loans ..... 170 |
| **top-tier** ..... **203** | trustworthy ..... 150 | unsettled ..... 127 |
| top-tier banks ..... 203 | turnaround stock ..... 102 | unsolicited call ..... 201 |
| **toxic asset(s)** ..... 171,**206**,241 | **turnover** ..... **226** | **unsolicited rating(s)** ..... 201,**238** |
| **track record** ..... **50** | turnover rate ..... 227 | unsophisticated ..... 204 |
| tracking error ..... 104 | two-way ..... 217 | unwind ..... 182 |
| tracking stock ..... 102 | | upbeat ..... 99 |
| trade ..... 20 | — U — | update ..... 144 |
| trade balance ..... 209 | unbiased ..... 73 | upfront ..... 131 |
| trade date ..... 30 | **unbundling** ..... **133** | upfront cost ..... 179 |
| trade deficit ..... 209 | uncertain ..... 119 | upfront fee ..... 179 |
| trade surplus ..... 209 | uncertain events ..... 56,57 | upgrade ..... 246 |
| trade value ..... 24,167,179 | uncertainty ..... 44,58 | upper limit ..... 197 |
| traded price ..... 165 | uncommitted ..... 53 | upside ..... 58,182 |
| **trade-off** ..... **72**,158,161 | underlying asset ..... 27,28,48,64,65,130,131 | upside risk ..... 71 |
| **trader** ..... **198**,199 | | uptick (downtick) ..... 196 |
| trading ..... 198 | underlying trend ..... 219 | upward(downward)revision of ~ ..... 151 |
| trading turnover ..... 28 | underperform ..... 101 | |
| trading halts ..... 225 | under-priced ..... 26 | usability ..... 144 |
| **trading session** ..... **225**,226 | underrated ..... 24 | US dollar, USD ..... 165 |
| trading terms ..... 141 | understated ..... 24 | use of proceeds ..... 36,146 |
| **trading value** ..... **28** | undertake ..... 237 | useful life ..... 27 |
| trading volume ..... 28,83 | undervalued ..... 24,145 | usurers ..... 54 |
| traditional banking system ..... 207 | underweight ..... 100 | **usury** ..... **51** |
| trailing ..... 47 | underwrite ..... 62 | utility theory of value ..... 32 |
| trailing EPS(earnings per share) ..... 47 | underwriter ..... 80,103,152 | utility ..... 14,23,32,34,35,82 |
| | underwriting business ..... 188 | utility bond ..... 107 |
| trailing PER(price-earnings ratio) ..... 47 | underwriting division ..... 161 | utilization ..... 134 |
| | undisclosed information ..... 144 | utilize ..... 126 |

## ― V ―

valid .................................................. 24
validate ............................................. 24
**valuation** ........................ 24, **25**, 26, 27, 127
**value** ........................................ **24**, 46
- enhance value ............................. 24
- loose value ................................... 24
- on value basis .............................. 28
- preserve value ............................ 24
- restore value ................................ 24
- store value .............................. 15, 24
value 〜 ........................................... 25
value at risk, VaR ........................... 72
value chain ...................................... 30
**value date** .................................... **30**
**value investing** .......................... **28**
value investment ........................... 28
value investor/hunter ................... 28
**value stock** ................................. **28**
**value-at-risk, VaR** .................... **30**
Vanuatu ......................................... 157
variance .................................. 71, 74
**vega**(*v*) ...................................... **65**
venture capital investing .. 84, 98, 119
vested rights ................................ 158
Vietnamese Dong, VMD ............. 168
volatile .................................... 83, 169
**volatility**
....57, 65, 70, **71**, 77, 118, 130, 167, 169, 182
Volcker, Paul ................................ 207
**Volcker Rule** ..................... 162, **207**
**volume** ................................. **179**, 227
- on volume basis ........................... 28
volume weighted average price,
  VWAP ........................................ 179
voting right .................................. 248

## ― W ―

waiting ........................................... 151
walfare state ................................ 191
Wall Street ..................... 224, 225, 235
warehouse lender ........................ 132
**warrant** ........................................ **102**
warranty ........................................ 102
wash trade ................................... 143
**watchdog** ............................ 141, **155**
water down .................................. 194
wealth ...................................... 17, 42
weapons of mass destruction .... 174
whether guaranteed or not ........ 247

whether pledged or not .............. 247
**wholesale** ..................................... **198**
widen ..................................... 178, 226
wind down .................................... 182
windfall ........................................... 58
**window-dressing** .............. 155, 157
within xx business day(s) ............. 49
wording ........................................ 247
work out ....................................... 138
working capital .............................. 98
work-out ...................................... 246
worth ............................................. 24
Wrack-a-Mole ............................. 221
write an option ........................... 130
write-off ....................................... 246

## ― Y ―

Yankee bond(s) ...................... 107, 239
**yard** ............................................. **196**
year to date, YTD ......................... 47
year-end bonus ........................... 189
**yield** ......................... 43, 87, 92, **97**
yield at issue ................................. 89
**yield curve** .......................... 98, **109**
yield spread ................................. 109
yield to maturity, YTM .. 47, 79, 90, 98

## ― Z ―

zero-coupon bond ....................... 108
zero-sum game ............................. 60
Zhou Xiaochuan .......................... 244
zombie companies ...................... 184

## ■日本語

## ― あ ―

アービトラージ .................................. 227
アームズレンクス .............................. 159
アイアール, IR ................................. 151
アイアール(IR)・ロードショー .......... 151
相対 ...................................... 128, 131
相対取引 .......................................... 178
アウトライト・マネタリー・トランザクションズ,
  OMT ........................................... 181
**アウトライト取引** ........................... **180**
**アウトルック** .................................. **248**
赤字 ........................................... 85, 97
赤字転落 .......................................... 144
アクティブ運用 ................................ 105
アジア通貨危機 ....................... 206, 252
アジアン・オプション ....................... 130
預かり資産 ....................................... 159
**アセットアロケーション** ................ **105**
**アセットクラス** ......................... 93, **101**
アセット・バックト・コマーシャルペーパー,
  ABCP .......................................... 132
頭金 .................................................. 52
アダム・スミス .................................... 31
アップティック・ルール .................... 196
アップフロント・フィー ..................... 179
厚みのある市場 .............................. 176
アドオン方式 ..................................... 50
後知恵 ............................................ 213
後知恵バイアス .................................. 73
アドホック条項 ................................ 134
アナリストカバレッジ ................ 129, 148
アナリスト向け業績説明会 ...... 145, 151
**アノマリー、例外、変則** ................ **76**
アブダビ投資庁, ADIA .................. 106
アメリカン・オプション .................... 130
粗収益 ............................................ 146
アリストテレス .................................... 54
**アルゴリズム** ................. 111, 227, **228**
アルファ(*a*) ..................................... 65
アルファ・リターン ............................. 68
**アンカリング** .................................. **73**
安全資産 ..................................... 76, 106
**アンバンドリング** .......................... **133**
按分計算で ..................................... 122
**暗黙の保証** .................................. **253**
暗黙の補助金 ................................. 253

## ― い ―

EB債 ................................................. 108
イールド ............................................. 97
**イールドカーブ** ....................... **98**,109
イールドカーブの長期(短期)側 ...... 109
遺産 ..................................................... 17
資産の質 ........................................... 185
ISDA基本契約書 ............................. 133
イスラーム金融 ................................... 54
委託者 ............................................... 158
委託証拠金 ....................................... 123
委託手数料 ....................................... 179
一ドルに満たない安い株 ................. 101
一日平均出来高 ............................... 179
**一任の** ........................................... **159**
一物一価の法則 ............................... 141
**一流の** ........................................... **203**
一攫千金 ............................................. 69
イベントドリブン戦略 ..................... 205
違法行為 ........................................... 156
インカムゲイン ................................... 96
インカム(安定的な定期収入)志向の
 ............................................................ 96
インザマネー, ITM ............................ 27
**インセンティブ** ..................... **203**,218
インターバンク市場 ......................... 198
インタレスト・カバレッジ ...... 130,135
**インデックス** ................................. **104**
**インデックス運用** ................. **68**,**105**
**インデックス売買** ......................... **228**
インデックスファンド ............... 75,104
インド・ルピー ................................. 168
インドネシア・ルピア ..................... 168
**インフレーション** ..................... 18,**29**
インフレ・ターゲティング政策 ........ 30
**インフレ率** ....................................... **29**
インフレ連動国債 ............................. 107
インフレ連動米国債 ......................... 107

## ― う ―

ウィリアム・シャープ ............ 74,75,106
ウェアハウス・レンダー ................. 132
ウォール街占拠の活動 ..................... 189
ウォール街の五大証券会社 ............. 197
ウォール街 ....................................... 235
ウォーレン・バフェット ............ 28,174
受取利子 ............................................. 41
受渡日 ......................................... 30,128
ウニクレディト・グループ ............. 187
売り上げ ........................................... 119

## ― え ―

売上原価 ........................................... 146
売掛金 ............................................... 250
売掛債権 ............................................. 98
**売り切り** ......................................... **180**
売り越し ........................................... 127
売出し ........................................ 102,202
売建玉(うりたてぎょく) ................ 127
売値 ................................................... 178
上振れの可能性 ................................. 71
運 ......................................................... 57
運転資金 ............................................. 98
運転資本 ............................................. 88
運用会社 .................................... 104,205
運用者 ................................................. 84
運用成果, 成績 ........................... 85,104
運用の目的 ....................................... 104

## ― え ―

**営業活動** ......................................... **200**
営業活動のキャッシュフロー収支 .... 88
営業キャッシュフロー ...................... 88
**影響の波及** ..................................... **206**
**営業日** ............................................... **49**
- xx営業日以内に ............................... 49
営業部隊 ........................................... 143
営業利益 ............................................. 96
英金融サービス機構, FSA ............. 155
英国国債 ........................................... 107
AIGファイナンシャル・プロダクツ .... 186
エージェンシーの弛緩 ..................... 152
エージェンシー費用 ......................... 152
**エージェント** ................................. **152**
益を確定させる ................................. 97
**エクスポージャー** ..................... **72**,182
エクスワラント ............................... 102
SGウォーバーグ ............................. 187
**FD規制** ........................................... **151**
M&A仲介 ......................................... 188
ERISA法 ........................................... 154
円キャリー ....................................... 129
縁故 ................................................... 141
延滞の、未払いの ........................... 247
延滞率 ............................................... 240
エンロン ........................................... 156
エンロン・ショック ......................... 234

## ― お ―

**追証(おいしょう)** ................. 123,**127**
欧州開発銀行, EDB ......................... 191
欧州ソブリン債務危機
 ........................... 173,206,209,219,252
欧州単一通貨 ................................... 164
欧州中央銀行, ECB ......................... 221
欧州連合, EU ................................... 221
応募 ................................................... 202
大いなる安定の時代 ................ 186,189
大型株 ............................................... 102
**大きすぎて潰せない** ............. **184**,**208**
**オークション市場** ......................... **178**
オークション方式 ........................... 178
大阪証券取引所 ............................... 128
オーストリア学派 ............................. 32
**オーダードリブン市場** ................. **178**
オーバーアロットメント ................. 202
オーバーウェイト ........................... 100
**オープンエンド型の** ..................... **105**
落ち込み ........................................... 190
**堕ちた天使** ..................................... **249**
オッズ ................................................. 71
オファー ........................................... 165
**オフショア** ..................................... **157**
**オプション、選択権** ..................... **130**
オプション契約を発行する ............. 130
**オペレーショナル・リスク** ........... **77**
**オルターナティブ商品** ................. **110**
**オルターナティブ投資** ................. **110**

## ― か ―

カール・マルクス ............................. 31
買入金銭債権 ................................... 174
買入債務 ............................................. 98
買上償還 ........................................... 178
外貨 ................................................... 252
買掛金 ....................................... 135,136
外貨準備高 ....................................... 210
買い切り ........................................... 181
会計監査 ........................................... 150
会計期間 ............................................. 46
会計帳簿 ............................................. 25
会計年度 ............................................. 46
会計の ............................................... 251
会計報告 ........................................... 151
解雇 ..................................................... 59
外国為替証拠金取引(FX)
 ................................. 122,124,128,129,168
外国投資利益 ................................... 210
買い越し ........................................... 127
解雇する ............................................. 47
開示する ........................................... 144

| | | |
|---|---|---|
| 会社法 | 237 | |
| 会社定款 | 237 | |
| 回収価値 | 250 | |
| **回収期間** | **98** | |
| 蓋然性 | 71 | |
| 階層化 | 203 | |
| 階層構造 | 203 | |
| 買建玉（かいたてぎょく） | 127 | |
| 外注 | 185 | |
| 回転率 | 226 | |
| 買値 | 178 | |
| 回避 | 204 | |
| 外部資金 | 120 | |
| 外部情勢 | 255 | |
| 買い戻し | 127 | |
| 買戻し条件付き取引 | 181 | |
| 乖離（かいり） | 27 | |
| 乖離率 | 108 | |
| **カウンターパーティ** | **228** | |
| カウンターパーティ・リスク | 77 | |
| **価格** | **24,179** | |
| 価格形成 | 142 | |
| 価格情報 | 150 | |
| 価格水準 | 150 | |
| 価格破壊 | 24 | |
| 価格変動リスク | 77 | |
| 価格理論 | 76 | |
| 格上げする | 246 | |
| 確実な事象 | 56 | |
| **格付け** | **185,219,246** | |
| - 債券格付け | 234,246 | |
| - 社内格付け | 184 | |
| 格付け会社 | 234 | |
| 格付け機関 | 155,172,184,219,234 | |
| 格付け基準 | 238 | |
| 格付け事由 | 246 | |
| 格付け手法 | 239,240 | |
| 格付け手数料 | 236 | |
| 格付けを据え置く | 246 | |
| 格付けを付与する | 240,246 | |
| 確認書 | 152 | |
| 額面 | 100 | |
| **額面価（金）額** | **24,25,89,197** | |
| 額面償還される | 89 | |
| 額面割れになる | 104 | |
| 確率 | 60,66,71 | |
| 確率的ボラティリティ・モデル | 27 | |
| 確率論 | 75 | |
| 賭け | 57,77 | |
| 掛金 | 80 | |

| | | |
|---|---|---|
| 賭け金 | 60 | |
| 過去最高 | 242 | |
| 貸し株 | 205 | |
| **貸し渋り** | **176,177** | |
| 瑕疵（かし）担保 | 102 | |
| 貸倒引当金 | 246 | |
| 貸出金 | 120 | |
| 貸出金残高 | 52 | |
| 貸出債権担保証券、CLO | 132 | |
| 貸出金利 | 38 | |
| 貸出債権、貸付債権 | 35,133,246 | |
| **貸付金** | **52** | |
| 貸付金残高 | 246 | |
| 過剰債務 | 135,136 | |
| 過小評価 | 24,145 | |
| 過剰レバレッジ | 226 | |
| 可処分所得 | 96 | |
| 貸す | 17 | |
| **カストディアン** | **229** | |
| 課税回避 | 154,157 | |
| 仮想売買 | 142 | |
| 過大評価 | 24 | |
| **価値** | **24** | |
| 価値評価 | 24,27 | |
| 価値保存 | 18 | |
| 勝ち目、勝算 | 71 | |
| 勝手格付け | 201,238 | |
| **カットオフ** | **50** | |
| 割賦信用 | 52 | |
| 合併 | 151 | |
| 活用する | 126 | |
| 仮定する | 57 | |
| 過度のリスク | 70 | |
| カトリック教会 | 54 | |
| 金余り | 190 | |
| 金持ち父さん貧乏父さん | 42 | |
| カバー | 129 | |
| カバードボンド | 107,129 | |
| カバー取引 | 129 | |
| カバードワラント | 102 | |
| **カバレッジ** | **129** | |
| 株価 | 96,147 | |
| 株価格付け | 246 | |
| 株価キャッシュフロー倍率、PCFR | 101 | |
| 株価収益率、PER | 47,72,83,101,146 | |
| 株価純資産倍率、PBR | 25,83,101 | |
| **株式** | **82,101** | |
| 株式アナリスト | 147 | |
| 株式委託手数料 | 167 | |
| 株式会社 | 237 | |

| | | |
|---|---|---|
| 株式交換 | 102,218 | |
| 株式時価総額 | 98 | |
| 株式市場 | 96,141 | |
| 株式市場部門 | 101 | |
| 株式上場 | 202 | |
| 株式デリバティブ | 101 | |
| 株式の売出し | 202 | |
| 株式の持ち合い | 101,134 | |
| 株式発行市場 | 101 | |
| 株式分割 | 102,151 | |
| 株式保有比率 | 102,124 | |
| 株主価値 | 143,188 | |
| 株主総会 | 102 | |
| 株主総会の妨害 | 156 | |
| 株主代表訴訟 | 153 | |
| 株主割当増資 | 202 | |
| 株の賃貸借 | 127 | |
| **貨幣化する** | **26** | |
| 貨幣価値 | 13 | |
| 貨幣経済 | 20 | |
| 貨幣幻想 | 21 | |
| 貨幣流通量 | 120 | |
| 下方に調整 | 68 | |
| カラー | 197 | |
| 空売り、ショート | 64,124,127,128,182,203,204 | |
| 空売り規制 | 173 | |
| 空売り比率 | 127 | |
| 借り入れ | 106 | |
| 借入金コスト | 116 | |
| 借入金残高 | 246 | |
| 借入金返済 | 88 | |
| 借入条件 | 250 | |
| 借り換えの失敗 | 254 | |
| 借り換える | 52,247 | |
| 仮目論見書 | 152 | |
| 為替 | 167,196 | |
| 為替先渡契約 | 48 | |
| 為替差損 | 94 | |
| 為替取引 | 228 | |
| 為替変動 | 124 | |
| **為替リスク** | **77,78,94** | |
| **換金する** | **26** | |
| **換言すれば** | **222** | |
| 監査 | 152,156 | |
| 監査済み財務諸表 | 150 | |
| 監査法人 | 152,155 | |
| 閑散 | 227 | |
| 監視 | 182 | |
| **感染** | **192,206** | |

| | | |
|---|---|---|
| 監督 | 154 | |
| 監督者 | 141 | |
| カントリーリスク | 78 | |
| カントリーワイド・フィナンシャル | 206 | |
| 感応度 | 109,185 | |
| 簡便的意思決定，ヒューリスティクス | 73 | |
| 元本 | **40,99** | |
| 元本一括返済 | 40 | |
| 元本化 | 42 | |
| 元本額 | 25 | |
| 元本返済の繰り延べ | 251 | |
| 元本保証の | 100 | |
| ガンマ($\varepsilon$) | 65 | |
| 勧誘 | 200,**201**,**202**,230 | |
| 元利払い | 247 | |
| 緩和的金融政策 | 51 | |

―――き―――

| | |
|---|---|
| ギアリング | 126 |
| ギアリング比率 | 135 |
| キープウェル契約 | 253 |
| 機会費用 | 37 |
| 幾何級数的 | 42 |
| 期間 | 34 |
| 機関投資家 | 133,204 |
| 期間ミスマッチ | 254 |
| 聞き取り調査 | 36 |
| 危機に瀕している | 102 |
| 企業 | 96 |
| 企業価値 | 27,83,144,237 |
| 企業金融 | 84 |
| **企業統治** | **154** |
| 企業の支配権，経営権 | 50 |
| 企業の社会的責任，CSR | 154 |
| **企業買収** | **103**,**152** |
| **企業評価** | **25** |
| 企業不祥事 | 144,154 |
| 企業向け融資 | 52 |
| 企業倫理 | 153 |
| 基金 | 16 |
| 貴金属 | 110 |
| 議決権 | 248 |
| 期限前返済 | 52 |
| **期限前償還リスク** | **79** |
| **期限の利益喪失事由** | **247** |
| 期日通りに | 246 |
| 期日通りの支払い | 252 |
| 希釈化 | 161 |
| 期首 | 46 |
| 基準価額 | 104 |

| | |
|---|---|
| 基準金利 | 197 |
| **規制裁定** | **155** |
| 規制当局 | 155 |
| 規制の透明性 | 144 |
| 期限前終了日 | 133 |
| 基礎的条件 | 28 |
| 毀損（きそん） | 119 |
| 既存店ベースで | 47 |
| 期待収益 | 96 |
| 期待収益成長率 | 42 |
| 期待収益率 | 75,**97** |
| 期待値 | 71 |
| 期待リターン | 82 |
| 期中平残 | 99 |
| 希薄化 | 202 |
| **規模** | 82,105,**196** |
| 期末 | 46 |
| 期末残高 | 99 |
| 逆選択 | 153 |
| **逆張り投資** | **227** |
| 逆変動利付債 | 107 |
| キャッシュフロー | 88 |
| キャッシュフロー予測 | 99 |
| キャッシュフロー計算書 | 88 |
| キャッシュフロー表 | 40 |
| **キャットボンド** | **110** |
| キャップレート | 98,197 |
| キャピタルコール | 98 |
| キャリーコスト，持ち越し費用 | 129 |
| **キャリー取引** | **128** |
| ギャンブル業 | 59 |
| 救済 | 173,253 |
| **救済価額** | **27** |
| 救済策 | 221 |
| 給付 | 64 |
| 恐喝 | 156 |
| 共済 | 80 |
| 業者 | 199 |
| **業者側** | **225** |
| 業者間取引 | 225 |
| 業者間市場での短期調達 | 170 |
| **強制処分価値** | **27** |
| 強制決済 | 127 |
| 強制売却 | 123,124 |
| 業績発表シーズン | 151 |
| 共同主幹事 | 200 |
| 脅迫 | 156 |
| **業務隔壁** | **159** |
| 業務停止 | 154 |
| 業務の執行 | 199 |

| | |
|---|---|
| 業務妨害 | 156 |
| 虚偽記載 | 144 |
| 極度額 | 53,182 |
| 切り下げ | 78 |
| ギリシャ国債 | 220 |
| 金 | **110** |
| 金塊 | 110 |
| **金額** | 12,**25** |
| 金額ベースで | 28 |
| 緊急経済安定化法 | 173 |
| 銀行 | 204 |
| 銀行業 | 120 |
| 銀行の自己資本比率 | 98 |
| 銀行持ち株会社 | 173 |
| 銀行預金 | 238 |
| 金庫株，自己株式 | 102 |
| 緊縮財政 | 251 |
| **銀証の兼業禁止** | **158** |
| **銀証分離** | **158** |
| 金銭消費貸借契約書 | 246 |
| 金銭欲 | 174 |
| 金本位制 | 110 |
| 金融安定理事会，FSB | 186,208 |
| 金融緩和方向の政策 | 73 |
| 金融危機 | 144,219 |
| 金融業 | 34 |
| **金融工学** | **74** |
| 金融サービス業者 | 12 |
| 金融証券市場 | 23 |
| **金融商品** | 82,**100** |
| 金融商品取引法 | 100,145,153,201,204 |
| 金融政策 | 29,51 |
| 金融政策の手段 | 100 |
| 金融庁 | 155 |
| 金融取引 | 36 |
| **金融取引税** | **207** |
| 金融引き締め方向の政策 | 73 |
| 金融ビッグバン | 158 |
| **金利** | **50**,**146**,**167** |
| 金利オプション | 197 |
| 金利感応度分析 | 47 |
| **金利キャップ** | **197** |
| 金利先渡契約 | 48 |
| 金利スワップ | 50,78,131 |
| 金利の期間構造 | 46 |
| 金利の経路 | 76 |
| **金利リスク** | **77**,**78** |

―――く―――

| | |
|---|---|
| クウェート投資庁，KIA | 106 |

281

偶然性、まぐれ ..................................... 71
偶発債務 ............................... 136,249
偶発資本 ............................................. 98
偶発転換社債 ..................................... 98
**クーポン、利札** ....................... **89,108**
クオンツ ............................................. 74
クズ .................................................. 235
**国** ..................................................... **191**
組合員 ................................................ 80
クラインウォート・ベンソン ........... 187
グラス・スティーガル法 .................. 158
**クラブディール** ........................ **156,202**
グラム・リーチ・ブライリー法 ........ 158
繰上げ償還 ....................................... 178
繰上げ償還条項 .................................. 79
繰上げ返済／償還 .......................... 47,52
クリアリングハウス ........................ 180
グリーンシューオプション ............. 202
繰越利益 .......................................... 129
**クレジット・クランチ** ................. **177**
**クレジット・スコアリング** .......... **248**
クレジット・デフォルト・スワップ ... 174
**クレジット・カーブ** ..................... **109**
クレジット・スプレッド .................. 219
**クレジット・デフォルト・スワップ** ... **64,131**
クレジット連動債、CLN .................. 107
クローズエンド型 ............................ 105
グローバル投資パフォーマンス基準、
　GIPS ............................................. 106
グローバル・カストディアン ........... 229
黒字 .................................................... 97
**クロスデフォルト** ........................ **249**

―― け ――

**経営権、支配権** ....................... **102,103**
**経営者** ............................................ **119**
**経営の質** ....................................... **185**
**計画対象期間** ................................. **49**
**経過利息（利子）** ......................... **108**
**景気後退** ......................................... **50**
**景気循環** ......................................... **50**
景気循環株 .................................... 50,101
景気循環増幅効果 .............................. 50
経済活動 ............................................ 12
経済規模 .......................................... 186
経済指標 ............................................ 42
経済成長率 ........................................ 42
経済全体の融資量 ............................ 178
経済的価値 ..................................... 12,94
**形式的な** ....................................... **222**

経常黒字 .......................................... 209
**経常収支** .................................. **209,210**
係争中の訴訟 ................................... 249
経費 .............................................. 41,146
契約書類 ..................................... 246,247
系列相関 ............................................ 73
経路、道筋 ........................................ 76
経路依存 ............................................ 76
経路依存型オプション ....................... 76
ゲートキーパー ................................ 205
**決済** ........................ **18,78,123,172,180,199**
決済手段 ............................................ 18
決済の効率性 ................................... 144
決済の事務代行 ............................... 205
決済日 .......................................... 30,180
**決済不能** .................................... **79,180**
**決済リスク** ..................................... **78**
決算年度／期 ................................... 252
決算発表 .......................................... 151
決定論的 ............................................ 71
気配値 ........................................ 166,178
原因と結果 ........................................ 57
限界効用 .......................................... 126
限界効用逓減の法則 .......................... 32
限界需要 .......................................... 126
**限界利益** ....................................... **126**
**減価償却** ......................................... **29**
減価償却実施額 .................................. 29
減価償却累計額 .................................. 29
減価する ............................................ 18
原価法 ................................................ 25
現金 .................................................... 16
現金移転 .......................................... 209
年金契約 ............................................ 77
現金決済 .................................... 123,128
現金差し入れ ................................... 127
現金主義会計 ................................... 108
現金準備金 ....................................... 137
現金同等物 ...................................... 135
限月 .................................................. 128
**現在価値** ....................... **27,43,48,85,230**
原債権 .............................................. 130
原資産 ............................... 27,28,48,64,130
原資産保有者 ................................... 132
現代ファイナンス .............................. 74
現代ファイナンス理論 ....................... 68
現代ポートフォリオ理論 ................... 74
現担レポ .......................................... 181
限度額 ................................................ 25
現物 .................................................... 16

現物取引 ............................................ 30
現物株 .............................................. 124
現物決済 .......................................... 180
現物市場 .......................................... 128
現物出資 ............................................ 98
現物取引 .......................................... 127
現物の受渡し ....................... 123,124,128
減免 .................................................. 220
権利行使価格 ................................... 130
権利行使期間 ................................... 130

―― こ ――

硬貨 .................................................. 110
**公開買い付け、TOB** ............... **103,138**
公開情報 .......................................... 238
更改日 .............................................. 197
交換 ............................................... 20,36
交換可能 ............................................ 12
交換停止 ............................................ 78
交換比率 ............................. 14,18,21,167
公共事業債 ....................................... 107
高金利通貨 ....................................... 169
好決算 .............................................. 151
鉱工業生産指数 ............................... 104
合資会社 .......................................... 204
公社債 .............................................. 133
高収益 .............................................. 146
高所得世帯 ........................................ 96
控除率 ................................................ 61
項数 .................................................... 46
**公正価値、フェアバリュー** .......... **28**
**合成債務担保証券** ....................... **133**
**公正（適正）市場価値、FMV** ....... **28**
合成指数 .......................................... 104
公正性 .............................................. 142
公正妥当な ....................................... 159
公正な価格形成 ............................... 142
公定歩合 ............................................ 48
合同運用ファンド ............................ 159
合同会社 .......................................... 204
行動規範 .......................................... 154
行動経済学 .................................... 68,73
購読料収入 ....................................... 236
**（米国の）公認格付け機関** ... **236,251**
購買 .................................................... 12
公表 .................................................. 150
**高頻度取引（売買）、HFT**
　.............................. **111,144,207,227**
高分配の ............................................ 94
合弁事業 .......................................... 244

| | |
|---|---|
| 公募 | 102 |
| 公募価格 | 202 |
| 公募債 | 107 |
| **公募増資** | **201**,202 |
| 効用 | 32 |
| 効用価値説 | 32 |
| **強欲** | **153** |
| 高利貸 | 51,54 |
| 効率性 | 142 |
| **効率的市場仮説** | **68,75,76,105**,106 |
| 効率的な市場 | 68 |
| 効率的フロンティア | 75 |
| **合理的期待仮説** | **74** |
| 合理的な | 68 |
| 高利回り債 | 249 |
| 高レバレッジ企業 | 126 |
| ゴーイングコンサーン（継続企業） | 27 |
| コーポレートアクション | 151 |
| **コーポレートガバナンス** | **154** |
| コーラブル債 | 107 |
| コール | 130 |
| ゴールドファンド | 110 |
| **子会社化** | **158** |
| 小型株 | 102 |
| 小切手 | 110 |
| 顧客基盤 | 189 |
| 顧客資産 | 159 |
| 国営企業 | 191 |
| 国債 | 64,107,170,191 |
| 国際機関 | 191 |
| 国際機関債 | 107 |
| 国際基準 | 194 |
| 国際決済銀行,BIS | 155 |
| 国際財務報告基準,IFRS | 28,145 |
| 国際収支 | 209 |
| **国際スワップ・デリバティブ協会,ISDA** | **133** |
| 国際通貨基金,IMF | 155,221,252 |
| 国際連合 | 191 |
| 小口化した | 35 |
| 国内貯蓄 | 209 |
| 国内投資 | 209 |
| 国民経済計算 | 191 |
| 国民国家 | 191 |
| 国民通貨 | 164 |
| 個人、中小企業向け業務 | 198 |
| 個人消費 | 136 |
| 個人向け融資 | 52 |
| 国家 | 191 |
| 国家財政 | 242 |

| | |
|---|---|
| 固定金利 | 50,230 |
| 固定資産 | 46 |
| 固定相場制 | 209 |
| 固定費 | 120,134 |
| 固定利付債 | 107,108 |
| 後手に甘んじて | 109 |
| 古典派経済学 | 31 |
| **コベナンツ** | **249** |
| コペルニクス的転回 | 236 |
| コマーシャルペーパー、短期債 | 107,172,238 |
| **コミットメント** | **52** |
| コミットメントライン | 53 |
| コミットメントライン手数料 | 53 |
| **コモディティ** | **110** |
| コモディティ化 | 110 |
| 雇用削減 | 188 |
| コロケーション | 111 |
| コンサルティング会社 | 237 |
| コンスタント・マチュリティ・スワップ、CMS | 131 |
| **コンセンサス** | **99**,147 |
| 混同リスク | 159 |
| コンファメーション・バイアス | 73 |
| コンフェランス・コール | 151 |
| **コンフォートレター** | **152**,253 |
| コンプライアンス | 154 |
| コンペクシティ | 109 |

— さ —

| | |
|---|---|
| **サーキットブレーカー制度** | **225** |
| サービサー | 132 |
| サービス業者 | 12 |
| 債券 | 19,83,93,100,**106**,167,196 |
| 債券取引 | 228 |
| 債権 | 52 |
| 債権回収 | 247 |
| 債権回収会社 | 132 |
| 債券買戻し契約 | 181 |
| 債券購入者 | 106 |
| 債権者 | 117 |
| 債券貸借取引 | 181 |
| **債券の買入消却** | **178** |
| 債券の価値評価 | 44 |
| 債券発行市場 | 107 |
| 債権分類法 | 207 |
| 債権放棄、債務免除 | 250,251 |
| 最高財務責任者,CFO | 151 |
| 最後の貸し手 | 170 |
| 採算性 | 44 |

| | |
|---|---|
| 最終顧客 | 225 |
| 最終（償還）利回り | 47,79,90,98 |
| 再上場 | 138,182 |
| 再調達 | 136 |
| サイズ | 23 |
| 財政 | 78 |
| 財政赤字 | 251 |
| 財政規律 | 221 |
| 財政再建 | 251 |
| 財政支出 | 26 |
| 財政収支の不均衡 | 209 |
| **財政上の** | **251** |
| 財政政策 | 251 |
| 財政の崖 | 251 |
| 財政面の条件 | 220 |
| 最大損失 | 30 |
| **最低委託証拠金** | **127** |
| 裁定価格形成理論,ART | 74 |
| 裁定機会 | 68 |
| 最低自己資本 | 207 |
| **裁定取引** | **227** |
| 最低引渡担保額 | 134 |
| 財投機関債 | 253 |
| 再投資 | 41,96 |
| 最頻値 | 74 |
| 再編成 | 246 |
| 財務活動 | 218 |
| 財務活動のキャッシュフロー収支 | 88 |
| 財務圧縮 | 250 |
| 債務減免額 | 127,128 |
| **債務再編** | **250** |
| 債務者分類 | 246 |
| 財務状態 | 240 |
| 財務情報 | 142 |
| 財務諸表 | 222 |
| 財務代理人、FA | 251 |
| **債務担保証券,CDO** | 132,**133** |
| 債務超過 | 136,254 |
| 債務の一本化 | 250 |
| 債務の持続可能性 | 252 |
| 債務の引受け | 229 |
| **債務不履行** | 64,89,131,246,**247** |
| 債務不履行リスク | 77,94 |
| 財務分析 | 27 |
| 債務返済比率 | 252 |
| 債務保証 | 249 |
| **財務リスク** | **78** |
| 財務レバレッジ | 134 |
| 裁量行政 | 159 |
| 裁量に任せられた | 159 |

| | | |
|---|---|---|
| 詐欺的勧誘 ..... 201 | 資金調達 ..... 38, 255 | 市場の規律 ..... 143 |
| 先取特権、留置権 ..... 247 | 資金調達ギャップ ..... 252 | 市場の失敗 ..... 152 |
| 先物 ..... 28 | 資金調達金利 ..... 51 | 市場の信認 ..... 221 |
| 先物取引 ..... **128** | **資金の逃避先** ..... **76** | 市場の地合い ..... 224 |
| 先渡契約 ..... 48, 128 | 資金流出（入）..... 41, 84 | **市場の独占** ..... **156**, 202 |
| **差金決済取引**, CFD ..... **128** | シグマ（Σ）..... 65 | **市場の番人** ..... **143**, **155** |
| 差し押さえ ..... 246, 247 | 仕組み ..... 240 | 市場の深さ ..... 150 |
| 差し入れられる ..... 247 | 仕組債 ..... 132 | 市場の歪曲 ..... 155 |
| **査定** ..... **25**, 59 | **仕組商品** ..... 125, 130, **132** | 市場部門 ..... 161 |
| サブ・カストディアン ..... 229 | **仕組ファイナンス** ..... **132** | 市場予想 ..... 99 |
| サブプライム危機 ..... 234 | 仕組預金 ..... 132 | **市場リスク** ..... **30**, **77** |
| サムライ債 ..... 107 | **時系列** ..... **49** | 支持率 ..... 246 |
| 参照企業 ..... 64, 131, 174 | 時系列分析 ..... 49 | **指数** ..... **104** |
| 残存価額 ..... 27, 29 | 自己勘定 ..... 190 | システミック・リスク ..... 78, **79**, 172, 253 |
| 残存年限 ..... 47 | 自己勘定取引 ..... 207 | **システム上重要な金融機関**, SIFI |
| **残高** ..... **99** | **自己（株主）資本** | ..... 186, **208** |
| | .....78, **98**, 102, 116, 119, 134, 135, 137, 203 | システム上の重要性 ..... 185 |
| **──── し ────** | 自己資本規制 ..... 236 | システム能力 ..... 143 |
| **CDSスプレッド** ..... **131** | 自己資本比率 ..... 185, 193 | 私設取引システム, PTS ..... 226 |
| **JPモルガン・チェース** ..... 186 | **自己（株主）資本利益率**, ROE | 下振れリスク ..... 71 |
| **支援可能性** ..... **253** | ..... 97, 118, 190 | 市中銀行 ..... 38, 50 |
| 潮目が変わるポイント ..... 213 | 自己増殖的 ..... 42 | 市中金利 ..... 43 |
| **時価、市場価格** ..... 24, **25**, 28 | 自己ポジション ..... 167 | 視聴率 ..... 246 |
| シカゴ商品先物取引所, CBOT | 資産 ..... 98, 254 | 執行コスト ..... 144 |
| ..... 110, 128 | 資産運用 ..... 68, 188 | 実際値 ..... 27 |
| シカゴ・マーカンタイル取引所, | 資産株 ..... 93, 96 | 実質 ..... 21 |
| CME ..... 110, 226 | （費用項目を）資産計上する ..... 98 | 実質価値 ..... 21, 26 |
| 時価発行増資 ..... 202 | 資産担保コマーシャルペーパー, ABCP | 実需 ..... 165 |
| 時価評価 ..... 127, 193 | ..... 107 | **実需筋** ..... **94**, **225** |
| 時価評価額 ..... 133 | 資産担保証券, ABS ..... 132, 133 | 実勢金利 ..... 79 |
| 直物取引 ..... 128 | 資産の質 ..... 171 | 実体経済 ..... 94, 172 |
| **時間** ..... **23**, **46** | 資産の売却 ..... 146 | 実体の価値 ..... 217 |
| 時間外取引 ..... 226 | 資産売却益 ..... 88 | 実物資産 ..... 19 |
| **時間価値** ..... **48**, 130 | 資産配分 ..... 105 | 質への逃避 ..... 76, 92 |
| 時間軸政策 ..... 51 | 資産バブル ..... 213 | 実力本位の格付け ..... 185 |
| **時間単位** ..... **49** | 資産プール ..... 132 | シティ ..... 187 |
| 閾値（しきいち）..... 226 | 資産負債の総合管理, ALM ..... 136 | シティグループ ..... 192 |
| 事業意欲 ..... 174 | 資産利益率, ROA ..... 97 | 仕手株 ..... 226 |
| 事業債 ..... 107, 133, 169 | 資産流動化 ..... 132 | **仕手筋** ..... **226** |
| 事業債アナリスト ..... 240 | 事実上の標準、デファクトスタンダード | シニア部分 ..... 133 |
| 事業の見通し ..... 240 | ..... 241 | シニアローン ..... 138 |
| **事業（オペレーティング）レバレッジ** ..... **134** | 基軸通貨 ..... 245 | 支払期限 ..... 255 |
| 資金 ..... 16, 96 | 自社株買い ..... 102, 178 | 支払期限が到来する ..... 247 |
| 資金供給 ..... 170 | 自主規制 ..... 145 | 支払い手段 ..... 16 |
| 資金繰り ..... 255 | **市場** ..... **224** | 支払い能力 ..... 77, 171, 172, 185, 254 |
| **資金繰りに詰まる** ..... 172, **177** | 市場価値（価格）..... 24, 96, 212, 217 | 支払い不能 ..... 78, 119, 170 |
| 資金調達コスト ..... 219 | 市場現在価値, CMV ..... 25, 127 | 支払い猶予 ..... 251 |
| 資金使途 ..... 36, 146 | 市場原理 ..... 141 | 四半期 ..... 49 |
| 資金循環表 ..... 209 | 市場心理 ..... 217 | 四半期の決算発表 ..... 147 |
| **資金洗浄** ..... 154, 156, **157** | 市場性 ..... 176 | **指標** ..... **72** |

| | | |
|---|---|---|
| 指標債 | 109 | |
| **指標銘柄** | **104,109** | |
| 紙幣 | 18 | |
| **私募** | **201,202** | |
| 私募債 | 107 | |
| **資本** | **96,98** | |
| 資本家 | 43 | |
| 資本コスト | 98 | |
| 資本財 | 82,98 | |
| 資本資産価格モデル、CAPM | 68,74,75 | |
| 資本市場 | 234 | |
| 資本収支 | 210 | |
| 資本主義 | 96 | |
| 資本増殖 | 98,172 | |
| 資本負債構成 | 78 | |
| **事務幹事会社** | **200** | |
| 事務処理部署 | 199 | |
| 事務部隊 | 143 | |
| 締め切り時間 | 50 | |
| シャープ・レシオ | 68,106 | |
| **射倖（しゃこう）契約** | **77** | |
| 社債 | 107,135 | |
| 社債償還額 | 88 | |
| 社債担保証券、CBO | 132 | |
| 社債発行契約書 | 247,249 | |
| 社債の発行代わり金 | 88 | |
| **遮断、リングフェンシング** | **158,159** | |
| 借金が焦げ付く | 251 | |
| シャドウ・バンキング、影の銀行 | 155,207 | |
| シャドウ・レーティング | 250 | |
| 謝礼、報奨金 | 127 | |
| ジャンク債 | 249 | |
| 週足（しゅうあし） | 46 | |
| **収益** | **42,72,93,96,97,119,146** | |
| 収益が上がるビジネスにする | 26 | |
| 収益下方修正 | 146 | |
| 収益計画 | 84 | |
| 収益資産 | 83 | |
| 収益性の高い | 138,174 | |
| 収益予想 | 99,144,174 | |
| 収益率 | 27,96,97 | |
| 収益率を上げる | 97 | |
| 収益を生む | 96 | |
| 10億万分の1秒 | 111 | |
| 収支 | 97 | |
| 収支トントンの、損益分岐点の | 97 | |
| 重商主義 | 31 | |
| 重大な変化 | 153 | |
| 住宅担保ローン | 52 | |
| 住宅ローン | 52 | |
| 住宅ローン債権担保証券、RMBS | 107,132 | |
| 集団行動条項 | 252 | |
| 集中、集積 | 76 | |
| 12月効果 | 76 | |
| **収入** | **96,97,146** | |
| 自由放任主義 | 31 | |
| 集約 | 186 | |
| 重要情報 | 151 | |
| 従業員退職所得保障法、ERISA法 | 154 | |
| 終了する | 47 | |
| 受益者 | 158 | |
| 収益力 | 185 | |
| 主幹事会社 | 200 | |
| **主幹事決定審査会** | **200** | |
| 主幹事証券会社 | 153 | |
| 主権 | 191,221 | |
| 授権資本 | 53,98 | |
| 受託会社 | 104 | |
| 受託者 | 158 | |
| 受託者責任 | 154,158 | |
| 出資 | 84,98 | |
| 出資比率を上げる | 102 | |
| 出資金 | 102 | |
| 出資者 | 117 | |
| 出資約束金 | 53 | |
| 取得価額（原価） | 25 | |
| **守秘義務** | **157** | |
| 守秘義務契約 | **157** | |
| 需要 | 15,18 | |
| 主要通貨 | 165 | |
| 需要積み上げ方式 | 202 | |
| 準大手の | 203 | |
| 循環 | 12 | |
| 循環的 | 71 | |
| 瞬間暴落 | 112 | |
| 純資産価額、NAV | 104,106 | |
| 準政府機関 | 186 | |
| 準備金 | 249 | |
| **純負債** | **135** | |
| 純利益 | 88,96,146 | |
| 使用価値 | 14,23,34,82 | |
| **償還期限** | **47** | |
| 償還日、満期日 | 47 | |
| 償還までの残存期間 | 90 | |
| 使用期間 | 27 | |
| 償却 | 246 | |
| **商業銀行** | **170,184,197** | |
| 商業用不動産ローン債権担保証券、CMBS | 107,132 | |
| 商品先物取引所 | 110 | |
| 上限 | 197 | |
| **証券化** | **132** | |
| 証券会社 | 199 | |
| 証券化商品 | 169,190,239 | |
| 証券化商品のアナリスト | 240 | |
| 証券化商品の格付け | 239 | |
| 証券市場線 | 68 | |
| 証券担保融資 | 123 | |
| 証券取引所 | 102,144,178 | |
| 証券取引等監視委員会、SESC | 155 | |
| 証券不祥事 | 153 | |
| **証券保管機関** | **229** | |
| 証券保管振替機構（ほふり） | 229 | |
| 証券を発行する | 202 | |
| **照合、突合せ** | **180** | |
| 条項 | 249 | |
| **証拠金** | **122,126,129** | |
| 証拠金維持率 | 124,127 | |
| 証拠金請求 | 127 | |
| 使用資本利益率、ROCE | 97 | |
| 証書 | 106 | |
| 上場企業 | 143 | |
| 上場基準（要件） | 202 | |
| **上場投資信託、ETF** | **105** | |
| 譲渡 | 136,182 | |
| **譲渡可能な** | **179** | |
| 譲渡性預金 | 180 | |
| 商取引 | 36 | |
| 使用人 | 119 | |
| 消費財に対する無担保融資 | 52 | |
| 消費者金融保護局 | 207 | |
| 消費者物価指数 | 29,104 | |
| 商品 | 12 | |
| 商品先物 | 110,128 | |
| **情報開示** | **144,150** | |
| 上方（下方）修正 | 151 | |
| 上方修正される | 144 | |
| 上方に修正 | 68 | |
| 情報の非対称性 | 141,152,153 | |
| 正味キャッシュフロー | 88 | |
| 正味現在価値、NPV | 27,48,84,87 | |
| 正味実現可能額 | 28 | |
| 賞与 | 189 | |
| 剰余価値説 | 31 | |
| 将来の収益 | 147 | |
| 将来の不確実性 | 44 | |
| 将来予想に対する記述 | 160 | |

| | |
|---|---|
| ショートカバー | 129 |
| 初期設定 | 247 |
| 初期投資 | 84,99 |
| 初期投資額 | 115 |
| 所得収支 | 209 |
| 所得税 | 96 |
| 所有権を制限されている | 247 |
| 人為的上昇 | 151 |
| 新株 | 88 |
| 新株発行 | 151,202,218 |
| シンガポール証券取引所, SGX | 128 |
| シンガポール政府投資会社, GIC | 106 |
| シンガポール金融管理局, MAS | 155 |
| **新規株式公開** | **102** |
| 新規借入金 | 88 |
| 新規公募 | 202 |
| 新興国 | 120 |
| シンジケート団 | 200 |
| シンジケート・ローン | 52,200 |
| **シンセティックの, 合成の** | **133** |
| 信託 | 158 |
| 信託銀行 | 154,197 |
| 信託受益権 | 204 |
| 信託報酬 | 179 |
| 人的担保 | 247 |
| 信認義務 | 154 |
| 人民元 | 243 |
| **信用** | **20,23,39,126** |
| 信用売り残 | 127 |
| 信用買い | 123 |
| 信用買い残 | 127 |
| 信用買い残高比率 | 127 |
| 信用格付け | 77 |
| 信用極度額 | 134 |
| 信用事由 | 174,252 |
| 信用状 | 53,158,198 |
| 信用情報 | 36 |
| 信用スプレッド | 178 |
| 信用創造 | 120 |
| 信用調査 | 36 |
| 信用デリバティブ | 131 |
| **信用取引** | **122,126,**127 |
| 信用取引口座 | 122 |
| 信用不安 | 192 |
| 信用負債 | 123 |
| 信用補完 | 132,170,241 |
| **信用リスク** | **77,**138 |
| 信用リスクへの意欲 | 174 |
| 信用力 | 38,219 |
| 信用力分析 | 185 |

| | |
|---|---|
| 信頼区間 | 30 |
| 信頼できる | 150 |

---- す ----

| | |
|---|---|
| 推奨 | 149 |
| スイングライン・ローン | 52 |
| 数値化 | 12 |
| 数量 | 28,226 |
| 数量ベースで | 28 |
| スクラップ価額 | 28 |
| スケジュール | 49 |
| スタンダード＆プアーズ | 252 |
| スティーブ・ジョブズ | 37 |
| スティーブン・ロス | 74 |
| スティープ化 | 109 |
| ストックオプション | 102,189,218 |
| ストラクチャラー | 132 |
| ストリップス(元本利子分離)債 | 107 |
| ストレート・スルー・プロセッシング, STP | 180 |
| ストレステスト, 健全性審査 | 30 |
| スポット取引 | 128 |
| **スピニング** | **156** |
| スプレッド | 167 |
| **スプレッド, 差** | **178** |
| スプレッド取引 | 178 |
| スマートマネー | 204 |
| スワップ契約 | 230 |

---- せ ----

| | |
|---|---|
| 成功報酬 | 240 |
| 生起確率 | 58 |
| 正規分布 | 30,74 |
| 請求権 | 117 |
| 税金 | 146,179 |
| 制限 | 104 |
| **制限条項** | **249** |
| 成功報酬 | 84,129,179 |
| **政策金利** | **38,50** |
| 政策手段 | 100 |
| **清算, クリアリング** | 27,**180,**229 |
| 生産 | 12 |
| **清算価値** | **27** |
| 生産活動 | 96 |
| 清算機関 | 180,225 |
| 生産性 | 94 |
| 生産能力 | 94 |
| 政治資金のプール | 157 |
| 製造業者 | 12 |
| 成長株 | 101 |

| | |
|---|---|
| **税引利益** | **146** |
| 政府 | 194 |
| 政府機関債 | 107 |
| 政府債務 | 252 |
| **政府支援機関** | **253** |
| 政府の介入 | 79 |
| 政府の格付け | 251 |
| **誓約** | **249,**252 |
| 整理回収機構, RCC | 248 |
| セータ($\theta$) | 65 |
| セーフティーネット | 172 |
| セーフハーバールール | 160 |
| セールストレーダー | 198 |
| 世界銀行, IBRD | 191 |
| 世界信用評級集団 | 244 |
| 積極的金融政策 | 51 |
| 節税 | 116 |
| **節税策** | **136** |
| 絶対価値 | 27 |
| 絶対リターン | 97 |
| 設定日 | 104 |
| 設備投資 | 88,98 |
| 説明義務 | 201 |
| ゼロクーポン債 | 107,108 |
| ゼロサム・ゲーム | 60 |
| **善管注意義務** | **154** |
| 1907年の恐慌 | 235 |
| 前月比で | 47 |
| 選好 | 32 |
| 潜在損失額 | 129 |
| 前四半期比で | 47 |
| 先進国 | 120 |
| 選択肢 | 212 |
| 選択的情報開示 | 151 |
| **選択的デフォルト** | **252** |
| 前年(前年同月, 前年同期)比で | 47 |
| 1,000分の1秒 | 111 |
| **専門店型の** | **198** |
| 戦略的な | 134 |
| 洗練された投資家 | 204 |

---- そ ----

| | |
|---|---|
| 総会屋 | 156 |
| **相関** | **72,**76,79,182 |
| 早期終了 | 46 |
| 早期償還 | 47,48 |
| 操業度 | 134 |
| 相互扶助 | 80 |
| 相互連関 | 192,206 |
| **相殺** | **181** |

相殺する ... 63
総残高 ... 99
相続税 ... 17
想定元本 ... 128
相場操縦 ... 142
相場の勢い ... 225
増幅 ... 114
双方向的 ... 217
贈与 ... 20
遡求権 ... 52
即時執行 ... 111
組成 ... 130
租税回避地 ... 157
組成者 ... 132
組成担当者 ... 240
組成販売型 ... 192
**ソフトダラー** ... 157
**ソブリン・ウェルス・ファンド** ... **106**,172
**ソブリン・シーリング** ... **251**
ソブリン債務危機 ... 64
ソブリンリスク ... 78
ソルベンシーマージン ... 254
損益計算書 ... 96
損切ルール ... 129
損失の上限 ... 118

― た ―

**タームシート** ... **230**
タームローン、証書貸付 ... 46
対価 ... 35,37
**対外債務** ... **252**
対外資産 ... 209,210
対外収支 ... 78
大恐慌の時代 ... 234
**代金** ... 98,**146**
大航海時代 ... 237
大公国際資信評価有限公司 ... 244
**大災害債券** ... **110**
第三者割当増資 ... 202
貸借 ... 34
貸借対照表 ... 134,135,136
退職金引当金 ... 135
**大数の法則** ... 60,**74**
退蔵する ... 19
代替取引システム、ATS ... 226
ダイナミックヘッジ ... 74
第2次BIS規制案 ... 30
タイボー、TBOR ... 51
耐用年数 ... 29
代用有価証券 ... 127

代理人 ... **152**,199
大量破壊兵器 ... 174
タカフル ... 80
多国籍企業 ... 120
他社株転換社債 ... 107
**立会い** ... **225**
立会外 ... 228
タックスヘイブン ... 157
建玉（たてぎょく） ... 127
棚卸資産 ... 98
ダニエル・カーネマン ... 73
他人に先んじて ... 109
他人の心理 ... 214
ダブルギアリング ... 134
玉突き現象 ... 172
短期 ... 46,94
短期借入金 ... 46,135
短期側 ... 109
短期金利 ... 51
短期手形 ... 48
短期的な投資家 ... 214
短期取引 ... 95
短期負債 ... 255
短期割引債 ... 106
**担保** ... 123,**247**
**担保掛目、LTV** ... **135**,206
担保価値 ... 123
担保管理 ... 134
**担保契約、CSA** ... **134**
担保権 ... 247
**担保制限条項** ... **250**
担保付債務 ... 247
担保の有無 ... 247
担保の質 ... 38
担保物件 ... 247

― ち ―

地方銀行 ... 189
地方債 ... 107,238
地域分散 ... 240
チャート、罫線 ... 46
**チャイニーズウォール** ... **159**,162
チャンス、好機 ... 58
中位値 ... 99
注意バイアス ... 73
中央銀行 ... 18,38,50
中央銀行券 ... 26
**中央清算機関** ... **228**,229
中央値 ... 74
仲介 ... 120

仲介業者 ... 178
仲介手数料 ... 179
中型株 ... 102
注記 ... 249
中国人民銀行 ... 244
中国投資有限責任公司、CIC ... 106
忠実 ... 154
中心限月 ... 128
中南米債務危機 ... 252
注文 ... 111
注文の執行 ... 142
懲戒処分 ... 157
長期 ... 46
長期借入金 ... 46,135
長期側 ... 109
**長期金利** ... **51**
長期債 ... 106
長期債市場 ... 177
長期資産 ... 255
長期保有 ... 87,94
調査 ... 152
調整 ... 26
調達原価 ... 38
超長期 ... 46
**直接金融化** ... **101**
直利 ... 98
貯蓄 ... 19
貯蓄商品 ... 93
直近12カ月 ... 47
沈黙期間 ... 151
賃料収入 ... 119

― つ ―

通貨 ... 39
通貨価値の下落 ... 29
通貨切り下げ ... 29
通貨先渡契約 ... 78
通貨スワップ ... 78,131,184
通貨建て ... 197
通貨バスケット制 ... 78
通貨ペア ... 124
通貨量 ... 51
月足（つきあし） ... 46
強い通貨 ... 92
**強気な** ... **224**

― て ―

手当 ... 189
ティア ... 203
**低位株** ... **28**

287

| | |
|---|---|
| DVP決済 | 180 |
| ディープディスカウント債 | 48 |
| **ディーラー** | **178**,**199** |
| 定額法 | 29 |
| 低価法 | 25 |
| 定期預金 | 46,169 |
| ディスカウント・ブローカー | 48 |
| **ディスクレーマー** | **160** |
| ディスクレ注文 | 159 |
| **ディスクロージャー** | **150** |
| ディストレスト資産 | 250 |
| 定性的な | 243 |
| **ティック、呼び値** | **196** |
| **ティッピングポイント** | **226** |
| 抵当物、担保物件の質流れ | 247 |
| デイトレーダー | 198 |
| ディフェンシブ株 | 50,101 |
| 定率法 | 29 |
| 定量データ | 243 |
| 定量分析 | 74 |
| デヴィッド・リカルド | 31 |
| テールイベント | 79 |
| **テールリスク** | **79** |
| **手形割引** | **47**,52 |
| 手形を割り引く | 47 |
| **デカップリング** | **206** |
| 適格機関投資家 | 204 |
| 適格担保 | 134 |
| 適合する | 155 |
| 適合性の原則 | 201 |
| 適時開示規則 | 151 |
| 適時に | 150 |
| 適正価格 | 27 |
| 敵対的(友好的)買収 | 103 |
| **出来高** | **28**,**83**,**179** |
| 出来高加重平均価格、VWAP | 179 |
| 出口戦略 | 182 |
| **テクニカル・デフォルト** | **252** |
| テクニカルな要素 | 83 |
| 梃子(てこ) | 114 |
| **手数料** | **28**,**167**,**179** |
| 手数料ビジネス | 188 |
| デットエクイティスワップ、DES | 250 |
| デットサービスカバレッジレシオ、DSCR | 130 |
| デットサービスレシオ,DSR | 252 |
| デノミ | 29,197 |
| デフォルト | 236 |
| **デフォルト事由** | **247** |
| デフレ | 19 |

| | |
|---|---|
| テマセク | 106 |
| 手元資金 | 114 |
| **デュー・ディリジェンス** | **152** |
| デュー・ディリジェンス費用 | 179 |
| **デュレーション** | **79**,**108** |
| デリバティブの価格理論 | 74 |
| デルタ($\delta$) | 65 |
| **デレバレッジ** | **136** |
| 転嫁する | 62 |
| **転換社債、CB** | **108** |
| 転換社債アービトラージ | 227 |
| **転換社債型新株予約権付社債** | **108** |
| 転換率 | 108 |
| **電子証券取引ネットワーク、ECN** | **226** |
| 店頭市場 | 167 |
| 店頭デリバティブ | 184 |
| 店頭デリバティブ取引 | 228 |
| 店頭取引のスプレッド | 167 |

—— と ——

| | |
|---|---|
| ドイツ銀行 | 187 |
| ドイツマルク | 164 |
| ドイツ連邦国債 | 107 |
| 導管 | 132,207 |
| **投機** | **77**,**92**,**99** |
| 動機 | 203 |
| **投機家** | **95**,**226** |
| 当期純利益 | 146 |
| 投機筋 | 94 |
| 動機付け | 189 |
| 東京証券取引所 | 111,142,225,229 |
| 同業他社比較 | 151 |
| 当期利益 | 97 |
| 統計 | 191 |
| 統計裁定 | 111 |
| 統計的の確率 | 71 |
| 当座貸越 | 52,53 |
| 当座資産 | 255 |
| 当座預金残高量 | 177 |
| 倒産隔離 | 132 |
| 倒産する | 64 |
| 倒産リスク | 134 |
| 投資 | 23,92 |
| 投資一任勘定 | 159 |
| 投資回収する | 97 |
| 投資活動のキャッシュフロー収支 | 88 |
| **投資家向け広報** | **145**,**151** |
| 投資期間 | 45 |
| **投資銀行** | 170,184,**197**,207 |
| 投資組合 | 204 |

| | |
|---|---|
| 投資終了 | 84 |
| **投資信託、投信** | **68**,**104**,**204** |
| 投資する | 17 |
| 投資適格 | 99,246 |
| 投資適格債 | 249 |
| 投資の収益性 | 45 |
| 投資の対象期間 | 72 |
| 投資パートナーシップ | 203 |
| 投資不適格 | 99,246,249 |
| 投資方針 | 104 |
| **同順位** | **122** |
| 投資用不動産 | 93 |
| 投資利益率、ROI | 97 |
| 投資リターン | 116,118 |
| 投信を解約する | 104 |
| 統治機構 | 191 |
| 同等 | 25 |
| **道徳哲学** | **153** |
| **透明性** | **23**,**142**,**150** |
| 胴元 | 60 |
| トービン税 | 207 |
| 特殊株主 | 156 |
| 特別目的会社 | 132,207 |
| 特別損益 | 97 |
| 匿名口座 | 157 |
| 特約条項 | 249 |
| 独立担保額 | 134 |
| **ドッド・フランク法** | **207** |
| 飛び込み訪問 | 201 |
| 富 | 17 |
| 富める者はますます富む | 42 |
| トラッキングエラー | 104 |
| トラッキング・ストック、事業部門株 | 102 |
| **トラックレコード、運用実績** | **50** |
| トラベラーズチェック | 165 |
| トランシェ | 133,138 |
| 取り消し | 111 |
| 取締役 | 154 |
| 取引相手 | 128 |
| 取引コスト | 167 |
| 取引先 | 172 |
| 取引所 | 26,28,128,144 |
| 取引条件 | 47,141 |
| 取引所上場商品 | 228 |
| 取引高 | 226 |
| 取引停止 | 225 |
| 取引当事者 | 199 |
| **取引費用、取引コスト** | **179** |
| 取引明細 | 133 |
| 取引与信枠 | 184 |

| | |
|---|---|
| 取引量 | 179 |
| ドルコスト平均法 | 76 |
| **トレーダー** | **198** |
| **トレードオフ、二律背反** | **67,72** |
| ドレスナー銀行 | 187 |
| トレンド | 68,219 |
| トレンドを先導する銘柄 | 101 |
| トロイカ | 221 |
| ドローダウン | 52 |

―― な ――

| | |
|---|---|
| 内部収益率、IRR | 84,89,95,115 |
| 内部統制システム | 154 |
| 内部統制報告書 | 154 |
| 内部留保 | 146 |
| 内部留保率 | 101 |
| **仲買人** | **199** |
| 仲値 | 167 |
| 投売り | 170,255 |
| ナショナリズム | 191 |
| ナショナル・ウェストミンスター銀行 | 188 |
| ナシム・タレブ | 79 |
| 成り行きで | 142 |
| 馴れ合い売買 | 142 |
| **ナローバンク** | **208** |

―― に ――

| | |
|---|---|
| ニクソン・ショック | 209 |
| 二次的な | 103 |
| 二重基準 | 243 |
| 二重通貨建て債 | 107 |
| 日経平均株価 | 104 |
| 日中チャート | 46 |
| 日本国債 | 107 |
| 日本証券クリアリング機構 | 180,229 |
| 日本取引所グループ、JPX | 144 |
| ニューヨーク証券取引所、NYSE | 111,242,225,229 |
| ニューヨーク連銀 | 200 |
| 二律背反 | 161 |
| 認知バイアス | 73 |

―― ね ――

| | |
|---|---|
| 値洗い | 25,127 |
| 日次で値洗い | 123 |
| 値動きの大きさ | 167 |
| ネガティブ・キャリー | 129 |
| **ネガティブプレッジ** | **250** |
| ねずみ講 | 156 |
| 値段 | 18 |

| | |
|---|---|
| ネッティング | 79,181 |
| 値札 | 12 |
| 年間家賃 | 84 |
| 年金基金 | 204 |
| 年金ファンド | 104 |
| **年限** | **47** |
| 年商 | 242 |
| 年初来 | 47 |
| 年平均成長率 | 47 |
| 年率 | 50 |
| 年率換算 | 38 |

―― の ――

| | |
|---|---|
| **ノイズ** | **71** |
| ノイズを平準化 | 72 |
| ノックアウトオプション | 130 |
| ノックインオプション | 130 |
| **ノッチ** | **251** |
| ノンリコースローン | 52,135,138 |

―― は ――

| | |
|---|---|
| バーゼル銀行規制 | 203 |
| ハードルレート | 101 |
| パイ(π) | 54 |
| **バイアス** | **73** |
| **バイアンドホールド戦略** | **227** |
| ハイイールド債 | 249 |
| バイイン | 180 |
| ハイウォーターマーク | 50 |
| 売却 | 247 |
| 売却する | 84 |
| 売却損 | 255 |
| 売却代金 | 123 |
| 買収 | 218 |
| -～を買収する | 103 |
| 買収ファンド | 138 |
| 賠償責任 | 160 |
| 配当額 | 87 |
| 配当性向 | 101 |
| 配当利回り | 28,93,98 |
| バイナリー(二択型)オプション | 130 |
| ハイパーインフレーション | 20,29 |
| **売買差益、キャピタルゲイン** | **84,87,96,98** |
| 売買数量 | 179 |
| **売買代金** | **24,28,167,179** |
| 売買代金回転率 | 28 |
| 売買高 | 28 |
| ハイブリッド証券 | 248 |
| **墓石広告** | **200** |

| | |
|---|---|
| 波及 | 159,192 |
| 波及効果 | 206 |
| バザール経済 | 141 |
| **バスケット取引** | **228** |
| パススルー証券 | 107 |
| 裸の買い | 64 |
| 裸の取引 | 174 |
| 場立ち | 111,225 |
| **破綻処理** | **248** |
| 破綻寸前企業 | 184 |
| 罰金 | 154 |
| **バックテスト** | **74** |
| 発行価額 | 89 |
| 発行市場 | 103,171,218 |
| 発行済株式数 | 99 |
| 発行体 | 106,230 |
| 発行利回り | 89 |
| **パッシブ運用** | **75,105** |
| 発生主義会計 | 108 |
| **バッファー** | **137** |
| パニック売り | 225 |
| **パフォーマンス、業績、運用成果** | **101** |
| ITバブル | 226 |
| **バブル** | **226** |
| 住宅バブル | 226 |
| バブルの生成と崩壊 | 226 |
| バミューダ・オプション | 130 |
| 払い込み | 247 |
| 払込済資本 | 98 |
| バラつき | 57 |
| バランスシート・リスク | 78 |
| ハリー・マーコヴィッツ | 74,75 |
| パリ国立銀行 | 188 |
| パリティ | 108 |
| パリバ | 188 |
| パリパス | 249 |
| **バリューアットリスク、VaR** | **30** |
| **バリューチェーン、価値連鎖** | **30** |
| **バリュー投資** | **28** |
| バリュー投資家 | 28 |
| バンク・オブ・アメリカ | 186 |
| 犯罪歴 | 36 |
| 反対売買 | 123 |
| 販売 | 12,103,224 |
| 販売会社 | 104 |
| 販売用に組成する | 133 |

―― ひ ――

| | |
|---|---|
| 日足(ひあし) | 46 |

289

|  |  |
|---|---|
| BIS第2次規制 | 77 |
| BNPパリバ | 188 |
| **ビークル** | **100** |
| 非課税地域 | 157 |
| 引き当て | 207 |
| 引当金 | 137,249 |
| 引受業者 | 80,103 |
| 引受業務 | 188 |
| **引受審査** | **152** |
| 引受部門 | 159,161 |
| 引き受ける | 26,62 |
| 非居住者 | 210 |
| 引け | 225 |
| 非現金項目 | 97 |
| 非公開情報 | 144,157 |
| 非合法の高利貸し | 156 |
| 非効率的 | 143 |
| 美術品 | 19 |
| 非上場化 | 138,202 |
| 美人投票 | 216 |
| 非正統的な金融政策 | 177 |
| ビッド | 165 |
| **必要証拠金** | 124,**127** |
| 一株当たり純資産，BPS | 83,101 |
| 一株当たり配当，DPS | 101 |
| 一株当たり利益，EPS | 72,83,97,101 |
| 日歩（ひぶ） | 123 |
| 被保険者 | 80 |
| ヒポ・フェラインス銀行 | 187 |
| 秘密保持契約 | 157 |
| ビューティーコンテスト | 200 |
| 費用 | 97,146 |
| 評価益 | 25,97 |
| 評価損 | 170 |
| 評価損益 | 25 |
| 表示金額 | 197 |
| 費用収益対応 | 97 |
| 標準化された | 110 |
| 標準偏差 | 71,74 |
| 評点 | 248 |
| 費用配分 | 29 |
| 評判 | 155 |
| 表明 | 160 |
| 表面利率 | 79,108 |

----- ふ -----

|  |  |
|---|---|
| 歩合 | **179** |
| ファイアウォール | 158,**162** |
| 歩合制の | 179 |
| ファイナンス理論 | 71 |

|  |  |
|---|---|
| ファシリティ | 53 |
| ファンダメンタル・アプローチ | 147 |
| **ファンド・オブ・ファンズ** | **205** |
| ファンドブリーフ債 | 129 |
| ファンドマネージャー | 100 |
| **フィーダーファンド** | **204** |
| フィードバック | 225 |
| **フィードバックループ** | 219,**225** |
| フィスカル・エージェント，FA | 251 |
| フィッシャー・ブラック | 74 |
| 風説の流布 | 79,142 |
| フェアネスオピニオン | 153 |
| **フェール** | **180** |
| フェデラルファンド（FF）金利 | 51 |
| フォーティス | 188 |
| **フォワード** | **48** |
| フォワード金利 | 48 |
| フォワードガイダンス | 48,51 |
| フォワードカバー | 129 |
| フォワード契約 | 48 |
| 付加価値 | 30 |
| 不確実性 | 58 |
| 不確実な事象 | 56 |
| 不況 | 178 |
| 福祉国家 | 191 |
| **含み益，未実現益** | **25**,97 |
| 含み損 | 25,129 |
| 複利 | 40,41,42,43,**47** |
| **負債** | 78,98,119,134,**136**,254 |
| **負債圧縮** | **136** |
| 負債キャッシュフロー比率 | 135 |
| 負債残高 | 99 |
| **負債自己資本比率** | **135** |
| **負債比率** | **135** |
| 不招請の勧誘 | 201 |
| 不正 | 153 |
| 不正勧誘 | 201 |
| 普通株 | 101,248 |
| 普通社債，SB | 107 |
| 普通預金 | 169 |
| 物件取得額 | 119 |
| プット | 130 |
| プット・コール・パリティ | 130 |
| プットワラント | 131 |
| 物々交換 | 14,20 |
| ブティック型プレーヤー | 189 |
| 不等価交換 | 31,54 |
| 不動産 | 19,83 |
| 不動産投資信託，REIT | 105,119 |
| 不動産ファンド | 98 |

|  |  |
|---|---|
| 不動産ローン債権担保証券，MBS | 79,107,132,170,253 |
| 不透明 | 119,143 |
| 歩留まり | 97 |
| 富裕な個人 | 203 |
| **プライシング，値決め，値付け** | 24,**26**,34,103,**178** |
| **プライベートエクイティ** | 84,98,110,**205** |
| プライマリー・ディーラー | 200 |
| **プライム・ブローカー業務** | **205** |
| **プライム・レート** | **51** |
| ブラック・ショールズ・モデル | 27 |
| フラッシュ・クラッシュ | 112 |
| フラット化 | 109 |
| フラン | 164 |
| フランク・ナイト | 58 |
| フリーキャッシュフロー | 88 |
| 振替 | 18,229 |
| 振替決済制度 | 180 |
| ブリッジローン，つなぎ融資 | 52 |
| 不良化 | 246 |
| 不良（支払い延滞）債権 | 247 |
| プリンシパル・インベストメント | 100 |
| プルーデントマンルール | 154 |
| **プルーデンシャル規制** | **207** |
| プレゼンテーション | 200 |
| **プレミアム，割増料金** | **26** |
| フロートレーダー | 198 |
| フロアレート | 197 |
| **ブローカー** | **199** |
| プロ株主 | 156 |
| プログラム売買 | 111,**227** |
| プロジェクトファイナンス | 44 |
| **ブロック取引** | **228** |
| プロップトレーダー | 199 |
| プロ投資家 | 204 |
| **分散** | 71,74,75,**76** |
| 粉飾 | 156 |
| **粉飾決算** | **155**,157 |
| 分配金 | 94,104 |
| **分別** | 158,**159** |
| 分別勘定 | 159 |
| 分別管理 | 154 |
| 分別資産 | 159 |

----- へ -----

|  |  |
|---|---|
| **ヘアカット** | **127**,221 |
| ベアスターンズ | 186 |
| ペイオフ | 60 |
| ペイオフ・スキーム | 72 |

| | |
|---|---|
| 平価 | 25 |
| 平均 | 75 |
| **平均残存年限** | **48** |
| 平均残高 | 99 |
| 平均値 | 74 |
| 平均への回帰 | 74, 111 |
| **米金融規制改革法** | **207** |
| 平均予想原価 | 62 |
| 米国債 | 107, 200 |
| 米国財務省短期証券(米国短期債) | 107 |
| 米財務省証券(米国債) | 107 |
| 米国証券アナリスト協会 | 106 |
| 米国預託証券,ADR | 101 |
| 米国連邦準備制度理事会,FRB | 48, 155, 207 |
| 米証券取引委員会,SEC | 151, 236, 251 |
| 平方偏差 | 74 |
| ペイヤー | 131 |
| **ベイルイン** | **252** |
| ベーシススワップ | 131 |
| ベーシスポイント | 196, 238 |
| **ベーシスリスク** | **79** |
| ベータ($\beta$) | 65 |
| ベガ($v$) | 65 |
| ペセタ | 164 |
| ペッグ制 | 78 |
| ヘッジ | 58, 73 |
| ヘッジ取引 | 63 |
| **ヘッジファンド** | **74, 98, 110, 203, 204, 207** |
| ヘッドライン・インフレ | 29 |
| ベトナム・ドン | 168 |
| ベビーファンド | 204 |
| ヘルシュタット・リスク | 78 |
| ベン・グラハム | 28 |
| **返済** | **52** |
| 返済猶予 | 252 |
| 変数 | 72 |
| **ベンチマーク** | **104** |
| ベンチャー企業 | 119 |
| ベンチャーキャピタル | 84, 98, 119 |
| 変動金利 | 50, 230 |
| 変動相場制 | 78, 209 |
| 変動利付債,FRN | 107 |

―― ほ ――

| | |
|---|---|
| **貿易黒(赤)字** | **209** |
| 貿易収支 | 209 |
| 崩壊 | 173 |
| 防御壁 | 159 |
| 方向性 | 63 |
| **報酬** | **35, 67, 75, 97, 189, 190, 203, 218** |
| 法人 | 118 |
| 法人化した | 237 |
| 法人向け業務 | 198 |
| 法定金利 | 51 |
| 法的費用 | 179 |
| 法令 | 145 |
| **法令遵守** | **154** |
| 飽和する | 18 |
| **ポートフォリオ** | **100, 105, 182** |
| ポートフォリオ管理 | 100 |
| ホームバイアス | 73 |
| **ホールセール** | **198** |
| **簿価、帳簿価額** | **25** |
| 簿外の含み益 | 137 |
| 保険 | 58, 77 |
| 保険会社 | 204 |
| 保険業 | 61 |
| 保険金支払い | 62 |
| 保険金支払い能力 | 238 |
| 保険契約 | 62, 64 |
| 保険者 | 80 |
| 保険料 | 62 |
| **ポジション** | **102, 182** |
| ポジション管理 | 182 |
| ポジショントーク | 182 |
| ポジションを手じまう、解消する | 182 |
| ポジションを取る/張る | 182 |
| **募集案内書** | **152** |
| 母集団 | 105 |
| **募集要項** | **152** |
| 保証 | 153, 160, 247 |
| 補償 | 62 |
| 保証人の有無 | 247 |
| 保証料 | 131, 174 |
| 保存機能 | 23 |
| **ポテンシャル、見込み** | **71** |
| ボトムアップ・アプローチ | 147 |
| 保有期間の利回り | 92 |
| 保有にかかる金利のコスト | 169 |
| **ボラティリティ、値動き** | **57, 71, 77, 130** |
| **ボルカールール** | **162, 207** |
| 本源的価値 | 27, 28, 130 |
| **ポンジスキーム** | **156** |
| 本質価値 | 27 |
| 翻訳 | 15 |

―― ま ――

| | |
|---|---|
| マーケット・ニュートラル戦略 | 205 |
| **マーケットメイク** | **178** |
| マーケットメーカー | 167 |
| マーケットメーク | 167 |
| **マージンコール** | **127** |
| マージンコールの頻度 | 134 |
| マーストリヒト条約 | 164 |
| **マーチャントバンク** | **187, 198** |
| マートン・ミラー | 75 |
| マイケル・サンデル | 13 |
| マイケル・ポーター | 30 |
| 前払金 | 52 |
| 孫貸し | 41 |
| マス・マーケティング | 216 |
| マチュリティ・ギャップ | 47 |
| MAC条項 | 247 |
| マネーロンダリング | 157 |
| マネジメントバイアウト,MBO | 103 |
| マルクス主義 | 31 |
| マルチプル | 101 |
| マレーシア・リンギ | 168 |
| **満期** | **47, 48** |
| 満期表 | 47 |
| 満期保有 | 90, 227 |
| **マンデート** | **157, 199** |
| マンデート・レター | 199 |

―― み ――

| | |
|---|---|
| **見返り** | **72** |
| 右上がり | 109 |
| 未決済の | 127 |
| 見込み | 71 |
| 水物 | 57 |
| 見せ玉 | 142 |
| ミディアム・ターム・ノート,MTN | 107 |
| **ミドルオフィス** | **199** |
| 未払金 | 136 |
| 未払税金 | 135 |
| ミヒャエル・エンデ | 13 |
| 民間セクター収支 | 209 |
| 民間対外資産 | 210 |

―― む ――

| | |
|---|---|
| ムーディーズ | 235 |
| 無形固定資産の償却 | 29 |
| 無形資産 | 98 |
| 無限責任組合員 | 204 |
| 無担保 | 106 |
| 無担保コール翌日物金利 | 51 |
| 無担保債務 | 247 |
| 無担保の | 248 |

291

| 無担保融資 | 170 |
|---|---|
| 無秩序なデフォルト | 252,253 |
| 無リスク資産 | 75 |
| 無リスク金利 | 75 |
| **無リスクの** | **75** |

―― め ――

| 銘柄選択 | 102,105 |
|---|---|
| **銘柄分散投資** | **76** |
| 明示的な支援 | 253 |
| 明示的な保証 | 253 |
| 名目 | 21 |
| **名目価値** | **26** |
| 名目金利 | 26,50 |
| 名目経済成長率 | 26 |
| メザニン債 | 107 |
| メザニンファイナンス | 248 |
| メザニンローン | 138 |
| 免許取り消し | 155 |
| **免責事項** | **160** |

―― も ――

| もうけ | 61 |
|---|---|
| モーゲージ担保証券，CMO | 132 |
| 目論見（もくろみ） | 82 |
| **目論見書** | **104,152,153,201,202,238** |
| モダンポートフォリオ理論 | 100 |
| 持越効果 | 129 |
| 持分 | 102 |
| 元手 | 82 |
| **モメンタム** | **225** |
| モラトリアム | 251 |
| **モラルハザード** | **152,155,192** |
| モルガン・グレンフェル | 187 |

―― や ――

| **ヤード** | **196** |
|---|---|
| 約定代金 | 28 |
| 約定上限（下限）金利 | 197 |
| 約定日 | 30 |
| 約束手形 | 107 |
| 役務 | 174 |
| ヤコブ・ベルヌーイ | 74 |
| 家賃補助 | 189 |
| 約款 | 249 |
| ヤンキー債 | 107 |

―― ゆ ――

| **誘因、動機** | **203** |
|---|---|
| **有価証券の新規募集** | **201** |

| 有価証券の発行 | 146 |
|---|---|
| 有価証券報告書 | 151 |
| 有限責任組合員 | 204 |
| **有限責任投資組合** | **204** |
| 融資 | 205 |
| 融資額 | 135 |
| 融資可能額 | 127 |
| 融資期間 | 247 |
| 融資契約 | 37 |
| **融資契約書** | **246,247,249** |
| 融資担当者 | 36 |
| 宥恕（ゆうじょ）規定 | 160 |
| 融資枠 | 53 |
| 優勢なトレンド | 213 |
| **優先株** | **102,203,248** |
| 優先債 | 107 |
| **優先（劣後）債務** | **248** |
| 優先出資証券 | 203 |
| 優先順位 | 248 |
| 尤度（ゆうど） | 71 |
| **有毒資産（証券、債権）** | **171,206,241** |
| **有利子負債** | **135** |
| 優良株 | 101,227 |
| ユーロ圏周縁国 | 220 |
| ユーロ債 | 107 |
| ユーロドル | 51 |
| 歪み | 111 |
| 輸出額 | 209 |
| **ゆすり** | **156** |
| ユニバーサルバンク | 187 |
| **ユニバース** | **105** |
| 輸入額 | 209 |
| ゆるいオフショア | 157 |

―― よ ――

| ヨーロピアン・オプション | 130 |
|---|---|
| 預金 | 17,93,120 |
| 預金額 | 25 |
| 預金通帳 | 18 |
| 預金保険 | 172 |
| 預金保護 | 72 |
| 翌日物レポート | 181 |
| **予想、期待、予測** | **71,99** |
| 予想インフレ率 | 29 |
| 予測（予想）する | 82,99 |
| 予想成長率 | 83 |
| 予測の誤差 | 137 |
| よそよそしい市場 | 160 |
| 預貸利ざや | 126 |
| 預託銀行 | 197 |

| 予定支払額 | 255 |
|---|---|
| 予定投資期間 | 49 |
| 予防的クレジットライン | 255 |
| 寄り付き | 225 |
| 弱気な | 224 |

―― ら ――

| ライボーフラット | 51 |
|---|---|
| ラザール | 189 |
| **ラダリング** | **156** |
| ラムダ（λ） | 65 |
| **ランダムウォーク理論** | **76,148** |

―― り ――

| 利上げ | 50 |
|---|---|
| **リーグテーブル** | **201** |
| リース負債 | 135 |
| リーマンブラザーズ | 170,186 |
| **利益** | **97,102,146** |
| 利益を吹き飛ばす | 97 |
| 利益を上げる | 98 |
| 利益剰余金 | 146 |
| 利益図 | 72 |
| **利益相反** | **154,158,161,202** |
| 利益分配 | 84 |
| 利益予想 | 97,151 |
| **利益率** | **97,126,146** |
| 利益を生む | 97 |
| 利害関係がある | 102 |
| 利害関係者 | 102,154 |
| **利権追求** | **156** |
| 履行拒否 | 251 |
| 履行中の契約 | 249 |
| リコース | 138 |
| **リコンシリエーション** | **180** |
| 利下げ | 50 |
| 利札 | 108 |
| 利ザヤ | 120,178 |
| **利子** | **50,54,87** |
| 利子が生じる | 108 |
| **利潤** | **82,96,97,146** |
| 離職率 | 226,227 |
| **利子率** | **38,42,50** |
| リスク | 23,58,96 |
| リスク愛好者 | 64 |
| リスク・オフ | 92 |
| リスク回避 | 75 |
| リスク回避家 | 224 |
| リスク寛容度 | 174 |
| リスク選好 | 174 |

|  |  |
|---|---|
| リスク選好が低い投資家 | 94 |
| リスク選好が高い投資家 | 124 |
| リスク選好度 | 70 |
| リスク調整済資本リターン、RAROC | 97 |
| リスクとリターンのトレードオフ | 72 |
| リスクとリターンの特性 | 182 |
| リスクバッファー | 134 |
| **リスク・プレミアム** | 26,44,75 |
| リスク・プロファイル | 70 |
| リスク分散 | 241 |
| リスクマネー | 71 |
| リスクを回避する | 203 |
| リストラ関連株 | 102 |
| 利息 | 17,34 |
| リターン、収益率 | 82,97 |
| **リターンを生み出す** | 97 |
| リターンリバーサル | 76,227 |
| 離脱 | 221 |
| リテール業務の子会社化 | 158 |
| リバースデュアル債 | 107 |
| リバースレポ | 181 |
| リパッケージ債 | 107 |
| 利幅 | 62 |
| **リフレーション、リフレ政策** | 30 |
| リボルビング・クレジット | 53 |
| リボルビング・プール | 132 |
| **利回り** | 87,92,97 |
| 利回り格差 | 109 |
| 利回り曲線 | 109 |
| リミテッド・パートナーシップ | 204 |
| 略奪 | 20 |
| 流出額 | 27 |
| 流通 | 202 |
| **流通市場** | 90,103,171,217 |
| 流通証券 | 180 |
| 流通する | 179 |
| 流動資産 | 46,176,177 |
| **流動性** | 23,35,39,68,123,144, 150,167,176,185,254,255 |
| 流動性が低い | 203 |
| **流動性危機** | 177 |
| **流動性枯渇** | 78,176,192,206 |
| 流動性選好 | 169 |
| **流動性の防火壁** | 177 |
| **流動性のわな** | 176 |
| 流動性不足 | 177,254 |
| **流動性プレミアム** | 26,169,178 |
| **流動性リスク** | 78 |
| 流動負債 | 255 |
| 流入額 | 27 |
| 両替商 | 164 |
| 量子力学 | 111 |
| **量的緩和政策** | 177 |
| 料率 | 131,167,246 |
| リラ | 164 |
| 利率 | 108 |
| **履歴書** | 222 |
| 理論価格 | 28 |
| **理論値** | 27 |
| 理論的価値 | 147 |
| 利回り | 43 |
| **リングフェンス** | 158 |
| **倫理** | 153 |
| 倫理規定 | 154 |
| 倫理綱領 | 154 |

—— れ ——

|  |  |
|---|---|
| レーティング・トリガー | 250 |
| レシーバー | 131 |
| **レジュメ** | 222 |
| 劣後債 | 107 |
| 劣後する | 249 |
| **レバレッジ** | 23,114,119,126 |
| レバレッジ解消 | 136 |
| レバレッジド・ファイナンス | 138 |
| レバレッジドバイアウト、LBO | 103,138 |
| レバレッジ取引 | 128 |
| レバレッジ比率 | 124 |
| **レピュテーションリスク、風評リスク** | 79 |
| レポ | 170 |
| レポ・レート | 181 |
| **レポ取引** | 181 |
| **レラティブ・バリュー、相対価値** | 27 |
| レンタル料 | 34 |
| 連邦 | 191 |
| 連邦住宅貸付銀行 | 253 |
| 連邦住宅抵当公庫 | 253 |

—— ろ ——

|  |  |
|---|---|
| ロイヤル・バンク・オブ・スコットランド | 188 |
| 労働価値説 | 31 |
| 労働集約的な | 120 |
| ロー（$\rho$） | 65 |
| ローンチ | 202 |
| ロシア財政危機 | 252 |
| ロスカット、損切り | 129 |
| ロスチャイルド | 189 |
| **ロックアップ規制** | 103 |
| ロバート・キヨサキ | 20 |
| **ロングショート戦略** | 204,205 |
| ロンドン銀行間取引金利、ライボー | 51 |

—— わ ——

|  |  |
|---|---|
| **賄賂** | 141,156,157 |
| ワイン | 110 |
| **ワラント、新株引受権** | 102 |
| ワラント債 | 102 |
| 割当額 | 200 |
| 割高な | 26 |
| **割引** | 43,47 |
| 割引キャッシュフロー分析 | 48 |
| 割引キャッシュフロー法 | 28 |
| 割引債 | 107,108 |
| **割引率** | 27,42,43,47,48 |
| 割り引く要素 | 145 |
| **割安株** | 28 |

# 参考文献

## 主要参考文献

- 網野善彦(2001)『歴史を考えるヒント』 新潮社
- 岩村充(2010)『貨幣進化論――「成長なき時代」の通貨システム』 新潮社
- 河邑厚徳、グループ現代（2000）『エンデの遺言――根源からお金を問うこと』 日本放送出版協会
- 佐伯啓思(2012)『経済学の犯罪―― 希少性の経済から過剰性の経済へ』 講談社
- 櫻井秀子（2012）『イスラーム金融――贈与と交換、その共存のシステムを解く』 新評論
- 山下友信(2005) 『保険法』 有斐閣
- 早稲田大学ファイナンス研究センター編（2012）『証券市場のグランドデザイン――日本の株式市場はどこに向かうのか』 中央経済社


- Bernstein, Peter L. (1998), "Against the Gods: The Remarkable Story of Risk", WIley, (『リスク―― 神々への反逆』 青山護訳　日本経済新聞社 2001年）
- Brown, Aaron (2006) , "The Poker Face of Wall Street" , Wiley （櫻井祐子訳 『ギャンブルトレーダー――ポーカーで分かる相場と金融の心理学』 パンローリング　2008年）
- Ende, Michael (1972), "Momo", Thienemann Verlag （大島かおり訳『モモ』 岩波書店 1976年）
- Fitch, Thomas P. (2012), "Dictionary of Banking Terms Sixth Edition", Barron's Educational Series, Inc.
- Groppelli, A.A. and Nikbakht, Ehsan (2006), "Finance, the 5th Edition", Barron's
- Kahneman, Daniel (2011), "Thinking, Fast and Slow", Farrar, Straus and Giroux（村井章子訳『ファスト＆スロー（上）（下）：あなたの意思はどのように決まるか？』 早川書房 2012年）
- Kiyosaki, Robert (2000), "Rich Dad Poor Dad", Warner Books Ed.（白根美保子訳『金持ち父さん貧乏父さん』 筑摩書房、2000年）
- Malkiel, Burton (1973), "A Random Walk Down Wall Street", W.W. Norton & Company Inc.（井出正介訳 『ウォール街のランダム・ウォーカー』 日本経済新聞社　2004年）
- Mallaby, Sebastian M (2011) "More Money Than God: Hedge Funds and the Making of a New Elite", Penguin Press （三木俊哉訳 『ヘッジファンド――投資家たちの野望と興亡(1)(2)』楽工社 2012年）
- Paterson, Scott (2010), "The Quants: How a New Breed of Math Whizzes Conquered Wall Street and Nearly Destroyed It", Crown Business （永峯涼訳 『ザ・クオンツ　世界経済を破壊した天才たち』 角川書店, 2010年）
- Peterson, Nora (2007), "Wall Street Lingo", Atlantic Publishing Group, Inc.
- Roubini, Nouriel Mihm, Stephen (2010), "Crisis Economics: A Crash Course in the Future of Finance", Penguin Books (山岡洋一・北川知子訳『大いなる不安定―― 金融危機は偶然ではない、必然である』 ダイヤモンド社 2010年）

- Tett, Gil l ian (2009), "Fool's Gold: The Inside Story of J.P. Morgan and How Wall St. Greed Corrupted Its Bold Dream and Created a Financial Catastrophe", Free Press（平尾光司監修、土方奈美訳 『愚者の黄金』 日本経済新聞出版社、2009年）

- Sandel, Michael (2012), "What Money Can't Buy: The Moral Limits of Markets", Allen Lane（鬼澤忍訳『それをお金で買いますか──市場主義の限界』 早川書房 2012年）

- Shiller, Robert J. (2000), "Irrational Exuberance", Crown Business（植草一秀・沢崎冬日訳『投機バブル　根拠なき熱狂──アメリカ株式市場、暴落の必然』ダイヤモンド社 2001年）

- Soros, George (1987), "The Alchemy of Finance", John Wiley & Sons, Inc.（Advisory & Consultant訳 『ソロスの錬金術』 総合法令出版　1996年）

- Taleb, N. N.(2007), "Fooled by Randomness: The Hidden Role of Chance in Life and in the Markets", Random House（望月衛訳『まぐれ──投資家はなぜ、運を実力と勘違いするのか』ダイヤモンド社 2008年）


## ■論文、レポート

- Ashari, Hussein (2012), "Islamic Finance, Risk-Sharing, and International Financial Stability", Yale Journal of International Affairs, 2013年2月12日 <http://yalejournal.org/wp-content/uploads/2012/04/Article-Hossein-Askari.pdf>

- Geertz, Clifford (1978), "The Bazaar Economy: Information and Search in Peasant Marketing", American Economic Association, May 1978

- Hanke, Steve H. and Krus, Nicholas (2012) "World Hyperinflations", CATO Working paper No. 8, 2013年2月12日 <http://www.cato.org/sites/cato.org/files/pubs/pdf/WorkingPaper-8.pdf>

- Knight, Frank H. (1921), "Risk, Uncertainty, and Profit", Economics Library, 2013年2月11日 <http://www.econlib.org/library/Knight/knRUP.html>

- McCulley, Paul (2009), "The Shadow Banking System and Hyman Minsky's Economic Journey", The Research Foundation of CFA Institute,　2013年2月11日 <http://www.cfainstitute.org/learning/products/publications/rf/Pages/rf.v2009.n5.15.aspx>

- Rajan, Raghuram G. (2005), "Has Financial Development Made the World Riskier?"　National Bureau of Economic Research , 2013年2月12日 <http://www.nber.org/papers/w11728.pdf?new_window=1>

■著者紹介

### 下山　明子（しもやま　あきこ）

1967年生まれ。フィナンシャルアナリスト。早稲田大学政治経済学部、パリ政治学院卒。日本公社債研究所（現格付投資情報センター）、パリ興銀（現みずほフィナンシャルグループ）、BNPパリバ、新生証券で、債券格付け業務、欧州株セールス業務、債券セルサイドアナリスト業務、リスク管理業務などに携わる。現在、チャブグループのフェデラル・インシュアランス・カンパニー勤務。公益社団法人日本証券アナリスト協会検定会員。

■カバーデザイン・イラスト
mammoth.

## 英語で学ぶ！
## 金融ビジネスと金融証券市場

| 発行日 | 2013年　3月28日 | 第1版第1刷 |
| --- | --- | --- |
|  | 2015年12月10日 | 第1版第2刷 |

著　者　下山　明子

発行者　斉藤　和邦
発行所　株式会社　秀和システム
　　　　〒104-0045
　　　　東京都中央区築地2丁目1-17　陽光築地ビル4階
　　　　Tel 03-6264-3105（販売）Fax 03-6264-3094
印刷所　三松堂印刷株式会社　　　Printed in Japan

ISBN978-4-7980-3768-4 C3033

定価はカバーに表示してあります。
乱丁本・落丁本はお取りかえいたします。
本書に関するご質問については、ご質問の内容と住所、氏名、電話番号を明記のうえ、当社編集部宛FAXまたは書面にてお送りください。お電話によるご質問は受け付けておりませんのであらかじめご了承ください。